21世纪通才教育系列教材

人际沟通分析学

一种有效提升交往能力的心理学理论

TA for Everybody: An effective way to improve your relationships

杨眉 [瑞典]欧嘉瑞(Thomas Ohlsson) 著

第2版

中国人民大学出版社

· 北京 ·

出版说明

通才教育、通识教育，或者素质教育、博雅教育，是一组具有家族相似性的概念。尽管不少学者撰文辨析这些概念之间的细微差别，但是大体来说，它们都指向一种共同的教育理念，即教育的目的是使受教育者不仅具备一定的专业知识和能力，而且要兼具多种才能，具有较宽的知识面、较高的文化素质和健全的人格，成为全面发展的创新人才。

当代大学生应该具备哪些知识、能力和素质，可能仁者见仁，智者见智。从我国高等教育的人才培养目标来看，大学生不论学习什么专业，都应该是复合型的高素质人才，不仅应该掌握某个专业的知识和技能，还要具备人文精神与科学精神。许多高校在借鉴国外高等教育经验的基础上，根据我国国情和社会对人才的需要，设计出了各具特色的公选课程体系，在通才的培养方面进行了有益的探索。但是，课程设置随意性大、缺乏适用教材的情况还比较普遍，不利于通才教育规范而有效地开展。

为了满足全国普通高等学校进行通才教育的需要，我们在广泛征求专家意见和对几十所大学进行调研的基础上，推出“21世纪通才教育系列教材”。其宗旨是拓宽大学生的视野，扩大其知识面，提高其人文素养，塑造其科学精神。我们将陆续推出由兼具专业功底和教学经验的优秀作者编写的、涵盖人文社会科学和自然科学的系列教材，供高校教师和学生选用，从而为我国的高等教育和人才培养服务。

中国人民大学出版社

第 1 版前言

前不久坐飞机，紧挨着我坐的两个人是一个单位的，他们一路上一直在聊天。不知什么时候，他们开始聊一个同事，其中一位说的话引起了我的注意。她说："你知道某某的短板在什么地方吗?"等不及对方回答，她先说了："他（她）缺乏沟通能力。"

我从事心理咨询与治疗近 30 年，我发现，困扰来访者的几大主要问题中，人际关系问题从来都排在首位。

人际关系是一个非常宽泛的概念，其中包括婚姻关系、父母关系、亲子关系、师生关系、同学关系、同事关系、上下级关系，更宽泛地，还包括国内与国际关系，等等。

人际关系与我们的生活质量和幸福感有着非常密切的联系。人际关系处理不好，就会成为很多心理问题甚至心理障碍以及精神疾病的根源所在。人际关系处理得好，不仅可以帮助我们避免心理疾病，而且可以极大地提升我们的生活质量和幸福感。

本书所要介绍的西方心理学理论之一——"人际沟通分析学"（Transactional Analysis，TA；又译"交互作用分析学"）① 正是一个有关如何有效处理人际关系的理论。任何一个理论都是一个概念系统的集合。现在我们就来看看 TA 理

① "人际沟通分析学"的准确译名应该是"交互作用分析学"，为便于理解和普及，本书书名采用前者，而在正文中则交替使用此二者。

论中一些最重要的概念与我们的关系。

最基础的概念：自我状态

TA 理论认为，每个人的人格都有三种自我状态——儿童自我状态、父母自我状态和成人自我状态，无论孩子还是老人。人与人之间在自我状态上的区别一是比例，二是是否与环境匹配。例如，100 岁的杨绛先生因其富有赤子之心而被记者周毅称为“一生有少女相”[①]；大观园中的薛宝钗显然比其他女孩儿拥有更多的父母自我状态；童年司马光砸缸救人的那个瞬间，他内在的成人自我一定非常强大。

TA 理论提出：健康的人是懂得在合适的时间、地点自由转换自身自我状态的人，而健康的人际关系则是与环境匹配的自我状态间的交互作用。所以，了解自己的自我状态的基本情况，在合适的时间、地点使用合适的自我状态，对我们个人的成长以及人际关系的健康发展意义重大。

想象一下，同学、同事关系中，如果一个人天天在那里“卖萌”（儿童自我状态），我们的感觉会怎么样？再比如家庭关系中，爸爸妈妈天天吵架（像不像小孩子?），而他们的孩子却天天在他们之间斡旋（像不像成人?），做父母的说话常常不着调，而他们十多岁的孩子说起话来却像是历经沧桑，这样的家庭关系是不是很不对头？再来看林黛玉和贾宝玉的相处，林妹妹总是要么教训宝玉（父母自我状态），要么对宝玉的忠诚百般怀疑（儿童自我状态），他们相处时很少运用成人自我状态，这样的关系又怎么能和谐?

以上罗列了一些不太健康的人际关系现象，如果用心理治疗中的其他理论去分析或者解释这些现象，往往需要花很多时间去挖掘其早年经历，挖掘过程中还会涉及如何打开并且包扎“伤口”的问题，做得不好时，就有可能产生二次伤害。而 TA 理论处理这些人际关系问题的方法之一，就是直接从介绍自我状态的基本概念和分析各人的自我状态入手（结构分析）。因为这样的分析不涉及早年经历，也因为这些概念本身很好理解和运用，所以往往可以高效率地解决问题。

比如那个总爱在同学或同事面前“卖萌”的人，如果知道自己的问题出在过度使用自己的儿童自我状态而让别人不舒服了，那么，他只需要调节自己，使自己在学校或工作环境中增加成人自我状态，他与同学、同事的关系就会舒服很多。再如黛玉，如果她懂得在和宝玉相处时更多使用成人自我状态，那么他们之间的关系也一定会有较大的改善。

最启发人的概念：生活定位

生活定位是指一个人童年时确立的有关自己与他人、世界的关系的基本信念

---

① 周毅．坐在人生的边上．文汇报，2011-07-08.

和结论，这种信念和结论会成为此人日后所做决定和行为的准则。

TA 理论提出四种生活定位，比如人际关系不错的孙悟空秉持的生活定位通常是“我好，你也好”，人见人怕的王熙凤的生活定位通常是“我好，你不好”，特招姐妹们喜欢的宝玉在女性面前的生活定位是“我不好，你好”，而人见人让的林妹妹大多数时候的生活定位是“我不好，你也不好”。

不同的生活定位导致不同的人际关系与人生，要想自己的生活健康，要想拥有健康的人际关系，从生活定位入手去调节自己也是一个可行的方法。

最温暖的概念：安抚

安抚这个概念很好理解，就是它字面所表达的意思，它包括物质的安抚和精神的安抚。问题是，很少有人把安抚的重要性上升到 TA 理论所认为的高度：我们在这个由人组成的世界上，每天所进行的不过就是安抚的交换而已。

很多人际关系问题，往往就是由安抚饥渴所导致。林妹妹因为没有得到她所渴望的安抚撒手人寰；宝玉因为没有得到他所希冀的安抚遁入空门；当代的芙蓉姐姐们为了得到安抚不惜在网上恶搞自己；现在的年轻人为了安抚自己，只要是节日就一定要过，不管东方的、西方的，中国的、外国的。

什么样的安抚愿望是适度的，什么样的则是过度的？什么样的安抚方式是健康的，什么样的则不够健康？我们该怎样满足自己和他人的安抚愿望？在安抚问题上我们存在什么样的误区，需要做什么样的调节？这些都是 TA 理论所关注的。

当我们了解到是否给予自己和他人安抚对个人成长和人际关系有十分重要的意义时，我们就会有意识地提升自我安抚与安抚他人的能力，从而为个人与社会的健康发展做出贡献。

最让人伤痛的概念：漠视

漠视一如字面上的意义，指的是一种内在机械作用，导致人们忽视、扭曲关于自己、他人或现实的某些事实。

如果说安抚是人际关系的维生素，那么漠视则是人际关系的腐蚀剂。漠视会导致对自身存在以及对关系的扼杀，而重视则会把最美好的自己和关系呈现给我们。

一个人为什么会产生漠视这种情感？我们怎样从漠视中走出来？怎样处理自己所遇到的漠视？这是 TA 理论研究的又一个内容。

与西方的个人主义文化相比，我们中国的集体主义文化一向强调“大我”而忽视“小我”，到“文化大革命”时期的“斗私批修”以及“狠斗私字一闪念”等，这种漠视个人自身价值的理念被扩展到极致，都已经不是漠视人的需要而是压制人的需要了。它所导致的结果便是，中国出了不止一代以关心并照顾自己和家人需要为耻的人，因此 TA 理论有关漠视的部分尤其值得我们去好好了解。

最值得深思的概念：人生脚本

人生脚本是指人“无意识里的人生计划”，同时也是一种生存策略，它包括了一些核心信念和目的，它是一个人在成长过程中根据自己的早年经历而做出的一种无意识的人生决定。

人生脚本包括三大类：赢家脚本（又称英雄脚本）、输家脚本（又称悲剧脚本）以及非赢家脚本（又称平庸脚本）。

TA 理论认为，一个人的人生脚本是积极的还是消极的，取决于他早年的经历以及他亲人对他最初人生脚本的支持与否。此外，每个人在自己的人生脚本中都是主角，他不断地邀请周围人加入自己的脚本演出中，而他周围的人也都会配合他的脚本上演某个特定的角色。

因此，如果我们想要增加我们的自我认识和调节，我们就要仔细分析自己过往的人生，来确认自己究竟有一个什么样的脚本，了解自己在哪些方面有输家的决定，哪些方面有赢家的决定，哪些方面有平庸的决定。“脚本分析”，这是 TA 理论给我们提供的一个非常独特的自我分析与自我调节的框架。

最具挑战性的概念：沟通方式

不同的心理治疗家有自己不同的疾病观，也就是不同的有关心理疾病的假设。TA 理论的疾病观是：人们之所以会有心理疾病，最主要的原因就在于人们之间的交互作用或说是交流与沟通出了问题，而人们之所以会出这样的问题，又与其不恰当地使用自我状态交换信息有关。如果治疗师能帮助来访者了解自己的沟通特点，帮助他学会用明确清晰的方式进行沟通，那么他就能够摆脱心理问题甚至心理疾病的困扰。

交流与沟通原是社会心理学研究的重要概念，后来又成为人际关系心理学和管理心理学等的理论基础，而 TA 理论的首倡者埃瑞克・伯恩独辟蹊径，从人们的自我状态入手去分析人际关系问题，以此了解并解决心理问题，取得了极具创造性的成果。

伯恩把人们之间的交流沟通方式分成以下三大类：互补沟通（比如阳光人群最常用的真诚和尊重）、交错沟通（比如总打岔、鸡同鸭讲）和隐藏沟通（比如阴阳怪气、讽刺挖苦）。不同的沟通方式导致不同的人际关系。

怎样识别自己常用的沟通方式？怎样使自己具备健康有效的沟通方式？怎样摆脱让自己不愉快的沟通方式并以健康的方式代之？这些都是 TA 理论所研究的问题。

最值得我们自省的概念：心理游戏

相信大家都有这样的体验，不知道为什么自己常常会陷入同一种困境而无法自拔，比如有的人会非常奇特地总是与有暴力倾向并会伤害他的人交往，还有的人非常热心助人，但结果却总是“好心被当成了驴肝肺”。日常生活中，我们对这些现象百思不得其解，于是往往就会归结到“命”上，大家会说“那就是他的命”，或“那就是我的命”。伯恩在其临床工作中发现了很多类似的病例，他从中寻找规律，直到发现了被他称作“游戏”的心理现象。

在 TA 理论中，心理游戏是指：在相似的情境中反复发生的、会让人产生不舒服感的人际交往中的一种固有行为模式。

心理游戏分很多类型，伯恩的著作《人们所玩的游戏》专门讨论各种人际关系中的心理游戏。这本书最初于 1964 年在美国出版，后来被译成 40 多种文字，畅销全球。

怎样避免进入心理游戏？怎样终止心理游戏？为什么我们会玩心理游戏？怎样学习用健康的方式解决问题而不是与人玩心理游戏？这些都是 TA 理论的研究内容。

最有力量同时又最激动人心的概念：再决定

再决定是 TA 理论中一个非常重要的术语，其要点是：人生脚本虽然是早年决定的，但只要一个人愿意，他就可以对自己的脚本进行改写，从而做出“再决定”。

我们都知道，很多心理学家都强调童年经历的重要性。但是再决定说认为：无论一个人有过什么样不幸的童年，一个成年人都可以通过再决定而改变自己的命运。

我们可以选择做一个永远躺在自己不幸经历上的人，把自己定位为受害者；我们也可以选择做过往问题的终结者，从此不再以不幸经历为借口；我们还可以更积极，选择做自己生活的建设者。

按照再决定理论，每个人都应该有第二次、第三次甚至更多的机会，而这个机会是我们可以自己给自己的！

总之，人际沟通分析学是西方诸多心理治疗理论之一，它与心理治疗的第一个理论——有效但同时高深莫测的精神分析学理论——有明显的不同，它不仅是一种非常有效的、具有操作性的心理治疗理论，同时也更容易被普通大众用作自我调节与自我成长的自助工具。因此它更贴近公众，更容易被普通大众所掌握，并且也更接近我们中医所提倡的“大医治未病”的理念。这个理论的最大特点是：它有很平易近人的一面（这正是一个好理论最值得称道的地方，因为这是一个理论得以深入人心的前提），它的很多小理论都贴近人心并且还很好玩，因此非常适合于人们用作自我调节和自我成长的自助工具，在涉及人际关系问题时，TA 理论尤其有用。

TA 治疗观中的最高目标是帮助人实现“自立”，而这表现为三方面——感受力、自主性和亲密能力的恢复。感受力让一个人能够享受此时此地，自主性意味着自由选择终止强迫性的想要控制人的游戏，而亲密能力的恢复则会极大地促进人际关系的健康发展。

作为一种更倾向于成长的理论，TA 理论本质上提供的是一种自助的方式，而其治疗师更像一个促进者、一个老师或一个教练，他们的目标是敦促来访者邀请并激活自身的成人自我状态，从而打断那些妨碍他们成长的游戏和脚本。

在一直专注并致力于向中国人尤其是大学生普及心理学知识的笔者看来，TA 理论是最能够帮助公众提升生活质量和幸福感的。笔者在从事心理咨询与治疗以及心理教育的过程中发现，一个多世纪以来，人格理论家和心理治疗家发现的许多有关“治未病”的有效的预防方法以及促进人心理健康成长、实现潜能的方法，至今都还未曾得到普及，以致很多普通人仍然在黑暗中独自摸索，还在以试错排错的方式寻求自我疗伤和自我成长的方法。这不仅造成了太多资源的浪费，更关键的是造成了许多生命的痛苦、不幸和生活质量的严重下降。

中国人太需要了解自我认识、自我发掘和自我心理保健的常识了，太需要从心理学那里获取帮助其健康成长、提升生活质量和幸福感的资源了，而 TA 理论恰好是这样一个最贴近普通人的心理学理论。

本书的特点是：（1）将西方理论本土化。在介绍西方这个重要的心理治疗理论时，笔者非常注意理论联系实际，注意把中国人尤其是大学生的现实与理论相结合。书中用了很多很现实的个案，对读者理解 TA 理论会有帮助。（2）尽可能从心理教育或说是心理学科普的角度来介绍伯恩理论中适合普通大众自我心理保健的理念部分。这样做是为了让这个理论能够为更多的中国人所了解，成为我们中国人自我心理保健和成长的资源。

本书由两位作者共同完成：一位是中国学者杨眉，她自 1984 年开始做心理咨询与治疗，1985 年开始从事心理教育，并且广泛阅读西方心理治疗与人格理论书籍；另一位是西方学者欧嘉瑞（Thomas Ohlsson），他是伯恩嫡传弟子的弟子，有近 40 年的 TA 治疗经验，对 TA 理论的把握很准确。在两位作者的共同努力下，本书既清晰地呈现了 TA 理论的基本框架，又将此理论与中国实际相结合，为 TA 理论中国化做出了贡献。

最后想与读者分享一些感受：笔者学习并且研究人际沟通分析学的最大体会是，这不仅是一个非常有效率的理论，而且也是一个很好玩的理论。说 TA 理论

“有效率”，是指对一个没有心理学专业学习背景的人而言，他完全可能仅仅通过自学就掌握基本的分析方法，并将其用于改善自己的人际关系和促进个人成长。说它“好玩”，是因为它真的很好玩，它会给你一个非常有趣的视角，我们只要看看这些概念应该就有所感受，比如“父母自我状态”“儿童自我状态”，又如“心理游戏”“人生脚本”“沟通方式”等。还有，在“儿童自我状态”中又可以分出“自由型儿童自我状态”和“适应型儿童自我状态”，而在“父母自我状态”中又可以分出“营养型父母自我状态”和“控制型父母自我状态”，在“心理游戏”中又可以分出“受害者”、“迫害者”和“拯救者”……

啊，啊，现在我们内在的自由型儿童自我状态忍不住要做更多的剧（情）透（露），要不然实在是憋得太难受啦！而我们的控制型父母自我状态训斥我们说：“你们怎么可以这样！前言怎么可以这样写?”我们的适应型儿童自我状态说：“是啊是啊，你们不可以做剧透啊，而且前言是应该写得严谨一些啊!”我们的成人自我状态现在出场了，他温和地微笑着，注视着我们说：“好了，好了，闹够了吧，打住吧，给读者留些想象的余地吧，都说出来就没有悬念了，是不是?”

最终还是我们的适应型儿童自我状态占了上风：那好吧，我们就不说了，你们自己看吧，祝你们享受这个阅读和自我发现的过程，祝你们在了解并掌握人际沟通分析学理论的过程中拥有更健康而美好的人际关系，祝你们在这个参与的过程中有非常愉快的美好体验，并获得无穷的正能量！谢谢，谢谢你们！

杨眉

2012 年 12 月于北京

第 2 版前言

不同的文化，相同的心理

今天距离我坐在我瑞典家中的花园里写《人际沟通分析学》这本书第 1 版的结束语，已经过去整整 5 年了。当时我 66 岁，即将退休，我关闭了我在瑞典马尔默（Malmö）的治疗室并停止为来访者做治疗。我和我的妻子正开始翻修我们家位于蓝色波罗的海宁静乡村的老别墅，以便永久搬过去。早上再也没有闹钟的尖叫，总是在明媚的阳光中睡到自然醒，每个月按时收到来自瑞典政府的退休支票！

但事实并非如此，对我而言，重修房子远比给来访者做咨询更辛苦。雨、雪和凛冽的寒风像往年一样从未间断，而政府支付我的工资又并不多。我从未停止过工作，但是好多年后我才意识到虽然我已经退休了，实际上却仍旧处于半工作状态。我在瑞典的工作几乎终止了，但是我在中国的工作却增加了，到目前为止，我每年要去中国 4 至 5 次，做有关人际沟通分析学的培训，而这一切又是如何发生的呢?

一个最大的原因是近些年人际沟通分析学理论在中国有了很大的发展，比起 5 年前，有更多的中国人想要学习并运用 TA 理论。

杨眉、赵梅、田国秀、侯志瑾、陈蕾、徐丽丽、周司丽和其他很多同道为使 TA 理论在中国得到应用和普及，做出了不懈的努力并取得了巨大的成功。

目前，一些重要的 TA 经典著作，如伯恩的《人们所玩的游戏》《人生脚本——说完“你好”，说什么?》被翻译或者重新翻译为中文，很多新的原创 TA 著作也在中国出版，除了我们这本 2013 年出版的《人际沟通分析学——一种有效提升交往能力的心理学理论》之外，徐丽丽的《四大沟通模式》和孙安达的《拐点沟通——打造企业内部无障碍沟通》两书也相继在中国问世。此外，很多人参加了系统的 TA 培训项目，而我本人也加入了由陈蕾发起并组织的中国 TA 协会。今年，也就是 2017 年 7 月在德国柏林举行的国际 TA 大会上，徐丽丽通过了国际 TA 组织的标准考试，成为中国大陆第一位拥有国际交互作用分析资格证书的分析师。

任何 TA 的学习者都可以将 TA 知识自如地运用于个人和专业的发展中。人们可以通过阅读、上网、参与 TA 课程的培训、参与 TA 学习小组和其他方法学习到 TA 的知识。

任何认为 TA 知识有用的人都可以传播并且讲授 TA 知识，然而，要想获得交互作用分析师的官方认证，就需要研究 TA，并按照国际人际沟通分析学会（the International Transactional Analysis Association，ITAA）或其他与 ITAA 合作的大型区域协会的标准通过 TA 考试。

ITAA 的教师则需要通过更高级别的 TA 资格考试。ITAA 这样的国际组织制定培训标准和实施考核，而像我这样的专业教师则通过各地区的培训机构实施 TA 的正式教学和培训。

我一直有一个目标，就是坚持在中国的教学，直到中国的 TA 实践者和老师学会 TA 并且通过国际 TA 培训体系的考试，这样他们就能在中国发展与国际 TA 范式接轨的、符合中国国情的 TA 理论。

尽管世界各地的文化差异很大，但是人类的心理状态是相似的。我非常欣慰地注意到，这本书的第 2 版出版与徐丽丽开拓性地成功通过 TA 考试间隔不久，这使我明显地接近了我的目标。

我在中国的其他几位高水平 TA 学生不久也将参加 CTA（Certified Transactional Analyst，注册交互作用分析师）的考试，这使我坚信 TA 可以继续在中国传播并帮助更多的中国人，使他们在与家人、朋友的和睦相处中拥有更好的生活。我相信在中国的 TA 理论将发展出中国的 TA。这个世界为了生存的需要正不断拓展着心理学知识，而中国的 TA 将成为这种心理学知识的一部分。①

我希望再次表达我对我的合作者杨眉的诚挚谢意和由衷钦佩，她现在与我们当年第一次合作写这本书时一样，肩负着在中国传播 TA 的重任，坚持要将 TA 理论带给今日中国更多的人。杨眉十分擅长做心理学科普，她在运用个案向读者解释 TA 理论方面具有很高的专业能力，她十分擅长用日常生活中的例子向读者传递有时显得有点深奥的心理学理论。在这本书的第 2 版中，她一次又一次结合

① 这本书是为大众写的科普著作，旨在将 TA 理论中有益于提升大众生活质量的内容提炼出来并介绍给大家。——译者注

个案让读者知道如何在日常生活中贯彻“我好，你也好”的 TA 原则。

我们的合作本身就是一个在各种时间结构中进行建设性沟通的范例，我们在修订本书的过程中也增强了友谊。我们所浸润并从中受益的文化是有差异的，我来自瑞典，杨眉来自中国，但是我们都从对彼此文化的了解中学习到了更多的有关其他文化的知识并从中受益。我们的文化是有差异的，但是人类的心理状态是相似的，因此我们所传播的心理学知识是具有普遍性的。

我希望杨眉和我的努力将继续惠及更多读者，我也希望表达我对我们的编辑杨宗元女士的诚挚谢意，她坚信这本书的新版将能够帮助更多的读者拥有更好的个人与职业关系。这也是我个人的最高愿望和目标。

欧嘉瑞（Thomas Ohlsson）
2017 年 9 月 1 号于瑞典 Knäbäckshusen

（杨眉　译）

目　录

第一章

埃瑞克·伯恩的生平①

每个人的命运都取决于当他正视环境时他内心的思考与决策。

——埃瑞克·伯恩

人际沟通分析学的首倡者埃瑞克·伯恩（Eric Berne，1910—1970）是出生于加拿大的美国人，是受过精神分析训练的精神病学家。伯恩的父母分别从波兰和俄国移民到加拿大。伯恩的父亲是一个内科医生，母亲是一个作家和编辑，他有一个比他小 5 岁的妹妹。伯恩小时候跟父亲很亲，最高兴的事就是陪父亲出诊。不幸的是，伯恩 11 岁时，他的年仅 38 岁的父亲因肺结核去世。伯恩的母亲

① 见 ITAA 的官方网站。

就靠写作维持一家三口的生活。

伯恩的母亲一直鼓励伯恩追随父亲的足迹学医，伯恩于 1935 年获得医学硕士学位。不久后他到了美国，并在一所精神病院工作。1939 年，伯恩入籍美国。1941 年，伯恩开始在纽约心理分析学院接受精神分析训练。第二次世界大战期间，他以精神科医生的身份加入美国军队。在部队里，他按照要求对一些表现出精神紧张的美国士兵进行精神疾病的诊断，并开始为有心理问题的士兵做集体心理治疗。战后，伯恩到一所医院任职并继续接受精神分析训练，1947—1949 年，他接受的是著名心理学家艾里克森的分析训练。

伯恩从 1949 年开始写了一批论直觉的文章，对精神分析学中的无意识说提出了很多质疑。他原以为他的观点会被当作对弗洛伊德学说的发展，没想到正是这些文章使他连续几次要求加入精神分析学会的申请被拒绝。伯恩在最初接受精神分析训练时，是一心一意想要成为精神分析治疗家的，他当时认为那对于他是非常重要的。但是连续被否认的经历激怒了他，已经接受了十多年精神分析训练的伯恩开始了对精神分析进行大幅度修正的历程，与此同时，他开始发展一种新的治疗方法。

1957 年起，伯恩开始陆续发表有关人际沟通分析学的文章。[①] 1964 年，伯恩及其同事共同创建了国际人际沟通分析学会（ITAA）。1962 年时，伯恩已开始出版有关 TA 的刊物，1970 年则正式命名为《交互作用分析杂志》（*Transactional Analysis Journal*，*TAJ*）。*TAJ* 是季刊，迄今为止，它仍然是有关 TA 理论和实践的主要杂志。

由于伯恩是在自己的精神疾病临床治疗工作中发展出他的理论的，所以 TA 最初的目的是心理治疗尤其是集体心理治疗（group therapy，又译“团体心理治疗”）。但是随着时间的推移，他开始关注日常生活中人与人的交互作用或说相互影响。

社会生活中，人与人之间的交往是一种相互作用，如父母与孩子、丈夫与妻子、老师与学生、同学与同学、同事与同事、领导与下属等。而任何一种人际相互作用都包括两个方面：刺激与反应。用伯恩自己的话说就是：“社会交往的单位称为相互影响。当两三个或更多的人相互碰到一起时，迟早某些人要说话，或者向其他人的出现致意，这就叫相互作用刺激。另外的人就会说一些或做一些与这种刺激有某种联系的事，那就是相互作用反应。”[②]

TA 就是通过分析人们相互间刺激与反应的表现去观察并了解人们，以发现

---

① Eric Berne. Ego States in Psychotherapy. American Journal of Psychotherapy，1957（11）：735-743. Eric Berne. Transactional Analysis：A New and Effective Method of Group Therapy. American Journal of Psychotherapy，1958（12）：293-309.

② 托马斯·哈里森. 我好！你好！. 陈朴，陈刚，覃光广，译. 北京：光明日报出版社，1988：24.

不同的人格状态——伯恩称之为“三我”——所导致的不同的交往规律，并从中提取健康的自我成长与交互作用的模式。

由于伯恩受过长达十多年的精神分析训练，因此，他的学说最初是在精神分析的框架下建构的。例如，他同意心理冲突的成分在无意识中，他也认为童年经历会对人的成年产生深刻影响，而且他用以分析人格的基本单位“儿童自我状态”、“成人自我状态”和“父母自我状态”最初也可以粗略地对应于弗洛伊德的“本我”、“自我”和“超我”。但事实上，伯恩的“自我状态”说与弗洛伊德的“三我”理论有着很大的不同。欧嘉瑞的观点是：“我不认为把‘自我状态’与弗洛伊德的‘自我’、‘本我’和‘超我’说相对应是正确的。它们只有很少的相似性，却有非常深刻的不同。”

伯恩也承认童年经历的重要性，但他与弗洛伊德不同的是，他提倡分析并且解决当前的问题，他相信人们可以自我认识和自我改变。因此，他发展出了一套极为通俗、简洁、几乎能让任何人理解的分析人际沟通行为的语言，与此同时，他还提供了一套有很强操作性的方法。

TA 所提倡的人们不仅可以自我认识和相互理解而且可以自我改变的理念，使伯恩的学说不仅有别于精神分析学，而且更有效率。

伯恩的主要著作有：*The Mind in Action*（1947）；*A Layman's Guide to Psychiatry and Psychoanalysis*（1957）；*Transactional Analysis in Psychotherapy*（1961）；*Structure and Dynamics of Organizations and Groups*（1963）；*Games People Play*（1964）；*Principles of Group Treatment*（1966）；*Sex in Human Loving*（1970）；*What Do You Say after You Say Hello?*（1971）。

特别值得一提的是 1964 年伯恩所著《人们所玩的游戏》一书的出版。在此之前，伯恩并未受到广泛关注，所以他出版此书时颇费周折，最后还是在他的同事们的资助下才得以出版。令人意想不到的是，这本写给专业人员看的书后来却成了一本畅销书，累计印刷 300 多万册。因为这本书让公众发现：人与人之间是可以相互理解的，更为重要的是，人是可以改变的。这个理念让人们感觉振奋。[①] 随着这本书广泛流传到世界各地，TA 为自己赢得了大批追随者。从那以后，伯恩的学说在世界范围内得到了广泛的认可和传播，TA 在各种文化中找到了自己的知音。

但是作为个人，伯恩显得有些害羞，他在朋友们面前有时还会喜怒无常，刚刚还极为随和、迷人，转眼间就可能变得独裁、苛刻和冷漠。再加上他有过三次婚姻，人们对他如此矛盾的个性特点有不少质疑。有的传记作者认为自小丧父导致他丧失了爱与被爱的能力。

---

① James R. Allen. Games People Play：40 Years Later. ITAA 的官方网站.

伯恩有非常多的追随者，最让人感动的是，他去世这么多年后，他的学说不仅没有停滞，反而在他的追随者的努力下不断发扬光大，他于1964年成立的国际人际沟通分析学会的成员现在遍布全世界。除此之外，还有五个跨国性组织，它们是：美国人际沟通分析学会（USATAA）、西太平洋地区人际沟通分析学会（WPATA）、南亚人际沟通分析学会（SAATA）、拉丁美洲人际沟通分析学会（ALAT），以及欧洲人际沟通分析学会（EATA）。此外，中国台湾也已经成立了台湾人际沟通分析学会（TTAA）。

目前，人际沟通分析学除了被用于心理咨询与治疗之外，还被用于教育、管理、社会工作等与人际沟通有关的工作中。有关TA理论的研究也有了新的进展，主要包括：2009年12月在德国法兰克福召开了第一届TA研究大会；2010年欧洲TA学会在伯恩诞生100周年之际开始出版一本国际人际沟通分析学的研究型杂志，其中欧嘉瑞就1963—2009年的有关TA的博士论文做了一个研究。他发现325篇论文主要来自美国和欧洲，这些论文证实了TA在心理治疗、心理咨询、教育和组织开发这四个领域中的有效性。

伯恩的学生与追随者一直在推进和完善人际沟通分析学，在中国最有影响的是其同事托马斯·哈里森（Thomas Harris）所写的介绍人际沟通分析学的专著《我好！你好！》①。此外，瑞典心理治疗师欧嘉瑞（Thomas Ohlsson）、安妮卡（Annika Björk）与罗南（Roland Johnsson）三人合写的《人际沟通分析——TA治疗的理论与实务》② 一书也先后在中国台湾和大陆翻译出版。

1986年，瑞典国际TA督导师欧嘉瑞及其团队把人际沟通分析学课程带到中国台湾。2005年5月，欧嘉瑞又将系统的人际沟通分析学课程带到中国大陆，从那以后，欧嘉瑞以及他团队中的罗南和安妮卡三位TA培训师先后共40次在北京、哈尔滨、珠海、南京和中国其他城市进行培训，完成了两轮基础和中级TA培训项目（TA101和TA202），每轮培训时间累计28天，其中有几位学员不久就将进行TA的高级课程学习，并接受TA培训师的培训。

思考题：

1. 伯恩的学术经历给你什么样的启发？
2. TA在世界范围内的广泛传播说明了什么？
3. 一个学说要有生命力需要具备哪些必要条件？

---

① 托马斯·哈里森．我好！你好！．陈朴，陈刚，覃光广，译．北京：光明日报出版社，1988．

② 欧嘉瑞，安妮卡，罗南．人际沟通分析——TA治疗的理论与实务．黄珮瑛，译．台北：张老师文化事业股份有限公司，1996．

第二章 人际沟通分析学概论

沟通分析（交互作用分析）是关乎人格与社交行为的理论，亦是心理治疗的临床方法。它建基于对两个人或多个人所有可能的沟通方式的分析。[①]

——埃瑞克·伯恩

第一节　人际沟通分析学的基本概念

一、人际沟通分析学的定义

1. Transaction 的译法梳理

英文中的 Transaction，严格说应该翻译成"交互作用"，意思是指人们之间的相互影响；人与人相处，都是相互影响的，性格温和的人与脾气暴躁的人相处久了，彼此都会有所改变，温和的人会变得偶尔有点小脾气，而脾气暴躁的人则会变得稍微柔软一些。因此，Transaction Analysis 翻译成中文，应该是"交互作用分析学"——人与人之间的相互影响和作用——最为贴切。可是，这个译法又显得太学术，非专业的人看起来会不太明白，而我们对本书的定位又是有关 Transaction Analysis 的科普书，因此，考虑再三，在已经有的有关 Transaction

① 埃瑞克·伯恩. 人生脚本——说完"你好"，说什么?. 周司丽，译. 北京：中国轻工业出版社，2016.

Analysis 的译法如“交互作用分析学”、“交互分析”、“相互影响心理学”和“人际沟通分析学”等中选择了台湾的译法，即将 Transaction Analysis 译作“人际沟通分析学”。这样看起来这本书的内容就一目了然了，但是由于这个译法常常会让人忽略人际的交互影响和作用，所以我们有时也会用“交互作用”这样的译法来提醒大家这个概念的本义。

2. 人际沟通分析学

按照国际人际沟通分析学会（ITAA）所下的定义：“人际沟通分析学（Transactional Analysis，简称 TA，又译作交互作用分析学、交互分析以及相互影响心理学）是一种人格理论，也是一种系统的心理治疗方法，以达到使人成长和改变的目的。”①

TA 提供了一种系统地对人们的交互作用过程和状态进行分析的理论框架，其过程和目标包括：“首先，分析简单的人际交往过程；其次，分析人们之间陈旧的沟通模式；最后，就是分析那些复杂的、经过精心设计的、常常会卷入很多人的交互过程。……其目的在于：实现社会控制并最终解决那些长期的人际冲突和扭曲。”②

交互作用分析的内容包括四大板块：结构与功能分析（自我状态分析）、游戏分析、沟通分析（交互分析）和脚本分析。

TA 能够帮助人们了解当他们与别人在一起时他们之间会发生些什么，以及当人们之间发生不愉快的交互作用时，人们可以去做些什么样的建设性改变。

TA 能够帮助人们更好地理解人与人之间是如何交往的，并向人们提供建设性的沟通方式以帮助人们建立健康的人际关系。

TA 最初产生于伯恩的临床实践，但是由于伯恩采用的概念系统非常通俗易懂并且在生活中也非常实用，所以随着时间的推移，不仅伯恩本人而且他的追随者都将其用于日常生活中人际交互作用的分析。因此，现在的 TA 在临床之外被更广泛地用于教育、自我教育、婚姻家庭辅导以及团队建设和机构管理，尤其 TA 理论的基础部分可以通过心理教育的方式成为帮助公众改善自身人际关系、提升自身生活质量的心理学自助理论。

3. 人际沟通分析学的主要术语

伯恩创立人际沟通分析学理论时，它的主要术语只有以下几个：自我状态（ego states），它又分为父母自我状态（Parent ego state）、成人自我状态（Adult ego state）和儿童自我状态（Child ego state）。按照伯恩的观点，对这三种自我

---

① 此定义见每一期《交互作用分析杂志》（*TAJ*）刊头。

② Eric Berne. Transactional Analysis in Psychotherapy. New York：Ballantine Books，Grove Press，Inc.，1961：3.

状态的分析是一种“结构分析”(structural analysis)。

其他三个主要术语是：游戏（game)、脚本（script）和交互作用过程分析(transactional analysis proper)。

二、人际沟通分析学既是心理治疗理论，也是一种人格理论

1. 作为心理治疗理论的人际沟通分析学

TA 最初产生于伯恩的心理治疗实践，因此，它首先是一种心理治疗理论。作为心理治疗理论，它的适用范围较广，既可用于一般心理问题、成瘾治疗，也可用于精神疾病的治疗，尤其适合集体咨询和治疗，包括婚姻和家庭治疗。在治疗领域中，TA 运用自我状态分析、沟通分析、游戏分析和脚本分析，矫正影响患者功能的病理行为与思考，帮助患者重建或增强其健康的功能。

欧嘉瑞的研究证实：在严重成瘾者中以 TA 为心理治疗手段，效果显著。[①]他的研究对象包括 67 名长期对酒精和安非他明严重成瘾的患者。欧嘉瑞对他们进行了以 TA 为主要心理治疗手段的治疗，两年后又对他们进行了 20 个月的追踪研究，结果显示：如果一个来访者经过一年或一年以上的 TA 心理治疗，他们就可以不依赖酒精和毒品而过正常的生活。这表明 TA 的治疗效果是显著的。

2. 作为人格理论的人际沟通分析学[②]

TA 是一种人格理论，运用这种理论可以帮助人达到个人成长的目的。

作为一种人格理论，TA 系统地描述了人的人格结构。它把人格分为三个部分：父母自我状态、儿童自我状态和成人自我状态。每一种自我状态都有其不同于其他状态的表现形式和功能，正是这些不同自我状态的存在，对人的行为和人际关系产生了不同的影响。此外，作为一种人格理论，TA 还有自己的人格发展观，它以人生脚本的概念解释童年经历会如何影响现在的生活方式。按照人生脚本的架构，我们可以了解为什么虽然不断重复儿时的行为模式会给成年人造成很大的痛苦和自我挫败感，而有些成年人仍然会欲罢不能地重复它。

与其他人格理论比较，TA 以一种非常独特的、通俗易懂的表达方式成了特别适合人们用于自我认识和自我成长的人格理论。笔者之一、首都经济贸易大学杨眉教授将 TA 理论介绍给 85 名大学生，一学期 32 课时，开课前与结课后施测诺威克与杜克（Nowicki and Duke）于 1974 年编制的“成人 Nowicki-Strickland 内—外控制量表”(ANSIE)[③]，回收有效问卷 81 份，数据显示：“人际沟通分析

---

① Thomas Ohlsson. Effects of Transactional Analysis Psychotherapy in Therapeutic Community Treatment of Drug Addicts. TAJ，2002，32 (3)：153-177.

② 参考中国台湾人际沟通分析学会(TTAA) 的官方网站。

③ 汪向东. 心理卫生评定量表手册. 中国心理卫生杂志，1993 (增刊).

学”的心理教育课程有效地降低了这81名大学生的外控倾向。[①] “心理控制源”(locus of control)这个术语最初由J. B. 罗特(J. B. Rotter)于1966年提出，被认为是有关个人性格及/或行动与事件结局间关系的泛化性期待。[②] 它包括内在控制点和外在控制点这两级。有高内控点的人相信付出与收获息息相关，倾向于把结果归因于个人的控制。因此，他们做事负责、工作努力，会更多地投身到社会活动中并影响他人，在情绪上也较常有幸福感。而有高外控点的人，由于拥有“结局不由个人努力决定”的信念，倾向于把结果归因于外在环境，如有势力的他人、命运和机遇等。因此，他们做事时态度消极，且较容易产生焦虑、抑郁等情绪，难以应付紧张的生活环境。[③] 控制源作为一个影响人心理和行为的重要变量，对人的心理和行为有很重要的预测作用，因此这个概念提出后立刻引起国外研究者的广泛注意，1990年代以来，国内学者也开始予以关注。

在这个测验中，由于问卷得分以外控性计，因此分数越高，说明外控越高；而测验中显示的分数降低，说明结课时学生的外控降低，内控增高。换言之，此测验表明，在学习了32课时的“人际沟通分析学”课程后，学生至少在观念上懂得了人要为自己的行为负责。用TA理论的术语说就是，学生人格中的成人自我状态有所增强。很显然，这对学生日后的发展是有深远意义的。

第二节　人际沟通分析学的哲学观

伯恩提出，人际沟通分析学理论是建立在如下三个毫无例外的基本事实以及相应的三个哲学假设之上的。

一、三个基本事实

1. “每个大人都曾经是个小孩”[④]

这句话看起来很简单，但实际上意义重大：每个大人都有过自己的童年，每个人都是从童年走过来的，他的童年是美好的还是不幸的，对他今日的大人身份是有影响的。“人生像一本书，第20页发生之事，要回到第5页找原因。”

---

① Yang Mei. The Relationship between Teaching Transactional Analysis Theory and College Students' Locus of Control: An Empirical Research. International Journal of Transactional Analysis Research, 2010 (7): 40.

② 汪向东. 心理卫生评定量表手册. 中国心理卫生杂志，1993（增刊）：329.

③ 墨顿·亨特. 心理学的故事. 李斯，译. 海口：海南出版社，1999：433－435.

④ Eric Berne. Transactional Analysis in Psychotherapy. New York: Ballantine Books, Grove Press, Inc., 1961: 17. 本节以下两个基本事实的出处相同。

这是在说童年经历的无比重要性。虽然大人都曾经是小孩，但是，每个小孩的童年是不一样的，有的美好，有的痛苦，有的顺利，有的艰难，有的从小体弱多病，有的从小健壮活泼，有的从小聪明伶俐，有的从小木讷迟钝，不同的先天和不同的后天的不同组合，使每个大人的童年有了很大的差异，也因此造就了不同的大人。比如从小家庭条件好——家境好并且父母身心基本健康、爱孩子、教育方法得当等——的孩子，长大后的发展会比较顺利；而从小家庭条件不好的孩子，由于缺乏内外资源，成长过程中的磨难就会比较多。

最近十年大放异彩的“表观遗传学”① 也从另外一个侧面证实了童年经历的无比重要性，“表观遗传学是指在基因组序列不变的情况下，可以决定基因表达与否，并可稳定遗传下去的调控密码”②。

换言之，环境影响基因表达，一个孩子的成长环境健康与否，决定了他的成长方向。2013 年 9 月，美国一篇有关基因学新进展方面的文章有更生动的描述：“你的基因不是一张固定的蓝图。一天又一天，一周又一周，你的基因在和你的环境——你的邻居、家庭、你的孤独感对话，这一切不会仅仅停留在表面，而是会进入你的细胞控制室。……你今天的经验将在未来两三个月中影响你身体的分子组成，或者也许影响你以后的人生。”③

风靡全球的哈利·波特的成长故事就是一个环境决定基因表达的典型例子，哈利虽然具有天赋的魔法基因，但因为自小与一对麻瓜养父母一起生活，因此他起初对魔法一窍不通，后来他到魔法学校，在魔法师的指导下修炼了几年后才终成正果。

我们在咨询中常看到，从小承受家庭暴力的孩子长大后往往也成为家暴的实施者，人们认为这是遗传。其实不然，是当事人童年生活的环境激活了他人性中暴力的一面。而一个生活在安全、健康的家庭中的孩子，其基因中的光明面则会被最大限度地激活并表达。现在看中国人熟知的“孟母三迁”，其实讲的就是一个睿智的母亲为让孩子的基因有最好的表达而凭直觉对孩子的成长环境做了重要选择的故事。

每个大人都曾经是一个孩子，这个孩子的童年快乐不快乐，安全不安全，健康不健康，不仅仅会影响到他长大成人后的生活，而且会进一步影响到这个大人未来的孩子，生命就是如此生生不息，环环相扣。幸运的是，虽然一个拥有不幸童年的大人的人生不可逆，但是他却可以在成为大人之后为自己创造健康成长的

---

① “表观遗传学”这一术语是生物学家瓦丁顿（Waddington）于 1939 年提出的，其获得性遗传观最近十年成为生命科学界最热门的领域之一。

② 此定义由清华大学医学院表观遗传学与癌症研究所教授孙方霖提出，转引自《中国科学报》2012 年 1 月 1 日吴昊的文章。

③ David Dobbs. The Social Life of Genes. Pacific Standard：The Science Society，2013.

条件，不仅如此，他还可以为他未来孩子的成长创造一个健康积极的环境。

2. “每个脑部机能良好的人，都有适当应付现实的潜能”

从伯恩所提出的这第二个事实可以看出，伯恩是秉持存在-人本主义哲学观的，他相信人有无限发展的潜能，相信人可以适应环境并应付现实。

应付现实的具体意思是：不仅可以应付现实中的苦难，如“5·12 汶川地震”发生时灾区人民乃至全国人民对地震灾害的应付，还可以以一种灵活而富有弹性的方式去接受和适应现实，如面对不可逆的生老病死，心理健康的人往往会采取坦然接受和继续生活的态度。人在适应现实方面的巨大潜能，可以从人类适应环境方面的累累成果中看出。

同时也要注意，人对糟糕的甚至是恶的环境同样具有很强的适应性，这也是“文化大革命”可以延续长达 10 年的部分原因所在。

生命存在应激本能，人的身心都具有应激能力。面临新环境时，人的动物本能会驱使人自我调节以适应新环境。因此，好的环境可以驱使人发挥更多的善，而恶的环境则有可能驱使人表现出更多的恶。了解这点，可以帮助我们有意识地选择有利于自己成长的环境，并在身处不利环境时，知道坚守原则以抵制环境的不利影响。

由于伯恩是从临床心理治疗中锤炼出他的理论的，我们可以从他对心理疾病患者的态度中看出他对这一理念的坚持。他在自己的治疗中坚信“期望效应”的存在，他更看重患者的力量和潜能而不是他们的弱点和疾病。他曾说：“如果一个病人被当作一个仿佛具有脆弱的自我状态的人看待，他就可能做出相同的脆弱的反应。如果他被当作具有完美自我状态并且仅仅是需要被激活的人看待，经验显示，在面对外部世界以及他自身时，只要有合适的机会，他的成人自我状态就会变得越来越合理并且客观。”①

但是，并非所有被心理疾病折磨的来访者都了解并愿意承认这个基本事实。在心理治疗中，我们常常会看到这样的来访者，他们因为某一个挫折事件而陷入严重的焦虑或抑郁状态，他们为他们所处的状态苦恼万分。可是与此同时，他们又坚信自己别无选择，坚信自己因为曾经遇到的不幸，现在乃至将来都只能被焦虑和抑郁状态所折磨。

这类来访者的主要问题就是：不了解或者不相信自己其实具有适应现实的潜能，他们因为一次失误而认定自己再无转机。有这样问题的人是很好辨认的，因为他们常常喜欢说：“如果那件事没有发生就好了，我今天就不是这个样子了。”或者说：“我今天的一切不幸，都是因为发生了那件糟透了的事。”或者说：“那件事毁了我的一生。”

---

① Eric Berne. Principles of Group Treatment. New York: Oxford University Press, 1966: 221.

举例来说，某人在某个社交场合中出了一个小口误，当时大家也就是一笑了之，而他却从此再也无法放下这件事，久而久之，他得了严重的社交恐惧症。得病以后，因为深受焦虑甚至抑郁情绪的影响，他会成为一个非常积极地四处求医的人。可是，只要他在内心深处拒绝相信自己可以重新来过（“那件事毁了我的一生”），只要他抱着以往那次小小的过失不放（“我今天的一切不幸，都是因为发生了那件糟透了的事”），他就无法从过去的阴影中走出来，也无法摆脱让他痛苦万分的焦虑和抑郁。

同时也要注意，为了使自己能够保持“脑部机能良好”，我们需要有健康的生活方式，要戒除不良嗜好，还要有基本的自我保护意识。

3.“每一个有幸能够长大成人的人，都有父母或其他照顾者”

照顾者做得好，不仅这一代受惠，而且其下一代仍然受惠，反之亦然。

父母是孩子成长中的重要他人，他们承担着照顾和养育孩子的责任。如果孩子从小不是和父母住在一起，而是和爷爷奶奶住在一起，那么爷爷和奶奶就成为这个孩子的重要他人。孩子在与重要他人共同生活的过程中，会逐渐内化其观点信念。因此，父母或者孩子的其他重要他人心理健康与否，对一个孩子的影响非常大。

功能健全的父母也就是心理健康的父母所养育大的孩子，不仅对自己充满信心，而且对社会和他人也一样充满信心。如果在成长中遇到了挫折，他们会很快从挫折中走出来，并能够从中吸取教训，把挫折化作成长的资源。因为儿时健康成长的经历告诉他们，人生整体是光明而充满希望的，挫折只是暂时的困难，而且挫折能够成为人成长的资源。

然而，生活在父母功能失调或说心理不健康的家庭的孩子，他们从小的经历，比如父母在成绩上对孩子极为苛求，或因为是女孩子而被歧视，或父母总是用拳头说话，或父母完全忽视孩子的存在，还有就是父母极为溺爱孩子，等等，都会导致日后对自己应付环境能力的怀疑甚至是完全丧失信心。他们在遇到挫折时，会条件反射似的产生退却和畏惧感，认定自己没有能力应付自己所遇到的问题。

举例来说，从小生活在家庭暴力中的女孩，长大后有可能丧失对男性和婚姻的信心。也许她们在其他方面都能够有较好的适应与发展能力，但是一遇到与异性发生意见分歧的场合，她们的父母在儿时给她们留下的冲突和暴力情景就有可能在瞬间被激活，使她们以为自己无法掌控局面，这时她们采取的对策往往就是逃跑，如放弃关系。可是我们也应该看到，不论父母或者其他照顾者做得如何，他们在自己的能力范围内把一个孩子养大，其中的辛苦与艰难是显而易见的。如果他们做得不够好，不是因为他们不想做好，而更有可能是因为他们缺乏做好的能力和条件。所以，一个人如果不幸有一对不太合格的父母或其他照顾者，那么他在了解了伯恩的这个小理论后，需要做的不是去声讨父母或其他照顾者，而是要把能量用到个人的成长上，将来有一天，当自己也做了一个孩子的照顾者后，不仅可以胜任愉快，而且可以终结自己原生家庭中照顾者的问题并使自己的家庭和后代进入良性循环。

二、三个哲学假设

除了提出三个基本事实外，伯恩还提出了以下三个哲学假设作为他学说的理论基础。

1. "'我好，你也好'的人生态度是天赋的"①

人际沟通分析学的这个假设与精神分析的假设显然有很大不同。精神分析的假设概括起来可以说是：人是被欲望折磨并被压抑自身欲望和防备他人欲望的愿望折磨的。

伯恩对人的看法不同，他认为每个人都有一种与生俱来的基本人生定位——"我好，你也好"，即认为人都是好的并期待与他人和谐共处，而且每个人出生时就具备尊重人本质的价值与尊严的先天倾向。伯恩的这个观点与我们中国的哲学家孟子的"性善论"很相似。

具体地说，伯恩此处所说的"好"是指：人天生都是善良的，是可以信赖的。这是一种存在-人本主义哲学观。秉持这种观点的人显然更相信世界是光明的、美好的，相信人与人之间是一种相互欣赏和信任的关系："我是好的，你也是好的，而且我相信你是好的，你也相信我是好的。"

伯恩的这个哲学假设给人以希望，让我们看到人生而平等（"我好，你也好"），看到因为人都是向善的，因此这个世界就会有更美好、更符合人性的未来。与此同时，我们在接受他的观点时也要有所保留，如果我们片面地理解伯恩的哲学假设，以为他的意思是指这个世界只有好没有坏，那是不符合事实的。

伯恩这里的"好"是指人的本质而非具体的行为。好人也是有可能做坏事的，因此，即使一个人的某个行为是糟糕的，但伯恩坚信他的本质仍然是好的，是值得尊重和信赖的，因此也是有希望改变其不好行为的。

在现实生活中，由于多重因素的影响，一个人是不可能总表现出好的一面的，比如"文化大革命"中由于害怕被伤害，很多人放弃自己做人的原则，而去做伤害他人如"揭发""批判"甚至大打出手的事；比如今天，有很多身居要职的人因为抵挡不住诱惑而成为贪官污吏。因此，相信人性向善与对人性的弱点保持警觉以及在必要时知道捍卫自己是不矛盾的。虽然人性是向善的，但是，人却会因为人性的弱点而做出错事甚至恶事，这是不矛盾的。

---

① Eric Berne. Standard Nomenclature. Transactional Analysis Bulletin，1969，8（32）：111-112.

从操作层面看，宏观上我们要相信“我好，你也好”，但在微观上，我们在与人相处时要有一个底线，不能无限制地允许一个人总做伤害我们的事，那样不仅是对我们自己的不公平，也是对不公平的一种纵容。

2. “人与世界的关系由每个人自己决定和再决定”①

伯恩认为，一个人对他自己以及他的世界所做出的最重要的决定，就是有关他的人格和他的生活定位（生活态度）的早期决定。

每个人都是在童年时做出了有关自己和世界的关系的重要决定（四种生活态度是指：我好，你也好；我好，你不好；我不好，你好；我不好，你也不好）。如果我们对自己做出了早期决定，那么在以后的生命中，也只有我们自己有能力改变早期决定并为自己做出新的决定（换一种生活态度），这被后来的学者高登夫妇称为再决定（redecision）。

“决定”与“再决定”这两个词虽然只有一字之差，但其中的距离何止千万里。因为一个人在童年时会做出什么样的决定，往往不是他本人能够决定的，那取决于他所出生的家庭，取决于他是不是有一对爱他的父母，取决于他的父母会不会爱他，以及有没有物质和精神的能力爱他。比如说，一个女孩子生在一个有严重“重男轻女”观念的家庭，或者一个孩子出生在一个有严重家庭暴力的家庭，或者孩子出生的家庭有非常严重的衣食住之忧，此外，父母不和、身体损伤、小学或者中学老师的苛求以及自然灾害、社会悲剧等等，都有可能成为影响孩子决定的重要因素。

因此，童年时的第一次决定，往往是一个孩子在环境作用下不得不做出的生存策略，是他当时可以采取的最好的应对现实的方法，即使那个方法本身并不好，如以偷窃应对贫穷，用卑躬屈膝应对侮辱，等等。但是，所幸人并不是如此无助和无望，以至于小小年纪就被决定。因为当一个人长大成人后，他就拥有了对自己的决定进行反思的能力，与此同时，他就可以行使自己自由选择的权利，对自己早年的决定做出“要继续，还是不要继续”的新选择，而此时的决定或说再决定就是他个人可以做的自由选择了。

伯恩此说的意义在于，他让我们知道，无论有过什么样的童年，一个成年人都可以通过再决定而改变自己的命运。人在儿时的决定、信念和行为模式，是可以在人长大成人后，在其此时此刻的不同资源的支持下，借着重新决定而加以改变的，所以人的改变是可行的。正因如此，这是一个能够给人以希望的哲学假设。

3. “人们需要得到他人的注意或说安抚才能够生存”②

安抚（stroke）是指人与人之间的认可、关注与回应。安抚分为正面的和负

---

① Eric Berne. What Do You Say After You Say Hello?. New York：Grove Press，1972：31.

② Eric Berne. Transactional Analysis in Psychotherapy. New York：Ballantine Books，Grove Press，Inc.，1961.

面的两种。正面的安抚是指那种给予人积极的认可、关注和回应的安抚，像微笑、鼓励、关心、赞同、支持等；负面的安抚则是指指责、批评、教训，严重的还包括打骂等。伯恩认为人对他人的认可存在着一种极为强烈的需要，而现实中，人们往往缺乏积极的安抚，因此而导致了很多问题。

很有意思的是，我们中国古代还曾经专门设过“安抚使”这样的官位，《中国历史大辞典》对此有专门的介绍：唐贞观初年，遣大使十三人巡省天下诸洲水旱，多为安民赈恤而设；北宋时，诸路遇天灾人祸，临时派遣安抚使，事毕即罢。

ITAA 在介绍安抚这个概念时指出，伯恩发现持续得到他人的注意是一个人心理生存的必要条件。无论人们有多少伪装成其他目的的行为，其最终动机其实都是为了引起人们的注意并获得安抚。[①] TA 的目的就是不仅要帮助人们理解自己如何得到并给予积极的或消极的安抚，而且要帮助人们改变不健康的安抚模式。

TA 有关安抚概念的研究是非常有意义的，因为这个在现实生活中非常重要而实际上却常常被人们忽视的概念有重要的心理保健功能。那些得到父母、老师及时鼓励、回应、关注的孩子，他们的心态和行为通常都积极向上，而且对自己和世界充满了信心。而那些被忽略甚至漠视的孩子，他们看世界和看人的态度常常是消极甚至阴郁的；不仅如此，他们对自己和他人都缺乏信心，而他们的生存意志也往往比那些受到积极安抚的人薄弱。

第三节　人际沟通分析学的应用范围

伯恩最初是在临床治疗中发展出他的人际沟通分析学的，但在心理治疗这个领域以外，TA 也能应用到教育方面，如帮助老师和学生保持清楚通畅的沟通，增强学生的自我控制能力或问题解决效能，并为促进学生的心理健康和个人成长做贡献。

笔者自 2007 年开始尝试为本科生开设介绍人际沟通分析学的课程（课程名称为“人际沟通分析学”，同本书名），共 32 课时。课堂上，笔者以心理教育的方式向学生介绍 TA 理论。限于课时，笔者只能以科普方式向学生介绍 TA 理论中对他们成长最有益的部分，其中包括“人格中的三种自我状态”“自我状态的污染和去污染”“四种生活定位”“安抚与漠视”“人际沟通方式及分析”“心理游

① 见 ITAA 的官方网站。

戏”“生命脚本与早期决定”“我们可以做的再决定”等八章。笔者的课堂教学实践与研究证明，TA 理论在促进大学生的自我认识和自我成长方面产生了十分积极的作用。①

此外，TA 还是机构中进行管理与沟通培训的好方法。西方许多人如企业管理者、社会工作者、警察和神职人员等都常在自己的工作中运用 TA。② 在中国，如深圳的“新资本俱乐部”已经开始将 TA 介绍给很多机构的人力资源部门。③自 2005 年 TA 理论被欧嘉瑞系统介绍到中国后，国内也有人在企业实践 TA 理论，其中包括以下工作主题④：销售技能、时间管理、领导力、员工承受的压力、情绪管理、员工归属感、生涯规划和困境解决等。

总之，TA 是目前在国际上流行的一种心理咨询与治疗理论，同时又是一种非常好的提高人际沟通水平的理论。这个理论的最大特点是有一套简洁通俗、容易掌握的概念或说是分析语言，以及相应的一套便于操作的方法，因此是一种非常有效率的理论。更重要的是，它的基础理论部分可以成为帮助公众改善自身人际关系、提升自身生活质量和幸福感的心理学自助理论，因此深得公众欢迎，应用广泛。

思考题：

1. 你怎样看待“三个基本事实”？
2. 你如何评价“三个哲学假设”？
3. “我好，你也好”的人生态度与“自我保护”存在矛盾吗？

---

① 杨眉. 如何有效提升人际沟通能力. 中国青年报，2008-11-14. Yang Mei. The Relationship between Teaching Transactional Analysis Theory and College Students' Locus of Control: An Empirical Research. International Journal of Transactional Analysis Research, 2010 (7). 杨眉，李佳慧. 人际沟通分析学在心理健康课程中的应用与效果检验. 西华大学学报（哲学社会科学版），2011 (4).

② 见 ITAA 的官方网站。

③ 新资本编辑部. 和谐人际关系成就高绩效员工. 新资本，2006 (4).

④ 2015 年 10 月 24 日“人际沟通分析学中国 10 周年年会”上徐丽丽的发言“组织中的 TA”。

21 世纪 通才教育系列教材

第三章 自我状态与结构和功能分析

术语“自我状态”是指那些自然发生的意识状态以及与之相联系的行为模式……结构分析则基于如下假定：自我状态可以被分类和澄清。①

——埃瑞克·伯恩

第一节 自我状态的基本概念

任何一门学说都是一个概念或说是术语（专门学科的专门用语）系统。交互作用分析理论中最重要的概念就是有关人格中自我状态的概念。

伯恩认为人格由自我状态构成。所谓自我状态（ego states），按照伯恩的定义是指：“一种感情和经验前后一致的模式，直接对应于前后一致的行为模式。”② 他的意思是说：当一个人处于某种自我状态时，他就会表现出相对应的思想、感情和行为模式。早在 1950 年代，伯恩在自己的工作与生活实践中就注意到，他的病人以及所有人在整个交流过程中会发生很多变化。这些变化不仅仅是言语上的，而且也包括面部表情、身体语言和其他很多非言语线索，而每一种

① Eric Berne. Transactional Analysis in Psychotherapy. New York：Ballantine Books，Grove Press，Inc.，1961：11.

② 同① XⅦ.

变化都代表一种不同的自我状态。伯恩将其划分为父母自我状态、成人自我状态和儿童自我状态，它们是用来区分三套不同的感受、想法和行为的。

当一个人处于父母自我状态时，就会重演他从父母那里学到的一切；当一个人处于儿童自我状态时，就会重演儿时的行为模式；当一个人处于成人自我状态时，就会表现出成人的理性、现实与成熟。

当两个人相互交往时，某一固定的时间中他们会采取三种自我状态中的一种，下一时间这种状态可能会转换，也可能仍然继续使用。比如一个办公室里的两个人，正常情况下，他们都是以成人自我状态相处的，如果遇到困难时，他们有可能仍然以成人自我状态去面对，也有可能其中一人表现出儿童自我状态，而另外一个人则表现出父母自我状态。当共同以成人自我状态面对困难时，他们是最具适应性的，而当以儿童自我状态或父母自我状态去面对困难时，则他们解决困难的效果就不如以成人自我状态来解决的。

欧嘉瑞提出的定义是："自我状态是思维、情感、行为的共同方式，每一种自我状态都有特定的历史背景。人们的行为可以来自其父母自我状态、儿童自我状态或者成人自我状态。无论何时，我们的行为举动总是处于三种自我状态中的一种。一个心理不够健康的人的问题是，他的三态界限不明以及在必要时进入不了相适应的自我状态。"①

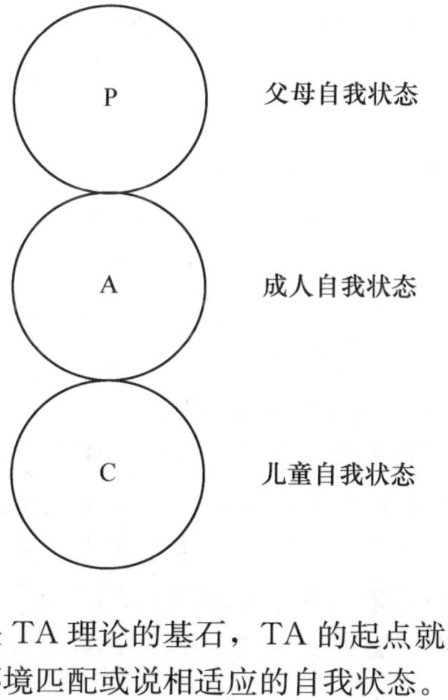

伯恩认为自我状态是TA理论的基石，TA的起点就是帮助人们识别自身的自我状态，并表现出与环境匹配或说相适应的自我状态。

① 引自欧嘉瑞2005年课程讲义。

第二节 自我状态的三种形态

一、人格的三种自我状态说①

伯恩认为人格由三种自我状态——父母自我状态、成人自我状态和儿童自我状态组成，其中每一种都包括一套完整的思想、情感和行为方式。由于一个人的自我状态是幼年习得的，因此，是以条件反射的方式表现的，无须思考，只要出现某个特定刺激，就会激活其相应的自我状态。人与人之间的交往就是他们各自的三种自我状态之间的交往。三我状态的具体内容如下：

1. 儿童自我状态（Child ego state）

当一个人处于儿童自我状态时，他的行为、思想和情感都是其童年经历的重演。换言之，这个被称作儿童自我状态的自我，是一个人在儿时对自己周围所见所闻的反应的记录。由于儿童在早期还不具备足够的语言表达能力，因此其反应多是情绪性的。

每个人在自己的内心深处都带着一个小小的儿童，当一个人以儿童自我状态与人交往时，他的情感、想法和行为表现就会像个孩子一样。就像真正的儿童一样，具有儿童自我状态者倾向于感情用事，希望得到他人的批准和赞同，喜欢即时的满足，同时又非常具有创造力。

儿童自我状态又分为以下两种②：

（1）适应型儿童自我状态（Adapted Child mode，AC，又译顺应型儿童自我状态）

适应型儿童自我状态指人年幼时为了使自己生存的环境足够好，便以某种方式适应和顺从外界权威所规定的种种规则，以达到存活的目的，同时多方渴求别人的赞同，以减少对外在世界的畏惧与焦虑感。

适应型儿童自我状态的典型表现是：听话、服从、讨好、友爱。

小孩做决定主要是根据自己的需要，同时也根据他所感受到的别人对他的期望。例如一个孩子正自己玩得高兴，家里来了客人，父母要他向客人问好，第一次，他会根据自己当时的情绪只管玩而不顾大人的期望，但是客人走后父母对他的责备让他知道，家里来了客人一定要放下手中的东西先去问候客人，这是最基

---

① Eric Berne. Transactional Analysis in Psychotherapy. New York：Ballantine Books，Grove Press，Inc.，1961：3.

② 同①25.

本的规矩之一，否则就会让父母丢面子。于是，下一次再有客人来时，他就会按照大人的要求向客人问好，当他因此而得到客人和父母的赞扬时，他发现自己能用这样的方式使自己和别人都满意，这就是适应环境的过程和结果。但是，再听话的孩子也会有不想满足父母的时候，这时他就会有内疚感。因为天性使然，儿童不想听父母话的时候很多，因此，适应型儿童自我状态过度的人内心常常充满自责、担心、焦虑和内疚，严重者就会具备萨提尔心理治疗模式①中提出的"讨好型"人格特质。

适应型儿童自我状态的反向表现则是：敌意、反叛和拒绝。之所以说这种反向表现也是适应型，是因为他的拒绝和反叛仍然是以父母为中心的。

（2）自由型儿童自我状态（Free Child mode，FC）

自由型儿童自我状态的典型表现是：天真、冲动、自然、自发、自我中心、富有创造力。

当人处于自由型儿童自我状态时，他会表现出活泼、冲动、天真、自发性行动，如贪玩、表情丰富、爱憎分明等，他会像以自我为中心的婴儿一样追求快感并能充分表达自己的情感。

一个成年人在看画展时，情不自禁地喊起来："天哪，实在是太美了！"一个成年人在海边捡贝壳，每发现一个就高兴地大叫起来。很多艺术家的不拘小节、不谙世事、感情用事、自我中心等都是成人身上自由型儿童自我状态的表现。还有我们中国的古典名著《西游记》中的孙悟空，它大多数时候的表现都是典型的自由型儿童自我状态。

自由型儿童自我状态在人的健康成长中有着不可替代的重要作用。美国人类学家阿什利·蒙塔古（Ashley Montagu，1905—1999）1981 年在其《越活越年轻》一书中曾提出一个很重要的理论②——幼态持续说（Neoteny），其要点是：人类进化发展的命运是终生持续保持一些儿童特质，包括去爱、去探索、去好奇、去想象、去唱歌、去跳舞、去游戏、去欢笑、去信任、去开放等。他认为，人类的健康生存有赖于把儿童期的部分行为保持到成年期和老年期。

很显然，用伯恩的框架看蒙塔古的观点，蒙塔古强烈呼吁人类保持的正是自由型儿童自我状态的积极面。

随着改革开放，当前中国年轻人的自由型儿童自我状态比起他们的父辈有所增加，这表明我们社会中的个体更被尊重也更独立，因此也是社会进步的一种表现。

---

① 维吉尼亚·萨提尔，约翰·贝曼，珍·歌柏，玛利亚·葛莱莉．萨提尔的家族治疗模式．林沈明莹，陈登义，杨蓓，译．台北：张老师文化事业股份有限公司，1998：39-63.

② Ashley Montagu. Growing Young. New York：McGraw-Hill，1981：2-4. Second edition，Westport，Connecticut：Bergin & Garvey，1989.

当然，任何事都要有度，自由型儿童自我状态过度者则会表现出萨提尔模式中的“打岔型”人格特点。

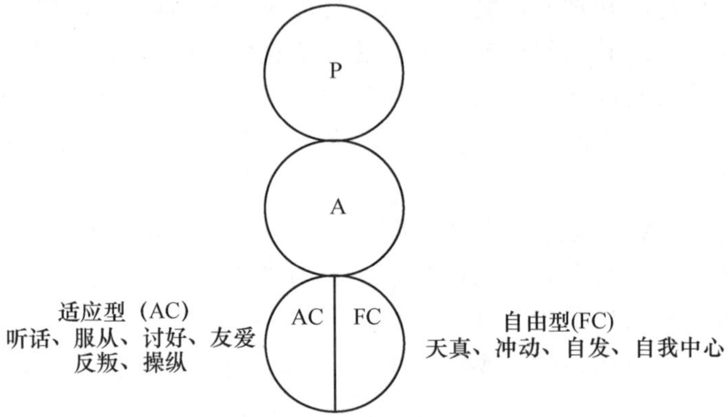

儿童自我状态的两种表现

儿童自我状态由各种印象深刻的早年经历造成，这些经历有积极的，有消极的。消极的经历常常可能是创伤事件，它们妨碍着人的成长。

儿童自我状态具有好的和不好的两面。从好的一面看，儿童自我状态意味着创造力、好奇心、探索精神、感受力、爱心、活力以及热情和好学等，当一个人的儿童自我状态中好的一面发生作用时，他在做人与做事上都会取得很大的成功。从不好的一面看，儿童自我状态时的自我中心、服从、情绪化、对大人言听计从以及适应过程中产生的恐惧感、内疚感和羞耻感，又可能妨碍一个人的健康成长。

在一个人的儿童时期，父母通常会对其有无数的绝不通融的要求，在这个令人沮丧的社会化过程中，孩子体验到的更多是自我否定的情感，以致孩子常常会得出“我不行”这样的结论，结果便造成其不好的一面往往大于其好的一面。伯恩的心理治疗实践证实，那些有着过多消极自我评价的患者，其病症都与其早期过多的消极情感体验有关。

当一个人被儿童自我状态中的消极面支配时，他就有可能会像一个孩子一样，变得感情用事、任性、自我中心、懦弱、自卑并且缺乏控制。这在那些极端的“粉丝”身上表现最是明显，如十多年前演员刘德华的某“粉丝”因追星致使其父跳海自杀，当时那个追星者就处于一种完全被内心那个任性跋扈、自我中心的孩子所左右而无法自拔的状态。

2. 父母自我状态（Parent ego state）

父母自我状态包含了一个人在儿童时期像录音带一样记录下来的、父母所作所为中所包含的教导和规则，这些教育在一个人心中形成了固定的思考与行为模式。对中国人来说，这通常包括“在长辈面前要有规矩”“要有志气”“要为父母争面子”“要比别人强”“要诚实”“要好好学习”“要考上好大学”，再如“不许玩火”“要注意安全”“不许和坏孩子玩”“不许说谎”，还有“千万不要……”“绝对不许……”，等等。因此，当一个人表现出父母自我状态时，其感情、思想、行动等反应方式都如同他还是孩子时他父母的反应一样。有的时候，人们虽然在意识中并不愿意有和当年他父母一样的反应，可是不由自主地，他却会在相似情境中做出同样的反应。所以，父母自我状态的一般表现是：当一个人处于父母自我状态时，其行为、思想和情感都复制了其父母或其他重要他人。

一个人在成长过程中，他的父母每时每刻都会以他们的语言、表情、动作向他强化这些教导、规则、警告、赞许与鼓励。由于孩子还小，因此父母的言谈举止被不加任何筛选地全部保存了下来，成为永久性记录，成为他人格中的一部分。由于每人的家庭状况各不相同，因此每个人早年对父母言行的完整记录都是不相同的。当一个人长大以后，他的父母自我状态总是以内部对话（internal dialogue）的方式影响他。所以，“当我们处于父母状态，我们的行为就像父母一样。……父母状态涵盖我们出生以来，从父母那里学到的全部价值观和道德观，也包含我们的人生标准，总有我们对于好与坏、对与错的判断。这些价值观源自父母，父母是影响我们的行为最重要的力量”[①]。

此外，这里的“父母”还可以被看作一个符号，一个孩子生活中的其他重要他人（主要指养育者）也是形成其父母自我状态的重要信息来源。人的发展受遗传与环境影响，而父母的自我状态则是一个孩子会遇到的最早的环境。

很显然，伯恩所指的父母自我状态与弗洛伊德的人格说中的“超我”[②] 有相似之处，都是指一个人在父母、老师等社会影响下形成的人格中的一部分。不同的是，在弗洛伊德的学说中，超我是良知的代表，超我按道德原则行事，它超越生存需要，渴望追求完美，而在伯恩的学说中，父母自我状态则不仅仅代表着良知，而且也包含着一些错误的理念和行事方式；此外，弗洛伊德学说中的超我只是一种理论假设，而伯恩的父母自我状态则有可以观察到的外在行为表现指标。

父母自我状态又分为以下两种：

（1）营养型父母自我状态（Nurturing Parent ego state，NP，又译养育型父母自我状态）

这种状态通常表现为像妈妈一样温暖、关心、爱护、照顾别人，给人无条件

---

① 罗伯·狄保德. 蛤蟆先生的希望——TA谘商童话版. 张美惠，译. 台北：张老师文化事业股份有限公司，2012：100.

② 弗洛伊德. 精神分析引论新编. 高觉敷，译. 北京：商务印书馆，1987：52-53.

的关爱，当别人遇到问题时就会站出来保护别人，给别人安抚，有深刻的同情心和包容精神。生活中那些特别愿意帮助别人、照顾别人，特别体谅别人的人都是营养型父母自我状态占主导的。但是如果做过了，又会造成过度保护，从而使人丧失应付现实的能力。

（2）控制型父母自我状态（Controlling Parent ego state，CP）

这种状态表现为总是试图让别人按照自己的要求去做，喜欢教育、批评、教训和控制别人，喜欢替别人做主，强调责任感、良心，有严格的价值观和道德感。控制型父母自我状态有很重要的适应功能，它可以使人有效避免很多危险，可以为人的成长提供成熟的范式和捷径。人是需要为自己设置界限的，什么可以碰，什么不可以碰，都应有明确的规定，因为有界限才有个人和家庭的持续发展。这个界限一是底线伦理，二是法律。

当然，任何事都有个度，控制如果过度，就会压抑人的个性，从而影响人的健康成长。生活中那些特别喜欢管别人、喜欢对别人指手画脚甚至干涉别人生活的人，其控制型父母自我状态的成分都比较多。控制型父母自我状态过度者会具备萨提尔心理治疗模式中提出的“指责型”人格特质。

特别要指出的是，有时候，有的人将过度的父母自我状态指向自己，对自己极为苛刻严厉，从而导致强烈的自责、内疚和过度道歉等行为。

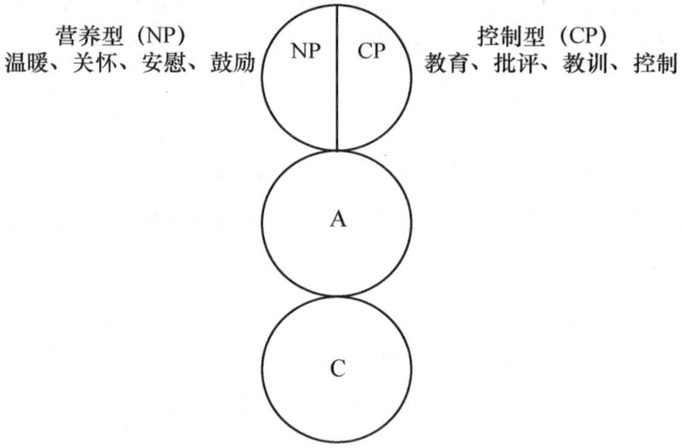

父母自我状态的两种表现

人的父母自我状态有重要的适应功能，一方面它是一个人安全健康成长的前提，但是从另一方面看，如果一个成年人在与人相处时只知道使用自己的父母自我状态，其人际关系是会受到消极影响的；再加上如果他自己儿时不幸碰上的是一对只知道批评或者心理不够健康的父母，那么，其父母意识中的偏见、固执等问题就更容易影响甚至破坏他的人际交往了。

处在父母自我状态中的人常常习惯用固有的老方法和思路解决问题，因此常常会显得十分落伍，但是同时，父母自我状态所拥有的经验又是青年人难以超越的宝贵财富。

目前中国由于高考制度和独生子女政策的部分因素，家庭教育中出现了非常让人担心的双重标准：在生活上，父母对孩子养育过度，放手不足；在精神上，对孩子的课本学习控制过度，而在教育孩子做人方面则往往缺乏控制。这种双重标准的结果是，大多数孩子在学业上自律过度而在做人上则自律不足。

生活上养育过度、放手不足，加之精神上教育孩子做人方面控制不够，造成现在的孩子依赖性强、适应环境的能力弱。而在学业上父母、老师的控制过度，则限制了孩子的思想和创造力，本来想让孩子上大学，有好的发展，却因为限制过度，把孩子的思想束缚了，使得有些孩子上大学后不仅难有大的创造和发展，反而丧失了基本的享受生活的愿望和能力。

此外，中国目前道德教育、规则教育、人品教育中的控制不够，致使很多学生缺乏基本的道德观和法制观，加之社会上频出的贪官污吏等的坏榜样作用，对孩子的成长都很不利。因此，当前的环境很需要我们有意识地加强自身控制型父母自我状态的比例，而具体的方法就是要在当前的多元世界中坚持普适价值。

普适价值是道德底线。就人与社会而言，法律是最后的底线，道德是倒数第二的底线。底线是一个人或一个社会能够容忍的极限，过了这个极限，人心会乱，社会会失控。没有底线的社会，人人自危，人的安全需要会受到极大威胁，所以，底线不仅关乎个人和社会能否持续发展，某种情况下，甚至直接关乎个人与社会的生死存亡，比如当孙志刚遇到那个警察，当张妙遇到药家鑫……

举例来说，我们中国传统文化中的核心价值观“仁、义、礼、智、信”和西方的核心价值观“自由、平等、博爱”都是普适价值。两套普适价值中有重合的地方：一是“仁”，也就是“博爱”；二是“义”，其结果就是“平等”（“义”讲公正，“平等”以公正为前提，因此这点也是重合的）；三是自由一定与责任和自律相联系。

综合东西方的核心价值观，从理念上看，普适价值就是两个字——仁爱；从操作层面上看，普适价值则包括仁爱、诚信、自律、公正和负责（与自由联系），而人类所推崇的那些最基本的美德，都是由这些具有核心意义的普适价值派生出来的。

一个没有底线的社会，是一个非常危险的社会。如果每个人都要等到别人伤害自己时才想起底线伦理，这个世界就会不安全，因为那将是一个“不义”的世界，而那个“不义”总有一天可能落到自己身上。

因此，一个世界越是存在多元价值观，就越需要有普适价值的存在。仁爱、诚信、自律、公正和负责这些看起来简单的词汇其实很不简单，它们是一个世界的基本价值标准，它们不仅可以满足我们个人的安全与发展需要，而且也是我们真正能够立身处世而不至于迷失方向甚至迷失自我的最基本的前提条件。因此，我们在底线伦理问题上不仅要加强我们的控制型父母自我状态，更多地把自己的生活定位调整到“我好，你也好”，而且要更多地调动我们自己的成人自我状态，为自己和社会的持续发展坚守底线伦理。

3. 成人自我状态（Adult ego state）

（1）成人自我状态

按照交互作用理论，当一个人处于成人自我状态时，其思想、行为和情感都是针对此时此地的事情的反应，并能够利用现有的资源去思考、评估、选择和做决定。总之，人处于成人自我状态时会表现出理性、精于计算、尊重事实和非感性的行为，总是试图客观搜集并存储各种刺激资料，寻找事实、处理数据、估计可能性和展开针对事实的讨论，然后按照逻辑方式对信息进行加工、归类，并最终做出决策。因此，人处于成人自我状态时，其分析和解决问题的潜能更容易成为显能。英国小说中的人物福尔摩斯就具备非常成熟的成人自我状态。

成人自我状态有可能出现在任何年龄层次的人身上，它与人的年龄并不成正比，比如中国成语中说的“少年老成”，其实就是指成人自我状态比例较大的孩子。在一个有心理问题的人身上，其成人自我状态有可能发展不充分，有可能会被儿童自我状态或父母自我状态中的消极面所影响。从 TA 的视角看《红楼梦》，薛宝钗显然就属于成人自我状态占主导的人，而当前中国社会出现的“啃老族”就是成人自我状态严重缺乏的表现。中国年轻人目前的成长任务之一，就是要努力提高自己的成人自我状态，降低对父母和他人的依赖，学习独立思考和自立。

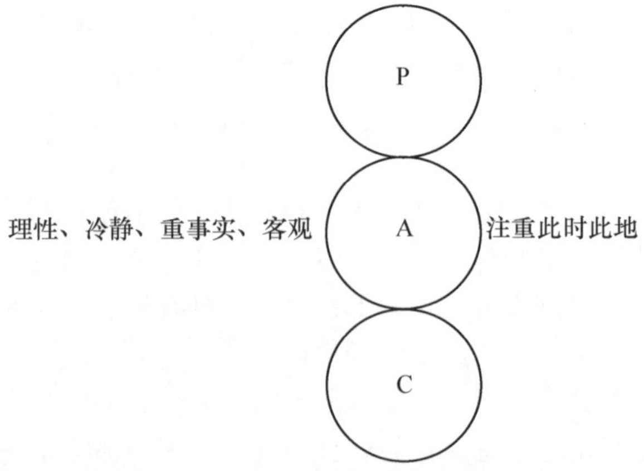

成人自我状态的表现

（2）整合的成人自我状态

当一个人的成人自我状态处于积极的三我整合状态，就会把儿童自我状态或父母自我状态中的积极因素吸收到成人自我状态里。

整合的成人自我状态表现为：能够客观看待别人，对亲密关系有觉察和反应的能力，在遇到问题时会寻求解决问题的信息，而不是留在恐怖想象和假设中无法自拔。处于此种状态时，人能够及时停止自己负面的内部对话，并从他们所遇到的人那里学习积极的父母自我状态，以及能够对自己的父母自我状态和儿童自我状态做积极的整合、有效的调停。处于整合的成人自我状态时的个体，通过每天的经验，进行着持续的自我成长。

三种自我状态概览

儿童自我状态	适应型儿童自我状态	● 顺从、礼貌、友爱、听话、脆弱、讨好
		● 反叛、敌意、对抗、拒绝、操纵
	自由型儿童自我状态	精力充沛、积极、乐观、爱玩、有创造力和自发性
父母自我状态	营养型父母自我状态	关爱、照顾、保护、养育、建议、指导、忠告等
	控制型父母自我状态	制订规则、纪律，设置界限，告诫、批评、控制、训导、命令等
成人自我状态	关心事实和数据，理性，注重选择，做决定时较为理性，促成事情的发生	

二、区分三种自我状态的线索

要了解他人正处于什么样的自我状态，可以考虑以下线索：

1. 言语线索

（1）适应型儿童自我状态（AC）

“是，爸爸！”

“是，妈妈！”

“这样可以吗？”

或者相反——反叛型儿童自我状态：

“我不干！”

“我就要！”

“为什么不？”

“我不管！”

（2）自由型儿童自我状态（FC）

“真爽！”

“我真高兴!”
“太好玩了!”
“我就喜欢这样!”
(3) 营养型父母自我状态(NP)
“你真乖……”
“你乖……”
“你要听话……”
“这样真是好孩子……”
“我来为你做……”
(4) 控制型父母自我状态(CP)
“你应该……”
“你必须……”
“不许和陌生人说话!”
“长辈站着时,你不许坐着!”
“吃饭时不许出声!”
“你怎么那么笨!”
“你真没出息!”
(5) 成人自我状态(A)
“我认为……”
“我再考虑一下……”
“我的观点是……”
“让我想一想……”
“可能……”
“也许……”
2. 非言语线索
(1) 适应型儿童自我状态(AC)
懂事、听话、顺从、服从、随和、乖巧;
或者相反——反叛型儿童自我状态:
大叫、哭闹、咬指甲、尖叫、顶撞和地上打滚。
(2) 自由型儿童自我状态(FC)
表情丰富、大笑、缺乏耐心、语气夸张、充满好奇和兴趣。
(3) 营养型父母自我状态(NP)
表情温和,关爱,行事周到、细心、耐心,喜欢关心、照顾人,喜欢操心。
(4) 控制型父母自我状态(CP)
表情认真严肃、皱眉、指手画脚、不耐烦、叹气、指指点点、紧张。

（5）成人自我状态（A）

表情放松、专注、自然、坦然，正视对方，语气平和，有耐心，不会让别人产生威胁感，对别人也毫无畏惧感。

以下是笔者在一篇介绍人际沟通分析学的文章中看到的图表，很形象地罗列了五种自我状态的典型行为线索。遗憾的是这篇文章的作者没有署名。

自我状态的典型行为线索 ①

	控制型 父母自我状态	营养型 父母自我状态	成人 自我状态	自由型 儿童自我状态	适应型 儿童自我状态
言语	真坏 应该 道义责任 必须 总是 真可笑	真好 真可爱 我爱你 可爱 太好了	正确 怎么样 是什么 为什么 要实事求是	哇 好笑 我想要 我不想要 哎哟 嘿	我不能 我但愿 我试试 我希望 请 谢谢您
声音	批评、挑剔的 居高临下的 厌恶、厌烦的 强硬的	关爱的 安慰的 关切的	稳重的 精确的 单调的	不受约束、自由的 大声的 充满活力的 快乐的	温和的 烦躁的 反抗、挑衅的 苛求的
姿势	用手指点点戳戳 皱眉头 耸肩 叉腰	张开的双臂 接纳的 微笑的 身体前倾	思考的 敏锐的 开放的 挺拔的	无限制、无拘束的 自由散漫的 天真率直、自发的 放松的	忧愁的 单纯的 封闭的 紧绷的
态度	审判的 说教的 专制的	理解的 关心的 给予的	感兴趣的 观察的 评估的	好奇的 风趣的 易变的	很用心的 顺从的 害羞的

三、自我状态的功能与关系

1. 自我状态的功能

抽象地看三种自我状态，是没有好坏之分的，因为每一种自我状态都有其重要的适应功能，而且人总是处在某种状态中，即处在父母、成人或儿童自我状态中的一种。一个心理健康的人就是能在恰当的时间和地点使用恰当的自我状态的人。

比如：

① http://pev.myweb.absamail.co.za/Resources/Essays/transactional%20analysis.htm.

● 我们需要成人自我状态处理此时此地的问题，这有助于我们过一种有效率的生活。

● 要融入社会，就需要我们遵守父母自我状态为我们提供的规范，这样我们不仅可以少走弯路，而且可以避免因不守底线而受到的“惩罚”。

● 工作和学习中，儿童自我状态包含的自发性、创造力和直觉力，都是工作成就和学习成绩的基础。

当然，它们如果过度或者不足，就会出现另外一面：

● 如果我们缺少儿童自我状态，就会是僵化、呆板、缺乏活力和热情的人，比如契诃夫小说中那个“装在套子里的人”。

● 如果我们的儿童自我状态过度，就会因为自己的任性、没有规矩或依赖、讨好而让人感觉不舒服。

● 如果我们缺乏父母自我状态，就会成为没有教养的、缺乏原则和底线的人。

● 如果我们的控制型父母自我状态过度，就会成为让周围人避之唯恐不及的迫害者和控制者。

● 如果我们的营养型父母自我状态过度，就会成为让周围人敬而远之的好事者并让人厌烦。

● 如果我们缺乏成人自我状态，和我们相处的人会很累，我们自己也会为自己制造很多麻烦和矛盾。

所以，TA 中不存在哪个自我状态是最好的，就一个健康、平衡的人格而言，三种自我状态都是必需的。从 TA 的视角看，一个健康的人就是能在恰当的时间和地点使用恰当的自我状态的人。这里的关键在于是否适度。正因为每一种自我状态都有其适应性，也都各有其优劣之处，所以，重要的是在了解它们之后，正确地分配并运用我们的时间和能量，使我们的三种自我状态与时间和地点相匹配。

2. 自我状态之间的关系

首先，自我状态之间的关系是动态平衡的。

一个心理健康的人，不仅拥有三种自我状态，而且会因时因地进行适当的转换。

三种自我状态都包含着能量，它们彼此处于动态平衡之中。比如一个学生聚精会神听课时，用的是成人自我状态；如果此时他感觉疲倦并想要懈怠，他的儿童自我状态就占了上风，这时他的父母自我状态就会以内部对话的方式批评他或者哄着他。如果此时他的儿童自我状态占了上风，他就有可能采取离开教室或者趴在桌子上睡觉的方式去应付眼前的倦怠；而如果他的父母自我状态成功了，他就会恢复成人自我状态，认真听课。

需要再次强调的是，在介绍自我状态时，为了便于说明，我们很清晰地将其分开来介绍，但在现实中，它们是互相交织并且是动态平衡的。我们说某个人的某种自我状态突出，其实是说他在某个特定处境中的某种自我状态突出。这里的处境既指物，更指人，如果我们脱离了处境，是很难对这个人的自我状态进行准确的分析的。

欧嘉瑞提出，在某个特定的时刻，自我状态同时被两个人体验，一是表达自我状态的人，二是这个人身边的人。自我状态可以以正常的方式被识别，如被看见或者听见。自我状态是一种真实的现象，而不仅仅是一种理论上的构想。伯恩说："自我状态拥有自己的电话号码。"意思是说，如果你想接触一个人的儿童自我状态，你必须看到那个人孩子气的一面，你必须说"拨那个电话号码"，这样你才能够在那个时刻接近那个儿童。

其次，人需要各种自我状态以丰富自身的生活。

我们需要成人自我状态去处理工作和学习中的问题，从而提高我们的工作效率；我们需要控制型父母自我状态帮助我们提供行为规范，同时需要营养型父母自我状态帮助我们去建立并维护自己的各种关系；我们需要适应型儿童自我状态去遵守生活中的游戏规则，同时也需要自由型儿童自我状态为我们提供创造的灵感与生活的乐趣；有时候，我们也需要反叛型儿童自我状态帮我们做到独树一帜，特立独行。

再次，人的自我状态并不是孤立存在的。

环境与自我状态之间有着非常密切的关系。比如，中国的高考制度一定程度上是扼杀儿童自我状态的；工作环境更容易激活成人自我状态；宿舍环境容易激活儿童自我状态；和成熟的人相处时，我们会更多地表现成人自我状态；和幼稚的人相处时，我们的父母自我状态或儿童自我状态容易被激活；而和父母自我状态突出的人相处时，我们则有可能出现父母自我状态或者儿童自我状态。再如学生常常说的"老师偏心"，往往也是老师面对不同学生的自我状态所做的不同自我状态的反应：对适应型儿童自我状态较多者，老师更多采用营养型父母自我状态；而对反叛型和自由型儿童自我状态为主者，老师更多地会表现出控制型或营养型父母自我状态。

最后，这三种自我状态各有长短，从而组成了人格的多样性与复杂性。每一种自我状态的萎缩或过度发展都会影响人的健康成长和人际关系，因此，关键就在于不同时间、地点中各种自我状态的比例是否合适。

以下是一个更为细致的自我状态图模型，是苏珊娜·邓波尔（Susannah Temple）于1999年提出的，可以帮助我们更好地理解伯恩的理论。[①]

---

① Susannah Temple. Functional Fluency for Educational Transactional Analysis. TAJ，1999（3）：29.

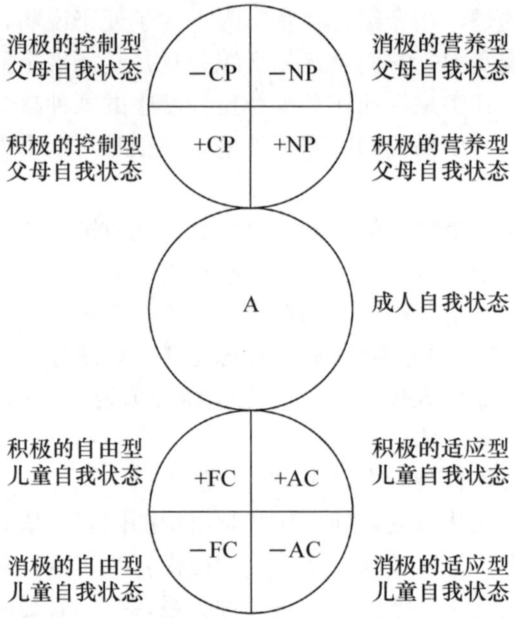

三种自我状态的九种形态①

在上面这个模型中，三种自我状态被进一步划分为九种：父母自我状态被划分为有效的和无效的两类共四种，儿童自我状态也被划分为有效的和无效的两类共四种，加上成人自我状态，一共九种。

按照这个划分，其中有效的行为模式有五种：

（1）积极的营养型父母自我状态（＋NP）：交流时表现出的信息是"你好"，处在这个模式中的人是带着关切并且可信任的。中国古代传说中被称为"仁君"的尧帝就是一个例子。

（2）积极的控制型父母自我状态（＋CP）：交流时表现出的信息是"你好"，这是一种设置边界的模式，带着坚定的关切提出建设性批评。中国历史上"岳母刺字"故事中的岳母就是这样一个典型。

（3）积极的适应型儿童自我状态（＋AC）：交往时秉持"我好"的态度，主动适应，遵守规则，与他人友好相处。中国成语"孔融让梨"中的孔融表现的正是积极的适应型儿童自我状态。

（4）积极的自由型儿童自我状态（＋FC）：交往时秉持"我好"的态度，有创造力、友爱、好奇并且精力充沛。像孙悟空，它在绝大多数时候表现的都是积极的自由型儿童自我状态。

（5）成人自我状态（A）：交往时秉持"我们好"的态度。人处在成人自我

① http://www.businessballs.com/transactionalanalysis.htm.

状态时能够现实地评估此时此地的状况，并根据情境做出恰当的选择。《红楼梦》中的薛宝钗就是一个成人自我状态占主要比例的人。

无效的行为模式有四种：

（1）消极的营养型父母自我状态（—NP）：秉持“你不好”的态度，处在这个模式中的人总喜欢越俎代庖，与人相处时总是过分卷入和过分保护。由于独生子女政策，现在很多父母或祖父母在养育孩子时表现出较多的消极的营养型父母自我状态。

（2）消极的控制型父母自我状态（—CP）：总在传递“你不行”的信息，并且常常使用惩罚手段，如《红楼梦》中贾宝玉的父亲贾政；再如受高考制度的影响，在关于学习和考试成绩等问题上，中国父母往往表现出消极的控制型父母自我状态。

（3）消极的适应型儿童自我状态（—AC）：秉持“我不好”的人生态度，过分适应他人，并体验到较多的抑郁、担心和焦虑情绪，如鲁迅笔下的祥林嫂。

（4）消极的自由型儿童自我状态（—FC）：缺乏边界意识，行为放纵，秉持“你不好”的人生态度。人际交往中那种很少顾及他人需要的人往往是消极的自由型儿童自我状态占主要比例的人，比如大学生宿舍中那些熄灯后不保持安静而只顾自己听音乐、打电话、用电脑的同学，那些轮到他值日却总是不做的同学，还有总用别人的东西、总要别人为自己做事的同学，都可以归到这一类。

如果用图来表示上述几种无效的行为模式，会出现一个非常明显的“对角线现象”，那就是消极的控制型父母自我状态往往导致消极的适应型儿童自我状态，而消极的营养型父母自我状态则常常会培养出消极的自由型儿童自我状态。见下图：

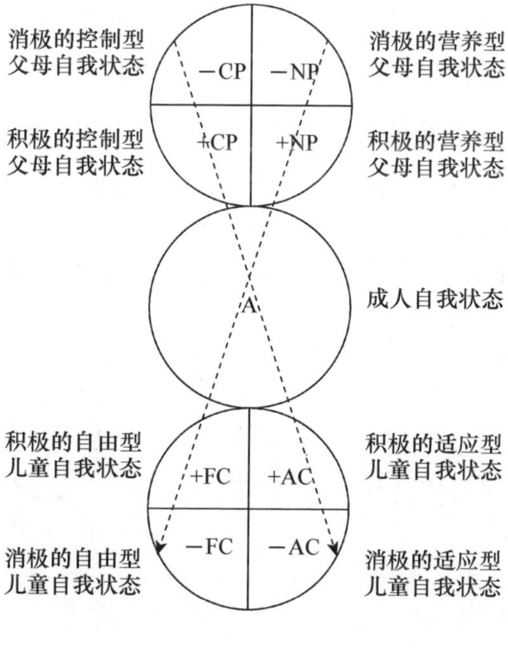

当代中国的家教反例中就有与之对应的两个极端个案：一是大学生药家鑫，回溯其家庭教育，可以发现这正是消极控制型父母自我状态对消极适应型儿童自我状态的典型；李天一的个案则是消极营养型父母自我状态对消极自由型儿童自我状态的典型。虽然药家鑫和李天一违法犯罪都有自己不可推脱的责任，但显而易见的是，父母的错误教育方式在他们的犯罪事实中起了不可忽视的作用，如果药家鑫的父亲对孩子不是一贯采用消极控制，那么药家鑫在撞人之后就有可能不会因为恐惧父亲的惩罚而做出那样极端的事情；李天一的母亲如果不是那样溺爱孩子，李天一也不一定会成为那种无法无天、任性妄为的年轻人。

第三节　结构分析——自我状态的自我分析

TA 治疗中有四个重要阶段：结构分析、脚本分析、沟通分析和游戏分析。

结构分析的要点是帮助人们学会辨别在他们的内在生命中，何时会有特定的自我状态出来驱动他们，目的在于释放成人自我状态去指导人的行为。在结构分析中，通过觉察内在父母自我状态和儿童自我状态的反应，可以增强来访者的成人自我状态。

从心理健康的角度看，一个人需要学习在相对较长的时间中保持其成人自我状态，让自己在较多的时间里为成人自我状态而不是父母自我状态和儿童自我状态所左右。与此同时，他也要了解如何在适当的时候自如地运用自己的儿童自我状态和父母自我状态。

有关自我状态的结构分析，我们可以有很多种方法，一种就是在伯恩的框架下，用伯恩的自我状态图来做自我分析。

一、在伯恩的框架下做自我状态的结构分析

我们可以按照自己对自己的了解，来画出我们各种自我状态的比例。我们同时还可以请我们的亲友参与，来帮助我们完善这张图。

来看下面这三幅图。我们假设这是同一个工作或学习环境中的三个人：

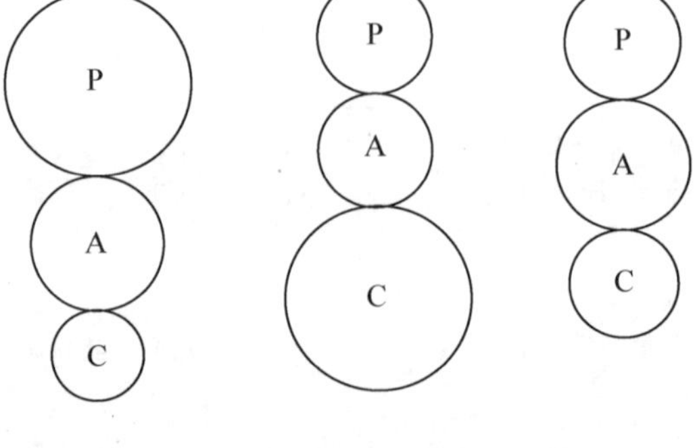

第一、二两幅图显然很夸张，在这里只是为了用以说明问题。第一幅图中的父母自我状态极其大，第二幅图中的儿童自我状态也极其大。工作或学习环境中有这样的人，我们的日子肯定不好过。而如果我们自己是这样的人，我们周围人的日子就不会好过。第三幅图中的人显然比较适合一般的工作环境，成熟、理性，能够对自己负起责任。

当然，具体的分析还可以更为细致，比如把各种自我状态再细划分，那样对自己的认识就更全面。除了这个方法，我们还可以采用以下由别人所提出的现成方法。

二、约翰·M. 杜塞（John M. Dusay）的自我状态分析图（Egograms）①

谈到TA的结构分析，就不能不提到约翰·M. 杜塞于1970年代在TA理论上的创新，那就是自我状态图。约翰·M. 杜塞有一个“恒定假设”，即一个人投入五种自我状态的能量的总和是固定的：“如果某一种自我状态的强度增加，其他自我状态就会呈现代偿性减少，就好像无论心理能量如何流动，其总量不会改变一样。”② 比如你想增加自己的营养型父母自我状态，减少控制型父母自我状态，你就要开始练习增加自己的营养型父母自我状态的行为，那样控制型父母自我状态的行为自然会减少。

杜塞的自我状态图就是一个用于表明人格中总能量与各种自我状态的关系的条状图。它可以显示出一个人在特定时间中是如何在不同的自我状态之间分配自己的能量的。自我状态图的做法是，把一条横线五等分，分别写上五种自我状态，依次为CP、NP、A、FC、AC，如下图：

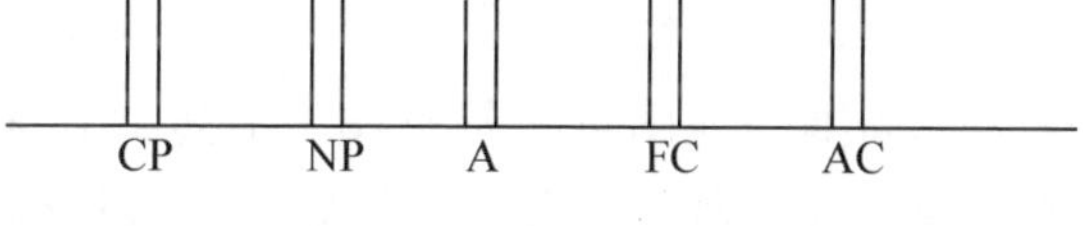

然后在每个自我状态图上面画垂直柱，其高度代表所占时间的多少，先画出自己认为占时最多者，再画出自己认为占时最少者，剩下的三种自我状态就按照所占时间的多少依次画出。注意：不存在绝对高度的问题，只存在相对高度的问题。

下面是笔者认为的绝大多数时间里薛宝钗的自我状态图：

---

① John M. Dusay. Egograms and the Constancy Hypothesis. TAJ, 1972, 2 (3): 37-41.

② 同①39.

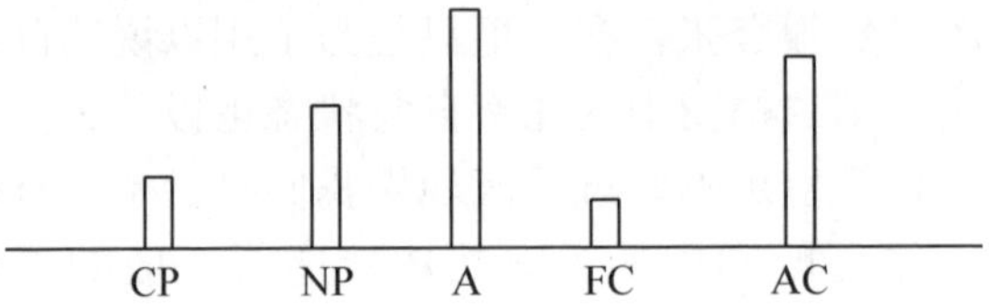

三、自我状态的自我分析

1. 利用自我状态图对自己进行结构分析

大家可以参考上述画法，为自己画一个自我状态图。为此，我们需要首先将自己的人生任务分作以下四大部分：生活、学习、工作和关系，这其中除了工作有时间限制以外，其他三类都是伴随我们终生的。我们知道健康的自我状态是与环境相匹配的自我状态，因此，我们要在不同的情境中画自我状态图才能够得出比较准确的结论。

举例说，一个学生在画自己在课本学习情景中的自我状态图时发现：学习中他表现出很高的“控制型父母自我状态”和很高的“适应型儿童自我状态”。这意味着他的学习主动性不够，而如果他增加了成人自我状态和自由型儿童自我状态，他就不仅能提高学习动机，而且也能够学会享受学习。

我们也可以在各种关系中画自我状态图。比如我们和不同朋友相处时通常表现最多的是哪种自我状态？是成人自我状态多，父母自我状态多，还是儿童自我状态多？这样的自我状态图可以很直观地帮助我们发现自己关系中的长处和问题，从而也为我们提供调节关系的可操作方法。

还有，你和人相处时自己感觉最舒服并且别人也感觉很愉快的时候，通常是哪种自我状态表现最突出呢？你学习或者工作最不顺利的时候，是哪种自我状态表现最多呢？大多数情况下，你的哪种自我状态最突出？它对你的社会适应状况产生了积极的还是消极的作用？等等。

此外，你还可以为你周围的人画自我状态图，通过对比来更好地认识自己。比如你为你最欣赏的一个人画出自我状态图，然后看看有什么发现。你还可以为你最钦佩的某个成功人士画一个自我状态图，看能从中学习到什么。这样的问题，你问的越多，你的自我认识就越深入、越准确。

2. 把自我状态图当作个人成长的工具

比如，薛宝钗在大多数情况下的自我状态是：

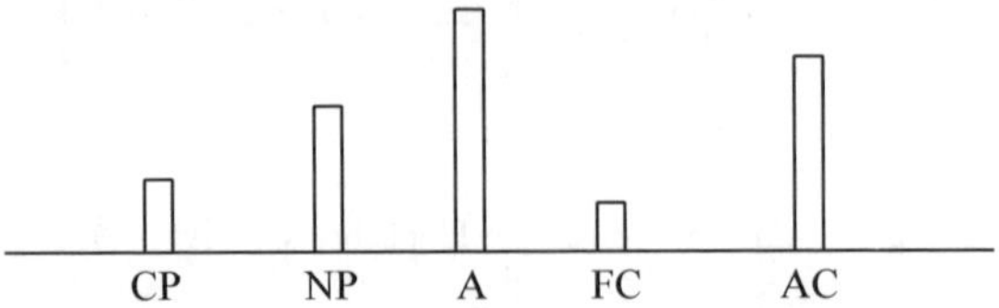

假如她想让自己更具有创造性、更自然，她就可以根据这个自我状态图，在一段时间内努力增加自己自由型儿童自我状态的成分，同时降低自己的适应型儿童自我状态的成分。如下图：

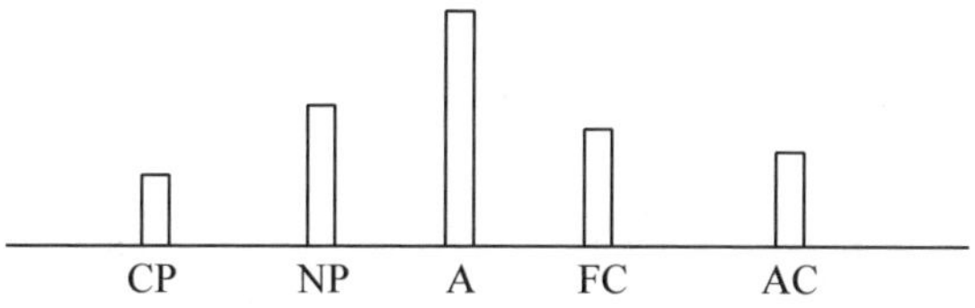

在利用自我状态图作为个人成长的工具时，可以以三个月为周期，比如当你决定增加或者降低某个自我状态的高度时，你给自己三个月的时间，然后去有意识地加强或者弱化某一种自我状态的行为，具体地说就是注意相应的言谈举止和思考方式。经过三个月左右的坚持，你就一定能够有让自己欣喜的转变。

为了帮助大家更好地操作，下面分别介绍不同自我状态增加或者降低的方法：

（1）增加营养型父母自我状态

如果你想增加营养型父母自我状态，你就要学习关心别人的感受，注意观察别人的需要，及时给予别人需要的安抚，并在别人需要帮助时及时伸出援手。

（2）降低营养型父母自我状态

如果你是一个有过度利他倾向的人，你就要学习降低你的营养型父母自我状态，你要学习尊重别人的选择，并信任别人解决自己问题的能力。当你想帮助别人时，一定要先征求别人的意见："我可以为你做些什么吗?"或者："你需要我为你做些什么吗?"

（3）增加控制型父母自我状态

如果你过去因为缺乏规则意识走过很多弯路，你现在就要学习增加自己的控制型父母自我状态。你要去了解必要的礼仪礼节和法律法规，比如中国传统文化中提倡的尊老爱幼、长幼有序，还有与人交往时要遵守的仁、义、礼、智、信，再如现代人必须知道的交通法规、环境保护法、劳动法等，以及自己所在地方或者单位的各种规章制度。笔者认为，这是目前中国父母在生活情境中需加强的自我状态。

（4）降低控制型父母自我状态

如果你是个规矩太多的人，如果你因此而生活得很累，你周围的人也因为你的各种规矩而生活得很累，你就要设法减少自己的控制型父母自我状态。比如你需要向身边的自由型儿童自我状态突出的人学习，你还可以模仿周围成人自我状态突出的人。你要学习对自己的"完美主义"倾向说"不!"要允许自己犯点小错误。就中国父母而言，这也是目前他们在对孩子的学习进行监督时应有所下降的自我状态。

（5）增加成人自我状态

托马斯·哈里森曾经就这点提出很有见地的观点[①]：

● 学会识别自己的儿童自我状态，它的脆弱性、它的忧虑以及它表现这些情绪的方法；

● 学会识别自己的父母自我状态，它的告诫、命令以及表现这些告诫和命令的方法；

● 对别人的儿童自我状态要敏感，与那个“儿童”对话，安抚、保护那个儿童自我状态，并理解其表现创造性和负面情绪的需要；

● 如有必要，从1数到10，让成人自我状态有时间从现在的父母自我状态和儿童自我状态中浮现出来；

● 有明确而正确的价值观，这样，在关键时刻就能够迅速做出成熟而恰当的决定；

…………

这就是说，要增加自己的成人自我状态，我们首先需要学会识别自己的儿童自我状态和父母自我状态。我们对自己的儿童自我状态和父母自我状态越敏感，我们的成人自我状态就越自主、越强大。同时，我们要对别人的儿童自我状态和父母自我状态敏感，而且学习用不同的方式去回应。

日常生活中，我们可以从言语入手，也可以从身态语入手，学习成人用语，学习以理性、冷静的方式对待自己面临的问题，要懂得三思而后行，做事留余地。日常生活中要养成反思自己的习惯，同时也要学习尊重别人的选择权利。还有一种可以有效增加我们成人自我状态的方式，那就是与成人自我状态突出的人交往，这可以说是一种让自己在较短时间内具备成人自我状态的捷径。

（6）降低成人自我状态

如果我们太理性，我们的创造力就会被扼杀，这时，我们就要向自由型儿童自我状态突出者学习，甚至可以学学适应型儿童自我状态的反叛型。我们可以少用点成人语言，可以去看看卡通、漫画等。

（7）增加适应型儿童自我状态

要懂得遵守游戏规则的重要性，学习说“是”，学习适当地服从或者顺从，学习遵守各种游戏规则，学习体贴和尊重他人，并学习从他人的角度思考问题。以学生为例，最需要了解并遵守的就是自己手中的学生守则。

（8）降低适应型儿童自我状态

如果你发现你的适应型儿童自我状态的比重太大，你就要向自由型儿童自我

---

① 托马斯·哈里森. 我好！你好！. 陈朴，陈刚，覃光广，译. 北京：光明日报出版社，1988：111-112.

状态突出者学习，还要试着少些从他人角度考虑问题，学习更为自由地思考和判断，而不仅仅是以他人的标准为标准。

（9）增加自由型儿童自我状态

向卡通、漫画学习，向一切真正幽默的作品学习，向自然学习，向天真活泼的儿童学习，去异想天开，去大胆地做梦。如果自己有想法，只要不给他人造成麻烦，就大胆地去尝试并坚持。

（10）降低自由型儿童自我状态

如果你的年龄和你过度幼稚的行为、言谈举止不匹配，并且给你自己也给周围人造成了很多麻烦，你就要学习减少自己的自由型儿童自我状态。你要学习换位思考，要学习体贴他人的感受，并懂得在公共空间所应该遵守的礼仪和规矩。

总之，按照约翰·M. 杜塞的“恒定假设”，当我们把能量更多地投入某种自我状态时，另外几种自我状态的行为举止自然就会减少。这就意味着我们是可以通过重新分配自己在各种自我状态中的能量，而使自己朝着更理想的方向进步的。换言之，我们可以利用自我状态图，先用实线把自己的现有状态标示出来，再用虚线把自己希望的状态清晰地标示出来，然后付之于行动。一段时间以后，当我们能够在恰当的时刻运用恰当的自我状态时，作为一个心理健康的人，我们就得到了自己所期望的成长。正如欧嘉瑞所说的：在 TA 理论中，一个心理健康的人是一个懂得在恰当的时候运用恰当的自我状态的人。

第四节　自我状态的排除和去排除

以上的篇幅中，我们都是假设各种自我状态泾渭分明并假设人可以在不同自我状态之间自由地转换，但现实中人的自我状态要复杂得多。

伯恩在他的临床治疗中发现，有的人很少或几乎不用某种自我状态，伯恩称之为“排除”；另有一种人，其某种自我状态却常常侵入其他自我状态，伯恩称之为“污染”。伯恩认为这两者都属于病态的自我结构。

一、自我状态的排除

所谓排除（exclusion），指有心理问题的人有时候会出现把自己的一种或者两种自我状态相对关闭起来的情况，即使面临某种危险情境，他也仍然维持既有状态。[①]换言之，处于排除某种自我状态的人很难在自己的三种自我状态中自由出入。当

① Eric Berne. Transactional Analysis in Psychotherapy. New York：Ballantine Books，Grove Press，Inc.，1961：27.

然，排除这种现象并不是绝对的，只是相对于某人的大多数情况而言。下面是排除的几种类型：

1. 几乎不用或说是排除某一种自我状态

（1）排除儿童自我状态

这样的人会有如下表现：僵化、无趣、乏味、有控制力、太理智、冷静，例如工作狂就是排除儿童自我状态的典型。人们在与这种人相处时会感觉紧张、无趣。从职业角度看，军人和警察职业更容易出现这种排除，还有就是高考制度下的中国学生。以下是一位大学生回忆自己高考结束时那个假期的情况：

"（原来总想着高考结束后可以痛快地玩，）可悲的是，（高考结束后，）我几乎忘记了怎样去玩。我不想出去，只想待在家里，待在家里又没有事可做。别的同学可以去做他们高考前想做却没有时间做的事，而我自己当时的生活明显乏味且缺乏活力。现在我了解到，那种状态的产生是源于我对儿童自我状态的排除，控制型父母自我状态和成人自我状态占了我个人状态的主导。

"通过 TA 的学习，我能够分析自己的行为和状态，我认为我现在所欠缺的是自由型儿童自我状态。原来学习很忙，没有时间玩，现在有了时间也不知道要去哪玩，要玩什么，经常在家里闷着。上了这几次交互分析的课，我想我应该改变自己的状态，我应该在学习之外充实我的生活，多跟朋友们出去玩，趁年轻的时候多去寻找美好的事物，多去发现身边的感动。"

（2）排除父母自我状态

这样的人表现为：自发的行动、有创造力、容易失去方向、无界限、无规矩、不懂收敛和自律、不守游戏规则，常常会根据自己的需要任意制订规则。这样的人不仅容易失去方向，而且无法照顾自己，与人相处时也常常因为太随意而伤到别人。因此，人们与这种人相处时会有不安全感。

我们现在常常可以看到的网上或一些影视节目中出现的恶搞，就是非常典型的排除父母自我状态的表现。笔者在维基百科中查到有关"恶搞文化"的定义："指的是对严肃主题加以解构，从而建构出喜剧或讽刺效果的胡闹娱乐文化。常见形式是将一些既成话题、节目等改编后再次发布，属于二次创作的一种手法。恶搞在当代流行文化中很常见。"

有关各种恶搞，人们通常觉得没有什么大问题，不过是人们在发泄个人情绪而已。在各种恶搞中，虽然也存在极少数有意义的颠覆，如对一些繁文缛节和某些观点与理念的解构等，但是总体来说，恶搞更多地代表了一种缺乏方向或说是缺乏父母自我状态的无规则意识。尤其是那些针对个人的恶搞，搞坏别人的名誉，结果是自己内在的恶膨胀。更何况恶搞也会成瘾，到一定时候，会让我们陷入一种欲罢不能的境地，而任何事情如果做绝，都一定会走向它的反面，其结果往往就是两败俱伤。

人类在发展的过程中，用亲情、道义以至法律，对自身的恶做出种种约束，为此人类付出了那么多代价。可是现在，这些恶开始重新抬头，其中之一就是借助网络的发达和匿名功能进行恶搞。恶搞是要付出代价的，不仅对个人，而且对社会也是一样。因此，请谨记我们古人（我们的控制型父母自我状态）的教导："勿以恶小而为之。"当我们想要恶搞某人时，请调动我们的控制型父母自我状态，并拿出成人自我状态的理性与冷静，去寻找一种得体的、能够避免双输的解决问题的方法。

特别说明，在这点上，欧嘉瑞有不同的观点。他提出："我不认为恶搞是排除父母自我状态的例子，你描述的是一种特殊的青春期文化。排除是指个体排除了他们自己父母形象的影响的一种心理学概念。也许那种排除了父母自我状态的人更容易被恶搞文化所吸引，但是，这需要研究证实。此外，排除自我状态意味着总是不用某种状态。如果一个人在网上匿名恶搞，而在网下的生活中却能够较好地运用父母自我状态，那么他就不是排除了父母自我状态，而是在上网恶搞时故意用了一种糟糕的自我状态，如极端任性的自由型儿童或反叛型儿童自我状态。"笔者认为，从现象描述的角度看，至少在恶搞行为发生时，父母自我状态是缺席的，因此指出这个现象还是有意义的。

（3）排除成人自我状态

这样的人表现为：混乱，难以处理现实事务，内心常常因为父母自我状态与儿童自我状态的纷争而挣扎，其思想和行为会让人觉得怪异。与这种人相处会让人无所适从。

一个在父母自我状态和儿童自我状态的两极中摆动的人，该是一个多么难以相处的人，刚刚还是阳光明媚，突然间就会阴云密布，不仅仅是别人，就是他本人大概也难以适应这样的自己。我们中国人都熟悉的林妹妹就很像这样的人，儿童自我状态和父母自我状态的比例都比较大，而成人自我状态却常常处于被排除的状态，因为如此阴晴不定，她周围的人都不知道该如何与她相处，在这样的人际互动中，她自然就越来越孤立了。

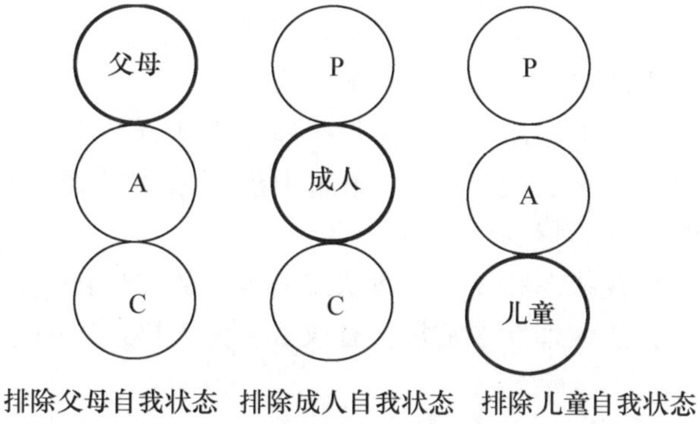

排除：很少或几乎不用某种自我状态

2. 几乎不用某两种自我状态

如果一个人有两种自我状态被排除的话，剩下的那个自我状态就被称作恒定的自我状态。这样的人通常有心理问题。

(1) 排除父母自我状态和成人自我状态的恒定的儿童自我状态者

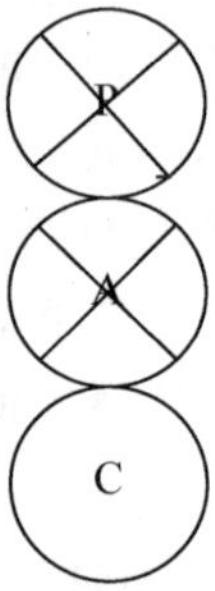

说到排除父母自我状态和成人自我状态的典型，人们很容易联想到英国作家詹姆斯·巴利（James Barrie）的《彼得·潘》。那个拒绝长大的、给读者带来许多快乐与美好遐想的男孩彼得·潘，如果真的生活在我们的周围，会是什么样子呢？这个几乎完全排除了成人自我状态与父母自我状态的人，会在工作场景中惹出多少麻烦，制造多少事端呢？

目前有个很流行的心理学名词——彼得·潘综合征（Peter Pan syndrome），专门用来描述那种在社会中不成熟的成年人，他们精力极为充沛，充满创造力，同时又表现为逃避责任、冲动、拒绝长大、有自恋倾向、反叛、依赖，总是在寻找照顾他的人，处事非常情绪化。

严格地说，彼得·潘综合征不是一个精神疾病的诊断术语，这个术语来自丹·凯利（Dan Kiley）于1983年出版的那本书——《彼得·潘综合征：不曾长大的男人》[①]。彼得·潘综合征虽然并没有被正式列入精神疾病诊断手册，但是由于这种现象普遍存在于前来咨询的有关恋爱、婚姻、社会交往等的案例中，因此，近年来，心理学界约定俗成地用这个术语描述那种因为几乎只具有儿童心态而给自己和他人的生活造成很多麻烦的成年人。

如果用TA的术语来描述，那么彼得·潘综合征就是那种典型地排除了父母自我状态和成人自我状态的成年人。目前中国社会中越来越多的“啃老族”，就很符合彼得·潘综合征的特点。

(2) 排除成人自我状态和儿童自我状态的恒定的父母自我状态者

这样的人遵守教条，理性，常常会有权威主义人格。中国小说中比较典型的

---

① Dan Kiley. The Peter Pan Syndrome：Men Who Have Never Grown Up. New York：Dodd，Mead and Company，1983.

这类人物的代表应该是贾政。以他对待儿子贾宝玉的态度为例，面对宝玉的叛逆思想，他不是骂就是打，有一次甚至要用绳子勒死宝玉，幸亏因为贾母和王夫人的阻拦才未能得逞。再有，他的儿女亲属相聚谈笑甚欢时，只要他一出场，大家就会立刻噤声，以至于贾母不得不打发他“出去休息”。

（3）排除父母自我状态和儿童自我状态的恒定的成人自我状态者

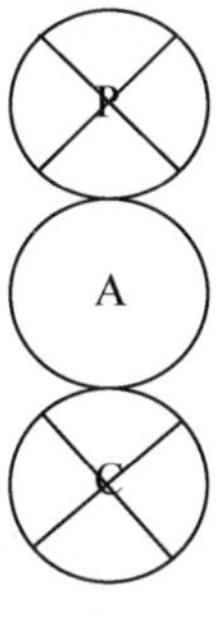

这样的人在制订计划、收集和处理资料，以及执行计划上很有能力，但是却缺乏享受生活乐趣的能力，因此他们常常会成为工作狂。

二、去排除的方法

1. 辨别被排除的部分

首先我们要能够辨别被排除的部分。我们可以借助已经学过的自我状态图为自己做诊断。如果我们自己没有把握，我们还可以邀请亲友帮助我们做这项辨别工作。

举例来说，就儿童自我状态而言，在当前的中国，高考制度一定程度上造成了很多青年学生的自由型儿童自我状态被排除的状况。此外，中国文化所强调的含蓄、内敛也是自由型儿童自我状态被排斥乃至被排除的原因之一。举例说，从文化角度看，我们中国的传统教育有排除儿童自我状态的明显倾向。比如在中国过去的审美观中，少年老成、老成持重、不苟言笑、成熟稳重等都是褒义成语，而具有这些人格特质的人的最大特点往往就是排除儿童自我状态！就父母自我状态而言，在中国经济发展过快、市场秩序监管较弱时，控制型父母自我状态有很明显的被排除的趋势，而整个社会的急功近利和拜金倾向，又导致很多时候成人自我状态缺位。

确认了自己被排除的部分后，我们就可以用自我状态图制订一个自我成长计划。比如，我们希望在近期能够增加哪部分，以后再考虑去增加哪部分等。

2. 邀请被排除的部分

我们可以参考前面介绍的增加诸自我状态的方法，同时也可以去观察他人身上的三我状态，去学习、模仿自己所不具备或者较少具备的那种自我状态。

此外，我们还可以从以下几方面去做，比如，如果我们的控制型父母自我状态处于被排除状态，我们可以向自己身边有较强控制型父母自我状态的人学习，学习他们的自我约束、遵守规章制度，多了解各种环境中的游戏规则等；如果我们缺乏营养型父母自我状态，我们可以去报名参加各种以助人为目标的志愿者组织，去学习关心、帮助、照顾有困难和需要的人；如果我们缺乏成人自我状态，我们就要向身边有较强成人自我状态的人学习，学习他们处理问题时的冷静、理智，学习他们分析问题时的客观与全面；如果我们的自由型儿童自我状态被排除，我们就要去看动画片，看漫画，去动物园，去游乐场，去听相声，去做手工，在这个过程中逐渐释放自己的想象力、创造力和生命力；如果我们的适应型儿童自我状态被排除，我们就要学习身边适应性良好的人，学习对自己的行为负责任，在冲动时不要轻易做决定，在必要时懂得服从，与人发生冲突时懂得在非原则问题上做出让步和妥协。

有必要指出，伯恩是在他的临床实践中发展出他的理论的，是在对已经产生心理问题甚至精神问题的人的治疗中发现“排除”这样一种现象的。因此，这里谈到的“去排除”就不是一个简单的自调节问题，有时候是需要在心理治疗师的指导下进行的。只要有愿望、有决心，我们就可以凭借个人的努力，在治疗师的指导下重新具备自我状态中被排除的部分。因此，只要我们肯做出这个再决定，只要我们肯为自我的再决定付出切实而正确的努力，我们都可以使自己的自我状态重新丰富起来。

第五节　自我状态的污染和去污染

一、自我状态的污染

所谓污染（contamination），是指有心理问题的人的父母自我状态或儿童自我状态分别侵入，又或者此两种自我状态同时侵入成人自我状态。伯恩曾举例说："最能表明污染的例子一个是偏见，另外一个就是妄想。"① 偏见是父母自我状态污染成人自我状态时的表现，而妄想则是儿童自我状态污染成人自我状态时的表现。污染是造成个体问题或不适当行为的重要原因之一。由于污染是在无意识层面发生的，因此我们首先要学习觉察它。

1. 偏见：来自父母自我状态的污染

按照伯恩的观点，一个人的成人自我状态被父母自我状态污染时，就会出现偏见，也就是对某个人或者某个群体持有缺乏事实依据的看法。

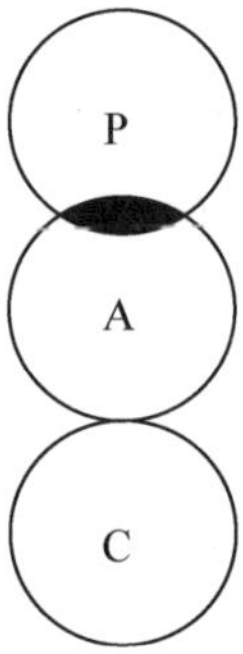

成人自我状态被父母自我状态污染

例如，当前中国社会存在对农民工的偏见（"农民工素质低"）、对非名校的偏见（"只要不是一类院校就都不好"）、对性别的偏见（"女孩子比男孩子笨"），以及地域歧视（如对河南人和上海人的歧视）等。再如中国高考制度下的中学，分数成为衡量一个学生好坏的唯一标准，很多老师的成人自我状态在这种制度下被严重污染，对成绩不好的学生存在严重偏见，给这些学生造成各种创伤，使这些本可以有更美好人生的学生选择了放弃而不是重新决定。他们陷在老师给自己设定的、狭窄的"差学生"的社会角色里，放弃了发现并发掘最好的自己的努力。《西游记》中的唐僧在对待孙悟空的态度上，就常常表现出父母自我状态对成人自我状态的污染。

总之，一个人如果存在偏见，就会表现出诸如过分指责、强求、禁忌多、特权观念、看不起人等行为。很显然，偏见对于建设健康的人际关系是一个很大的障碍。

2. 妄想：来自儿童自我状态的污染

按照 TA 的理论框架，当一个人的儿童自我状态侵入成人自我状态后，他就会出现不负责任、依赖别人、不关心他人、只顾享乐、病态自恋、单相思、做白日梦或过度自卑等情况。

---

① Eric Berne. Transactional Analysis in Psychotherapy. New York: Ballantine Books, Grove Press, Inc., 1961: 44.

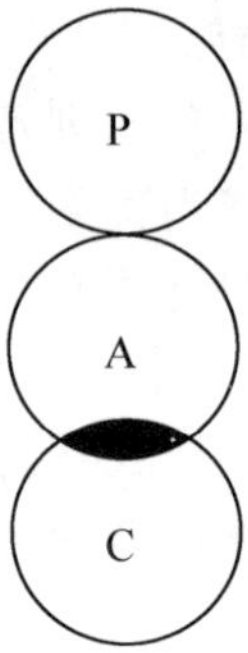

成人自我状态被儿童自我状态污染

伯恩用妄想来形容儿童自我状态污染成人自我状态的表现。当一个成年人的成人自我状态受到儿童自我状态污染时，他就会把现实世界误解为儿时的世界。他会有一些想法，例如："我做不到，我没有能力"；"别人都看不起我，我很无能"；"我肯定找不到工作"；"没有人喜欢我"。或者有更为极端的想法："如果我死了，他们就会后悔。"再如《红楼梦》第一回"甄士隐梦幻识通灵，贾雨村风尘怀闺秀"中，那甄家丫鬟撞见贾雨村时，想到主人曾经说过有个叫贾雨村的人，"有意帮助周济，只是没甚机会。……又说他必非久困之人"。想到此，她不免又回头两次看贾雨村。"雨村见他回了头，便自为这女子心中有意于他，便狂喜不尽，自为此女子必是个巨眼英雄，风尘中之知己也。"用中国成语说，这就是自作多情了，而从 TA 的视角看，这就是成人自我状态被儿童自我状态污染的表现。

恋人之间的相处，通常是成人对成人的相处，可是被污染后的情况却是父母自我状态对儿童自我状态，或者儿童自我状态对父母自我状态。有这样一个个案，一对男女谈恋爱，一段时间后女方提出分手，她的理由只有一句话："你不够成熟。"当时男方一直想不明白，不知道怎么样才算成熟。在学习了 TA 理论后，他才明白女方为什么会离开。他意识到自己在恋爱中做了很多十分幼稚的事，丝毫没有成人自我状态所应该表现出的理性、尊重事实，而像个孩子一样，对对方言听计从，不断讨好对方。(他的行为背后的潜台词是："我不够好，我肯定吸引不了你。所以，我只有通过顺从和讨好来维系我们的关系。")后来两人关系不好时，他又胡乱猜忌对方的行为。他被污染的成人自我状态在他的恋爱关系中把对方当成了家长而不是恋人，这样的关系当然很难维持。

中国有句俗话："久病床前无孝子。"排除做子女的责任感和孝心等因素，这里有一个很重要的原因就是：有些久病者不仅会排除父母自我状态，而且其成人自我状态也很容易受到儿童自我状态的污染。他会放弃责任，放松对自己的约束，会坚持不健康的生活方式，并且放弃为提高生活质量所做的努力，这种意志消沉的状态无疑会加重子女的精神负担，使子女难以保持始终如一的关心体贴。

3. 双重污染

双重污染指的是一个人的成人自我状态同时被父母自我状态与儿童自我状态污染的情况。这时，这个人就容易出现混乱的状况。

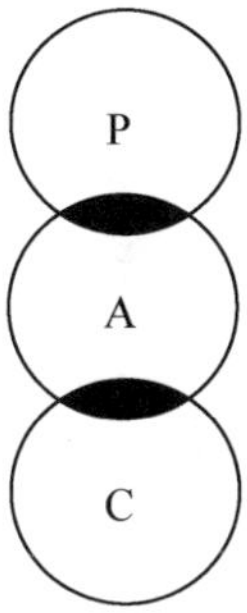

双重污染通常是成对出现的，如父母自我状态中的某个观念与儿童自我状态中的某个观念会同时出现。

举例来说，如果一个成年人在人群中有严重的回避倾向，那么按照 TA 理论，可能的状况之一就是，他的成人自我状态被控制型父母自我状态污染，使他认为“这个世界充满了陷阱”；与此对应，他的成人自我状态也有被儿童自我状态污染的情况，使他认为“我要远离这个危险的世界”。

再比如，当一个家庭或者一个团体遇到某种挫折时，那个总是指责大家（父母自我状态）却又拿不出任何建设性意见（儿童自我状态）的人，通常都是其成人自我状态被双重污染的人。

其他的例子如：

被父母自我状态污染：“只有学习好才是好孩子。”

被儿童自我状态污染：“成就是衡量一个人好坏的唯一标准。”

被父母自我状态污染：“对外界开放是非常危险的。”

被儿童自我状态污染：“我要做个远离人群的人。”

陷入网瘾中无法自拔的大学生，也都是成人自我状态被双重污染的人。

二、去污染

前面谈到，所谓“污染”是指某种自我状态侵入另外一种自我状态，从而造成两种状态间有部分重叠的现象。它是个人产生问题或做出不适当行为的重要原因之一。

因此，在心理咨询与治疗中，所谓“去污染”（decontamination）是指咨询师协助当事人从被混淆的污染中把自我状态区分出来。去污染的主要策略是：让当事人了解到自己受污染的状况，并知道哪个状态在被污染、如何被污染，从而达到去污染的效果。去污染的工作不是只有咨询师才可以做，我们自己学习了

TA理论以后，也可以为自己做去污染的工作。从个人成长的角度看，当我们的反应、感觉或对事物的看法有偏差、曲解或混淆时，我们要能够觉察自己的成人自我状态受到了其他哪个自我状态的污染，并通过调动自己的成人意识调节现状，以重建恰当的自我状态。

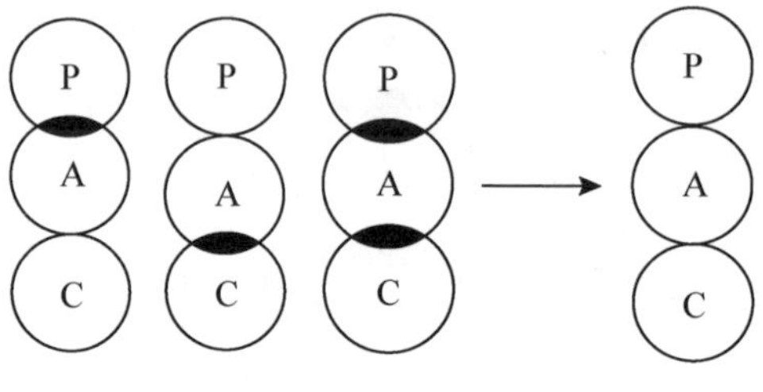

去污染后

现在我们可以尝试用以下方式对自己做些去污染的工作：

1. 去除父母自我状态的污染

步骤一：我们要努力回忆父母、老师给我们灌输的一些观念，如：

(1)“如果你没有考上好大学，你就不可能有好前途。”

(2)“你应该做最好的，这样你才会幸福。”

步骤二：写完后停下来，对自己说“我现在是成人”，让自己进入成人自我状态。然后仔细核对自己刚刚写下的东西，看每一条是否符合事实，或者是否受到父母自我状态的污染。

步骤三：改写上面罗列出的被污染的句子：

(1)“好大学虽然重要，但却不是好前途的必要条件，我只要努力并且目标和方法正确，就一定能够有好前途。”

(2)“我要做最好的之一，我要做最好的我自己，这才是我想要的幸福。”

2. 去除儿童自我状态的污染

步骤一：检视自己的思想，看自身的成人自我状态是否被儿童自我状态污染，如：

(1)“我想要的就必须马上要得到，我不管会有什么后果。”

(2)“别人都有义务满足我的愿望。”

步骤二：写完后停下来，对自己说“我现在是成人”，让自己进入成人自我状态。然后仔细核对自己刚刚写下的东西，看每一条是否符合事实，或者是否受到儿童自我状态的污染。

步骤三：改写上面罗列出的被污染的句子：

(1)“一个成年人不能随心所欲，而要对自己的行为负责，要承担自己行为的后果。”

(2)“别人没有义务满足我的愿望，我也没有权利要求别人满足我的愿望。”

3. 去除双重污染

步骤一：寻找实例，如我们可以直接用前面的句子：

(1) 被父母自我状态污染："对外界开放是非常危险的。"

(2) 被儿童自我状态污染："我要做个远离人群的人。"

步骤二：写完后停下来，对自己说"我现在是成人"，让自己进入成人自我状态。然后仔细核对自己刚刚写下的东西，看每一条是否符合事实，或者是否受到父母自我状态或儿童自我状态的污染。

步骤三：改写上面罗列出的被污染的句子：

(1)"适度对外界开放是有助于我们个人的成长的。"

(2)"我要学习与人友好相处。"

在TA理论中，正常的自我状态是父母、成人和儿童三种自我状态的界限分明，个人可以很直接并且很自然地从一种自我状态转换到另外一种自我状态。如果一个人的自我状态界限不清晰并且太松散，这个人就会做出不适当行为。这就如同社会心理学中的角色转换理论，一个人的角色分化不清楚，在角色丛中的转换就会有问题，工作时该严肃不知道严肃，休闲时该放松不知道放松，他的行为与环境不匹配，自然就表现出病态。

了解有关排除与污染以及去排除与去污染的知识，并学习对自己的被排除或被污染的部分进行去排除和去污染的工作，一个有心理问题的人就可以让自己重建和谐流畅的自我状态，并能够随时间和情境而在不同的自我状态中自如地转换。当然，有的时候我们自己已经处理不了自我状态中的排除和污染，那就要去专业人员那里寻求帮助。

为帮助大家了解自己的自我状态，下面提供一份自我人格诊断问卷。

P. A. C. 自我人格诊断问卷①

性别：________学历：________年龄：________

请针对以下问题凭直觉回答：是：2分　不一定：1分　否：0分

每十道题为一个计分单位，算出五组得分后，在得分表中画出柱状图。

1. 你会打断别人的谈话，述说自己的想法吗？　(　　)
2. 你会对别人严格要求、批判吗？　(　　)
3. 你会严守约会时间吗？　(　　)
4. 你会怀抱着理想，努力使它实现吗？　(　　)
5. 你重视社会规则、伦理道德吗？　(　　)

① 许宜铭. 重塑心灵. 北京：中国轻工业出版社，2009：160-163. "P. A. C." 指 Parent ego state，Adult ego state，Child ego state，即父母自我状态、成人自我状态、儿童自我状态。

6. 你会强烈要求别人尽他的责任吗？（　）
7. 你对小小的差错也很在意吗？（　）
8. 你对他人的教育严格吗？（　）
9. 你认为要求权利前是否要先尽义务呢？（　）
10. 你会经常说“应该……”“不能……”“你要……”吗？（　）

CP 总分：________

11. 你对别人有强烈的关怀吗？（　）
12. 你重视义理与人情吗？（　）
13. 你能常常发现别人的长处与优点吗？（　）
14. 当别人拜托你时，你很难说“不”吗？（　）
15. 你喜欢孩子或喜欢照顾别人吗？（　）
16. 你很容易通融或商量吗？（　）
17. 你对他人的错误宽容吗？（　）
18. 你能倾听别人谈话，并容易产生共鸣吗？（　）
19. 你喜欢做菜、打扫卫生、洗衣服吗？（　）
20. 你喜欢参加奉献性的社会公益活动吗？（　）

NP 总分：________

21. 你会评估自己的损益并采取行动吗？（　）
22. 你很少感性地谈话吗？（　）
23. 你做决定时是否经过分析、深思熟虑呢？（　）
24. 你会询问正反面意见作为参考吗？（　）
25. 任何事情你都会喜欢根据事实做出判断吗？（　）
26. 你的谈话是多为理性少有情绪吗？（　）
27. 你能很快地做出决断而无须烦恼吗？（　）
28. 你在处理事情、收拾东西时，是快速而有效率的吗？（　）
29. 你对未来的事情是否会冷静地预测后才行动？（　）
30. 你健康不佳时，是否会爱惜自己而不勉强工作？（　）

A 总分：________

31. 你认为自己任性吗？（　）
32. 你的好奇心很重吗？（　）
33. 你重视娱乐并追求满足吗？（　）
34. 对想说的事你会没有顾虑地说出来吗？（　）
35. 在无法得到自己想要的东西时，你会很难受吗？（　）
36. 你经常使用“哇！”“耶！”“太棒了！”等惊叹语句吗？（　）
37. 你会以直觉判断事物吗？（　）

38. 你兴奋的时候会得意忘形吗？（ ）
39. 你容易生气吗？（ ）
40. 你容易掉泪吗？（ ）

FC 总分：________

41. 心里想的事，你会经常无法说出口吗？（ ）
42. 你希望别人喜欢你吗？（ ）
43. 你为人客气、处世消极吗？（ ）
44. 你是否比较不坚持己见、经常妥协呢？（ ）
45. 你注意和在乎别人的脸色以及言谈吗？（ ）
46. 你难受的时候都强忍下来吗？（ ）
47. 你会照着别人的期待而努力吗？（ ）
48. 你常常压抑自己的感情吗？（ ）
49. 你觉得自己不如别人吗？（ ）
50. 你觉得现在不像“真正的自己”或“应该有的自己”吗？（ ）

AC 总分：________

请将每项的总分在下表中以柱状图表示出来。

	1～10	11～20	21～30	31～40	41～50
20					
19					
18					
17					
16					
15					
14					
13					
12					
11					
10					
9					
8					
7					
6					
5					
4					
3					
2					
1					
0					
	CP	NP	A	FC	AC

思考题：

1. 请对自己的自我状态做一个分析。
2. 你的自我状态在哪些情境存在排除或污染的情况？
3. 怎样利用“P. A. C. 自我人格诊断问卷”实现个人的成长？

第四章 人生脚本与脚本分析

脚本是一个持续发挥作用的程序，年幼时在父母的影响下形成，控制着个体在人生中最重要的事情上的行为。

——埃瑞克·伯恩[①]

第一节 人生脚本的概念

一、人生脚本及其特点

伯恩假设每个人在无意识中都有自己的一个人生脚本（life script），就像演员按照脚本演戏一样，人也按照自己的脚本上演自己的一生。

伯恩早在1958年的一次有关交互作用分析的研讨会上就谈到他有关脚本的概念[②]，后来他在其著作中谈到人生脚本时，对脚本下了一个较为完整的定义："脚本是交互作用的复杂的部分，它自然地周期性发生，虽然一场完整的脚本上演也许需要一整个人生，但是它却不是必然地会再发生的。"[③]

---

① 埃瑞克·伯恩．人生脚本——说完"你好"，说什么?．周司丽，译．北京：中国轻工业出版社，2016：372.

② Eric Berne. Transactional Analysis：A New and Effective Method of Group Therapy. American Journal of Psychotherapy，1958（12）：735-743.

③ Eric Berne. Transactional Analysis in Psychotherapy. New York：Ballantine Books，Grove Press，Inc.，1961：117.

伯恩之后的学者如克劳德·斯坦纳（Claude Steiner）、鲍伯·高登和玛丽·高登（Bob and Mary Goulding），以及泰比·卡勒（Taibi Kahler）在治疗中又进一步完善了伯恩的理论。就人生脚本的产生而言，伯恩的观点是："儿童潜意识里对一生的计划会被父母加强，并从生活的经验得到证明，经过选择而达到高潮。"①

人生脚本是指人无意识中的人生计划，是人一生的计划，同时也是一种生存策略，它包括了一些核心信念和目的。它是一个人在成长过程中根据自己的早年经历而做出的一种无意识的人生决定。

TA 理论认为，一个人生下来后的命运是在其 6 岁以前就决定的。换言之，一个孩子在其 6 岁之前的童年经历决定了他会为自己的一生制订一个什么样的人生脚本或说生存计划。这个人生脚本被孩子周围的重要他人所认可和强化，并在其以后的人生中一一展现。人生脚本如同我们在舞台上看到的戏剧脚本一样，有主角，有配角，有序幕，有主题，有结局并且最终落幕。用伯恩的话说就是："脚本的主题与童话的主题相似：爱、憎恨、感激以及复仇。"②

总之，人生脚本是人无意识中的人生计划，是人们早年所做出的决定，并会被父母或其他重要他人强化。如果没有个人和外界的特别干预，它会走向预定的结局。

人生脚本并不都是消极的，也有积极的，而且积极的更多一些。不难想象，周恩来总理的人生脚本就是积极的，他在中学时代立下的那个誓言——"为中华之崛起而读书"，以及之后他为中国革命和建设所做出的巨大贡献，都显示出他的人生脚本是积极进取的。

一个人的人生脚本是积极的还是消极的，取决于他早年的经历以及他亲人对他最初人生脚本的支持与否。每个人在自己的人生脚本中都是主角，他不断地邀请周围人加入自己的脚本演出中，而他周围的人也都会配合他的脚本上演某个特定的角色。

以当代中国孩子为例，绝大多数中国城市孩子的人生脚本中都有这样一幕设计——"要考上大学"。他们的父母在他们还上幼儿园时甚至更早的时候就以"绝不能让孩子输在人生起跑线上"为由，让他们上各种培训班、补习班，加上学校老师的各种强化，"上大学，而且是要上好大学"就成了绝大多数中国城市孩子人生脚本的必然一幕。如果这个孩子有幸具备非常好的课本学习能力，那他的人生脚本就有可能是积极向上的，但是如果这个孩子不具备较好的课本学习能力，那在中国高考制度下，他的人生脚本就很难有阳光，严重的甚至还会自暴自弃。

人生脚本是人在儿时决定的，各种主客观因素则是决定人生脚本能否完整上

---

① Eric Berne. What Do You Say After You Say Hello?. New York：Grove Press，1972：4.

② 埃瑞克·伯恩. 人生脚本——说完"你好"，说什么?. 周司丽，译. 北京：中国轻工业出版社，2016：102.

演的条件。父母慈爱与否、贫困与否、身心健康与否、环境安全与否、思想自由与否和执行力强弱与否等，都会影响到一个人早年脚本的上演。与此同时，脚本虽然是早年决定的，但是只要一个人愿意，他就可以对自己的脚本进行改写，用TA理论的术语说就是对自己的人生脚本做出“再决定”。

二、人生脚本的类型

宽泛地说，人生脚本包括三大类：赢家脚本（又称英雄脚本）、输家脚本（又称悲剧脚本），以及非赢家脚本（又称平庸脚本）。[①]

1. 赢家脚本（winner script）

秉持赢家脚本的人是那种知道自己的目标并且能够实现自己目标的人。比如南丁格尔，她很小的时候就知道自己长大后想当医务人员，后来她不仅当了医务人员，而且还卓有成就。再如中国演员王宝强，很小的时候就决定要当演员，而现在他的成就众所周知。

此外，赢家的目标未必都很大，并且赢家往往也并非世俗观念中的成功者。比如一个好主妇、一个好主夫、一个好鞋匠、一个好农民，都可以是一个赢家。任何人，只要他的目标对个人与社会都有益，他的目标的实现能够让自己和他人都更美好、更幸福，那么他就是一个赢家。

总之，一个人在儿时决定要成为某类人，他长大后实现了自己儿时的决定并因此使社会更美好，那么他就是拥有赢家脚本的人。

赢家不是不会碰到失败和挫折，而是在遇到失败和挫折时知道如何去应对、如何去转败为胜，直到实现自己的目标。因此，不仅各行各业都有赢家，而且生活中也同样存在许多了不起的赢家。这些赢家不仅让自己的生活更美好，而且也让他们周围的人和这个世界更美好。

2. 输家脚本（loser script）

秉持输家脚本的人不仅指那种无法完成自己目标的人，也包括那些虽然实现了目标却并不快乐的人。比如一个人早年决定成为一个成功者，结果却一事无成。再比如一个人早年决定做一个企业家，后来虽然做成了，但却体验不到快乐，或者因为怕失败而总感觉痛苦。

生活中我们常常可以看到这样一种现象，一些很有天赋的人却因为种种原因而总是与成功失之交臂。按照伯恩的理论追本溯源就可以发现，那是因为他们早年写就的是一个输家脚本，因此，每一次与成功相遇时，他们都会因为意想不到的“偶然事件”（从精神分析的角度看，这个世界没有偶然。换言之，所谓的偶然都是必然，是无意识想要的必然）而以失败收场。

---

① Eric Berne. What Do You Say After You Say Hello?. New York：Grove Press，1972：chapters 3.

以林妹妹为例，她的人生脚本应该是这样的：我是一个不幸的人，我会受到人们的伤害，成为一个受害者，但我又是一个有思想、有志向的人，我要与那些伤害我的人抗争。于是她的一生就成为不断邀请迫害者，同时又不断为了自我保护而进行抗争的过程，而她最终以一个输家的身份退出舞台。

日常生活中，我们常常能看到的输家包括这样几种类型：第一类输家在自己的学习、工作与生活中总是出岔子，他的智力没有问题，但他上学时功课不及格，工作后无法保质保量地完成工作，并且总与人发生冲突。第二类输家的情况又糟一点，比如，虽然找到了工作，但很快就下岗甚至被开除；再如，虽然有某种天赋并且也有很好的条件，但却总是无法发挥自己的天赋，比如“差一点”就成为作家或艺术家，“差一点”就考上大学，“差一点”就成功，等等。第三类输家的情况就更糟了，如因为违法乱纪或因为给他人造成伤害而被绳之以法，或因为种种成瘾行为（毒瘾、网瘾等）而无法自拔。

输家最常用的口头禅是：“是，但是……”第一个“是”是一个拥有无限可能和希望的字，而后面紧接着的“但是”则是一个会扼杀所有希望的词。由此可见，输家不是没有赢的时候，但其最终结局却一定是输，因为他们有太多的自我挫败行为，他们使自己陷入无法持续发展的境地。

3. 非赢家脚本（non-winner script）

秉持这种脚本的人是介于赢家和输家之间的人。他们既没有赢家的雄心，也没有输家有过的志向。他们对人生的要求不高，欲望不大。他们不冒险，在生活中只是随波逐流。他们既没有赢家的幸福感，也没有输家的失败感。生活之于他们，就是一种不得不接受的过程，他们来过，他们又走了，仅此而已。走的时候，他们不会有输家才有的悔恨和恐惧，却也没有赢家才有的安宁与坦然。《西游记》中的猪八戒，就是一个非赢家的典型。

学者艾恩·史都华（Ian Stewart）和凡恩·琼斯（Vann Joines）指出：虽然脚本大致可以分成以上三种，但事实上，大多数人的人生脚本是混合的。[①] 如果我们把人生细划为四大块——生活、学习、工作与关系，那么由于不同的早年经历，能在四方面都拥有赢家脚本的人是少数。大多数人都只是在某几方面拥有赢家脚本，比如工作狂就会在学习与工作方面拥有赢家脚本，而在关系与生活上则可能是平庸脚本甚至是输家脚本。

因此，我们如果想要增加自我认识，就要仔细分析自己过往的人生，来确认自己究竟有一个什么样的脚本，了解自己在哪方面有输家的决定，哪方面有赢家的决定。那么，究竟是什么决定了我们的人生脚本呢？

---

① 艾恩·史都华，凡恩·琼斯. 人际沟通分析练习法. 易之新，译. 台北：张老师文化事业股份有限公司，2002：167，168.

第二节　脚本与早期决定产生的基础

一、早期决定

同样是人，为什么有的人从小就决定了要做赢家，而有的人却为自己选择了输家或非赢家脚本呢？一个早年得到父母无条件积极关注的人，能形成成熟的自信、自重与自爱人格。这样的人不仅信赖、热爱世界，而且愿意为这个世界做出自己的贡献，他们的脚本自然是以赢家底色为主的。而那些受到父母忽视甚至伤害的人，则很容易写出自己的输家或者非赢家脚本。

赢家、输家或非赢家脚本的产生，取决于一个人的早年经历和他在早年经历中所做出的早期决定（early decision）。“一个人在幼年时为自己的存在所做出的结论，即是早期决定，这些是个人脚本的基础，与情绪性经验有很大的关联。”[①]早期决定会持续影响一个人日后的生活，那么又是什么在影响一个孩子做出他的早期决定呢？

二、禁止信息

决定人生脚本中早期决定的是“禁止信息”（Injunction），它们往往是父母从自己的儿童自我状态中发出的对自己孩子的行为的一系列禁令，它们是消极的并且有很强约束力的一些指令，在孩子的生活中一次又一次重复出现，它们如同诅咒一样能够产生预言自动兑现[②]的作用，孩子正是根据这些禁止信息做出有关自己的人生脚本的决定。

伯恩把禁止信息分作三个等级，他曾形象地描述不同等级的禁止信息[③]：“一度禁止信息（社会可接受而且很温和的）是一些直接的命令，通过赞成或者不赞成得以强化（‘你一直都温和安静’‘别太野心勃勃’），带有这种禁止信息，仍旧可能成为赢家。二度禁止信息（隐晦的、粗暴的）是隐晦的指令，父母通过引诱式的微笑或威胁式的皱眉隐晦地传递给孩子，最容易养出非赢家（‘别告诉你的父亲’‘闭严你的嘴’）。三度禁止信息（非常粗暴、苛刻）是不可理喻的禁

---

① 欧嘉瑞，安妮卡，罗南. 人际沟通分析——TA 治疗的理论与实务. 黄珮瑛，译. 台北：张老师文化事业股份有限公司，1996：91.

② 预言自动兑现（Self fulfilling prophecy，又译自我兑现的预言），又称“期望效应”，指预言或者期望会影响人的行为，从而导致预言或期望成真的情况。

③ 埃瑞克・伯恩. 人生脚本——说完“你好”，说什么?. 周司丽，译. 北京：中国轻工业出版社，2016：104.

令，由恐惧驱使。此时，话语已变成尖叫，面部表情已如噩梦般扭曲，身体惩罚已经变为恶意攻击（‘我要把你该死的牙打掉’）。这一等级的禁止信息无疑会造就输家。”

鲍伯·高登和玛丽·高登夫妇两人把会影响孩子早期决定的禁止信息归纳为以下 12 种。①

1. 不要存在（Don't exist）

当前中国自杀问题引起越来越多的关注。如果按照 TA 理论来看自杀，那么其原因之一就在于父母在孩子幼时以各种方式向孩子传递了“不要存在”的信息。父母向孩子发出“不要存在”的禁止信息的方式很多，如父母对孩子的打骂、虐待、苛责甚至遗弃等，都会传递给孩子这种信息。也有父母会对孩子说“你是一个意外，我们本来没有想要你”这样一类话，或者干脆给意外出生的孩子取名“小多余”。还有一些奉子成婚的父母会对孩子抱怨说：“要不是你，我们就不会结婚。”

此外，难产而生的孩子也常常被父母尤其是母亲的“不要存在”的禁止信息所困扰。中国史书《左传》中那个“庄公寤生”② 的故事，就是一个典型的“不要存在”的例子。庄公的妈妈因为庄公出生时难产就讨厌他，偏心小儿子，并且多次想要说服庄公的父亲废长子而立小儿子为太子，被拒绝后又企图以其他方式杀掉庄公。庄公一忍再忍，直至发下毒誓：除非黄泉之下（死了），绝不再见自己的母亲。后来就有了那个“掘地见母”或曰“黄泉相见”的典故。

在父母反复发出的“不要存在”的信息中，孩子的儿童自我状态会认同父母，认为“出生是我自己的责任，因此，如果我做得不够好，我就应该自己结束自己的生命”。不仅如此，因为怀着深刻的内疚感，因此生活之于他更多的是负担而不是享受，这样的人常常会冒出自杀念头，或者觉得自己的存在没有价值、没有意义，或认为自己不值得被爱。也有的人把自己的生活过得一团糟，让自己成为很多意外事故的受害者。

在早年接受“不要存在”这个禁止信息的孩子，会认为自己的存在是多余的、不受欢迎的，认为自己是没有价值和没有意义的。这类孩子往往会有这样一些表现：一是以各种冒险的方式自伤或者自杀，自伤者在日常生活中总是会“遇到”各种事故，其实，是他自己总在无意识中寻找甚至制造各种事故；二是为避免出现致命的后果，他决定不与任何人亲近，以免于自伤或自杀的命运，他的内在决定如果用语言表达就是“我可以活下去，只要我不和别人亲近”；三是以一

① R. Goulding, M. Goulding. New Directions in Transactional Analysis//Sager, Kap. Progress in Group and Family Therapy. New York: Brunner/Mazel, 1972: 105-134.

② 庄公出生时脚先出来，导致难产，这让他母亲姜氏受到惊吓，因此为其取名寤生（寤就是逆、倒着），并因此而讨厌他。

种病态利他的方式与人相处，这是因为他无意识中认为“只要我服务于你，你就会认为我有存在的价值”；四是以精神失常的方式示人；五是拼命地工作并追求成功，因为他无意识中认为“只要我成功，我就可以存在”。

2. 不要做你自己（或你的性别）(Don't be you or your sex)

父母有时候会对孩子发出“不要做你自己（或你的性别）”的禁止信息，比如总指责甚至训斥孩子，还有总在孩子面前夸邻居家孩子，再如给女孩子取男孩子的名字，把女孩子打扮成男孩子，或把男孩子打扮成女孩子，还有完全不顾孩子的个人特点而要求孩子按照社会潮流选报专业等，这些都在暗示孩子不要做他自己而去做别人。

“不要做你自己（或你的性别）”这个禁止信息经常来自那些希望生男孩或女孩但却没有如愿以偿的父母。在中国文化中，这类禁止信息大多是针对女孩子的。笔者曾经见过不少这样的个案，其中很典型的一个是：一位父亲以妻子生的是女儿而不是儿子为由离开妻子，父母离异后，母亲和外婆在这个女孩子成长的过程中不断对她说：“都是因为你，你爸爸才离开我们。你要是个男孩，爸爸就不会离开妈妈。”这个女孩子因此为自己做了如下的早期决定：“我要像个男孩子一样长大。”从此，本来很美丽的她不仅穿着、发型上像男孩子，功课上也偏向男孩子，更喜欢理工科，计算机课成绩尤其好，周围女同学的电脑出了问题，也都是由她负责修理。接受专业咨询和学习心理学课程一段时间后，这个女孩子终于为自己做出了再决定：“我要做个美丽可爱的女孩子！”后来，这个女孩子留起了飘逸的长发，并且穿上了漂亮的连衣裙。

“不要做你自己（或你的性别）”有时也指不允许孩子按照自己的天性发展自己，而要求孩子跟着潮流去做别人。比如在中国的高考制度下，几乎所有父母和老师都在用一个标准要求孩子，那就是取得好成绩以及日后上大学，似乎只有上大学才是孩子唯一该走的路。在这个过程中，有很多原本不适合上大学的孩子也被逼迫着去参加高考，或者是喜欢文科的孩子被逼着去学理科，结果导致这些孩子的自信心严重受挫。

当一个孩子被“不要做你自己（或你的性别）”这样的禁止信息所禁锢时，为了生存，他们不得不以各种方式顺从父母的意愿，其结果就是要不断地在外在要求和内心冲突中挣扎求生，其内心的纠结和困扰可想而知。

3. 不要做小孩（Don't be a child)

父母发出这种禁止信息的原因很多，中国文化中的那句“长兄如父”最能说明问题。中国家庭中的长子，常常会接到“不要做小孩”的禁止信息，因为父母需要他照顾弟弟、妹妹，于是他不得不放弃自己的童年。再比如家境贫寒、家规严格或者父母自己有严重的适应问题（如成瘾行为）时，孩子就有可能被要求“不要做小孩”，其表现形式可能是“你已经是大人了，不许……”或“就知道玩，还不干活去!”等。这样的孩子从很小的时候就为自己设计了这样的人生脚本：“我是为照顾别人而生的，我存在的意义就是照顾和帮助别人。”这样的人少年老成，做事认真负责，有牺牲和奉献精神，同时为人刻板僵化，缺乏弹性和享受生活的愿望与能力。

在中国的各项政治运动尤其是“文化大革命”中，不少家庭发生重大变故，许多孩子小小年纪就被迫承担许多根本不符合其年龄的责任。帮助父母承担各种家庭重任的结果是他们不仅没有童年，而且还留下许多未完成的事，以至于他们在长大成人后还需要重新学习许多最基本的生活内容，比如怎样享受生活，怎样爱护并且照顾自己，怎样平等地而不是靠牺牲自己来与人相处。

这类人是不懂得享受生活和照顾自己的。在他们看来，生活就是承担责任，而自己的价值也只有在承担责任中才能够实现，如果自己像孩子一样有享乐的念头或行为的话，就会产生强烈的内疚感。因此，为了避免不幸，他们就不能有快乐的感觉，更不能像孩子一样随意与放松，从而活得非常累并且非常辛苦。

4. 不要长大（Don't grow up）

接收到这种禁止信息的往往是家中最小的孩子，这个信息包含好几层意思：“不要从小孩子长成大孩子”“不要超过某个年龄”“不要长成大人”“不要离开父母”等，会发出这种信息的父母自己也往往是不成熟的，他们需要孩子做自己永远的小玩伴。

还有这样一种情况，由于父母缺乏适当的养育方式，他们无意识中为孩子灌输了“不要长大”的禁止信息。在年轻父母中可以看到这样的例子：有的父母始终用儿童语言和孩子交流，如“吃饭饭”“喝水水”“爬高高”等。当一对父母使用这样的语言和孩子说话时，他们其实是在无意识中对孩子说：“不要长大，永远做我们的小宝贝吧!”接受了这种禁止信息的孩子，其成人自我状态的发育就会受到影响，将来走向社会，也会影响到他的社会适应能力。

过去受“不要长大”禁止信息影响的极端例子，应该是那些为了父母、弟妹而终身不嫁的长姐。这样的例子在过去的中国是常见的，现在这样的情形已不那么多了。但是，中国的独生子女政策是否会导致父母或祖父母对孩子有更多的依赖，以至于他们会比以往的父母或祖父母更多地对孩子发出“不要长大”的禁止信息？这点是值得我们思考的。

5. 不要成功（Don't succeed）

那些在其儿童自我状态中有嫉妒自己孩子的成分的父母常常会向孩子发出这类禁止信息。这听起来似乎很奇怪，父母怎么会嫉妒自己孩子的成就呢？可是现实生活中的确有这样的事发生。西方对此有一个名词，叫“白雪公主综合征”，其患者即指那种如白雪公主继母般嫉妒孩子的父母。

比如那些总在孩子面前逞强的父母，会说“你现在做得比我当年差远了”“你的智商只相当于我的一半”“你什么都做不好”“你到底出了什么问题”等话，这些信息中其实都包含着要孩子“不要成功”的禁止信息。

接受了“不要成功”这一禁止信息的孩子往往会表现出自我挫败的行为。他们平时会认真学习和工作，但是一到关键时刻，他们就会出现各种别人意想不到的岔子或事故，结果导致他们无法成功。

会向孩子发出这类禁止信息的父母通常自己有一些“未完成的事”，并且也有较严重的自卑倾向，所以，即使面对自己孩子的成功，他们也会感觉不舒服，于是就向孩子发出“不要成功”的指令。

还有一种情况也会导致父母发出“不要成功”的禁止信息，那就是父母对孩子的要求非常高，以至于孩子因为无法企及从而放弃成功。

6. 不要重要（Don't be important）

父母有很多方式向孩子发出“不要重要”的禁止信息，比如“大人说话时你不可以插嘴”“餐桌上不许说话”“小孩子懂什么”等。虽然在一个孩子的成长过程中，父母需要为保护孩子的幼小心灵而对孩子做一些必要的限制，但那种限制应该是润物无声的，比如，大人如果不当着孩子的面说孩子不宜听的事情（如社会黑暗面等），那么也就不存在孩子不可以插嘴的问题了。

接受了“不要重要”禁止信息的人长大后做事会显得畏首畏尾，做下级可以做好，但让他担任领导工作就会很难胜任，即使他具备实际的工作能力也不行。而且，因为认为自己不重要，他也很难享受生活，在他看来，他自己不配拥有一切好的东西。

7. 不要归属（Don't belong）

一个孩子有可能接受“不要归属”禁止信息的情况很多，有的是由于社会大环境，比如中国改革开放过程中，农民大量涌入城市做农民工，于是农村出现了大量“留守儿童”，这些孩子从小被放在祖父母家或其他人家寄养，这些远离父母的孩子是很难有稳定的归属感的；再比如那些从小随父母不断搬家的孩子，如部队子女或外交家子女等，如果父母不注重帮孩子在新地方建立关系，这样的孩子也常常会在无意识中接受“不要归属”的禁令；还有一种情况是，父母不断告诉孩子他与众不同，结果使他无法认同他的同龄人，尤其是那些早早表现出某种天赋才能的孩子，为了培养他们的天赋，父母把他们与同龄人隔离开来，一心只是培养他们的天赋，使他们再也无法在同龄人中找到归属；再如父母自己与世隔绝的生活方式造成孩子与人尤其是与同龄人之间关系的疏离；再有就是父母因自己的状况出了问题而迁怒于孩子或漠视孩子，也是在向孩子发出“不要归属”的禁止信息；还有就是小时候因为某种缺陷而经常受到同龄人的取笑甚至欺负，但却得不到父母安抚。这样的孩子都会接受“不要归属”的禁止信息。

没有归属感的人是没有根的人，这样的人在日常生活中会有很强的不安全感，很多在别人看来很简单的小事，比如一个玩笑、一个批评等，都有可能被他们理解为是对他们整个人的否定，并因此而产生很大的情绪困扰。还有的则表现为独来独往，因为他早年的经验告诉他，他不能长时期地拥有某种关系，因此，就只有靠与他人保持距离实现自我保护。

8. 不要亲密（Don't be close）

如果父母平时很少爱抚孩子或者与孩子很少有身体接触，或者父母平时很少关注孩子并向孩子表露情感，而且对孩子缺乏积极的安抚，那么孩子就会接收到“不要亲密”“不要接近”“不要有情绪上的接近”等禁止信息，同时还会接收到类似“不准信赖别人”和“不要去爱”的禁止信息。

也有的孩子是在父母突然因为疾病或事故死亡后，因为无法理解这样的悲剧而做出了如下的决定：“我以后再也不与任何人有亲密关系，这样我就不会再经历这样的痛苦了。”

这样的孩子长大后习惯于与别人保持距离，并对别人的善意持怀疑态度。因为“不要亲密”的禁止信息使他认为“所有我关心的人最终都会离我而去”，所以，即使由于生理和心理需要而与人建立了亲密关系，他也会以各种方式去试探甚至考验别人，直到把关系破坏为止。有时候，他还会以先逃跑或先拒绝别人的方式中断关系，并且在关系中断后，他还会有一种“我早知道会这样”的先知先觉感，而这样的感觉会如同“预言的自动兑现”一样，使他在下一次关系中遭遇同样的失败。

9. 不要正常或健康（Don't be well）

如果父母平时非常忙，只在孩子生病时才会注意到孩子或关心孩子，使孩子体验到被关心的感觉，那么这个孩子无意识中就会得出这样的结论：我只有在生病的时候才能够得到父母的关注，因此要得到父母的关心，我就要生病，我就不能够健康。

这种情况发展到极端，就是这个人长大后也会习惯于用疾病去获得关注；有了自己的家庭后，也往往会用这样的方式去控制甚至操纵自己的配偶和家人，因为在他们的无意识中，健康意味着孤独甚至被抛弃。

还有的父母天天吵架或者闹矛盾，只有在孩子生病或者出现情绪问题时才会暂时停止，这样的情况反复多了，孩子就会得出这样的结论：我只有显得不正常，我的父母才会停止争吵。这样，他就往往会成为心理障碍者甚至精神病患者。一个人，他不以健康人的方式存在而以精神失常等方式存在，按照 TA 的一家之言，这样的人有可能在小时候就接受过来自父母的“不要正常或健康”的禁止信息，并为自己做出了“不要像一个健康的人一样好好活在这个世界上”的早期决定。（在心理治疗师眼中，这样的病人往往是牺牲自己以拯救家庭。）

10. 不要有感觉（Don't feel）

在一个父母很少表露感觉或者父母禁止孩子表露某种感觉的家庭中，孩子就学到了“不要有感觉”。例如有的家庭规定“不许伤心”或者“不许撒娇”等，在这样的家庭中，孩子就会很努力地压抑自己伤心的感觉，并且也不愿意表达自己的柔情。

此外也要考虑到文化的特点。中国文化提倡内敛，主张喜怒不形于色，在这样的文化背景下，中国父母对孩子的普遍要求之一就是要内敛，要控制自己的情绪。虽然改革开放这些年，中国人的性格特点已经有了变化，变得更为开放也更有弹性，这在现在的孩子身上有很突出的表现，但是有些不够健康的家庭仍然在以各种方式向孩子传递“不要有这种感觉，只能有那种感觉”的禁止信息。比如“不准哭，只准笑”“男儿有泪不轻弹”“忧伤是软弱，坚强才是好的”之类的话，传递的就是这样的禁止信息：“有的感觉是不好的，因此不能有这种感觉，而应该有那种被公认的好感觉。”

再比如，现在很多家长在孩子复习考试尤其是准备高考时，要孩子除了学习什么都不要考虑和处理，孩子在屋里学习，一会儿进去送杯水，一会儿进去送个苹果，一会进去送件衣服，这已经不仅仅是在要孩子“不要表露感觉”，简直是在剥夺孩子对自己的感觉。

这样的人长大后不仅对自己的感觉很迟钝，而且对别人也缺乏敏感，他甚至会特别压抑自己的某种感觉，以至于渐渐与自己的感觉产生隔膜，与别人的关系也会出现问题。

11. 不要思考（Don't think）

一个孩子小时候会有很多个“为什么”要问父母，这些“为什么”同时伴随着孩子对世界甚至人生的思考。如果这时候父母表现出极大的兴趣，就是在鼓励孩子继续这样的思考，而如果父母对孩子的提问和思考表现出厌烦、冷漠甚至轻视，就是在向孩子提示：“你的思考没有意义，你不要思考！”

也有的时候，孩子对家庭建设表现出强烈的参与意识，向父母提出一些建议，这样的时候，如果父母对孩子的提议表现出轻蔑，如我们中国父母常常会对孩子说的“大人的事小孩子不要管”，或“大人说话小孩子不要插嘴”，或者大人插手处理孩子遇到的人际关系问题、与老师的冲突问题等，都是在向孩子发出“不要思考”或“不要按照你的方式思考，要按照我的方式思考”的禁止信息。

另外一种比较特殊的情况是，有的父母缺乏解决问题的能力和资源，因此往往喜欢用拳头或者谩骂、哭闹来解决问题，时间久了，孩子也能学习到“不要思考”的禁止信息。这类人长大后，处理问题和提升自己的能力都会相对比较弱。

12. 不要做（Don't…）

那些过度保护孩子或者有洁癖的父母常常会对孩子说：“不要做这个”“不许

碰那个”“不要出家门”“不要爬树”“不要游泳”“不要带小朋友回家”“不要说粗话”“不要……”这些父母习惯于为孩子做一切，结果使孩子觉得自己既无能又软弱，当要做决定时他们就会非常犹豫不决。

有这样一个极端的例子，一个大学生对他所学的专业非常不满，并为此痛苦不堪，当问到他说：“既然不喜欢这个专业，你为什么要报这个志愿呢?”他脱口而出：“当时我负责考试，我父母负责为我报志愿啊!”这是一个既“不要思考”又“不要做”的典型。在中国高考制度下，父母为孩子填报志愿导致孩子上大学后痛苦万分的例子，实在是数不胜数。

以上介绍了父母向孩子发出的咒语般的12种禁止信息，我们也应该注意到，有时候，时代与文化也会向身在其中的人发出一些禁止信息，例如中国古代的文字狱在禁止人们思考与发声上的作用。

禁止信息常常构成家规中糟糕的部分，禁止信息太多的环境会抑制人成长基因的表达，会限制人潜能的实现。

三、应该信息与驱力

各种禁止信息在一个人的成长过程中起着阻碍作用，并对人形成自己的独特的人生脚本产生着决定性的影响。与禁止信息相对应的是，一个孩子在成长过程之中，其父母还会不断地给孩子一些应该信息，也就是孩子应该甚至必须做什么的一类信息，而它们会成为一个孩子做出早期决定并确立自身人生脚本的一种驱力（driver）。

1974年，泰比·凯勒和海格·卡帕斯（Taibi Kahler and Hedges Capers）在《交互作用分析杂志》上发表了他们有关驱力的研究成果。① 他们提出，每个人都有五种基本驱力，它们来自父母的父母自我状态，是以特别的语言、声音、姿态、手势、表情等方式反复表现出的应该信息。

1. 要完美（Be perfect）

如果一个孩子的父母总是挑剔自己的孩子，比如孩子考了99分，他们的反应是“那一分哪里去了?”再比如总是要求孩子争第一，总是对做得已经很好的孩子有更多、更高的要求等，那么他们就是在向自己的孩子发出“要完美”的应该信息。

一个人的驱力中“要完美”的应该信息一旦占了首要地位，他就会对自己要求很严，例如外表必须整洁、学习成绩必须优秀、工作业绩必须出色。因此，他们往往比一般人会有更多、更大的成就。但是他们有一个误区，就是如果他们不完美，那就意味着他们不好，因此他们对完美有病态的需求。除了小时候父母给

---

① Taibi Kahler，Hedges Capers. The Miniscript. TAJ，1974（1）：27-42.

定的规矩之外，自己还会创造很多有关完美的规则，他们要覆盖所有可能性，要控制一切，要尽可能做得好上加好，要让别人无可挑剔，因此他们比一般人活得要累。在他们看来，“如果我做得完美，别人就不会批评我，并会喜欢我”。不仅如此，他们对别人也会有同样的苛求，因此他们的人际关系也会受到影响。

无论生活、学习、工作还是关系中，我们的确需要尽可能精益求精地做好一切，但是，没有必要要求完美，事实上也不存在完美。所以对任何事，我们努力做到“尽人事听天命”就可以了。

2. 要努力尝试（Try hard）

如果一个孩子从小就总被父母要求或指使着去做这个做那个，但父母却并不认真检查孩子所做的结果；或者如同当代中国的很多父母那样总是要求孩子上各种课外补习班，当中国父母是六天工作制的时候，很多孩子是七天工作制，因为休息日是学习日，而当中国父母是五天工作制时，孩子仍然是七天工作制，因为有两天被安排上课外辅导班了，这样的孩子是很容易受“要努力尝试”的驱力影响的。

被这种驱力主导的人，其积极面是很开放，喜欢尝试新的事物，往往会成为一个新事物的开拓者。在他们看来，“如果我勤奋，我就不会被批评”。他们总是非常投入地去努力尝试各种事物，对他们而言，这个“试”字就只是尝试而已，只要别人看到自己的努力和勤奋就可以了，努力的结果却并不那么重要。

3. “要快点，再快点”（Hurry up）

如果父母总是非常忙碌，如果父母总是一个目标接一个目标地去追求；或者如果父母对孩子缺乏耐心，对孩子的节奏感觉不耐烦，总是不断地催促孩子要加快速度，这样的孩子长大后就会有比较明显的“要快点，再快点”的驱力表现。从外表看，他会比一般人动作快，说话快，做事快。

在这种驱力的影响下，从积极面看，这样的人做事雷厉风行，总是希望自己在别人还没有开始的时候就完成自己的任务，因此效率会比较高。与此同时，他会表现出特别怕迟到，怕耽误了什么，他确信自己无论做什么都应该马上就完成；他会要求自己在很短的时间中做很多的事，会因为着急而打断别人的谈话；他总是超负荷地工作，被自己的驱力支配，天天疲于奔命，在事物的表层周旋而难以深入事物的深处。这样的人，如果别人交给他一个任务，他会很快就完成，然后问别人：“下一个任务是什么?”如此匆忙地做事，因为欠考虑，结果常常会留下一大堆麻烦。

4. 要取悦别人（Please others）

一个人在取悦别人的驱力影响下，会认为自己有责任让别人感觉好，会附和别人。对他而言，能被别人喜欢是一件很重要的事，他会投入很多精力让别人认可他。这样的人会成为一个不错的团队成员，会在别人发生争执的时候努力去做斡旋工作，会热心地为别人做事甚至去做别人的拯救者，只要别人能够喜欢他，他愿意做一切。他最常说的是："对，好，是这样。"如果别人没有及时回应他，他就会有受伤感。

一个人，在他的儿时如果只有取悦周围的大人才能够生存，他就会做出这样的决定："只有取悦别人，别人才不会伤害我。"但事实上，一个人不可能取悦所有人，因此，以这种驱力为主的人，常常会活得非常累。

5. 要坚强（Be strong）

一个人，如果小时候常常被父母忽略甚至漠视，比如我们的钥匙儿童、留守儿童等，还有那些在学校或外面受了委屈回到家中却得不到安抚的孩子，久而久之，在独自面对孤独和恐惧的过程中，就做出了这样的早期决定："害怕和哭泣是没有用的，我必须坚强，如果我强大，我就不会受伤害。"

被"要坚强"的驱力支配的人，会表现出坚忍的性格，并且很能控制自己的感情，他们说话时语气平稳、单调，很少表现出兴奋的迹象。这样的人面临危机时会表现得很出色，能够控制局面并使周围的人感觉安全。与此同时，他们因为太过于控制自己的感情而显得薄情，又因为缺乏幽默和娱乐能力而显得枯燥乏味。

为了更形象地了解人生脚本与禁止信息和应该信息的关系，笔者参考克劳德·斯坦纳的脚本矩阵图[①]为贾宝玉画了下面这幅脚本矩阵图：

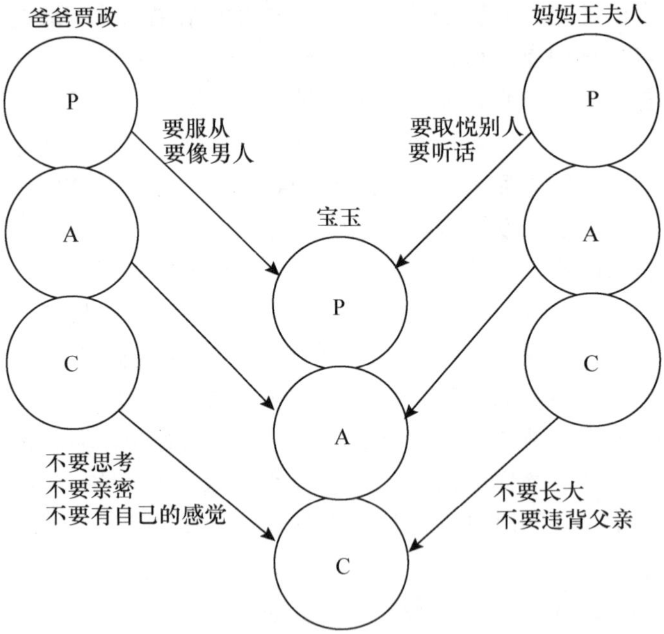

宝玉的脚本矩阵图

① Claude Steiner. Scripts People Live—Transactional Analysis of Life Scripts. New York: Bantam Books, Toronto, 1974: 105.

以上介绍了由应该信息而导致的五种驱力。需要注意的是，适度的“应该”是有利于人的生存与发展的。换言之，“要完美”不等于有要完美的驱力，“要强大”不等于有要强大的驱力，这当中有一个很重要的因素，那就是度的问题。而当这些应该信息在一个人身上过度表现而成为一种驱力时，它们所造成的结果就会是不快的。因为这时驱力会驱使一个人过度关注某个方面并一直往那个方向走，久而久之，人就会疲惫不堪。如果要他放松，他做不到，他处于一种欲罢不能的地步，简单的放松会让他有罪恶感，会让他体验到一种很强大的他自己也无法理解的心理压力，为了重新具备安全感，他会又回到自己原来的被驱动的状态中。

因此，一个已经具备某种驱力行为的人要想从中摆脱出来，往往需要在心理治疗师的帮助下，认识自己的驱力后重新做出决定，那就是不再被过度的“应该”所左右。对普通人而言，了解 TA 中的驱力理论可以使我们通过选择而减少其对我们的负面影响，同时使其正面影响有更多的发挥。

四、人生脚本的构建

人生脚本是一个人根据童年经历所制订的人生计划。孩子根据父母或者其他重要他人给自己发出的禁止信息和应该信息导致的驱力做出一系列决定，从而形成自己的人生脚本。这个脚本形成后又会被父母或者其他重要他人以及环境所强化。

一个人的脚本一旦形成，就会在无意识中成为一个人的内在引导。正如伯恩说说：“大多数人舒适地生活在自己的脚本矩阵里，因为这是父母为他们制作的暖床，他们最多只是稍加修饰。床上也许有虫子，也许不平整，但这是专属于他们的床，他们从生命初期便开始适应，因此很少有人愿意换成条件更好的，更符合他们的情况的床。”① 所以，通常一个人的人生脚本形成于儿时或者青春期，在后来的岁月中，除非他有意识地去改写自己的人生脚本，否则他整个人生的核心内容都已经为他的脚本所规定。

人生脚本有消极的，也有积极的，其中大多数是积极并且有效率的。积极的脚本造就幸福的人生。例如被誉为“提灯女神”的弗洛伦斯·南丁格尔，作为世界上第一个真正的女护士，她开创了护理事业，“5·12”国际护士节就是为纪念她而专门设立的。从她的传记中我们可以看到，她出身贵族，家境富裕，也许就是这样的环境，使她从小能够有更多的时间、精力去关注物质之外的人与事。还有一个很有意思的细节是，和其他女孩子不同，她小时候玩过家

① 埃瑞克·伯恩. 人生脚本——说完“你好”，说什么?. 周司丽，译. 北京：中国轻工业出版社，2016：261.

家时，从来不给娃娃做饭、穿衣服，而只给娃娃打针、吃药。还是小姑娘的她，就表现出关心他人的自然倾向。显然，她在儿时确立的人生脚本就是要照顾他人。

就如同积极脚本一样，人的消极脚本也是在儿时构建并确立的。伯恩指出："神经症患者和精神病患者的脚本总是悲剧性的，他们遵循古典戏剧中悲剧脚本的规则，伴随着痛苦和绝望，他们的脚本经由序幕到高潮再到悲剧性结局，直到导致真正的悲剧。"[①] 换言之，"用精神分析的语言，脚本受强迫性重复驱使，即具有一遍遍做相同的事的冲动"[②]。

按照脚本理论的假设，其他诸如自杀、谋杀或者成瘾行为这样的悲剧脚本，也都是一个人在儿时选择的自限性行为。这些在无意识中选择了消极脚本的人，在日常生活中以他们的行为支持着他们的脚本设计，除非他们做出新的选择，他们的人生就只能是他们悲剧脚本的展现过程。

总之，脚本是一个人在童年时为自己决定的人生故事或者说生存策略。人在很小的时候确立了自己的核心剧本，然后一直上演它，经由青春期直到长大成人，由于太习惯这个脚本了，以至于它渐渐进入人的无意识。对于有的人来说，它是一整出、一系列反复上演的熟悉然而又痛苦的剧目，对于另外一些人来说，虽然整体演出让人满意，但时不时也会有些不和谐音出现，于是人们就会问自己：我该怎样结束这令人不愉快的剧目或部分？

伯恩及其追随者在其治疗实践中，不仅提出了有关脚本的系列概念，而且提供了一套可以分析和改写人生脚本的理念与方法，从而不仅为有精神疾病和心理问题的人，也为一切想要更好地成长的人提供了新的改变的可能。

第三节　人生脚本的自我分析

一、脚本分析及其必要性

1. 脚本分析的定义

脚本分析是指分析一个人在童年时是如何在无意识中选择了某个童话或故事做他们未来成长的模板，日后又是如何在无意识中不自觉地按照这个早年的人生

① Eric Berne. Transactional Analysis in Psychotherapy. New York: Ballantine Books, Grove Press, Inc., 1961: 118.

② 埃瑞克·伯恩. 人生脚本——说完"你好"，说什么?. 周司丽，译. 北京：中国轻工业出版社，2016：304.

计划采取行动；分析一个人是如何异常认真地跟随着这个有可能是在婴儿期就做出的决定，直到人生的帷幕落下。

脚本分析的目的在于帮助人们认识他们无意识中所希望和实践着的人生计划。脚本分析通过帮助人们觉察自身的脚本，调动其成人自我去选择一个更具建设性的人生计划，以此从原来控制他们的缺乏适应性的旧脚本中解放出来。

伯恩是在其治疗神经症和精神病患者的过程中发展出其脚本理论的，他认为脚本是强迫性重复的过程，一个人会不由自主地重复他儿时的不幸经历，而脚本分析的任务就是要把病人从其强迫性重复情境中解放出来，从而使他们走上一条新的道路，“结束原先的演出，并且走上一条新的更好的道路”①。具体说就是，交互作用分析理论强调：虽然每个人的脚本都是由个人的经历所决定，并且是每个人自己写出来的，但是只要一个人愿意，他就能够停止原先的脚本并重新编写自己的脚本，使自己具有更好的适应性。

2. 脚本分析的意义

在交互作用分析的治疗环境中做脚本分析时，不仅可以理解某个病人在无意识中为自己设置的问题，还可以了解如何去解决这些问题。例如，给一个常常为自己的人际关系而感觉苦恼的病人做脚本分析时会发现，他在很小的时候就认定自己不仅不值得爱并且还很笨，而正是这个决定影响了他成人后的人际关系。这样的分析不仅可以帮助他更好地理解问题产生的原因，而且他还可以在治疗师的帮助下，共同讨论如何对他儿时的决定做一个再决定，并为自己做出新的更具有适应性的选择。

与此同时，每个人都有自己的人生脚本。伯恩在治疗情境中发现的脚本理论，对任何希望有更好发展和成长的人都是同样适用的。因此，在日常生活的情境中，一个心理基本健康的人也可以通过自我脚本分析和做出再决定的方法加速个人的成长，使自己成为一个更加自觉、自主、自信的人，并不再被无意识中的“生存策略”所左右。

总之，人际沟通分析学理论提供了一种可以拆解并分析脚本的方法，其目的在于帮助人们把无意识中的内容提升到意识部分。当能够意识到我们的无意识中原先存在的自限性信念和行为模式时，我们就可以去寻求改变，在治疗师的指导下或者在自助中朝自主迈进。也正因如此，伯恩认为：“脚本分析的目的也许可以称为‘生命计划控制’。”②

---

① Eric Berne. Transactional Analysis in Psychotherapy. New York：Ballantine Books，Grove Press，Inc.，1961：119.

② 同①87.

二、脚本分析的方法

1. 分析自身脚本的标准方法[①]

（1）通过脚本访谈了解自身脚本

以上有关“禁止信息”和“应该信息与驱力”的知识都可以作为我们分析自身脚本的视角与框架，而下面介绍的脚本访谈就只能去寻求专业人员的帮助。脚本访谈（script interview）是TA治疗的技术之一，最初由伯恩设计。[②] 他认为可以有很多方法了解一个人的脚本，因此，他设计了一份有二百多个问题的问卷，其中包括原生家庭、个人早年经历、父母影响、个人成长史和个人的期望等。如：

①你在家里处于什么地位？

②你妈妈对你的出生有什么样的感觉？

③谁为你起的名字？

④谁为你做的排便训练？

⑤你小时候父母给你什么感觉？

⑥你是一个赢家还是输家？

⑦你父母看不起什么样的人？

⑧你在学校时和老师处得怎么样？

⑨你父母在饭桌上都谈什么？

⑩你崇拜什么样的人？

⑪你计划活多久？

⑫你老的时候会做什么？

⑬你对你自身的神性有什么感觉？

⑭一件糟糕的事发生后你要难过多久？

⑮你小时候最喜欢的童话故事是什么？

⑯可以告诉我你做过的任何梦吗？

…………

伯恩之后，有的治疗师将这份较为复杂的问卷做了简化，使问题更为简洁，例如欧嘉瑞及其团队就在工作经验中总结了自己的脚本访谈问卷。[③]

以上罗列的是标准的脚本访谈问句，那是笔者从伯恩的问卷中随机挑出来的。需要注意的是，这个脚本访谈是要在专业人员的指导下进行的。因为在了解自身脚

---

① 艾恩·史都华，凡恩·琼斯. 人际沟通分析练习法. 易之新，译. 台北：张老师文化事业股份有限公司，2002：159.

② Eric Berne. What Do You Say After You Say Hello?. New York：Grove Press，1972：425-439.

③ 欧嘉瑞，安妮卡，罗南. 人际沟通分析——TA治疗的理论与实务. 黄佩瑛，译. 台北：张老师文化事业股份有限公司，2002：183.

本的过程中，一个人不可避免地要接触到自己以往的创伤，虽然创伤有大有小，但对当事人而言，创伤是心理现实而不是客观现实。因此，无论大小，对当事人而言，创伤一经触发都需要加以处理，就如同伤口打开了需要包扎一样，而我们自己往往是缺乏这种能力的，所以就需要在专业人员的帮助下做脚本访谈。

（2）克劳德·斯坦纳的脚本分析图①

伯恩之后，对于脚本分析做出最大贡献的要数克劳德·斯坦纳的脚本矩阵图。

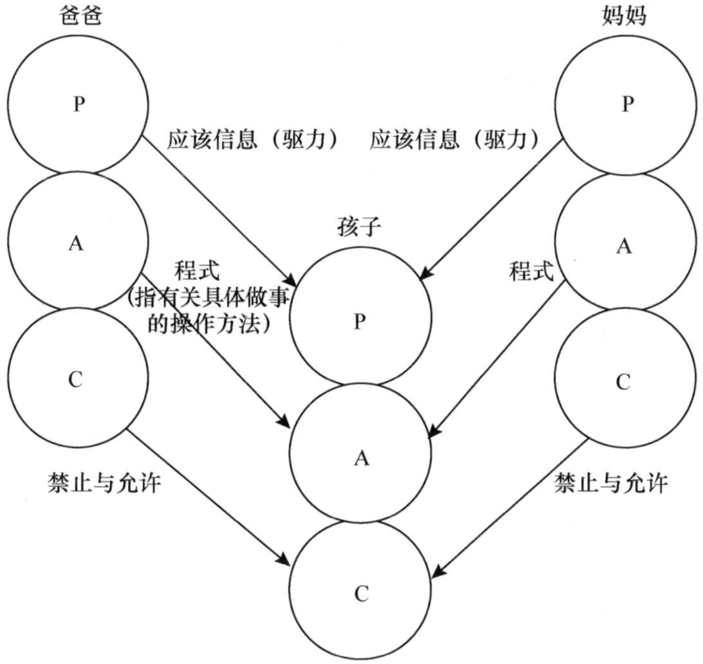

我们可以用这个脚本图对自己的脚本做出分析，可以参考本书前面对贾宝玉的脚本分析。

我们如果能够把父母加之于自己的禁止信息和应该信息提到意识层面，就不仅可以增加对自己的了解，而且可以对自己做去排除和去污染的工作，从而使自己具备更多的自觉和自由。

有时候，我们自己的分析可能难以全面，因此我们还需要邀请同样学习过TA的朋友和我们一块儿做，以共同增加自我觉察。

（3）通过回忆儿时的故事了解自己的早期脚本②

这是艾恩·史都华、凡恩·琼斯根据伯恩脚本访谈中的创意提出来的具体方

① Claude Stenier. Script and Counterscript. Transactional Analysis Bulletin，1966（18）：133-135.

② 艾恩·史都华，凡恩·琼斯. 人际沟通分析练习法. 易之新，译. 台北：张老师文化事业股份有限公司，2002：152-153.

法：回忆自己儿时最喜欢的童话或故事。我们要回忆小时候最喜欢的童话或故事，想一想当时我们最喜欢故事里的哪个人，我们自己最认同谁，然后我们要思考这个故事的开头、中间和结尾，看这个故事是如何影响我们今天的生活的。

有这样一个个案，一个自小跟随打工的父母到城市生活的大学生，说他印象最深的就是安徒生的《丑小鸭》，他小时候无数次看那个故事，他认定自己就是那只一定会变成小天鹅的丑小鸭。虽然他当时因为口音、穿着、经济状况等而受到一些同学的欺负，但他心里觉得自己一定能够有大作为，一定能够为父母争光，后来他成了他们村里的第一个大学生。

如果我们想不起小时候看过的童话，那就回忆小时候听大人讲的故事，或者小时候最爱看的电视节目，这些都可以成为你了解自己人生脚本的线索。你在做这样的分析时对自己一定有很多有趣的发现，而这些发现对你的自我认识和成长有非常重要的帮助。

2. 了解自身脚本的其他方法

笔者在自己的教学与实践中发现，我们还可以用以下方法了解自身脚本。

(1) 从文化角度看自身脚本

我们首先从我们的文化中来，因此，我们的脚本中不可避免地会有我们自身文化的印记。以中国人为例，我们的文化是一种集体主义文化，这样的文化强调“大我”，压抑“小我”；推崇“以天下为己任”“天下兴亡，匹夫有责”，这样的文化很容易在集体无意识中积淀对个体需要的漠视。但是改革开放以来，不少人又走向另外一个极端：拜金主义。在这样的大环境中，个人的人生脚本就很难不打上金钱的烙印。还有城市文化、乡村文化以及更为微观的各个家庭的文化，都会对我们的人生脚本产生重要的影响作用。

此外，中国文化中对男女两性的不同要求所导致的漠视，同样值得我们注意。比如对男性成人自我状态的强调，具体说是对其力量、成就、面子、养家糊口角色的强调，使他们在其脚本中漠视身体的需要，很多时候甚至把生病当作“丢面子”的事，以至于常常把小病拖成大病；而对女性角色中营养型父母自我状态的强调，又使人们甚至女性自己漠视其在精神上的追求。

(2) 自问自答找答案

另外一种了解自身脚本的方法是，我们问自己一些有关未来的问题，比如我们相信自己能活到多少岁，80 岁或 90 岁；我们老的时候健康或不健康，幸福或不幸福，满意或不满意；我们的墓碑上会有什么样的话，我们自己希望在自己的墓碑上刻上什么样的话。这类自问自答同样可以成为帮助你发现自己人生脚本的线索，会使你对自己目前为止的人生有全面而深入的认识和发现。

(3) 生活事件的回忆

分析自己能够回忆起来的、印象最深刻的事件，从那些发生在自己身上的事件中寻找规律，发现自己的行为模式，这也是分析自身脚本的好方法。比如有的人总在某一类事上出问题，也有的人总被某类问题卡住，如那些总是拒绝参加集体活动的人，他们是不是因为早年生活中接受了“不要归属”的禁止信息而形成了自己人生脚本的基调？再如总是处于家庭暴力中的被伤害方，是什么使他为自己写下了要永远做被害者的人生脚本？总之，如果一个人总在同一类问题上摔跤，他就有必要从分析自己的行为规律入手去了解自己的脚本。

一个人在生活事件中所表现出的应对方式，是他以往应对方式的重复，或者说个人当下应对问题的方法和态度都带有其过去经历的烙印。因此，从自己以往生活事件的处理方式入手，是了解脚本的捷径之一。医学诊断上有一个概念——“既往史”，说的不仅仅是病人的既往病史，也包括其既往的服药史和问题应对史。了解其既往史，就可以从中发现他处理问题的模式，然后在当前的治疗中以反模式来帮助他去除过往无效的处理方式。从回忆以往生活事件入手去了解自己的脚本，其意义也在于此。

（4）人际关系交往史的回忆

很多人以为，在我们与人的交往中，往往是别人决定着我们的反应，其实不然。我们早年生活经历所导致的脚本不仅会决定我们与他人的交往，而且决定我们在与他人交往中的每一次选择。用伯恩的话说就是：“我们每个人被迫面临世界时都是自己脚本的俘虏。”①

比如一个小时候总是被大人指责、训斥甚至打骂的人，就有可能为自己确立一个自卑、无能的输家脚本，在与人交往时就可能会表现出退缩、逃避、紧张、焦虑和过分忍让的情况。可见，我们在与他人的交往中，会不由自主地扮演自己脚本中的某个角色，主动的或被动的、友好的或敌意的、安全的或防御的、快乐的或不快乐的、轻松的或紧张的、服从的或支配的、任性的或随和的、自卑的或自信的等，这些都反映出我们早年确立的脚本。

（5）对自身脚本做分类分析

笔者在实践中发现还有一种可以有效分析自身脚本的方法，那就是对脚本做分类分析，比如我们可以把人生脚本进一步细分成生活部分、学习部分、工作部分以及关系部分四大类。

有的人因为种种早年经历的影响，会为自己的人生脚本奠定不同的基调，比如工作狂，其人生脚本中的关系部分可能是输家基调，但其事业部分却是赢家基调；一个成功的家庭主妇，其人生脚本中的生活部分和关系部分更可能倾向于赢家基调，而其（狭义的）事业部分则有可能倾向于输家基调。

---

① Eric Berne. Transactional Analysis in Psychotherapy. New York：Ballantine Books，Grove Press，Inc.，1961：2.

以林妹妹为例，她人生脚本中的关系部分和生活部分都更倾向于输家基调，但她人生脚本中的事业部分——这里的事业是一个符号，指认可并确信自己智力与能力上的天赋并努力去发展它们——却是非常自信的赢家基调。因此，她对自己的写作才能和文学鉴赏力都有足够的自信。

3. 了解自身脚本的特殊方法：寻求专业人员的帮助

有时候，因为多种局限性，我们很难分析清楚自身脚本，这时我们可以寻求专业人员的帮助；有时候，我们的家庭中有人出现心理问题，也需要我们带他们去寻求专业帮助。

在咨询室，咨询者会以整合的成人自我状态、营养型父母自我状态以及自由型儿童自我状态引导我们了解并复习我们的人生脚本，与我们探讨目前为止这个脚本带给我们的利弊，以及为了日后的发展，我们需要对脚本做出什么样的调节和再决定。

在咨询师的引导下，我们会逐渐调动我们自身的儿童自我状态、父母自我状态和成人自我状态，对自身脚本做出新的审视，直至开始重新改写自身脚本。如果一个人已经有心理障碍了，那就要接受心理治疗师的帮助，因为有严重心理问题甚至精神问题的人，其脚本通常既复杂又独特，只有治疗师能够帮助他。伯恩曾提到，对这样的病人，不仅需要团体心理治疗，有时也需要辅之以个体心理治疗。[①]

分析脚本的目的是要了解脚本，而理解脚本的目的则是要改写脚本，在 TA 中，这被称为再决定。由于再决定这个问题和生活定位这个概念有很密切的关系，我们还有必要了解生活定位说。

思考题：

1. 请对自己的人生脚本做一个自我分析。
2. 回忆童年经历，你曾经接受哪些禁止信息？
3. 对你的成长产生重要影响的驱力有哪些？

---

① Eric Berne. Transactional Analysis in Psychotherapy. New York：Ballantine Books，Grove Press，Inc.，1961：120.

第五章

生活定位

每个人都是由上百万个时刻、上千种心理状态、上百种经历以及两个父母造就的，因此，详细探究一个人的生活定位，会展现出复杂性以及明显的矛盾。不过，每个人通常具有一种主要的生活定位，并在此基础上展开人生，发展出心理游戏和脚本。

——埃瑞克·伯恩[①]

第一节　生活定位的基本概念与分类

一、生活定位的基本概念

1962 年，伯恩在其《定位的分类》一文中提出“生活定位”这个概念。[②]

生活定位（life-position，又有基本定位、心理定位和存在定位之称）是指一个人童年时确立的有关自己与他人、世界的关系的基本信念和结论，这种信念和结论成为他日后所做决定与行为的准则。

---

① 埃瑞克·伯恩. 人生脚本——说完“你好”，说什么?. 周司丽，译. 北京：中国轻工业出版社，2016：78.

② Eric Berne. Classification of Positions. Transactional Analysis Bulletin，1962（3）：23.

伯恩认为生活定位是一种存在定位（existential positions），它由早年生活决定，但却可以随着我们的发展和成长而改变。

伯恩在其临床工作中发现，每种人际关系在生活中都会围绕“我与你（即他人）”这两个点和“‘好’与‘不好’”（我是好的吗？他是好的吗？）这两个评判进行，从而形成以下四种生活定位：

（1）我好，你也好（I am OK，You are OK）；

（2）我好，你不好（I am OK，You are not OK）；

（3）我不好，你好（I am not OK，You are OK）；

（4）我不好，你也不好（I am not OK，You are not OK）。

此处的“我”是指我们自己和我们所在的群体，而此处的“你”是指我们之外的他人。此处的“好”（OK）是指有益、正大光明等一切美好的人格特质，而此处的“不好”（not OK）则指无知、幼稚、马虎草率等一切不好的人格特质。

伯恩在临床中发现，依据不同的生活定位，他不仅可以很好地分析每个患者的过往行为，而且可以准确地预测其未来的行为。罗伯·狄保德对此有非常生动的描述[①]：“一旦我们在童年决定了何种态度，就会一辈子抓着不放——成为生命的根本基础，之后我们建造的世界都是在印证与支持这些信念与预期，换句话说，我们将自己的人生变成自我兑现的预言。”

这四种生活定位与人生的关系十分重要，按照伯恩的观点来说就是：人生中的“每一种游戏、脚本和命运，都建立在这四种定位之上”[②]。（游戏的概念将在以后的章节中介绍。但是从伯恩发表著作的时间上看，游戏的概念是他于 1961 年提出来的，生活定位的概念则是于 1962 年提出来的。）

说到这四种定位的社会适应性，伯恩认为：它们中只有一种是建设性的、赢家的定位，那就是“我好，你也好”，而其余三种都是输家的定位。其中，定位 2（“我好，你不好”）在本质上属于偏执类；定位 3（“我不好，你好”）偏于忧郁类；定位 4（“我不好，你也不好”）则是无效的，并且有可能导致精神症状。

需要补充的是，伯恩在其最后一部著作《人生脚本——说完“你好”，说什么？》一书中对“生活定位”这个概念又做了很多补充。在这部著作中，伯恩将“OK、not OK”替换为“＋、－”，这样的替换在现实中更有操作性，比单纯的“OK or not OK”（“好”或者“不好”）有更广阔的适应性。因此，四种生活定位就被描述成以下状况：

---

① 罗伯·狄保德. 蛤蟆先生的希望——TA 谘商童话版. 张美惠，译. 台北：张老师文化事业股份有限公司，2012：158.

② Eric Berne. Principles of Group Treatment. New York：Oxford University Press，1966：270.

（1）我＋，你＋，这是“健康的”生活定位（在心理治疗中，是患者“康复”的生活定位），是过上美好生活的最佳生活定位，是真正的英雄、王子或者公主拥有的生活定位。……

（2）我＋，你－。我是王子，你是青蛙。这是要“摆脱”的生活定位。……

（3）我－，你＋。这是感觉“抑郁”的生活定位，无论在政治阶层还是社会交往方面都感到低人一等，并且会传递给孩子。……

（4）我－，你－。这是“无意义”的生活定位……临床表现精神分裂。[①]

由于生活定位在人的早期就确立了，因此只要没有遭遇太极端的环境改变，一个人会始终保持他的生活定位，比如一个出生于贫困家庭的人，他会终身保持对金钱的敏感，在金钱问题上，他无法摆脱“我－”的状况，即使他已经是百万富翁。而一个早年家庭生活优越的人，即使他由于某个原因遭遇贫困，他仍然会认为自己在金钱问题上是“我＋”的，坚信自己的困境只是暂时的。此外，还有一些与文化有关的生活定位：男＋，女－；官＋，民－；富＋，穷－；城＋，乡－；等等。这些都值得我们警觉并反思。

特别要说明的是，伯恩是在临床治疗中提出他的生活定位说的，因此，从心理疾病患者角度看，他们的生活定位都是比较极端的。在现实生活中，每个人都同时拥有四种生活定位，在不同的环境中会以某一种定位为主，比如与一个友好的人相处时，会表现出“我好，你也好”的生活定位，而在与一个不友好的人相处时，则有可能表现出“我好，你不好”或“我不好，你也不好”这样的定位。而心理疾病患者的生活定位通常比较僵化，很难随环境改变而改变，缺乏灵活性，因此会成为心理疾病的成因之一。

二、生活定位的产生与具体分类

1.“我好，你也好”

这种生活定位具体表现为：

（1）相信世界美好，对世界与人充满信心；

（2）表现出积极的人生态度；

（3）在现实生活中会与别人共同追求双赢。

这是一种人生的基本态度，是“人性向善”的一种世界观。这里的“好”（OK）是指我们有权利存在，并且都有权利感到自己是好的，有权利去追求好的生活。具备这种生活定位的人，不仅对自己也对社会和他人充满了信心与期望。

---

① 埃瑞克·伯恩．人生脚本——说完“你好”，说什么？．周司丽，译．北京：中国轻工业出版社，2016：78－79．

TA理论认为，婴儿刚刚出世时都秉持“我好，你也好”的生活定位。如果这个婴儿的成长环境始终充满无条件的积极关爱，这种生活定位就会在其3～7岁时的成长过程中逐渐巩固下来，再往后，这样的人就会建立赢家的人生脚本。

“我好，你也好”的生活定位是人的四种生活定位中最理想的一种，它体现着一个人对自己的接受与认可、对他人的接受与认可。这种生活定位能促进当事人与世界的建设性连接和沟通。

举例说，一个人做了伤害你的事，你如果秉持“我好，你也好”的人生态度，就会觉得他不是故意的，而且坚信他以后一定会改。再举例说，在“我好，你也好”的工作关系中，领导不预设下级会欺骗或偷懒，而会预设下级都具有无限的向善与向上的潜能。

有这种生活定位的人，因为有人性向善这样的预设，就会努力把人往好处想，并且努力与别人的长处相处，在遇到问题时，也会以建设性的方式去与人沟通并解决问题。

人最初的生活定位是由父母对孩子的态度所决定的，因此父母能送给孩子的最美好的礼物就是“我好，你也好”的生活定位。让孩子相信人是向善的，相信这个世界上的好人远远多过坏人，相信无论发生什么事，明天一定会比今天好。有这样的人生态度，这个孩子就会对这个世界怀有希望，而有希望才有明天。但这仍然有个度的问题，否则就会使人受伤。比如电影《天下无贼》中那个傻根，现实中这样的人要么自己会受伤，要么就是别人代他受伤，因此特别要注意的是：相信人性向善和在生活中有自我保护意识是不矛盾的。对陌生人要有戒备是正常的，对一切人不设防则是不正常的。

具体地说，相信人性向善的人在见到恶的时候，会就事论事地想这个人这件事做得真是糟糕或者不好，然后他会去想办法解决问题，而不是仅仅去责怪做了错事的人；认为人性恶的人在见到别人作恶时，就会想，这个世界真是丑恶，人都是不可靠的，然后他就会把他的能量分配到去恨或者指责这个世界上而不是解决问题上。

2. “我好，你不好”

这种生活定位具体表现为：

（1）一种高人一等的防卫态度；

（2）总是压制别人；

（3）有很强的攻击性；

（4）把责任推给别人，常常处于偏执、愤怒的状态。

如果一个孩子从小就被虐待或被漠视，那么他起初只是为了保卫自己，但是渐渐地却学会了用同样的方式去欺负或压制别人以获得强壮感和控制感，与此同时，他的主要的生活定位就固定为“我好，你不好”。

此外，一个长期被溺爱的孩子也容易拥有“我好，你不好”的生活定位。还有就是被父母自我状态污染的人在生活定位上更多地倾向于表现为“我好，你不好”。这种生活定位从本质上看其实是“我不好，你也不好”的定位，但通常没有人能够看出来，就好像一个自卑者极力掩饰的结果就是自负一样，因为别人只是根据我们的行为来判断我们。就当事人而言，当他努力要抗拒有关“我不好”的信念时，他常常忘记自己对自己的否定，而认为所有的否定都来自外部。在心理学上，这称为投射。

秉持这种生活定位的人由于深刻的自卑而表现出极端的自负，表面上看像是赢家，但由于他信奉强权，以为只有压制别人才能够得到成功，因此尽管他会有短暂的成功，但他对别人的压制和他自己内心的挣扎积累到一定量时，就会使他周围的人集体排斥他，使他从赢家变成输家。

例如苏联作家高尔基在小说《伊泽吉尔老太婆》中所描写的那个极端的利己主义者拉那，他盛气凌人，不可一世，是极端的“我好，你不好”生活定位的表现者。后来他的下场是被部落中的其他人唾弃，直至成为天上孤独飘荡着的一片云影。

3. “我不好，你好”

这种生活定位主要表现为：

（1）认定自己真的不好，自卑、依赖、无力感、自我放弃、无主见，秉持一套退缩的生活方式；

（2）极度顺从或服从别人的要求，努力得到赞许。

也许这个孩子在胎儿时和出生时都还顺利，但他出生后由于各种原因被长期惩罚、教训、贬低和忽略，这样的孩子渐渐就会形成这种人生定位：“我不好，你好”。这样的人生定位通常会导致输家心态。为了符合自己的人生定位，他会在无意识中选择持续扮演“受害者”的角色，并且总要显得自己不如别人。

会导致“我不好，你好”这种生活定位的小环境是家庭。一个从小生活在家庭暴力中或从小被忽视的孩子，或因为身体原因被过度照顾的孩子都有可能产生这种生活定位。

从环境角度看，在中国文化和国情中，诸如“城市好，农村不好”“男孩好，女孩不好”“高个子好，矮个子不好”“身体健康好，不健康不好”等观念都有可能是“我不好，你好”这种生活定位产生的原因。

4. “我不好，你也不好”

这种生活定位具体表现为：

（1）坚信唯一正确的生活态度就是对生活中的危险和困难时刻保持警觉；

（2）有深刻的无价值感，觉得空虚无望。

伯恩认为，有些母亲有创伤体验（如家庭暴力导致的躯体或者心灵受伤），或是孩子出生时难产甚至有生命危险，或者孩子出生后家庭的人文情况非常恶劣，这些经历都可能影响孩子对世界的看法，使他感觉生活充满恐慌和威胁。这样的人不敢信赖他人，有很深刻的被遗弃感和消极、绝望情绪，对他而言，生活充满了艰辛。

这种人最容易秉持输家的悲剧性人生脚本。这种人相信努力是没有用的，对生活充满了失望，认为自己没有价值，也不相信别人会帮助他。他整个的人生都是在重复上演拒绝这出戏：拒绝自己、拒绝别人同时又被别人拒绝。

但任何事情都不是绝对的，那些难产的孩子或者在家庭暴力中长大的孩子，也仍然有可能选择“我好，你也好”的生活定位并形成阳光心态。从理论上看，一个人出生时虽然难产，但只要出生后得到了无条件的爱，或者虽然父母有家庭暴力，但他有一对温暖的祖父母，这样的孩子就完全有可能选择“我好，你也好”的生活定位，并且某种程度上，他们可能比一般人更敏感和懂得关爱。下面用图表示伯恩的观点：

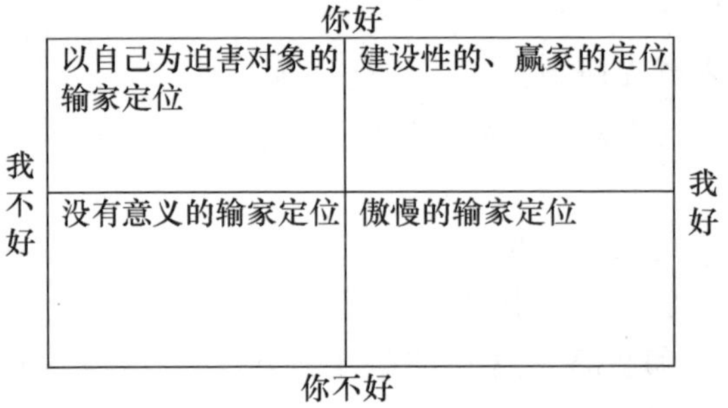

除了“我好，你也好”是健康的、赢家的定位，其他几种都不够健康和成熟，因此往往导致输家的结局。

注意，这些生活定位中的自我评价和对他人的评价是指一个人对世界的看法而不是世界本身，换言之，是我们的心理现实而非客观现实。也就是说，我认为我自己好或坏，不一定就是真的好或坏。比如一个自卑的人，他会总认为自己不好，而事实是他通常都比他自己认为的要好；一个自负的人总认为自己特好，而事实却是他常常比他自己认为的要差。对他人的评价亦然。因此，增加自我认识以对自己和他人有客观的评价，就成为一件非常重要的事，因为它决定了我们将以什么样的方式或说定位与这个世界互动。

前面介绍了四种生活定位。面临同一个事件，不同的生活定位会导致不同的行为和情绪。

例一：以丢东西为例，四种生活定位者将有如下所示的四种不同表现。

你好

我不好			我好
	会认为都是自己不好，还害别人当了小偷，真对不住别人 以自己为迫害对象的输家定位	会想是因为自己不小心，因此才会有这样的情况，以后自己应该注意了 建设性的、赢家的定位	
	觉得自己太没用，连个钱包都管不住，而这个世界也太危险，以后要更加小心才是 没有意义的输家定位	会觉得人心险恶，以后对世界要更加防备才是 傲慢的输家定位	

你不好

例二：在对生命的看法上，不同生活定位者的观点通常如下。

你好

我不好			我好
	沮丧、退缩、服从、罪恶感。认为自己的生命没有价值 更多地具有负能量 以自己为迫害对象的输家定位	乐观、满足、希望。认为人的生命是有价值的 充满正能量 建设性的、赢家的定位	
	缺乏自我价值感，具有无能感，严重时会放弃、自伤或伤人。认为生命本身毫无价值 更多地具有负能量 没有意义的输家定位	偏执、不信任、怀疑他人，总觉得自己被人伤害，把自身的不幸、不满归因于他人，情况严重时会伤人。认为别人的生命没有价值 更多地具有负能量 傲慢的输家定位	

你不好

需要注意的是，大多数人都有可能同时具有四种人生定位，但每个人都以某一种定位为主，而在哪种情境中以哪种定位为主，则取决于所互动的对象。如果一个人大部分时间都固着在某一种生活定位中，就有必要考虑其心理健康状况了。

此外，最重要的是：无论我们现在的生活定位是什么，“我好，你也好”的生活定位都是可以学会的，而且生活定位是可以随着我们的发展和成长而改变的。在这个问题上，学者恩斯特（Franklin Ernst）等人发展了伯恩的学说，提出了自己的理论。下面介绍恩斯特的观点。

第二节　生活定位象限栏说

一、产生背景

上节中提到有关生活定位的描述，最初是伯恩于一篇名为《定位的分类》的文章中提出的。伯恩提出之后这几十年，有很多文章讨论有关生活定位的问题。理论上，对生活定位的发展如同对伯恩后来的脚本概念的发展一样，学者们相继提出了很多自己的观点。其中最主要的一点是：伯恩认为生活定位基本上是不变的，除非当事人选择做出再决定，而后来的人们更倾向于认为，即使在日常生活中，生活定位也是常常变化的，一个人并不是时时刻刻都停留在一个固定的定位中，而是经常在各种交互关系中变换。比如一个在与父母相处时采用“我好，你也好”定位的人，在与一个伤害了自己的领导相处时，则可能有“我好，你不好”的定位；在与一个闹矛盾的朋友僵持一段时间后，则可能有“我不好，你也不好”的定位；如果他犯了什么大的错误，那他可能更多地会秉持“我不好，你好”的生活定位。再拿我们都熟悉的宝黛之间的关系看，仅仅他们两人之间的互动，就常常在四种状态中不断变化。

在有关生活定位的理论发展中，恩斯特的学说一直有较大的影响，他发展出了生活定位象限栏的理论和方法。

二、生活定位象限栏①

1971 年，恩斯特发展出一种可以分析人际互动中生活定位与人际交往之间的转换规律的方法，他称之为 OK 象限栏（OK Corral）。他的观点和伯恩最初有关生活定位的概念有很大不同：伯恩认为人的生活定位是不容易改变的一种命定，而恩斯特认为生活定位取决于人与人之间的互动，因此是在不断转换之中的。

恩斯特认为，一个人在与别人交往时会评估自己的价值，以及自己在别人心目中的地位，与此同时，他也会评估别人的价值以及与自己的关系。这种评价是无声地在心中甚至是在无意识中进行的。评价时所遵循的线索是伯恩曾经提出的四种生活定位：“我好，你也好”“我好，你不好”“我不好，你好”“我

---

① Franklin Ernst. The OK Corral：The Grid for Get-on-with. TAJ，1971（4）：33-42.

不好，你也不好”。而这种内在评估后的结果导致四种交互作用的行为方式：

（1）逃避继续交往；

（2）继续友好交往；

（3）交往没有进展；

（4）摆脱对方。

下面是恩斯特以象限栏的方式表现的生活定位与人际互动结果之间的关系：

OK 象限栏体现出的社会结果①

（其中每一象限代表一种心理定位）

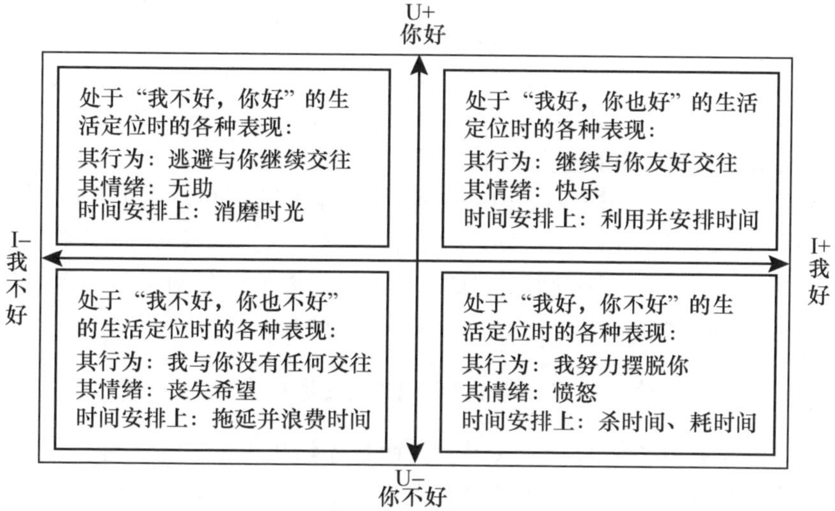

OK 象限栏体现了人的四种存在状态，同时也是一个体现了社交动力学的图表。它表明人与人交往时会发生什么，个人的经验会怎样影响其对他人的判断，以及他们之间是如何彼此影响的。

抽象地看，这四种定位其实都有可能在一个人身上存在，因为从微观上看，一个人在与他人互动时，客观上是有可能面临这四种定位中的任何一种的。比如今天我的确做错了事，而我的领导得理不饶人，让我下不来台，本来我在这件事上的“我不好，你好”的定位就会转换为“我不好，你也不好”的定位。再比如性格耿直的张三在他发自内心尊重的人面前显得谦虚（“我好，你也好”的定位），而在他认为人品不好的人面前则显得不够恭敬（“我好，你不好”的定位）。

---

① Franklin Ernst. Guide to the User Friendly OK CORRAL: Grid for What's Happening. http://listeningactivity.com/.

总之，恩斯特的学说更加强调交互作用中的相互影响，而这样一个强调动态、可变性、不确定性的弹性框架往往给人以更多的希望和选择。

第三节 生活定位的自我分析与调节

一、分析自己在与不同人或环境互动时的生活定位

我们的生活定位会在无意识中决定我们的社会交往，影响我们的沟通，在不同的环境中我们的生活定位会有所不同，因此，为了较为准确地完成有关生活定位的自我分析，我们有必要把自己的时间分为与父母相处的时间、与朋友相处的时间、与熟人相处的时间以及学习和工作的时间，然后仔细分析自己在这些不同的环境中通常秉持什么样的生活定位。

举例说：贾宝玉在与其父亲相处时通常秉持“我不好，你也不好”的定位，在与林妹妹相处时通常是“我不好，你好”，在与奶奶贾母相处时通常是“我好，你也好”，在与薛宝钗相处时则更多秉持“我好，你不好”的定位。但总体来说，宝玉对女性是秉持“我不好，你好”的生活定位的。

二、自我调节，让“我好，你也好”的生活定位占主导地位

恩斯特不仅提出了他的 OK 象限栏，而且还给出了他改善人际关系的处方。[①]他的前设是，人可以通过调动自己的成人自我状态而随时随地选择将其生活定位更多地聚焦于“我好，你也好”这个象限栏。他提出可以通过以下这些方法使人们更多地采用“我好，你也好”的生活定位，这些方法包括：

首先是要更经常地向更多的人表达谢意。实践中人们会发现，你给予别人的谢意和赞许越多，你得到的谢意和赞许也越多，这是让人际关系趋向友好的基本程序。

其次是要努力练习成人的行事方式。在有可能像儿童一样感情用事的情境中，我们尤其要注意用成人的方式处理问题，即有意识地选择以“我好，你也好”的方式去与他人相处，这可以有效增加一个人的社交技能。

此外还包括：与人说话时态度要温和；当向别人问好时，要叫出别人的名字；平时处事要低调，在一般问题上不要总是想证明自己是正确的；等等。

---

① Franklin Ernst. Guide to the User Friendly OK CORRAL: Grid for What's Happening. http://listeningactivity.com/.

恩斯特指出，刚开始这样做时，人们会觉得有点机械或不自然（他因此把他的处方称作“机械性变好”[Get-well Mechanical Style]），但是没有关系，就如同练习乐器或者学骑自行车一样，熟练了就会感觉自然了。随着实践的过程，随着别人反馈给我们越来越多的同样的生活定位，我们也会更多地感觉到自己发自内心的自然和真诚。

笔者在教学中听同学举了一个很棒的例子，这位同学的高中老师在教学生注意修养时，有一位同学反驳老师：“那是在装！”老师回答说：“你知道吗，装着装着就像了！”

这就是中国版的“机械性变好”！因为熟能生巧，习惯成自然，所以，只要我们肯坚持，我们的“机械性变好”就会结出丰硕的果实！

如果用图示，那么各个非 OK 象限栏向 OK 象限栏转变的情况是这样的：

图一：“我不好，你好”

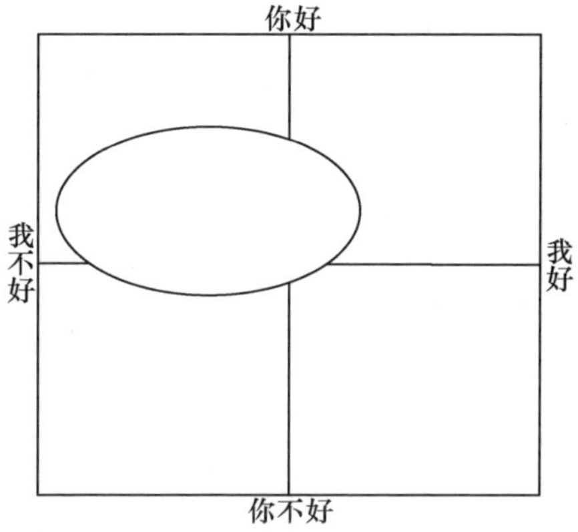

图二：“我好，你不好”

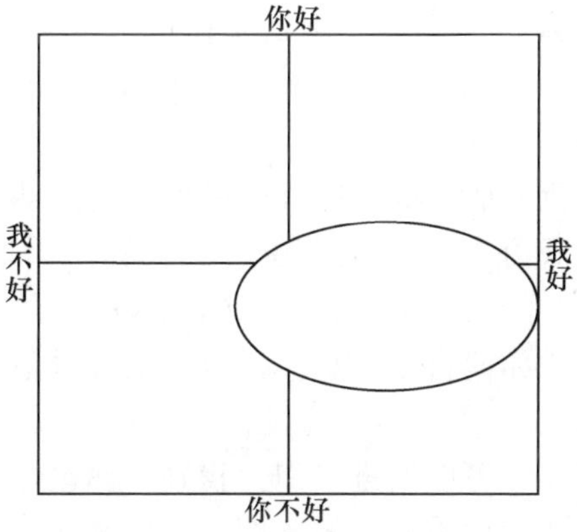

图三："我不好，你也不好"

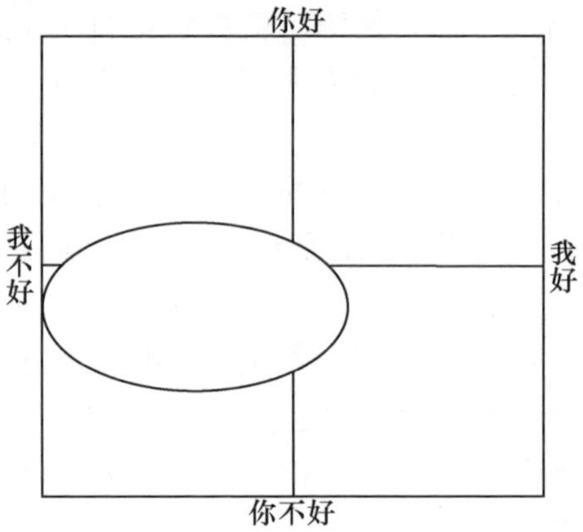

图四："我好，你也好"

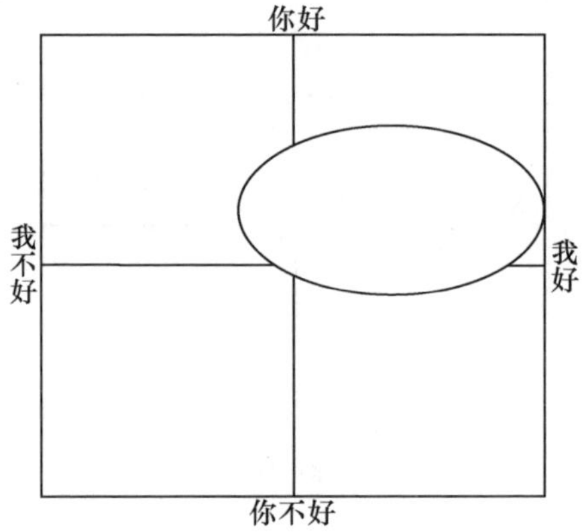

可以增进我们"我好，你也好"生活定位的方法还有很多种，比如从扩大"我好"的人生态度入手，不断提高自身修养和解决问题的能力，了解并学习与自己的情绪同行等。

总之，凡是能够使我们成长的方法都会增加我们悦纳自己的程度。一个悦纳自己的人不仅会秉持"我好"的人生定位，也更容易采取"你也好"的人生定位，而一个不能悦纳自己的人是很难真正看到他人的好的，他会把自身的很多问题投射为他人的问题，比如他自卑，却会投射为别人看不起他；他妒忌，却会投射为别人妒忌他。

仅仅悦纳自己还不够，可以增进我们"我好，你也好"生活定位的方法还包括降低自身原来所秉持的"你不好"的比例，同时增加"你也好"的比例。方法是：看别人的长处，多对自认为的别人的"问题"做资源取向（即从积极的方面去解释别人的“问题”）的解释。我们要学习最大限度地理解别人，了解每个人的行为都有其产生的原因，尤其是人们的一些怪癖背后，往往会有一个很大的创伤。一个人做出不好的事，往往不是出于他的本意，而是因为他自己也是他自身问题的受害者。这样去看周围的人，我们就会更多地投以善意，就会更倾向于秉持“你也好”的生活定位。一个人如果有了能够慈悲地看待他人的心，他就同时具备了能够吸引他人的磁性，这就如佛家提倡的：因为有慈性，所以有磁性。

特别要说明的是，我们秉持“我好，你也好”的生活定位，并不是说“我”或者“你”就不会做错事甚至坏事，我们就不需要有基本的自我保护意识，甚至在别人伤害了我们之后，我们却仍然不知道自我捍卫。我们秉持“我好，你也好”的生活定位，其要点在于：我们相信人性是向善的，因此我们在与人相处时，是要与人为善的。但是同时，我们也要注意人都有自身的弱点。有时候，因为多重原因，任何人——无论是“我”还是“你”——都有可能在某个诱因之下犯过错，在这样的时刻，我们要就事论事，在该捍卫自身权利的时候要知道捍卫，同时在该遏制自身或对方的恶的时候就要及时去遏制。与相信其他定位的人不一样的是，秉持“我好，你也好”生活定位的人会把别人或者自己做的错事看作偶然的、可以改正的，因此，在面对人的恶时仍然对人性向善的天赋倾向怀有坚定的信心。

思考题：

1. 分析自己的生活定位。
2. 影响你生活定位的主要因素是什么？
3. 恩斯特的“机械性变好”处方对你有什么样的启发？

第六章 安　抚

人需要被认可和安抚，这可以证明人存在的价值，一个人若得不到安抚，他就会不愿意活在世界上。心理健康的人了解自己需要的安抚是什么，而心理不健康者的要点是：他不知道怎样获取积极的安抚。①

——欧嘉瑞

第一节　安抚的基本概念

一、定义及其分类

1. 什么是安抚

安抚（stroke）是一个人给予另外一个人的承认、注意和反应。按照伯恩的定义，"安抚是任何对别人的存在表示认可的行为，因此，安抚也许可以被用作社会行为的基本单位。社会交往是由交互作用构成的，而交互作用则是由安抚的交换构成"②。

2. 安抚的分类

(1) 正面的或负面的

正面安抚指安慰、关心、表扬等，能让接收者在此时此刻就体验到愉快的感

① 摘自欧嘉瑞2006年的讲座笔记。

② Eric Berne. Games People Play. New York: Penguin Books, 1964: 15.

觉，例如张三微笑着对李四说："我喜欢你!"

负面安抚指批评、指责甚至打骂等，这会让接收者产生不舒服甚至痛苦的感觉，例如张三瞪着眼对李四说："我讨厌你!"

正面安抚对一个孩子非常重要，在中国文化的语境中，尤其需要强调正面安抚。因为我们的父母从他们的父母那里学到的更多是负面安抚而不是正面安抚，比如孩子考了99分，父母不是表扬孩子的努力和学习能力，而更可能会盯着那没有得到的一分追问说："那一分哪里去了?"这样的环境中，孩子更容易受完美主义影响，在较多生活事件的压力下，也更容易发展出强迫倾向。所以，中国父母要更多地学习给予孩子正面安抚，这对于孩子的健康成长以及发展出健康的"我好，你也好"的生活定位至关重要。

同时也要注意，通常人们都认为正面安抚越多越好，而负面安抚没有才好，其实不然。在一个孩子的成长过程中，是既需要正面安抚也需要负面安抚的。正面安抚，尤其是无条件的正面安抚会让一个孩子感觉到自己存在的价值和意义，感觉到自己对父母和世界以及他人的存在意义。而适度的负面安抚也是必需的，因为这可以让孩子体会到父母的关心、期望和要求。孩子是需要教育的，父母的批评会让孩子更快地掌握进入世界的游戏规则，知道什么该做，什么不该做，这样他们才能以更适应的方式去面对世界。适度的负面安抚可以给一个孩子安全感，而一个总是被表扬的孩子不可能真正掌握这个世界的游戏规则，因此，面对世界，他常常会有不安全感。

孩子的内在自我知道他们需要适度的负面安抚，只是他们不会说，甚至都没有意识到，但是，他们凭直觉知道奖惩并用的父母是最负责任的父母，因此他们也更听这样的父母的话。这也就是被溺爱的孩子反而不听话的原因之一，他们的内在自我知道只有正面安抚的父母是不安全甚至是不负责任的。

因此，和正面安抚一样，负面的有条件安抚也是我们成长中不可或缺的资源之一。比如在那种过度"民主"的家庭中长大的孩子，在其最初走入社会时常常会因为他们的不懂"规矩"而碰得头破血流。除非他们肯调整自己，否则他们从其过度"民主"家庭文化中所学习到的资源是很难有用武之地的。

不止一个同学苦笑着对我说："我不知道这是好还是不好，我的父母从来就没有管过我。"这其实是非常悲哀的。我们中国古话说："养不教，父之过。"一对从来不管孩子的父母，给予孩子的不是自由，而是被忽视和不安全的感觉。

此外，缺乏负面的有条件安抚的人，会失去调节自己不适应行为的机会。自己做错了事却没有人告诉我们，小小的我们又怎么可能改正自己的行为，并使自己的行为更具有适应性?

此外，尽管人通常更喜欢主动的、正面的安抚，但当自己真出现问题时，则渴望遇到真正能够指出自己问题（负面安抚）的人，渴望在别人的帮助下认清自己问题的根源，从中吸取有益的教训。中国文化中，那种在朋友做错了事时能够当面指出并直言规劝的人被称作“诤友”。诤友在一个人的成长过程中有着非常重要的意义，因为他们能以高度负责任的态度“爱人以德”，也就是按照道德标准去爱护朋友。对朋友不偏私偏爱，不姑息迁就，在朋友误入歧途的时候会竭尽全力去督促朋友改错；必要的时候，诤友甚至不惜牺牲关系也要把朋友拉回正道。

当然，具体到当代中国现状，还是要更多强调正面安抚，比如现在中国家庭教育中非常流行的“赏识教育观”。这是因为在我们的文化中，以往大多数长辈都习惯于给晚辈负面安抚，而很少给晚辈正面安抚。长辈常常认为孩子做好了是应该的，做不好才是问题，并且总怕孩子骄傲了就会退步，“满招损，谦受益”的古训已经融化到我们的血液中。因此，中国的家庭和学校都更喜欢批评而不是表扬孩子，结果造成很多孩子对负面安抚有条件反射似的敏感。

在这样的背景下，当代中国的家庭教育的确应该强调更多给予正面安抚，同时又注意在必要时运用负面安抚，这样孩子长大以后不仅会更有自信心，而且在面对负面安抚时也能坦然、从容许多。

总之，无论是正面安抚还是负面安抚，其实关键是一个度的问题，适时适度就好，否则就不好。

（2）语言的和非语言的

语言的安抚有：对话和打招呼等。

非语言的安抚有：面部表情、姿势、语音、语调、语速、握手、空间距离等。

中国文化把“喜怒不形于色”当作一种优点提倡，造成中国人对非语言表达的忽视甚至轻视，并且很少注意自己非语言表达所造成的影响。走在大街上，迎面而来的人常常是面无表情的，而站在电梯里的则个个都是一副扑克脸。

其实非语言有着非常重要的表达与交流作用，美国学者 R. L. 伯德惠斯戴尔（R. L. Birdwhistell）在其《身势学与语境：身体动作交流文选》一书中提出他的研究观点：在两个人互动的场合中，有 65%的“社会含义”是通过非语言的方式传送的，如身体姿势、面部表情、语音、语速、语调和动作，另外有 35%是通过语言表达的。[①] 因此，我们也应该学习、体验自己和他人的非语言表达，使自己在面对世界时更放松和从容。

（3）有条件的和无条件的

有条件的安抚是指针对一个人所做的事或某个表现所给予的认可或回应。无条件的安抚则指针对这个人本身所给予的认可或回应。例如：

---

① R. L. Birdwhistell. Kinesics and Context：Essays in Body Motion Communication. Philadelphia：University of Pennsylvania Press，1970：16.

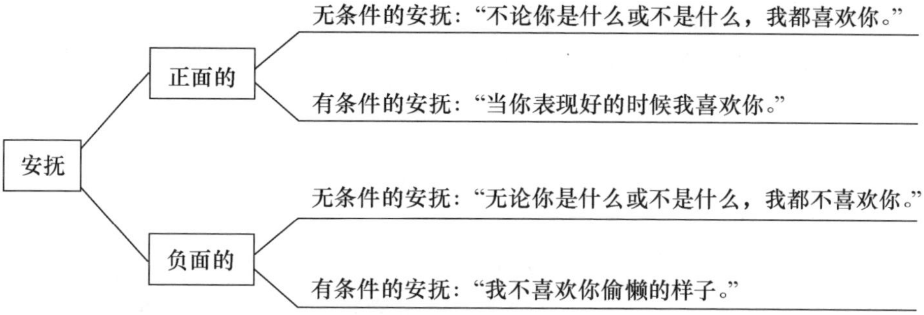

在以上这些安抚中，无条件的负面安抚是有问题的，它表现为刻板印象和偏见，会对人造成很大的伤害，极端的例子如灰姑娘的继母对待灰姑娘。

而其余几种安抚只要是适时适度的就好，否则就会出问题。举例说，李天一的妈妈因其无条件的正面安抚过度——她不仅溺爱孩子而且放纵孩子——导致李天一无法无天，最后被绳之以法。而家庭中，适度的、有条件的负面安抚则是教育孩子所必需的，它在帮助孩子区分是非、建立规则意识上有很重要的作用。

（4）仿冒的安抚

这是一种初看起来像正面安抚，但事实上却让人非常不舒服甚至愤怒的负面安抚，用中国人都熟悉的成语来说就是"笑里藏刀"。例如：

"听说你考上公务员了，祝贺你呀，你真走运，听说你叔叔就是考官？"

"你今天穿得真好看呀，这衣服还真提人呀！"

这类安抚表面看来是在给人家以肯定和认可，但实际上却比直接批评人家更让人不舒服，让人产生很窝火的感觉。因此，仿冒的安抚常常是暗含攻击的。

（5）做作的安抚

这是指那种虚假的奉承，通常都是些不切实际、夸大其词甚至不负责任的恭维话。例如：

你只是帮同事倒了杯水，他就夸你："真是活雷锋啊！"

你只是完成了你分内的工作，别人却说："你真是天才！"

有人跟你完全不熟，见到你却说："太高兴又见到你了，真想你呀！"

碰到这种缺乏真诚的、做作的安抚，人们通常都会感到尴尬、别扭和不舒服，并同时伴有想逃跑的感觉。

二、安抚的意义

伯恩在其著作《人们所玩的游戏》中引用 R. 斯皮兹（R. Spitz）的研究成果来说明安抚的重要作用。[①] 斯皮兹在对美国一所孤儿院的 91 名弃婴的研

① Eric Berne. Transactional Analysis in Psychotherapy. New York：Ballantine Books，Grove Press，Inc.，1961：77.

究中发现[①]，长时间缺乏抚摸、拥抱的孤儿会出现不可逆转的衰弱和疾病症状。究其原因，是因为情感剥夺导致了致命的结果。这个研究提出了“刺激饥渴”（stimulus-hunger）[②] 这一概念，这意味着婴儿的生长非常依赖身体的亲密接触这种刺激形式的安抚。

为证明人际交往中安抚的重要性，伯恩还引用了S.莱温（S. Levine）所做的一个实验。[③] 莱温把老鼠分成两组，都放在完全没有图形的单调的箱子里，其中一组每天给予数次电击，另一组则没有。结果大大出乎实验人员的意料：接受电击刺激的老鼠竟然比没有接受电击刺激的老鼠成长得好，这些被电击的老鼠不仅在身体、精神和情绪上有发展，而且其大脑的生化水平和对白血病的抵抗力都有所增加。

这个实验说明了一个重要问题：与完全没有接触相比较，对动物的温柔触摸和痛苦电击在促进其健康成长方面居然有着同样的作用![④] 换言之，任何形式的安抚都比没有安抚好!

伯恩认为人也一样，为了满足对安抚的需要，如果得不到正面的刺激，他就会去寻找负面的刺激。所以，伯恩学说的三个哲学假设之一就是：人需要得到他人的注意或说安抚才能生存。人有被社会认可的内在饥渴。人需要被认可和安抚，这样他才会觉得自己的生命有价值。一个人如果总得不到安抚，他就有可能丧失生存的愿望。

人在成长过程中逐渐脱离与母亲躯体的密切接触，虽然仍具有基本的刺激饥渴，但也学到了一些可以替代的方式，比如微笑、称赞或者皱眉、批评，这些都可以被当作获得他人认可的证明。于是，刺激饥渴在很大程度上就被“认同饥渴”（recognition hunger）所替代。[⑤] 而未被满足的“刺激饥渴”常常会转化为很难满足的“认同饥渴”，使一个成年人像孩子一样强烈依赖外界的肯定、鼓励和好评。

婴儿最需要直接的拥抱和触摸。如果一个孩子得不到他想要的正面安抚，他就会在无意识中做出一个决定：“我要寻求负面安抚，以免完全没有安抚。”从行为上看就是，他有可能通过制造问题去寻求别人的批评、指责甚至惩罚，他会做出很多招人讨厌的事，以引起他想要的注意和认可，即使是被打骂他也在所不惜，因为“任何形式的安抚都比完全没有安抚要好”。打骂虽然痛苦，但是，比

---

① Spitz, R. The Psychogenic Diseases in Infancy—An Attempt at Their Etiologic Classification. The Psychoanalytic Study of the Child, 1951 (6): 255-275.

② 斯皮兹在其文章中所用的概念是情绪饥饿（emotional starvation），“刺激饥渴”（伯恩的提法）更多地概括了这些婴儿在孤儿院的生存状态。

③ S. Levine. Stimulation in Infancy. Scientific American, 1960 (3): 80-86.

④ Eric Berne. Games People Play. New York: Penguin Books, 1964: 15.

⑤ 同④14.

起被别人当作空气显然又要强许多，因为至少它不仅证明了我们自己的存在，而且证明了别人也知道我们的存在。

因此，一个心理发育不成熟的成年人，在认同饥渴得不到正面安抚的时候，就会重复孩童时的模式，去主动寻求负面安抚，这就是有些成人常常会做出在一般人看来明明是自找苦吃的事情的原因。比如一个人总改不了粗心大意的毛病，即使因此被领导批评无数次也改不了；再如一个人在家里总因为出言不逊而招来配偶的打骂等。（有关家庭暴力这点有必要加以说明：从法律上看，一方的出言不逊不是其配偶殴打他（她）的理由，但从社会心理学的交互影响理论或我们的TA理论角度看，人与人都是相互影响的，你对别人施加言语暴力，别人就有可能会回应你相同的甚至更严重的暴力行为。这应该是生活中的牛顿第三定律：作用力等于反作用力。）

最近高校年轻人中间流行这样一些网络用语："patpat~""momo""cmft"。按照百度百科上的解释："pat"本身有轻拍的意思，"patpat~"可理解成拟声词"拍拍～"，用于表达同情与安慰；"momo"意为摸摸，也是表达安抚的意思；"cmft"原词为"comfort"，取其动词用法，表示安慰。

此三词都用在当"楼主"叙述自己遇到不如意的事时，"楼下"给予的表达安抚的回应。例如：

楼主：我的错，没发挥好，拖累了大家，让我们的节目没有拿到名次。

楼下：cmft，没关系，不怪你，大家都尽力了就好，patpat~

楼主：今天的面试被刷了。

楼下：momo。

最近几年，年轻人中流行"治愈系"的说法。治愈系的英文原文是healing，是1990年代末日本开始流行的一种音乐风格，人们一般把节奏舒缓、放松心情的音乐都归到这一类，后来又把能够温暖人心的动画、漫画、电影、小说、图片等都归到有治愈效果的治愈系中。比如最近网络上最流行的莫过于那个超萌的大脸"猫叔"和小狗"俊介"。不仅如此，一个温暖和善的长辈、老师、朋友或同伴，都有可能被归为某个人的治愈系。

在阿里巴巴集团的管理文化中，"很重要的一条是相信员工"[①]。这里所说的"信任"本质上是属于一个人可以得到的最高的安抚。

所有这一切都表明，人们对安抚有着强烈的需要，安抚在人的生活质量中占有很重要的地位。

---

① 阿里巴巴：绩效管理很简单，就是日常管理. https://sanwen.net/a/rtcguoo.html.

第二节　安抚风格

人有个体差异，因此，不同的人需要不同的安抚。换言之，人对客观安抚的主观评价是不一样的，有的人是“给点阳光就灿烂”，有的人却显得“贪得无厌”，有的人对批评总显得“无所谓”，而有的人则“极度敏感”。此外，对一个人来说是高品质的安抚，对另一个人来说却可能是低品质的安抚。究其根源，这与每个人的家庭环境特别是早年经历密切相关。

安抚风格包括我们在给予别人安抚和接受别人安抚时的个人特点，具体包括：

一、安抚的给予

1. 主动给予和被动给予

(1) 热情、主动、积极、体贴地给予安抚。

如《红楼梦》中的探春，她对大观园中的众人，无论长幼，都十分关心体贴，并且必要时又能够挺身而出主持正义。

(2) 别人提出后，才知道给予安抚。

如中国人说的“不谙世事”的人。

2. 给予正面的或负面的安抚

(1) 更多地给予正面的安抚。

如倾听以及给予肯定、理解、支持、关心、温暖等。

如《红楼梦》中的贾母对其孙子宝玉。

(2) 更多地给予负面的安抚。

如批评、指责、打骂、侮辱、讽刺、嘲笑等。

如《红楼梦》中的贾政对其儿子宝玉。

3. 给予仿冒的或做作的安抚。

有的人习惯于以讽刺的方式夸人，如林妹妹；也有的人由于多重原因，更倾向于以虚伪的方式去安抚别人，如王熙凤之于尤二姐。

我们个人的安抚风格与我们的早年经历有非常密切的关系。如果我们早年得到更多的是正面无条件安抚，我们长大后也会更多给予别人正面无条件安抚；如果我们早年得到太多的有条件安抚或负面安抚，我们自己有一天也会重复这类安抚模式。

因此，我们需要自我分析的是我们自己通常采用什么样的安抚风格，是倾向于主动给予还是被动给予？是更多地给予正面的还是负面的？是有条件的更多还是无条件的更多？是真诚的还是仿冒的或是做作的？此外，我们也要反省自己是不是别人的诤友，以及我们有没有自己的诤友。

分析之后，我们就可以做有意识的自我调节。如果必要，我们还可以在专业人员的帮助下改善自己的安抚风格。

二、安抚的接受

1. 接受安抚时的个体差异

人有个体差异，因此在安抚的接受上也是因人而异的。《人际沟通分析练习法》一书的作者艾恩·史都华和凡恩·琼斯在其著作中对人接受安抚的类型做了区分，提出在接受安抚方面，每个人都有自己的喜好：

(1) 有的人可能喜欢别人称赞自己所做的事，而不是直接称赞自己；

(2) 有的人可能较喜欢无条件的安抚；

(3) 有的人可能对较强的负面安抚觉得可以接受，有的人则可能对一点轻微的负面安抚都觉得无法忍受；

(4) 有的人可能喜欢以拥抱来表达安抚，有的人在身体接触上只能接受到握手的程度。①

与安抚的给予一样，人们接受安抚的方式和类型同样与人们的早年经历相关。早年更多地接受无条件积极安抚的人，长大后就能够坦然接受别人的安抚；早年经常接受父母身体接触的人，长大后也能够与别人从容拥抱；早年很少得到或过度得到父母安抚的人，在接受安抚时就会有很多不同。除了前面艾恩·史都华和凡恩·琼斯所谈到的以外，笔者在实践中发现还有以下一些表现：

一是有的人很奇怪地只接受负面安抚，而对正面安抚却始终保持怀疑的态度。比如林妹妹，对正面安抚总是不够敏感，而对负面安抚却过度敏感。再比如有些人对别人的批评很坦然，认为这是自己该得的，而对于表扬却很不安，总觉得别人是在敷衍甚至欺骗自己。这样的人是因为其早年很少甚至得不到正面安抚，于是为了不让自己失望，为了自我保护，他不再期望正面安抚，并决定只接受负面安抚。在他看来，负面安抚是真实可信的，而正面安抚后面一定有一个大大的陷阱，因此他对正面安抚总是采用漠视的态度。

二是有可能对安抚过度敏感，这与这类人小时候的经历有关。有些小时候受伤很深的人，会对任何一点点安抚都很敏感，并且也懂得感恩，有时候他们的过度反应甚至会让给予他们安抚的人感觉不快。比如日常生活中我们见到的那种特别谦恭的人，他们的谨小慎微，他们对待安抚感激涕零的样子，以及他们有可能出现的病态利他的表现，都会让他周围的人感觉不自在。

---

① 艾恩·史都华，凡恩·琼斯．人际沟通分析练习法．易之新，译．台北：张老师文化事业股份有限公司，2002：126.

三是有可能对安抚视而不见。日常生活中，有的人每天都得到太多的安抚，以至于认为这些安抚没有价值，甚至对这些安抚熟视无睹。比如那些在溺爱中长大的孩子，在对待父母、老师和熟人所给予的安抚时持冷漠态度。

四是成就动机强的人通常会对安抚采取怀疑甚至排斥的态度，他们担心接受安抚会动摇自己的意志，而给予安抚则会浪费自己的时间。有的人甚至认为给自己安抚或者去寻求安抚是一种缺乏上进的表现，他们把安抚与上进对立了起来。这种对安抚的刻意压制积累到一定时候，会给自己甚至他人造成伤害。在中国的高考制度下，以为成绩或者成就可以代替安抚的人还是很多的，其结果常常是造就很多学习或者工作上的机器人，从持续发展的角度看，这都是不利于人的健康成长的。

了解自己接受安抚的特点，不仅可以帮助我们更加深入地认识自己，而且也可以帮助我们学习以更健康的方式感受、接受并回报安抚。

2. 安抚过滤网

安抚过滤网（stroke filter）这个概念是艾恩·史都华和凡恩·琼斯提出的，是指每一个人头脑中都有一个有关安抚的过滤网，它只接受一个人想要或他认为自己该得的安抚，而对自己不想要或自认为不该得的安抚，则采取敷衍或者拒绝的态度。[①]

比如我们实事求是地夸一个字写得比较漂亮的人："你的字写得真好!"他会很高兴地说："谢谢!"而如果我们对他说："你简直是书法家啊!"如果他有自知之明，他就会说："别哄我了，你也太夸张了!"

安抚过滤网的存在是因为每个人对安抚有不同的需要。比如一个长相漂亮的人，更希望听到的称赞不是有关他的外在而是有关他的内在；一个学习成绩非常好的人，则可能希望人们更多地注意到他成绩之外的个人特点。再比如，"老实"对一个成就斐然的人是一种人格上的称赞，而对一个一事无成的人而言，这个评价就很可能被理解为"笨"的同义词。

因此，当一个人得到不符合他内心需要的安抚时，无意识中他就会过滤掉这个安抚，或者以一种敷衍的态度去面对他所得到的但他不想要或者他认为他不配要的安抚。

安抚过滤网的疏密程度取决于人们的早年经历，早年得到过较多正面安抚的人，长大后在接受安抚时就会比较坦然而放松；小时候很少得到正面安抚的人，在遇到正面安抚时，其安抚过滤网就会显得很密，而在接受负面安抚时则比较疏松。

除了个人经历之外，文化也决定了我们安抚过滤网的疏密程度，比如我们中国

---

① 艾恩·史都华，凡恩·琼斯. 人际沟通分析练习法. 易之新，译. 台北：张老师文化事业股份有限公司，2002：127.

文化总强调“满招损，谦受益”，总担心“枪打出头鸟”，因此，传统中父母对孩子的教育往往是以批评为主，导致孩子在接受表扬这一积极安抚时往往表现出不自在和不相信。（比如中国人常常用的谦辞：“我不行，我不行。”）改革开放以来，受西方文化影响，中国的年轻父母在这方面有了较大的进步，知道欣赏并且夸奖孩子，但在高考制度影响下，正面安抚往往是有条件的，而且条件大多还只有一个，那就是分数。在这样的环境中，要培养出健康的安抚态度还是有一定难度的。

第三节　安抚风格的自我分析

对自身安抚风格的自我分析是自我认识的内容之一。下面介绍麦肯纳(J. Mckenna)设计的安抚图[①]，我们可以用它来分析我们自己的安抚类型，借此了解自己的安抚风格。

此图具体制作步骤如下[②]：以直觉画出各种安抚形态（给予安抚、接受安抚、要求安抚、拒绝给予安抚）的频率，每一项中分别标明正面的和负面的情形，向上表示正面的频率，向下表示负面的频率。

正面的安抚：	你给予别人正面安抚的频率	你接受别人正面安抚的频率	你要求别人给你正面安抚的频率	你拒绝给予别人正面安抚的频率	
每次都会					+10
几乎都会					+8
经常会					+6
通常会					+4
偶尔会					+2
从来不会					+0
	给予安抚	接受安抚	要求安抚	拒绝给予安抚	
从来不会					−0
偶尔会					−2
通常会					−4
经常会					−6
几乎都会					−8
每次都会					−10
负面的安抚：	你给予别人负面安抚的频率	你接受别人负面安抚的频率	你要求别人给你负面安抚的频率	你拒绝给予别人负面安抚的频率	

① J. Mckenna. Stroking Profile. TAJ，1974 (4)：20-24.

② 艾恩·史都华，凡恩·琼斯．人际沟通分析练习法．易之新，译．台北：张老师文化事业股份有限公司，2002：132.

麦肯纳认为每一项目中正面的和负面的部分彼此呈负相关，也就是说如果一个人接受正面安抚的频率较少的话，那他接受负面安抚的频率就应该较高。

麦肯纳在下图中介绍了某个人的安抚风格[①]，大家可以借此图来分析这个人：

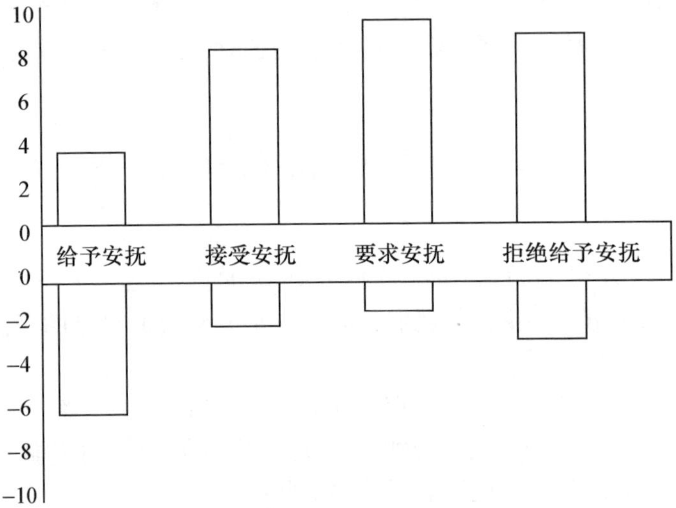

从上图中可以看出，这个人很少给予别人正面安抚，但却较多给予别人负面安抚（比较挑剔、苛求）；他常常接受别人的正面安抚，却很少得到别人的负面安抚（想来是在溺爱中长大的或者出于自身身份、地位的原因，经常有人会给他正面安抚）；他常常向别人要求正面安抚，但很少得到或要求负面安抚；他习惯于拒绝别人有关正面安抚的要求，但却较少拒绝别人有关负面安抚的要求。

当我们画出自己的安抚图时，我们要去仔细分析，看有没有什么是自己需要调整的。如果有，按照麦肯纳的观点，我们应该把精力放在去提高自己想增加的部分上，因为每一项目中正面的和负面的部分彼此呈负相关，因此，想要提高的部分增加了，需要减少的部分自然就减少了。以上图中这个人为例，他如果能够提高自己给予正面安抚的频率，他给别人负面安抚的频率自然就会降低。从操作上看，那就是他可以从现在开始学习去夸奖别人。如果他真的这样做了，一段时间以后我们就会发现，他给别人负面安抚的频率在降低。

① 艾恩·史都华，凡恩·琼斯. 人际沟通分析练习法. 易之新，译. 台北：张老师文化事业股份有限公司，2002：133.

第四节 安抚经济学及其产生原因

一、安抚经济学的概念

1. 安抚饥渴

对伯恩安抚学说有重大发展的另外一个学者是克劳德·斯坦纳，他在其著作中提到由于大多数人都有安抚饥渴（stroke-hunger），即对被他人认可的饥渴，于是这个世界就出现了“大部分企业都在从事向消费者兜售安抚的事”[①]：

《人民保健报》的广告词：“你的健康是我的牵挂”；

舒肤佳香皂的广告词：“促进健康为全家”；

雪碧汽水：“服从你的渴望”。

由于安抚是一种非常重要的需要，如果得不到满足，人甚至无法活下去，因此，“安抚可以成为一种社会控制的工具”[②]。

2. 安抚经济学

按照斯坦纳的观点，安抚饥渴是人为造成的。有的父母在孩子小的时候为了达到控制孩子的目的，把本来可以无限提供给孩子的安抚附加了很多条件，从而使安抚变成一种稀缺资源，并按照自己的愿望决定给予或不给予以及多给还是少给，而孩子为了生存，被迫学习到要付出很高的代价去换取自己想要的安抚。斯坦纳将这种人为造成“安抚是有限的”的过程称为安抚经济学（stroke economy）。[③]

不幸的是，被安抚经济学观支配的孩子，在长大成人后仍然会不自觉地把自己置于一种总是缺乏安抚的境地。他们在学校、机构和社会上会表现出不敢、不能或者不愿去主动寻求安抚，即使别人主动给予安抚，他们也多持怀疑态度，因为小时候的经历使他们无法相信他们有权只凭自己本身的存在就得到别人的安抚。

再比如当代中国，名校成为一种安抚，父母、老师、领导的奖励成为一种安抚，职称头衔成为一种安抚，而它们都被异化为一种社会控制的工具，是很多中国人不快乐甚至痛苦的根源。

可以想象，当安抚被当作一种稀缺资源的时候，人们对安抚的垄断就会形成。除了父母以外，像老师、领导、长辈甚至同辈中自以为是的人都有可能成为

---

① Claude Steiner. Scripts People Live—Transactional Analysis of Life Scripts. New York: Bantam Books, Toronto, 1974: 135.

② 同①132.

③ 同①25.

那个垄断安抚的人。有他们的认可，我们就觉得自己有价值；没有他们的认可，我们就觉得自己没有价值。为了得到他人的认可，有的人甚至会做背叛自己的事，比如那些由于成绩不好在学校得不到安抚而加入犯罪团伙的青少年，为了能够被团伙认可，他们甚至不惜做违法的事。

有关安抚经济学这一概念的解释，我们还可以参考欧嘉瑞等人提出的观点。[①] 他们认为，由于人对安抚有极为强烈的需要，因此如果有人欺骗你，告诉你安抚是有限的，那么他就有可能与你就安抚讨价还价，并制订一些规则来左右你的行为，把安抚当作金钱一样来与你交换。比如你希望某人认可你，他就会要你去为他做很多事，有些甚至需要你违心地去做，如去讨好他等。这点在青少年犯罪团伙中最常见到。一个在学校不被认可的孩子，为了能够得到团伙的认可，就会去做他们要求自己做的任何具有破坏性的事。

此外，如果我们想要了解自己身上存在的安抚经济学现象，可以通过以下方法进行：罗列出自己与之交换安抚的人与情境，比如你在家里或家外时最喜欢夸赞、安慰谁，或者有没有什么人使你不得不经常勉强自己去回应他；再比如你有没有注意到自己什么时候会发自内心地善待别人，什么时候又会强迫自己去对别人友好。你还可以问自己，你对谁更多地用正面安抚，对谁又更多地用负面安抚。这种分析可以帮助你更加深入地认识自己对安抚的需要，以及自己为了交换安抚而需要做的事，同时也可以帮助你深入认识与自己经常互动的人。在这种认识的基础之上，你可以帮助自己形成更为健康的安抚观和安抚方式。

二、安抚经济学产生的原因：五项禁令

斯坦纳提出，安抚经济学产生的原因在于父母自小就向孩子灌输的有关安抚的五个原则或说是五项禁令。久而久之，这五项禁令进入他们的无意识，使他们在遇到与安抚有关的情境时就会条件反射似的做出怀疑、害怕、逃避甚至拒绝安抚的反应。

这五项禁令是以五个“不可以”的形式出现的[②]：

1. “即使你有安抚也不可以给别人”

这个禁令的要点是：漠视别人的安抚需要，不给别人你能够给予的安抚。这往往是由于父母在孩子面前做出了糟糕的榜样，比如孩子哭时父母不予理睬，或者孩子在外面受了委屈后需要父母的鼓励与安慰时父母完全没有反应等。父母的这些行为让孩子学习到漠视别人对安抚的需要，而当一个人漠视他人的安抚需要

---

① 艾恩·史都华，凡恩·琼斯．人际沟通分析练习法．易之新，译．台北：张老师文化事业股份有限公司，2002：55．

② Claude Steiner. Scripts People Live—Transactional Analysis of Life Scripts. New York：Bantam Books，Toronto，1974：137-138.

时，又等于是在叫他人也不要给自己安抚。

2. “当你需要安抚的时候不可以向别人索要安抚”

中国成语中被当作褒义词的“忍辱负重”“坚忍不拔”等，其实都是在说：当需要安抚的时候不可以向人索要，而应该自己承受。如果一个孩子接受了这个禁止信息，那么他表面上做出来的不想要安抚的样子一定会把别人推得更远。这很容易让我们想到林妹妹，她内心是那样渴望安抚，但她却总做出一副不在乎甚至很厌烦的样子，结果就是自己把自己推得离众人越来越远。

3. “即使你想要安抚你也不可以接受安抚”

可以想象，一个人明明想要安抚却被父母禁止接受安抚，他内心的感受会多么纠结。久而久之，他就学习到要违心地拒绝安抚或者掩饰自己接受安抚时的喜悦，而一个对别人给予的安抚表现冷漠的人，又怎么可能继续得到别人的安抚？

4. “虽然不想要安抚也不可以拒绝”

可以想象，这样的孩子的生活是多么艰难，想要安抚的时候不可以接受，不想要安抚的时候又不可以拒绝，总处在这种矛盾中，一个人怎么可能不得病？就这点，斯坦纳在其著作中举了一个非常有意思的例子①，值得大家思考。这是有关美貌女性的外表的例子，斯坦纳认为其实很多美丽的女孩子并不总希望听到别人对她们美貌的赞美，她们有时候更希望听到人们对她们智慧和力量的赞美。可以想象，如果这些女孩子从小接受了父母有关“虽然不想要安抚也不可以拒绝”的禁止信息，她们就很难拒绝别人对她们美貌的称赞，而只能够在心里对自己也对别人说：我有的不仅仅是美貌，我还有智慧和力量。

5. “不可以给自己安抚”

一个学习到不可以给自己安抚的人会是什么样的人呢？他对自己会特别严格甚至苛刻，他不懂得爱惜自己，认为自己没有价值，因此不值得关爱。不仅如此，他对别人给予他的安抚也难以接受，因为那意味着他在借别人安抚自己。还有就是那些在过度成就动机推动下认为“不可以给自己安抚”的人，自我安抚会让他产生罪恶感，此外他对自己所做的一切都不满意，即使用社会标准来衡量，他已经有了很大的成就，他仍然会看轻自己。在他父母的影响下，他无意识中认为如果肯定了自己的成就，就是在自我安抚，而自我安抚是不对的，因此，他常常会谦虚到自卑的地步。

斯坦纳认为，上述有关安抚的五项基本禁令强化了安抚经济学观，使每个人都有可能处于安抚饥渴状态，使人丧失幸福感，并且有可能成为抑郁的基础。

对此，艾恩·史都华和凡恩·琼斯有更为深刻的说法：“长大成人后，我们

---

① Claude Steiner. Scripts People Live—Transactional Analysis of Life Scripts. New York: Bantam Books, Toronto, 1974: 138.

仍不自觉地遵守这五个原则，结果把生活都耗在缺乏安抚的状态中，也把自己的精力都放在寻求安抚上。”[①]

需要注意的是，在我们的集体主义文化中，这五项禁令会被更严格地执行，结果往往造成更多、更强烈的安抚饥渴现象。

第五节　确立健康的安抚观与方法

由于多重原因，我们在安抚问题上存在很多不健康的理念和方法，下面介绍一些可以帮助我们确立健康的安抚观并学习到健康的安抚方式的方法。

一、可以瓦解五项禁令的五个允许

前面谈到五项禁令所导致的问题，针对五项禁令及其所产生的影响（最严重的就是抑郁），斯坦纳在临床中发展出他的应对方法，那就是五个允许。他希望借他的处方瓦解五项禁令所造成的问题，从而使曾经被禁锢在五项禁令中的人能够获得一种健康的安抚观，并对自己和他人采用健康的安抚行为。

斯坦纳提出的五个允许是[②]：

1. 允许自己“去要安抚”

为了帮助人们得到他们想要的安抚，斯坦纳提出了非常具有操作性的方法，那就是首先要对安抚进行分类。他提出安抚可以分为身体的和精神的两部分。

各人的处境不一样，因此人们对安抚的需要也不一样。在严格清教徒环境中长大的孩子，对身体安抚的需要会更强烈一些；在一个非常注重成就的家庭中长大的孩子，对精神安抚的需要就会更多一些。

斯坦纳在临床中还发现，人们往往对自己的安抚需要怀有一种羞愧感（请注意，这是西方人的研究发现，但也非常符合我们很多中国人的特点！），因此往往对自己的安抚需要采取秘而不宣的态度，而这种自我压抑的结果往往是产生更为强烈的安抚饥渴。

很多人常常有这样的误区，认为如果是自己求来的安抚就不是真心的，就没有价值，因为那是别人在敷衍甚至怜悯自己。因此，即使非常想要自己亲友的某种安抚，也会忍住不说，而总是希望别人能够猜出来。但事实是，要求来的安抚

① 艾恩·史都华，凡恩·琼斯．人际沟通分析练习法．易之新，译．台北：张老师文化事业股份有限公司，2002：129.

② Claude Steiner. Scripts People Live—Transactional Analysis of Life Scripts. New York：Bantam Books，Toronto，1974：324.

和别人主动给予的安抚是同样有价值的。而且更为重要的是，你提出安抚的要求，就会增加得到它的机会。

笔者在教学、咨询和治疗中发现，为了避免在安抚问题上的自我压抑而造成的问题，我们可以采取的健康方式应该是：了解自己的安抚需要，在想要安抚的时候允许自己向他人提出合理的安抚要求，比如在自己感觉痛苦的时候，主动请求朋友的安慰和开导。与此同时也要注意，我们不仅要允许自己向别人提出安抚的要求，也要允许别人拒绝我们的要求。此外也要接受这样一个现实，那就是，这个世界上没有一个人可以完全满足自己被安抚的要求。换言之，人总有一些时刻是无法被安抚的，这样的时刻，我们就只能够学习去接受甚至忍受现实，学习把所受的痛苦化作增长个人智慧的资源。

在向别人提出安抚要求时，还有两个需要避免的误区。一个误区是认为别人都能够猜出自己想要什么样的安抚。其实这是不现实的。不要说别人，我们自己常常都搞不清自己想要什么样的安抚，我们自己对安抚的要求始终处于变化中，又怎么可能指望别人猜出我们自己想要什么样的安抚呢?

另一个误区是认为别人都应该是安抚专家，都应该在我们想要安抚的时候就给我们安抚，并且总是能够知道我们需要什么样的安抚。这也是不恰当的，就像我们自己从来都没有成为一个全能的安抚专家一样，别人也不可能是安抚专家。

其实别人能否给予我们所需要的安抚，一是由对方的共情能力所决定，二是由我们自己的表达能力和接受方式所决定。总之，我们在允许自己向别人提出安抚要求的同时，也要能够体谅对方。

2. 允许自己“接受安抚”

关于此，欧嘉瑞提供了一个非常有说服力的例子：1970 年代末“文化大革命”结束之后，台湾歌星邓丽君的歌在大陆非常流行，有些人甚至不惜拿出半个月的工资到黑市上去买她的录音带。这可以作为“文化大革命”后中国人渴望个人安抚并允许自己接受安抚的典型例子。的确如此，“邓丽君是中国流行音乐史上无法绕过的名字。1979 年前后，中国内地的文化领域一片废墟，她的歌声从海峡对岸传来，成为那个政治环境下第一缕温柔，人们私下播放、翻录，在没有任何宣传的情况下，悄然影响了不止一代人”①。

中国改革开放以来，绝大多数 40 岁以下的人在允许自己接受安抚方面都有很大的进步，表现为能够不怀内疚地坦然接受安抚。而他们的父辈在遇到安抚时，则更多地表现为难以坦然接受，即使接受了，也要急着马上回报，否则就觉得欠了别人的，会坐立不安。

① 经纪人讲述真实邓丽君. http://www.ce.cn/kjwh/ylmb/ylysj/200901/23/t20090123_1804 2411.shtml.

中国有句成语叫“滴水之恩，涌泉相报”。这个古训有非常好的一面，就是教育人要感恩，要知恩图报，但是现在看来，这句成语也有不健康的一面。滴水之恩，盆水相报就可以，为什么要涌泉相报？这不是给施恩者造成心理负担吗？其实这是违背社会心理学中的社会交换理论的，是会造成新的心理不平衡的。如果用 TA 中的安抚理论来看，这就等于是在说：不允许接受自己想要的安抚，因为那个代价实在大到无法承受。

其实人不仅有被安抚的需要，也有安抚别人的需要。因此，接受别人安抚的同时，也满足了别人安抚他人的需要，以后别人需要时，我们再向他们提供我们的安抚。这样一来，人与人的关系就容易进入健康的良性循环。

3. 允许自己“向他人提供安抚”

由于童年经历以及文化的影响，有的人不仅不善于要求并接受安抚，而且也不善于向他人提供安抚，因此我们一要学习向他人提供安抚的理念，二要学习安抚他人的方法。比如，当我们想要称赞某人时，我们就不要吝惜自己的语言；当我们想要安慰在痛苦中的朋友时，我们就不要迟疑；当我们想要拥抱我们的亲友时，我们就要勇敢张开自己的双臂；当我们想要和迎面而来的熟人打招呼时，我们就要勇敢主动地绽放我们的微笑。

4. 允许自己“拒绝不想要的安抚”

这是指要勇于向自己不想要的安抚说“不”，比如那些听起来会让我们不舒服的讽刺挖苦，还有阿谀奉承。另外就是对我们不想要的负面安抚，比如不负责任的批评甚至辱骂等，我们也要能够即时做出反应，勇于捍卫自己。还有就是对有附加条件的安抚，如一个称赞后面跟着的一个无理要求，我们也要能够坦然地说“不!”

5. 允许自己“给自己以安抚”

自己给自己的安抚包括好好照顾自己的饮食起居，去做自己喜欢的事，比如听音乐、唱歌、旅游、看电影等。情绪不好的时候尤其要懂得安抚自己，要去做平时可以让自己快乐的事，直到重新振作起来。还有就是要鼓励自己、激励自己，要懂得经常肯定自己的长处，也要懂得自我反思、自我批评，给自己以必要的负面安抚。

我们在给自己安抚的时候，也要避免一个误区，那就是要知道虽然自我安抚是安抚的重要来源，但却不能完全取代来自别人的安抚。健康的人际关系是我们可以依赖的最重要的外在资源之一。没有他人，我们的世界不可能完整，因此，自我安抚是无法取代他人的安抚的。

用五个允许去应对五项禁令，是斯坦纳用以打破安抚经济学观的处方。如果我们能够有意识地在日常生活中去实践这五个允许，那么在处理安抚问题时，我们就可以变得健康，并且也会因此而拥有健康的安抚。

二、其他理念与方法

1. 对自己得到的安抚敏感

前面我们介绍了由于个体差异，人们对自己所得到的安抚有不同觉知。有的人是“给点阳光就灿烂”，有的人是给多少都觉得不够，还有的人干脆拒绝一切正面安抚。如果我们希望自己具备健康的安抚观，我们首先就要学习对自己得到的安抚敏感。

谈到这点，我们可以参考西方心理学家马斯洛的研究。他的发现是：“我越来越相信对自身幸福的熟视无睹是人类罪恶、痛苦以及悲剧的最重要的非邪恶的起因之一。我们轻视那些在我们看来是理所当然的事情，所以我们往往用身边的无价之宝去换取一文不值的东西，从而留下无尽的懊恼、悔恨和自暴自弃。”①

马斯洛的这段名言特别值得我们思考，因为能够时时体验世界与他人的恩惠（安抚），是我们能够拥有幸福感的重要前提之一，也是我们具备健康的安抚观的前提。我们来看看自己身边有多少熟视无睹的幸福：早上睁开眼睛都能够自如地起床洗漱、吃早饭；都能够看到升起的太阳，都能够拥有远离战争的和平餐桌、和平书桌、和平办公桌；都能够看到微笑和听到问候；还有那么多的好书、好电影、好戏剧、好风景等着我们去欣赏，那么多的好朋友和熟人等着我们去交流、沟通……

这么多自然的、人文的幸福，无处不在的安抚，我们是否都满怀喜悦地感觉到了，或者我们把这些都当成了理所当然？套用罗丹的那句名言：这个世界不是缺少安抚，而是缺少感受安抚的能力！

2. 懂得回报自己得到的安抚

对别人给予我们的安抚，我们要懂得回报。回报是物质的还是精神的这点不重要，重要的是，要对自己所得到的安抚怀有感恩的心，并用得体的方式表达自己的谢意。

中国人非常注重感恩，因此有“滴水之恩，涌泉相报”（当然，是否需要涌泉之水另当别论）以及“知恩图报”之说，而中国人最看重的“恩”以“知遇之恩”为最。所谓“知遇”，在古人看来，不仅是简单的对自己才能的认可，而且是对自己存在价值的最高肯定。试想一个人经历了那么漫长的怀才不遇的挫折，有一天突然被一个伯乐发现并鼓励，那种精神安抚作用对一个人来说有多么巨大。尤其对中国知识分子来说，知遇应该是最高形式的安抚了。也正因此，中国才诞生了那么多“士为知己者死”的惊天地、泣鬼神的典故，例如大家熟知的“赵氏孤儿”，以及“高山流水”一典中伯牙摔琴谢知音（钟子期）的动人友情。

---

① 马斯洛．动机与人格．许金声，等译．北京：华夏出版社，1987：192.

回到现实，别人的微笑、问候、鼓励、称赞、安慰和陪伴等，所有这些我们所得到的安抚，都需要一颗敏感的心去觉知并回应，去回报以同样的微笑、问候、鼓励、称赞、安慰和陪伴。如此一来，我们在处理安抚问题时就可以进入良性循环，而社会也会向和谐更进一步。

3. 学习高质量的自我安抚

中国成语中有个词是“善解人意”。我们往往把它解释为对别人的理解或者期待别人的类似理解，却很少有人想到其实我们也要学习善解己意。

高质量的自我安抚包括理解自己并且慈悲地关照自己，比如保持健康的生活方式，以及更多一些对自己精神生活的关注，如读书、欣赏音乐美术、旅游、参加能让自己快乐的兴趣爱好班、给自己买些小礼物以及享受美食等。

我们还可以写下至少五种我们认为可以正面地安抚自己的方法，比如听最爱听的音乐、吃一顿特别的晚餐或是看本好小说等。要以成人自我状态确认这些安抚确实都是正面的、力所能及的、安全健康的，然后就开始实现这些安抚。

4. 与他人建立建设性的连接

健康的人际关系是一个人可以持续发展的最重要的外在资源，而健康的人际关系就是互惠互利、双脑双赢的关系。一个拥有强大社会支持系统的人，同时就拥有了源源不断的安抚资源，所以我们要在平时注意积累、珍惜并且维护自己的社会支持系统，而不要到遇到问题时才想起去求助别人。

这里特别要提出在网络中寻求满足安抚饥渴的问题。网络的确可以更为便捷地满足人的一部分安抚需要，但如果过度，就会使人脱离实际，从而产生更大的孤独感。尤其是在网络上更多接受负能量和散布负能量的人，其寻求负面安抚的方式不仅会导致更严重的安抚饥渴，而且会影响我们自己与社会的持续发展。

5. 对别人的安抚需要敏感

我们要知道，很多时候别人对我们发火的本质是在索要安抚，了解这点，我们就能够及时满足他人的安抚需要。

这里介绍笔者的学生韩晓晨同学在课堂上与大家分享的一个故事。她有一天晚上因为临时开一个会把手机关了，爸爸打电话找了她很久也没有联系上她，很是担心，后来联系上时，爸爸很生气。她起初也很生气，但是转念一想，觉得爸爸其实是想要安抚，于是就对爸爸说：“爸爸，你是工作狂，就不允许我也是吗？这是遗传啊！”这场危机于是以父女俩同时会心大笑而结束。

因此，很多时候，从别人需要安抚的角度去解释别人的不满甚至愤怒，并且以得体的方式及时给予安抚，可以很好地化解很多不必要的冲突。

TA 理论认为，安抚是一个人可以生存并且生活的维生素，了解安抚，了解自己的安抚风格和需要调节的地方，不仅对我们个人，而且对社会的和谐发展都有十分重要的意义。

第六节 结构饥渴与社会时间的安排

人是存在于时间之中的，人与人的关系也一样。伯恩在自己的研究中提出一个很有意思的理论视角，那就是在人与人的交往中，或者说是在社交时间的安排上，我们有自己所不曾意识到的隐秘需要：会安排出一定的时间以交换安抚、获得安抚。

我们前面介绍了伯恩提出的刺激饥渴以及认同饥渴（见本章第一节第二部分），伯恩认为，在刺激饥渴、认同饥渴之后，还会产生一种结构饥渴。[①]

结构饥渴（structure-hunger）是一种要对自己的时间做结构化处理的需要。由于人无法忍受无聊与空虚，会将自己所拥有的时间做出种种安排，要用一些事情来填充或者打发时间，比如这个时间做什么，那个时间做什么，都要有所安排，否则就会感觉无聊与空虚。因此伯恩指出："结构饥渴与刺激饥渴一样，有同样的生存价值。刺激饥渴和认同饥渴表达的是一种需要，即避免感觉和情感的缺失，而这二者的缺乏会导致生物性退化。结构饥渴表达的是一种要避免无聊状态的需要，克尔凯郭尔曾经指出：未结构化的时间会导致邪恶。如果未结构化的时间持续了很长时间，无聊就会成为情感饥渴的同义词，并导致生物性退化的相同结果。"[②]

婴幼儿的躯体刺激饥渴会驱使其去与周围的大人亲近，以避免感觉剥夺的发生。当一个人长大后，他对"言语触摸"的需要就取代了对"躯体触摸"的渴望，如果他在婴幼儿时的躯体刺激饥渴没有得到适当的满足，那么当他长大后，就会对被认可、被认同、被称赞等安抚形式有超出常人的渴望。而结构饥渴同样与人对安抚的需要有关，按照伯恩的观点，人们通过对自己的时间进行结构化以抵御无聊，同时获得安抚和生活的意义。

用欧嘉瑞等学者的说法："沟通与个人期待得到的安抚有关，而对安抚的期待（得到多少或者付出多少）则会左右我们如何安排自己的时间。"[③] 欧嘉瑞在教授 TA 课程时还提出：时间结构是指人在清醒的时候如何打发自己的时间，即人们可以通过一些事情或方式打发与其他人在一起的时间。

---

① Eric Berne. Games People Play. New York：Penguin Books，1964.

② 同①17.

③ 欧嘉瑞，安妮卡，罗南. 人际沟通分析——TA 治疗的理论与实务. 黄珮瑛，译. 台北：张老师文化事业股份有限公司，1996.

人的存在实际上是一种时间性存在，伯恩的时间结构饥渴说与1950年代兴起的社会时间研究热是同步的①，学者们把时间分作自然时间和社会时间，因为人的存在不仅是自然时间的存在，也是社会时间的存在。当人与人相处之时——不论他们是否正合作做某件事还是仅仅相处一地一室，他们就不仅处于自然时间之中，也处于社会时间之中。因此，人们有意无意地总希望自己能够合理安排自己的自然时间和社会时间，以从中获得最大价值的人生意义，这也是一个人能够给予自己的最大、最高质量的安抚。

按照伯恩的观点，时间的支配会影响人的生活脚本。一个人如何安排利用他的时间取决于他对别人以及对自己的看法，取决于他决定如何寻找安抚。人们通常会用以下6种方式度过其社会时间：退缩、仪式、消遣、活动、（心理）游戏和亲密。② 伯恩认为人们相处时的这6种方式可以满足人的结构饥渴。

英国人际沟通分析学会③主页介绍TA关键词的部分中有一篇文章，其中有一个看起来一目了然的图表，对大家了解伯恩时间结构概念的内容会有帮助，特引用并翻译如下：

英国TA学会主页介绍的伯恩6种时间结构概念的内容④

退缩	仪式	消遣	活动	游戏	亲密
独处 白日梦 幻想 内部对话或沉思 进入自我	庆典 问候 礼貌交流 结构化活动 日常规律性活动	闲聊 主体不采取任何行动的讨论或预测	计划或者实施行动 体力或者脑力劳动 做家务	人们之间的一种交互作用，结束时双方都会不愉快，并且有“这事以前也发生过”的感觉	彼此间真诚交流 表达感情时是真诚而有效的 冲突时可以表达脆弱并且无须防御

下面我们对伯恩的时间结构做具体解读：

一、退缩（Withdrawal）

这里的退缩既包括物理上的退缩，比如远离人群，也包括心理上的退缩，比如虽然身处人群之中，但却被自己的白日梦所萦绕，从而对周围的事视而不见、听而不闻。

---

① 吴兰丽．“社会时间论”之“国内外研究综述”．武汉：华中科技大学，2009.

② Eric Bern. Principles of Group Treatment. New York：Oxford University Press，1966.

③ http://www.uktransactionalanalysis.co.uk/.

④ http://www.uktransactionalanalysis.co.uk/transactional－analysis/key－concepts/time－structuring.

或许人们会对伯恩的“用退缩的方式结构时间从而获得安抚”的观点感觉困惑，其实我们可以将此理解为：除了孤独症患者是由于疾病本身的原因而导致他无法选择之外，其他社会时间中出现的退缩都有可能是个人所选择的用以保障其自我安抚的方式。例如一个人曾遭遇重大的创伤事件，从而认为在人群中的退缩更安全，也可能他曾经经历太多的负面安抚，因此决定用退缩的方式预防可能发生的更多的负面安抚，以保护自己脆弱的内心。因此，我们常常可以在各种社交聚会上看到一些尽可能躲在角落里的人，或者只是默默用餐而对餐桌上其他人的高谈阔论与开怀大笑完全无动于衷的人。

相反，还有很多原因会使一个人在社会时间中采用退缩的方式，一个具有成熟的成人自我状态的人往往会主动选择退缩，以此保证独处的需要或者为自己的思考留出更多的时间。

此外，性格内向的人也常常会主动选择退缩，因此人们眼中的“退缩”往往是内向者从自身获取能量的自我安抚的重要方式。对此心理学大家荣格在其1921年写作的《心理类型学》一书中就有专门的论述[①]，我们将之概括为：内向的人将能量专注自身内在，他受自己理念的决定性影响，过分关注内心体验，与环境缺乏紧密联系，有时甚至处于与客体的否定性关系中。内向的人更倾向于三思而后行，沉默寡言，更愿意和自己在一起，更多地被自己的想象所吸引。

那些有明确人生目标的人，社会时间中的适度退缩所给予他的思考空间和探索空间也往往会回馈给其巨大的精神安抚，使他从中获取巨大的能量。

当然，任何事情都需要有度，退缩亦然。对大多数人而言，如果退缩过度，不仅本身有可能就是病态的表现，而且也会妨碍自己与他人的交往和交流，并最终妨碍自己的成长。

也有的退缩是由儿童自我状态所决定的。由于多重原因，比如有的人儿时曾经有重大创伤或者极其苛刻的父母，从而学会用退缩的方式自我保护，当他长大成人之后，仍然沿用着儿时的方式。如果真是这样，那么最有效率的解决方法就是去寻求专业帮助，在专家指导下走出过度退缩，尝试对世界和他人开放，从而让自己拥有更高质量的生活。

二、仪式（Rituals）

仪式是可以交换安抚的一种安全的社交方式。仪式是一种单纯而固定的互补沟通，如正式的“升旗”“唱国歌”，以及非正式的生活习惯如见面打招呼等。

---

① 荣格．心理类型学．吴康，丁传林，赵善华，译．西安：华岳文艺出版社，1989：399－495．

伯恩认为仪式是一些可以预料的、刻板的老规矩或者习俗，包括见面时打招呼、互致问候、寒暄，以及一些正式的程式化活动，如婚礼、葬礼以及宗教信徒的礼拜仪式，还有定期举行的奥林匹克运动会与各文化中的固定节庆日等。伯恩认为："仪式是高度程式化的社交行为，这些行为可以是正式的，也可以是非正式的。正式的仪式构成典礼，其中会发生什么可以完全预测。用仪式的方式进行沟通，人们彼此并没有传递多少信息，但彼此也给予了互相认可的示意。"①

美国治疗家哈里森指出："仪式是大家共同安排的对时间的使用，在这个时间中，大家做着同样的事情。谁也不受别人的约束和连累。仪式的结果往往是在意料之中，只要你'步调一致'或做自己该做的事情，你就会觉得愉快。……仪式同退缩一样可以使人们相互疏远。"②

我们的观点与哈里森的结论有所不同。我们认为，仪式是大家公认的在某一特定时间做一件相同事情的社交时间安排，用仪式来结构自身的社会时间从而为自己和他人提供高品质的安抚与支持，是人类的一大发明。而那种会使人疏远的仪式不是因为流于形式就是因为仪式本身的存在就有问题。

生活中绝大多数仪式都具有超乎寻常的安抚作用。比如最简单的见面打招呼、问候、自我介绍等会给人带去放松和亲切感，再比如各种节庆日对我们的文化认同、身份认同、文化自信和身份自信所具有的重大意义，再如丧葬仪式对于逝者的家属而言有很重要的疗愈与安抚作用，而郑重的婚嫁仪式则有稳定婚姻的作用，再如过生日、成人礼、开学典礼、毕业典礼、结婚纪念日等仪式都有非常重要的温暖人心的安抚与支持作用，在提升人类精神生活质量方面发挥了十分重要的作用。

现代生活节奏非常快，以至于人们往往忽略很多重要的仪式，比如中国春节餐桌上那些只顾低头看手机的人，还有以"为孩子提供更好的生活"的名义天天忙于工作，以至于完全放弃家庭生活的那些工作狂，再有那些会忘记家人生日、家庭纪念日等的人，对家庭共同聚会仪式的敷衍甚至忽视不仅会在当下给对方造成挫败甚至伤害感，而且也会给日后关系的维护与发展埋下隐患。

除了整个社会或者家庭共有的仪式时间之外，我们也可以为自己创造一些仪式时间。比如在外地读书的学生或在外地工作、旅行的人，每周末要有一个与家人通话的仪式时间，为了保证这个时间的质量，可以用一个小本子记下每天发生

---

① 埃瑞克·伯恩. 人生脚本——说完"你好"，说什么?. 周司丽，译. 北京：中国轻工业出版社，2016：21-22.

② 托马斯·哈里森. 我好！你好!. 陈朴，陈刚，覃光广，译. 北京：光明日报出版社，1988：131.

的有趣的或者有意义的事情以及自己的一些思考等，这样周末通电话的时候，就会有非常丰富的谈资，这不仅可以有效避免家人通话的形式化，而且可以有效促进亲人间的关系并做到与亲人共同成长。

仪式中人们通常使用父母自我状态和成人自我状态。

当然，任何事情都有度，过度注重繁文缛节的仪式或者为了某种私利而强迫他人举行的仪式所带来的就很难是正面安抚了。

三、消遣（Pastimes）

大多有关 TA 的译本都将 pastimes（消遣）译作“闲聊”。反复阅读伯恩的原作，发现也许是因为伯恩在介绍这个概念时所采用的例子都是有关闲聊的，以至于伯恩的很多追随者在写这部分时也都只举闲聊的例子。

伯恩认为，消遣与仪式有相似之处，但不像仪式那样可预测。消遣带有一定的重复性，人们常常用闲聊的方式消遣，而在一个不太熟悉的群体聚会中，因为没有特定的目标，人们往往用闲聊一些轻松话题的方式消除紧张、打发时间，以相互提供安抚。

伯恩认为几个常见的闲聊话题是，男性喜欢谈的是汽车或者有关输赢的事，而女性闲聊的话题往往是杂货店、厨房和衣橱。伯恩提出：“从存在的角度来看，消遣是一种抵御内疚、绝望与亲密的方法，是自然或者文化提供的用以缓解那安静的绝望的一种策略。”①

慕瑞尔·詹姆士（Muriel James）和桃乐茜·钟沃德（Dorothy Jongeward）认为：“闲聊与仪式一样，是人们礼貌地共度一段时光、彼此提供精神满足而又不过度卷入情感的一种方式。”②

闲聊还有另外一种功能，让人们彼此试探，看是否可以进一步发展关系，以交换更多更强有力的安抚。

闲聊时人们使用的自我状态比较宽泛，父母自我状态、成人自我状态和儿童自我状态都有可能出现。

从今天来看，人们之间的闲聊，其实还具有自我认识、认识他人以及交换信息等功能，这一类的闲聊通常都以成人自我状态为主。

随着网络的发展，人们在虚拟空间中所花的消遣时间极大地增加。其好处是更方便人们的消遣，而弊端则可能是放任自己的自由型儿童自我状态或反叛型儿童自我状态，发表不负责任的言论、攻击甚至造谣中伤等。这样不仅无法得到积

---

① Eric Berne. Transactional Analysis in Psychotherapy. New York：Ballantine Books，Grove Press，Inc.，1961.

② Muriel James，Dorothy Jongeward. Born To Win：Transactional Analysis with Gestalt Experiments. Addison-Wesley Publishing Company Reading，1971：58.

极正面的安抚，反而会给别人并最终也可能给自己造成伤害。

四、活动（Activities）

伯恩所提到的活动主要是指工作。人们为了一个工作目标而从事某种活动，过程中通常会集中注意于当下的事情，从而紧密合作以达成目标。所以，说到活动或者工作，一定会涉及合作。

活动的要点是只把精力用在外界的工作或从事某件事情上，包括劳心（完成工作任务、做功课等）和劳力（体力劳动或者家务劳动等）。由于活动具有处理现实问题的功用，并且会获得各种报酬以及得到别人的赞赏等安抚，因此活动是最为一般人所喜爱的一种安排时间的方式。

活动中，人们通常会更多使用成人自我状态。活动中所得到的安抚数量与质量往往取决于活动的目标。如果我们的目标有意义，尤其是我们的工作符合我们的兴趣甚至是天赋，那活动过程本身就可以提供很多安抚，而活动的良好结果则是锦上添花了。

今天我们可以更宽泛地理解"活动"这个概念。除了"工作"这种活动会需要我们的社会时间之外，还有很多活动同样也属于我们的社会时间，比如工作之外的社会工作、社团活动以及旅游等，再如现在非常流行的广场舞，也是人们结构自己社会时间、满足自己时间结构饥渴的一个重要方法。

此外，随着中国进入老龄化社会，从工作中退休的人日益增多，多出来的大把时间该如何规划以获得自己所需要的安抚，也是一个需要思考和解决的问题。

五、游戏（Games）

这里提到的"游戏"是伯恩在其心理治疗实践过程中发现的一种"心理游戏"，指的是：人们在其社会交往情境中会遇到的一种反复发生并让人产生不舒服感的固有交往模式。例如张三邀请别人给他出主意，而当别人真的用心给他出主意时，他会反复用"是，但是"回应对方，最终不仅使对方而且也会使自己产生强烈的挫败感。再如"我有一条木头腿"的游戏，当事人会反复用自己身体或者精神上的缺陷要挟别人，获取别人的同情并剥削别人，直到别人忍无可忍离他而去。而"踢我吧"的游戏则是一个有自我挫败倾向的人不断闯祸、不断邀请别人制裁他的一种人际交往方式，他以为他只有用这样的方式才可以得到安抚（虽然是负面的）。

伯恩曾经就心理游戏出版了一本专著《人们所玩的游戏》，这本书连续多年畅销。在这本书中，伯恩罗列了几十种人们常玩的心理游戏。

当一个人在与他人交往的社会时间中玩心理游戏时，通常处于一种负面自我状态中，可能是负面的父母自我状态，也可能是负面的儿童自我状态。他无法用成人自我状态与人交往，于是用心理游戏来消磨这段时间，并在游戏过程中暂时获得一种虚假的安抚，但当心理游戏结束时，却会有很强烈的负面感受。

欧嘉瑞指出，所有的心理游戏都不是从成人自我状态出发的，人们通常无法察觉。人追求安抚的饥渴是很强烈的。若无法找到比较适当的方式去满足其安抚饥渴，要人放弃玩心理游戏是不可能的。

用心理游戏结构自己的社会时间，其后果常常是负面的。有关心理游戏，我们在后面还有专门的介绍。

六、亲密（Intimacy）

伯恩认为："亲密是一种内部情感的自由表达，与伪亲密（pseudo intimacy）截然不同。"① 伯恩认为，在真正的亲密中，双方可以自由真诚而又有效地表达自己的正负情感，在发生冲突时亦然，双方都不设防。

欧嘉瑞提出，人们从单纯的消遣交往开始，感觉彼此话题投机，能共同分享彼此的感觉，进而发展出一种知心坦诚、信任关怀的亲密关系，是最有价值的一种时间利用方式。现代生活中，由于网络的出现，有些人的现实亲密行为有所减少。这些人在现实中感觉拥挤，更愿意在网上冲浪，寻求"心理"空间，他们或"退缩"，或过着"仪式化"（僵硬教条，犹如"装在套子里的人"）的生活，与人随时"保持距离"。人与人的亲密行为虽充满冒险，但若能从中获得安全感，则更有机会成为生活中的"赢家"。而沟通分析的目的之一就是要恢复人亲密行为的能力。

日常生活中，当我们能够与他人分享当下的幸福感，能够自由表达赞同或者说出自己的不同观点，能够共同分担忧伤和丧失之痛，这样的时刻，我们就处于亲密之中。这样的亲密既可以存在于家庭关系之中，也可以存在于朋友关系之中，中国成语中的"心心相印""心有灵犀"都是形容这种亲密关系的。

而当双方以防御的态度彼此交往时，比如只能表达一致而无法表达不同观点，或者一方为了维护关系而不得不违心地说话、做事，再或者为了利用对方而与对方有一种紧密的联系，这些就是伪亲密。在这样的关系中，双方都小心翼翼并且彼此设防，这样的所谓"亲密"，在伯恩看来，就是玩"心理游戏"的伪亲密而不是真正的亲密了。

因此，伯恩所提出的亲密，是一种真诚的人际关系，是一个人可以有幸拥有的最有质量的社会时间。

---

① Eric Berne. Principles of Group Treatment. New York: Oxford University Press, 1966: 231-232.

谈到“亲密”，慕瑞尔·詹姆士和桃乐茜·钟沃德两位学者有自己独到的见解[1]，他们认为：人们可以在一起生活了很多年，却从来没有“看到”或者“听到”彼此。人们害怕亲密，是因为亲密往往卷入了冒险（冒被欺骗、被利用、被抛弃等险），因此处于亲密关系中的人往往是很脆弱的。

一个有过童年创伤的人往往不敢冒险与别人建立亲密关系。在与别人相处时，他们儿时的创伤记忆往往会干扰他们，让他们以为已经成年的他们仍然会像儿时一样无法保护自己。因此，一个有过童年创伤或者在人际交往方面有过创伤的人，如果想要和他人建立亲密关系，需要首先寻求专业标准，在专业人员的帮助下，让自己的成人自我状态逐渐成熟并且确立“我好，你也好”的赢家生活定位。

说到亲密，人们往往有一个误区，似乎亲密只在亲友中产生。其实我们注意到，人们忽略了很多日常人际交往中的有价值的亲密。比如在商店买东西时微笑着用友好的语言与售货人员做短暂交流，诸如你好、请、谢谢，都有可能产生有意义的亲密感。所以，我们要有意识地练习，让自己在此时此地与所交往的人——不论他是朋友还是一面之交——保持友善。一个人如果能够在人际情境中有意识地表达出“我好，你也好”这样的生活态度或者说是生活定位，那么，他就会给予并且同时获得更多的安抚，这会使我们自己和他人的生活变得更愉悦。

伯恩的时间结构说很有创意地从一个新的视角提出了人们结构自己时间的几种方式。有学者将这 6 种时间结构分作建设性的与非建设性的两种，认为：“退缩、仪式、闲谈和心理游戏是时间的破坏性因素，而活动和亲密是时间的建设性因素。”[2]

我们的观点有所不同。我们认为：不存在单纯的破坏性的或者建设性的时间结构。破坏还是建设取决于在各个时间结构中所做的具体事情，适度的退缩是有益的；必要的仪式在促进人们的联系和提供安抚上有无法取代的作用；适度的、有意义的闲谈交换信息，可以缓解气氛并增进相互的了解；对心理游戏的认识可以帮助我们少玩游戏或者减轻玩游戏的程度，可以帮我们有意识地避免积攒扭曲感觉，同时努力争取用真正的亲密关系取代游戏，而过度的或者目标有问题的活动仍然无益甚至有害。

说到时间结构中的亲密，情况有所不同。亲密在 TA 理论和实践中有着独特的地位。伯恩将 TA 的目标定义为“自主性”——实现当事人意识、自发性和亲切感的能力。所以，亲密在 TA 中被认为是非常理想的一种状态。

所以，问题的关键不在于时间结构本身，而在于我们在各个被结构化了的时间中做了些什么。适度的退缩可以让我们有更多的思考时间；必要的仪式可以增

① Muriel James，Dorothy Jongeward. Born To Win：Transactional Analysis with Gestalt Experiments. Addison-Wesley Publishing Company Reading，1971：61－62.

② 田宝. 创造“亲密”时间结构——时间管理的心理学视角. 北大商业评论，2014（11）.

加我们的生活意义感；当前这个快节奏的时代，消遣尤其不能缺少；做自己最喜欢的活动，或者喜欢的活动才做，这对现代人的身心健康意义重大；心理游戏在应对一些棘手的人际关系时未必不是一种可以尝试的策略，而且与被漠视相比，心理游戏所得到的负面安抚仍然有一定意义；至于可遇而不可求的亲密，则更是需要我们日常的精心呵护。

我们的时间结构取决于我们的自我状态、生活定位和人生脚本。如果我们的自我状态可以自如转换，如果我们的生活定位是“我好，你也好”，如果我们的人生脚本积极健康，并且具有明确坚定的人生目标，知道自己是谁，从哪里来，将往何处去，我们就能够善用我们的社会时间交换我们需要的安抚，同时又并不依赖外在的安抚，更不会牺牲自己的兴趣爱好和时间去换安抚，因为对一个有明确人生目标的人而言，“我的时间比你的安抚更宝贵”①！

以下是我们参考艾恩·史都华和凡恩·琼斯介绍的自身时间结构检视法②所做出的时间结构比例自我诊断与调节法图表，很有操作性，大家可以尝试。

请大家根据自己的情况将一个固定长度的时间分成 6 部分，先把自己当前的时间结构画出来，然后画出自己期望的时间结构并拟订具体的调节方法。以下是一个例题：

时间结构比例自我诊断与调节法

当前时间结构比例诊断：

1. 退缩
2. 仪式
3. 消遣

自己所期望的时间结构比例和拟定的调节方法：

1. 退缩	调节方法： 1. 2. 3. …………
2. 仪式	调节方法： 1. 2. 3. …………
3. 消遣	调节方法： 1. 2. 3. …………

① My time is more precious than your strokes. Transactional Analysis Journal，1992，22 (1).

② 艾恩·史都华，凡恩·琼斯. 人际沟通分析练习法. 易之新，译. 台北：张老师文化事业股份有限公司，2002：149.

4. 活动	
5. 心理游戏	
6. 亲密	

4. 活动	调节方法： 1. 2. 3. …………
5. 心理游戏	调节方法： 1. 2. 3. …………
6. 亲密	调节方法： 1. 2. 3. …………

此外，慕瑞尔·詹姆士和桃乐茜·钟沃德在其著作中也有一个很有益的建议①：我们可以先将自己过去一周的时间结构比例画出来，然后思考这是不是我们所想要的时间结构，如果不是，我们就要思考自己想要做什么样的改变，比如，减少心理游戏时间或者增加亲密时间等，用这样的方法来增加自己结构时间的满意度。

伯恩最早提出时间结构饥渴概念是在1960年代初，距今已经50多年，随着世界出现全球化趋势和因特网的出现，社交网络正以无比迅猛的态势发展。一个在现实生活中胆怯羞涩的人却可以在网上有很主动开朗的社交姿态，一个在单位被动木讷的人却可能是某个网上社会组织的领导者或者是充满激情的参与者。因此，我们当前的社会时间结构也包括了网上虚拟空间中的社会交往。

现在网络的高度发达，看起来似乎可以满足人们所有的时间结构饥渴：网络上的隐身既可以满足退缩的需要，又可以使自己得到想要的安抚；网络上同样可以满足人们的部分仪式需要；网络上的消遣更是超出人们的想象；网络上的活动花样翻新；网络中可以玩的心理游戏也很多；网络中的亲密也似乎同样可以实现。总之，由于虚拟空间的存在，人们可用于自我安抚的一般方法陡然增加了很多。

其结果是，人们对他人的一般安抚的需要降低，但对现实中高质量的安抚的需要却在增加，因此，今天的人们在解决自身时间饥渴问题上面临着新的课题，如何在网络时代有效结构自己的社会时间？如何获取网络中的一般安抚，同时又拥有现实中的深度安抚？如何在这个越来越平的世界中既建立与他人的联系，同

① Muriel James, Dorothy Jongeward. Born To Win: Transactional Analysis with Gestalt Experiments. Addison-Wesley Publishing Company Reading, 1971: 66.

时又保持自己的独立性？如何在我们所拥有的时间中更好地体现我们的存在？这一系列问题，都是需要我们去努力思考的。

思考题：

1. 你具有什么样的安抚风格？
2. 马斯洛有关感恩的那段名言给你什么样的启发？
3. 你是否存在安抚误区？如果存在，你计划怎样走出来？

第七章 漠　视

漠视会造成问题无法得到解决，如果我们能有系统地辨别漠视的本质和程度，就等于具备有效解决问题的工具。[①]

——艾恩·史都华，凡恩·琼斯

第一节　漠视的基本概念

一、漠视的定义

漠视（discount）这个概念是J. L. 席芙（Jacque Schiff）及其同事提出来的，其要点是：漠视是一种内在机械作用，导致人们忽视、扭曲关于自己、他人或现实的某些事实。[②] 席芙的另外一个表述是：漠视是无意识中忽视与解决问题有关的信息。举例来说，一个有社交紧张的同学，其实是漠视了自己与人交往的能力，同时也漠视了别人与自己交往的愿望和诚意，并夸大了别人对自己的威胁，因此在与人相处时表现出紧张、不安甚至焦虑。

人在漠视问题上是存在个体差异的，有的人是部分漠视，有的人是全部漠

① 艾恩·史都华，凡恩·琼斯．人际沟通分析练习法．易之新，译．台北：张老师文化事业股份有限公司，2002：265.

② 同①255.

视，这主要取决于他们儿时的经历。举例来说，对安抚采取全部漠视态度的人是因为童年经历太痛苦了，为维持自身儿童自我的安全感，他们会对周围的一切采取漠视态度。除非能找到方法来打开其过滤网，他们几乎都生活在退缩和忧郁之中。这样的人通常是从小被拒绝，为了降低内心的痛苦，他便以否认自身安抚需要的方式保护自己。时间久了，他的意识部分会以为自己真的不需要安抚，并且投射出去，他就会以为别人也不需要安抚。

对安抚采取部分漠视者小时候在某些方面受过伤害，因而对某些安抚采取无意识的漠视。例如，一个小时候因为学习成绩差而受到老师或者父母伤害的人，在别人真诚夸奖他的工作业绩时，他会在瞬间表现出漠视的态度，要么否认别人的真诚称赞，要么敷衍别人，总之心里是不相信并且也不接受这个安抚的。

笔者认为，任何一种内在心理机制的形成都有其积极面，漠视亦然。首先，它是人适应生存所必需的，否则人很快就会衰竭；其次，必要的漠视还可以帮助我们集中精力做对我们最重要的事。中国有句话："有志之人立长志，无志之人常立志。"其中就包含了这层意思。

我们这里要介绍和讨论的，是过度的漠视。

二、漠视的类型、层次与范围

肯·麦勒（Ken Mellor）、狄浦·斯提滋（Dip. Soc. Studs）和 A. W. 席芙在其文章中从漠视的类型（漠视刺激、问题和选择）、漠视的层次（漠视刺激的存在、刺激的重要性、刺激改变的可行性，以及漠视在刺激前做出不同反应的能力）和漠视的范围（自己、他人与环境等）三个方面对漠视做了详尽的说明，并用三个图表说明他们的观点。[①] 笔者反复比较、思考他们的三个图表后，综合他们的观点，做出如下一览表。此表中，笔者拓展了肯·麦勒、狄浦·斯提滋、A. W. 席芙的概念，主要是考虑到了环境的影响。

漠视的类型、层次和范围一览表

漠视的类型	漠视的层次	漠视的范围	举例
一、漠视刺激	1. 漠视刺激的存在	（1）漠视自己感受到的刺激	● 一个愤怒的人说："我不生气！" ● 一个被砸着的人说："什么都没发生啊！"
		（2）漠视他人给予的刺激	● 视而不见，听而不闻。 ● 别人说话时总打岔。
		（3）漠视环境刺激	● 一个人坚持在雷电交加时游泳。 ● 被老师或领导批评后毫不在乎。

① Ken Mellor，Dip. Soc. Studs，Eric Schiff. Discounting. TAJ，1975（7）：3-5.

续前表

漠视的类型	漠视的层次	漠视的范围	举例
一、漠视刺激	2. 漠视刺激的重要性	(1) 漠视自己感受到的刺激的重要性	● “没事，我总是被冤枉，我都习惯了。” ● 有些人总认为感冒不是什么事。
		(2) 漠视他人给予的刺激的重要性	● “你不想安抚我，你只不过认为你不得不这样做。” ● 父母对孩子哭声的解释：“这孩子就是爱哭，甭理他。”
		(3) 漠视环境刺激的重要性	● 那些从不寻求社会支持的人，就是漠视环境刺激的重要性的例子。
	3. 漠视刺激改变的可行性	(1) 漠视自己改变的可行性	● “我总是爱生气，我父亲和祖父也一样，这是遗传。” ● 俗语“人的命，天注定”就是漠视改变可行性的一个例子。
		(2) 漠视他人改变的可行性	● “太阳能从西边出，他也改不了。” ● 中国俗语：“江山易改，本性难移。”
		(3) 漠视环境改变的可行性	● 认为环境问题无可救药者，就是漠视大自然自我疗愈可行性的例子。
	4. 漠视在刺激前做出不同反应的能力	(1) 漠视自己做反应的能力	● “江山易改，本性难移。我这辈子这脾气就这样了。” ● “我永远也不可能学好……”
		(2) 漠视他人做反应的能力	● “他这人！我才不相信他会有什么不同的表现呢！” ● “他没有文化……”
		(3) 漠视环境反应的能力	● 人类对自然环境为所欲为导致种种自然灾害，就是人类漠视环境反应能力的必然结果。
二、漠视问题	1. 漠视问题的存在	(1) 漠视自己感受到的问题	● 明明烧到 39 摄氏度了，还硬撑着说：“我没事，你们不用管我。” ● 工作狂对自身身心需要的漠视。
		(2) 漠视他人的问题	● 很多工作狂往往都是漠视家人需要的人。 ● 俗语中说某人“缺眼力见儿”，也是指漠视他人需要的表现。
		(3) 漠视环境中的问题	● 不顾环境中出现的日益严重的问题而仍然为所欲为的开发商。 ● 在环保问题上缺乏自律的人。
	2. 漠视问题的重要性	(1) 漠视自身问题的重要性	● 当代中国的很多糖尿病患者、高血压患者对自身疾病采取漠视态度，其结果不仅使自身贻误了医治的最佳时机，而且极大地增加了公共医疗负担。
		(2) 漠视他人问题的重要性	● 很多中国父母只顾督促孩子学习，对孩子身心发育过程中的情感采取漠视态度，结果往往导致孩子情感发育不成熟。
		(3) 漠视环境问题的重要性	● 中国改革过程中对环境问题重要性的漠视是今日中国环境日趋恶劣的原因之一。 ● “这世界上的水多着呢，有什么可担心的？”

续前表

漠视的类型	漠视的层次	漠视的范围	举例
二、漠视问题	3. 漠视解决问题的可行性	(1) 漠视自身解决问题的可行性	●“个人的力量太渺小了，因此什么也做不了。” ●“我和你们不一样，我的问题根本就解决不了。” ●“我这病是家族遗传，因此我只能听天由命了。”
		(2) 漠视他人解决问题的可行性	●“和你说话真是对牛弹琴。” ●“他这人不可救药了。”
		(3) 漠视环境问题解决的可行性	●“中国的环境问题太严重，根本没有什么解决办法。”——漠视环境的自修复力。
	4. 漠视解决问题的能力	(1) 漠视自身解决问题的能力	●“我文化程度低，没办法在学习上帮助孩子。” ● 有社交回避倾向的人是漠视自己的人际交往能力。
		(2) 漠视他人解决问题的能力	● 为孩子包办一切的父母是漠视孩子的成长能力。 ● 总是喜欢干预别人生活的人是漠视他人处理问题的能力。
		(3) 漠视环境解决问题的能力	●“这里的学习气氛这么差，根本无法改变。”
三、漠视选择	1. 漠视选择的存在	(1) 漠视自身可能面临的其他选择	●“我没有别的办法，这就是命。” ●“考不上大学我这一辈子就全完了。”
		(2) 漠视他人可能面临的其他选择	●“他那种固执己见的人，是撞了南墙也不会回头的。” ●“他都这个年龄了，还能有什么其他选择?”
		(3) 漠视环境中存在的其他可行性	●“目前环境中产生的问题是完全不可逆的。”
	2. 漠视选择的重要性	(1) 漠视自身选择的重要性	●“事情都这样了，再想什么办法都没有用了。”
		(2) 漠视他人选择的重要性	●“环境问题上个人的正确选择又能起多少作用呢?”
		(3) 漠视环境选择的重要性	●“就算地球有自修复能力，现在的环境问题已经积重难返了。”
	3. 漠视选择的可行性	(1) 漠视自身选择的可行性	● 中国成语“坐以待毙”，就是形容这种状态的。
		(2) 漠视他人选择的可行性	●“想要父母理解我是根本不可能的。我们之间存在永远的代沟。”
		(3) 漠视环境选择的可行性	●“二类院校永远也不可能超过一类院校。”

续前表

漠视的类型	漠视的层次	漠视的范围	举例
三、漠视选择	4. 漠视选择的能力	(1) 漠视自身选择的能力	●“我不是想做工作狂，而是没有办法，你看我们单位这么多事，我不做不行啊。”
		(2) 漠视他人选择的能力	●“一个会在背后搞小动作的人，永远也不可能光明正大地行事。”
		(3) 漠视环境选择的能力	●“父母年龄在那里，他们根本没有能力和我们沟通。”

现举例说明以上一览表在咨询和自我调节中的实际运用意义。

林妹妹总是感觉不到喜悦，总是郁郁寡欢，她虽然得到大观园中那么多人——从外祖母到宝玉——的欣赏与珍惜，但由于她在以下三个层面的漠视，她表现出典型的抑郁倾向。为了使读者能够一目了然，我们仍然用一览表表示：

从漠视角度看林妹妹的抑郁倾向

漠视的类型	漠视的层次	漠视的范围	举例
一、漠视刺激	1. 漠视刺激的存在	(1) 漠视自己感受到的刺激	● 很难感受由于欣赏与珍惜而产生的喜悦和感恩。
		(2) 漠视他人给予的刺激	● 由于敏感多疑，常常漠视大观园中别人给予自己的欣赏与珍惜。
	2. 漠视刺激的重要性	(1) 漠视自己感受到的刺激的重要性	● 漠视自己被惦记时首先反映出的满足和喜悦的重要性，总是很快就转入对对方的猜疑上。①
		(2) 漠视他人给予的刺激的重要性	● 因为太在意宝玉而产生的敏感多疑和患得患失，使她无意识中常常漠视宝玉的关心和表白。
二、漠视问题	1. 漠视问题的存在	(1) 漠视自己感受到的问题	● 漠视由于自己总使小性子而让大家无所适从并在她面前总是万分小心的现实问题。②
		(2) 漠视他人的问题	● 漠视他人与自己交往时小心翼翼导致的情绪上的紧张与不安。

① 例见《红楼梦》第7回：“周瑞家的进来笑道：‘林姑娘，姨太太着我送花儿来与姑娘戴。’宝玉听说，先便问：‘什么花儿？拿来给我！’一面早伸手接过来了。开匣看时，原来是两枝宫制堆纱新巧的假花。黛玉只就宝玉手中看了一看，便问道：‘还是单送我一人的，还是别的姑娘们都有呢？’周瑞家的道：‘各位都有了，这两枝是姑娘的了。’黛玉再看了一看，冷笑道：‘我就知道，别人不挑剩下的，也不给我。替我道谢罢！’周瑞家的听了，一声儿不言语。”

② 黛玉虽然是因为心里只有宝玉，并且很多时候耍小性子只是为了试探宝玉，但在事实上她常常同时伤害到其他人。有人说她不是有意为之，而只是无暇顾及他人感受，但在现实中，她的确造成了对他人感受的漠视。（我的学生、《红楼梦》爱好者杜芸同学认为，黛玉使小性子的原因有两点：一是爱宝玉，二是要尊贵。因为要尊贵而拌嘴，成心奚落别人，可见黛玉是嘴里不饶人的姑娘。从爱宝玉的角度看，若是宝玉主动向别人示好，黛玉使小性子时是无暇顾及别人的感受，而专门要试探宝玉的。若是别人主动向宝玉示好，黛玉也是尖酸刻薄的。但无论哪种情况，她其实并不想伤害别人，只不过是总怀疑宝玉的心罢了。）

续前表

漠视的类型	漠视的层次	漠视的范围	举例
二、漠视问题	2. 漠视问题的重要性	(1) 漠视自身问题的重要性	● 与人交往时的任性表明她漠视自身脾气给自己人际关系造成问题的重要性。
		(2) 漠视他人问题的重要性	● 总使小性儿，是漠视他人与自己相处时感受到的紧张、不安对他人的心情和自己的人际关系的重要性。
三、漠视选择	1. 漠视选择的存在	漠视自身有可能面临的其他选择	● 林妹妹的抑郁情绪很大程度上是漠视自身有其他选择的结果。
	2. 漠视选择的重要性	漠视自身选择的重要性	● 总把一切归于命运，是漠视自身选择重要性的最主要表现。①
	3. 漠视选择的可行性	漠视自身选择的可行性	● 林妹妹最后无论是泪尽而亡，还是有的红学家考证的投水而亡，其实都是漠视自身选择可行性的结果。
	4. 漠视选择的能力	漠视自身选择的能力	● 除了伤心、生气和抱怨，林妹妹很少做出建设性选择，这与她漠视自身选择的能力有密切关系。②

如果林妹妹来做咨询，咨询师要做的是从以下三个层面与她讨论：

从咨询角度看如何帮林妹妹调节情绪

方法	举例
1. 协助林妹妹学习接触并且重视自己感受到的良性刺激，同时学习体验并且重视他人的情绪情感。	“我体验到了他人的欣赏与珍惜，我对此心存感激。”“我周围的人很在乎我的情绪，我快乐时他们看起来也很高兴并且轻松。”
2. 协助林妹妹学习正视并且重视由于自己漠视刺激的存在及其重要性而产生的问题，以及所产生问题的重要性。	“我对别人的欣赏与珍惜的漠视，使得周围的人与我相处时变得非常小心谨慎，使我的人际关系出现问题。”
3. 协助林妹妹学习正视自己所面临的各种选择，以及自己所具有的选择的可行性与能力。	“如果我直接表达对别人欣赏与珍惜的感激，或者我直接告诉别人我需要更多的欣赏与珍惜，我的人际关系会好很多。”

① 例见《红楼梦》第26回：林黛玉在怡红院吃了闭门羹后，“自己又回思一番：‘虽说是舅母家如同自己家一样，到底是客边。如今父母双亡，无依无靠，现在他家依栖。如今认真淘气，也觉没趣。’一面想，一面又滚下泪珠来。正是回去不是，站着不是”。

② 例见《红楼梦》第27回：“紫鹃、雪雁素日知道她的情性：无事闷坐，不是愁眉，便是长叹，且好端端的不知为了什么，便常常的自泪自干的。先时还解劝，怕她思父母，想家乡，受了委屈，用话来宽慰解劝。谁知后来一年一月的竟常常的如此，把这个样儿看惯，也都不理论了。”

第二节　漠视的种种线索

漠视的形式非常多，以下这些线索可以帮助我们更为全面地了解自己和他人所具有的漠视。

一、漠视的动作行为表现线索

漠视的外部表现包括以下一些被动行为，这里的“被动”一是指不经过思考；二是指不去积极地解决问题，反而有可能制造出新的问题。

1．什么都不做

顾名思义，就是缺乏行动力，缺乏担当，对所面临的事听之任之。这样的人通常表现为行为被动并且避免和别人交往，与人交往时缺乏面部表情，并且不能与人正视。

现在中国出现了一批被称作“啃老族”的年轻人，他们虽然在生理年龄上早已经是成人，但在心理年龄上却仍然如同孩子一样依赖父母，不仅要父母养活他们的生命，而且有时候还要父母养活他们的理想。他们任凭年迈的父母为生活奔波，不仅不为自己的生存与发展付出任何劳动，反而天天待在家里面对着电脑打发时间。还有诸如社交焦虑症患者、当众发言紧张者，以及很多缺乏行动力的人，其实就是“什么都不做”者，他们不仅漠视个人的能力，而且漠视改变的可能性。

2．过度适应

这种人通常显得非常积极主动地适应他人，具体表现为过度替他人着想，总是按照自己推测的别人对他的要求去行动，总是在猜测别人对自己的要求，不假思索地服从和迁就别人，严重的还会有病态利他的表现。

由于过度适应者总是在适应别人，因此常常被当作好脾气、随和、友好，而实际上，过度适应者是漠视自己的存在、漠视自己的重要性并漠视自己的能力的人。

过度适应者之所以会总按照自己认为的别人的愿望去做事，习惯性地总为别人着想，是因为他的成人自我被儿童自我中的适应型儿童自我污染了，再加上他的过度适应给一般人造成的好印象，因此，不仅他自己，而且别人也很难识别他的过度适应。只有当他的过度适应成为周围人的负担时，人们才会意识到他的问题。生活中那些总是唯唯诺诺、屈己从人的人显然都有过度适应的倾向。当然，如果他有特殊目的，那又另当别论。

3．烦躁不安

有的人遇到不顺心的事就控制不住地敲桌子、咬指甲、暴饮暴食等，“当一个人有这种被动行为时，表示这个人漠视自己以行动解决问题的能力”[①]。遇到问题时，一个信任自己能力的人会把精力用在寻找解决问题的方法上，而一个漠视自己能力的人则只会烦躁不安地重复上述动作以缓解焦虑。

日常生活中，很多常见的行为动作其实都是烦躁的线索，如抖腿、一根接一根地抽烟、坐立不安、来回踱步等。如果我们细心观察，不仅会增加对我们自己的了解，也能够增加对别人的了解。

4. 无能或暴力

无能和暴力常常在一段时间的烦躁不安后出现，“当一个人觉得烦躁的时候就是在积累能量，最后借无能和暴力把能量以破坏性方式表现出来”[②]。

临床中，那些因为癔症而出现突然晕倒、瘫痪、精神崩溃，或沉溺在酒精和毒品中无法自拔的人，都是无能的极端表现。日常生活中由于漠视自己的能力而表现出无能的人，往往就是那些明明知道自己的问题在哪却仍然不作为的人，比如，明明知道自己是因为努力不够才出了问题的，但就是不肯采取建设性行动去解决问题。不仅如此，这里的无能不仅仅意味着缺乏力气与能力，还意味着自我挫败行为，也就是说在准备去做某事之前，自我设想出许多可能遇到的可怕困难和障碍，从而感到忧虑和恐惧，于是无意识中让自己遇到很多麻烦，或者干脆躲避到酒精、躯体疾病或精神疾病当中。

暴力被当作被动行为，是以思考和建设性解决问题为标准的，而辱骂甚至动手打人这样的行为，本质上是回避思考并只会激化矛盾的破坏性行为。无能是由于漠视自己的能力而产生的伤害自己的行为，而暴力则是因为漠视自己处理问题的能力而产生的伤害他人的行为。

二、漠视的表现线索

以下笔者将按照前面介绍的肯·麦勒等人在其研究中提出的漠视的类型、层次与范围这三个框架给出实例。

1. 言语线索

漠视范围中的言语线索指的是在言语中表现出的漠视，这点我们在一览表中已经有较全面的介绍，此不赘述。

2. 非言语线索[③]

我们在对人做判断时，要依靠很多信息资料，言语之外还有非言语。人们在交流过程中，其言语线索所占比例是远远小于非言语线索的，因此，了解人际交

---

① 艾恩·史都华，凡恩·琼斯. 人际沟通分析练习法. 易之新，译. 台北：张老师文化事业股份有限公司，2002：259.

② 同①260.

③ 孙晔，李沂. 社会心理学. 北京：科学出版社，1988：169-175.

流中的非言语线索非常重要。所谓非言语线索，包括：

（1）辅助语言，如音调、音量、节奏、变音、语气以及犹豫等。

（2）目光接触，如注视、凝视、正视或目光躲闪等。

（3）面部表情，如微笑、大笑、皱眉、扬眉、嘴角上扬或下垂、眼睛睁大或眯缝等。

（4）身体运动和姿势，如点头摇头、招手挥手、耸肩、张开还是紧抱双臂、不断地拢头发、摸脸等。

（5）人际距离。空间是可以说话的，关系密切的人相处时距离就近，漠视一个人时距离就会远。不过也要记住，各国文化不同，对空间距离的定义有所不同。中国人强调集体主义文化，因此人与人的空间距离要比强调个人主义文化的美国小。

掌握非言语线索的要点在于，观察一个人言语过程中其非言语是否与之匹配。当一个人的言语和非言语发生冲突时，我们更应该根据其非言语做出判断。因为言语可以掩饰，而非言语则不容易掩饰，因此会暴露人的真实想法。举例来说，林妹妹就很善于观察人的非言语，因此她比一般人更能够洞察大观园中那些热情话语下的种种漠视。

第三节　漠视产生的原因

如果说安抚是生命的维生素，那么漠视就是生命的腐蚀剂；如果说安抚会鼓励出赢家，那漠视则会促成输家。下面我们来看漠视产生的原因。

一、漠视与文化之间的关系

不同的文化会导致不同的漠视，比如我们东方的集体主义文化导致对个人的漠视；中国传统中的重男轻女则导致对女性的漠视；“文化大革命”时的中国漠视性别差异，男女在服装上几乎没有差异，几乎所有注重外表或者性别差异的服装都被批为资产阶级思想的表现。

今日中国由于经济快速发展，拜金主义文化和物质至上观念的盛行则导致人们对自己精神需要的漠视。

了解文化与漠视之间的关系，可以有效扩展我们对自身漠视状态的觉察和调节。

二、漠视产生于早年的创伤经历

如果一个人早年被父母或者父母一方漠视，无意识中他会模仿父母对自己的态度，不仅漠视自己的存在、自己的感受和自己解决问题、突破困境的能力，而且也会漠视环境中的各种资源。2010 年上映的美国电影《神偷奶爸》对此有最形象的诠释，影片中的江洋大盗格鲁小时候是一个非常天真可爱、富有创造力的孩子，可是，无论他有多么了不起的小发明创造，每当他无比喜悦地跑去展示给妈妈看时，妈妈从来都不看他，继续做着自己的事，最多只是鼻子哼一声。被当作空气（最严重的漠视！）的小格鲁长大后做了偷天大盗，因为他无意识中是想用偷天大盗这样的行为引起妈妈的注意。正如有关安抚的章节中所说，一个人如果得不到他所需要的正面安抚，他就有可能用闯祸甚至犯罪去获得他需要的负面安抚：批评、制约甚至绳之以法。按照伯恩的观点，对一个人而言，无论什么样的惩罚（包括前面提到的被电击！）都比被漠视、被当作空气强。

笔者最近在北京电视台的节目《法制进行时》中有一个发现，那就是，绝大多数实施抢劫、盗窃、吸毒、卖淫的犯罪嫌疑人是从农村到城市打工的年轻人，有两个几十人以上的盗窃团伙其成员甚至都曾是一个村子里的人。他们是否都曾是留守儿童？他们的童年是否被长辈漠视？他们现在的犯罪行为是不是无意识中在报复曾把父母（温暖、关爱的符号）从他们手中夺走的城市？

三、漠视与自我状态的关系

1. 漠视产生于自我状态的污染

在前面的章节中我们介绍到：偏见是父母自我状态污染成人自我状态时的表现，而妄想则是儿童自我状态污染成人自我状态时的表现。因此，当我们因为偏见而对农民工的生活状态和工作环境采取漠视态度时，我们的成人自我状态正被我们的父母自我状态所污染；因为做白日梦而忽视我们自己以及我们周围的人和事物时，我们的成人自我状态就被我们的儿童自我状态所污染；出身底层的人对自身内在资源的漠视，则是他们父母自我状态对成人自我状态的污染。

2. 漠视产生于自我状态的排除

所谓排除，指人有时候会出现把自己的一个或者两个自我状态相对关闭起来的情况，即使面临某种危险情境，他也仍然维持既有状态。换言之，排除了某种自我状态的人无法在自己的三个自我状态中自由出入。排除儿童自我状态的人会漠视生活中的乐趣和感性的方面，而且容易漠视人的情感；排除父母自我状态的人会漠视基本的社会规则，漠视责任和义务；排除成人自我状态的人会漠视个人的能力、重要性和选择的自由。现实生活中，严重排除成人自我状态的人并不多，因为这会使他难以生存。这往往发生在精神疾病患者和成瘾者身上。

四、漠视与共生关系

所谓共生关系（symbiosis），从生物学角度看，是指“两种不同生物个体之间任何形式的共同生活，包括互惠共生、偏利共生和寄生。因此，共生既包括有利的联合，也包括有害的联合。……广义上说，生活在一起的任何两个种群的联合，不论从单一的耐性和共同享用空间，以至各种形式的种间相互作用，直到掠食作用，都是共生关系”①。

心理学家借用生物学上的“共生关系”概念，对人际关系中的共生现象做了描述和分类：

1. 健康的共生

（1）母婴关系

妈妈用自己完整的自我状态与婴儿的儿童自我相处，细心呵护小小的婴儿，对孩子的反应都给予积极的关注和及时的安抚。

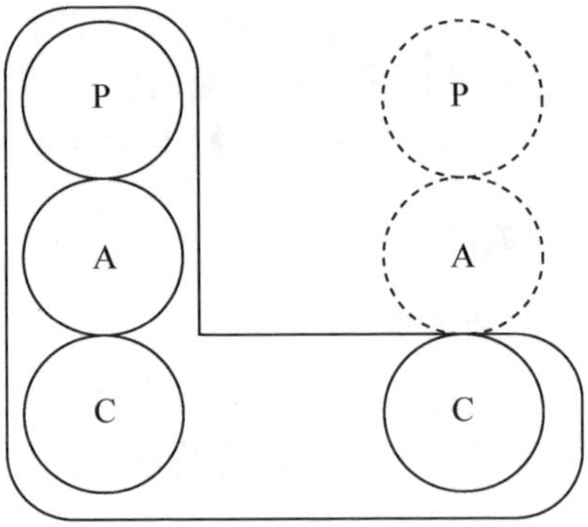

母婴之间健康的共生关系

这时妈妈和孩子就处在健康的共生关系中。此外，孩子的父母自我状态和成人自我状态之所以用虚线标出，是因为在孩子处于婴儿期时，其父母自我状态和成人自我状态尚未发育。

（2）成人间健康的共生关系

成人间健康的共生关系表现为两个成人之间有密切的关系，他们彼此互惠互利，同时又各自保持着自己完整的自我状态，如下图所示。由于两个人各自都运用自己的全部自我状态与对方交往，因此，他们之间的关系是灵活而富有弹性的。在谈正事时，他们共同使用成人自我状态；在一个人有需要时，另外一个人及时表现出父母自我状态；一天结束时的闲暇时分，他们又共同使用儿童自我状态去愉悦对方。

① 简明不列颠百科全书：第3卷. 北京：中国大百科全书出版社，1985：441.

特别值得一提的是，中国自 2008 年以来有一种健康的共生关系得到了极大的发展，那就是志愿者与其服务对象的关系。今日中国的志愿者精神正以一种非常健康的态势在发展，大家在做志愿者的过程中，认识到爱自己与爱他人并不矛盾，尊重自己的感受才能推己及人，自己站稳了，才能去帮别人。他们在照顾好自己的同时，将自己的能力与时间奉献给他人，与被服务者之间形成了一种健康的、有利于社会和个人持续发展的共生关系。

在良好的亲子、夫妻、师生和手足等健康共生关系中，他们绝不用屈己从人的方式维护关系，也绝不会为了忠实于别人而背叛自己。他们彼此尊重、关注、安抚，同时又非常注意保持彼此人格的完整和对自身需要的表达。

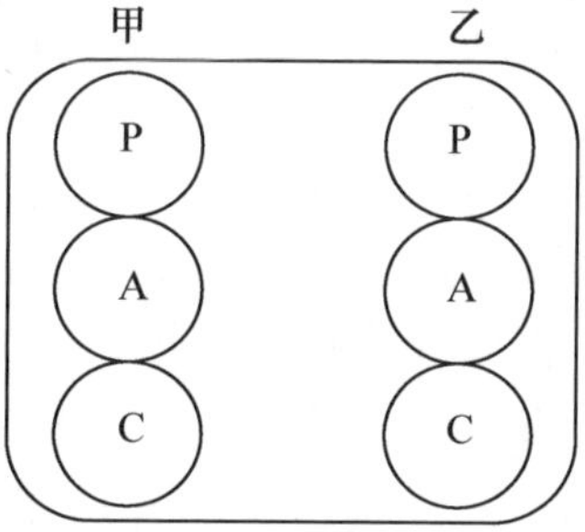

两个成人间健康的共生关系，有亲密联系，
但又保持彼此自我状态的完整与独立

健康的师生共生关系典范应该是海伦·凯勒和她的老师安妮·曼斯菲尔德·莎莉文女士。在遇到莎莉文老师之前，海伦因为病痛的折磨，成了一个暴戾、任性的孩子，但她的老师没有放任她的儿童自我状态，而是非常耐心、细致并且顽强地坚持引导她，直到海伦自己懂得对自己的行为负责。不仅如此，因为她们师生间无比成功的合作，她们共同向这个世界奉献了人类潜能开发的奇迹。

2. 不健康的共生关系

不健康共生关系是 J. L. 席芙和 A. W. 席芙提出的概念："不健康的共生关系发生在两个或更多的个体身上，他们的行为表现得好像他们是一个人一样。这种关系的特点是，他们中的任何一个人也不具备完整的自我状态。"①

虽然在不健康的共生关系中，"个体的独立思想、感觉和行为的能力都受到限制，但由于只有经由共生关系才能满足的需求是攸关生存的，个体不得不接受如此局限且不健康的共生关系"②。下图所示是两个人共用三个自我状态：

---

① Jacqui L. Schiff，Aaron W. Schiff. Cathexis Reader—Transactional Analysis Treatment of Psychosis. New York：Harper & Row，1975：5.

② 欧嘉瑞，安妮卡，罗南. 人际沟通分析——TA 治疗的理论与实务. 黄珮瑛，译. 台北：张老师文化事业股份有限公司，1996：64.

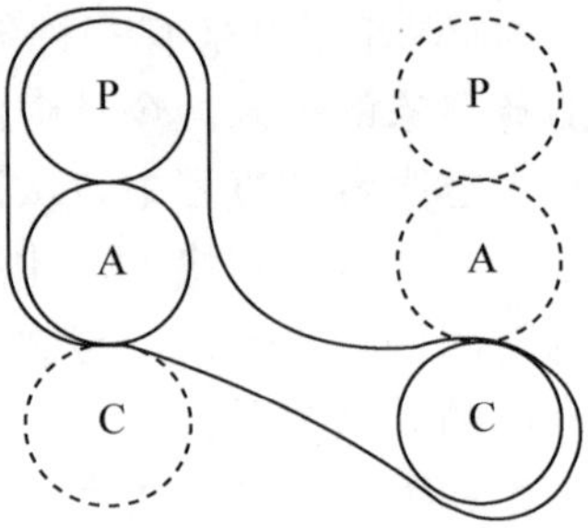

不健康的共生关系

不健康的共生关系中会产生典型的拯救者与被拯救者、照顾者与依赖者的伙伴关系，这种关系导致两人之间既缺乏弹性又缺乏自由。由于对方的行为很容易预测，因此彼此都感觉很安全，也正因此，两人间的关系表现出超稳定和亲密的状态，就像中国俗语中所说的“一个愿打，一个愿挨”。但当发生意外事件时，比如甲不想做拯救者或者乙不愿继续做被拯救者，再或者甲不愿意继续做照顾者或乙不愿意继续做依赖者时，再或者他们之间出现了另外一个人，那么他们原来的关系就会脆弱到不堪一击，在极短的时间内关系就会破裂到似乎从来不曾存在过，因为不用这种决绝的方式，他们就永远走不出这种不健康的共生关系。而只有当他们从不健康的共生关系中走出来，然后彼此再以完整的人格状态相遇相交，他们才有可能建立新的健康的共生关系。

不健康的共生关系产生的原因是：父母在抚养孩子的过程中忽略了对孩子的教育，如不给孩子设置规则，不对孩子提要求，一味地溺爱孩子，永远把孩子当成长不大的小孩，使孩子的成人自我状态和父母自我状态无法正常发育成熟，其结果便是与父母形成不健康的共生关系。他们长大后在与人交往的过程中，因为自己不具备完整的自我状态，所以就会再现他儿时的关系，与别人形成不健康的共生关系，比如把配偶当父母，完全依赖老师、朋友等。在《红楼梦》中，由于贾母的溺爱和娇宠，贾府上上下下的人都把宝玉当小孩子一样哄着，他的成人自我状态和父母自我状态一直得不到正常的发育和发展，结果便是宝玉在贾府中与大多数人之间都存在不健康的共生关系。

还有另外一种情况，就是当父母漠视婴儿的需要甚至伤害婴儿时，孩子有可能会做出这样的早期决定：既然父母不能够照顾我，那么我就做自己的父母吧。这样的孩子长大后往往会成为不健康共生关系中的主动方，即如前所述的拯救者和照顾者。

我在讲授漠视这章时，遇到几个类似的个案——几位小学或者中学时在老师影响下孤立甚至欺负某位同学的人，现在满怀忏悔，甚至泪流满面，他们只是反思自己当年的过失，从来没有批评过自己当年的老师。但是我从中发现：中国的初等教育中，有的老师与学习成绩不够好的学生之间存在一种非常令人担忧的共生关系。老师不仅自己对学习成绩不好的学生采取漠视或给予极端的负面安抚（讽刺、挖苦甚至谩骂和侮辱），而且还鼓励学习成绩好的同学孤立成绩不好的同学。被孤立的孩子年龄小，离不开学校，于是就只能在那种恶劣的环境中忍耐，从而造成严重的心理伤害。被鼓励去孤立别人的孩子也因为小，不敢违背老师的意志，结果，他们为了忠实于老师或者惧怕老师而背叛了自己的良知，为此，他们也付出了巨大的心理上的代价，所以这些同学当年与老师之间也存在一种不健康的共生关系。

1940年代以来，西方在对酒精成瘾者家庭的治疗与研究中发现了一个很有意思的现象，那就是酒精成瘾者与其家属之间存在一种很奇特的现象：他们之间相互依赖，谁也离不了谁。虽然成瘾者的家属要付出很多牺牲，但是家属对酒瘾者的依赖却更明显，他们之间的区别是，一个依赖酒精，另外一个依赖关系。①1979年之后，研究者提出了一个概念——共依附②（codependency，又译共同依赖症），即指一种病态的相互紧密依存关系，其中一个有成瘾行为，而另外一个则以支持甚至自我牺牲来维护这种关系③。在这个关系中，酒瘾者依赖酒精，而其家属则依赖关系，为了维护这种关系，家属不惜牺牲自己的时间、身体，不惜压抑自己的需要和愿望，所以，“共依附”更多地是指家属对关系的依附或者说是依赖。一个人之所以会让自己陷入共依附关系而无法自拔，其中有两个最重要的原因：一是早年的创伤经历造成其对亲密关系的极为强烈的渴望，二是早年的创伤经历使其形成了极低的自我价值感。这种共依附现象存在于各类物质成瘾者、各类斯德哥尔摩综合征患者④以及赌徒的亲密关系中，这些都是很典型的不健康共生现象。

1973年，包括欧嘉瑞在内的全部瑞典人，都通过电视观看了具有戏剧性的整个斯德哥尔摩人质事件。当时，在斯德哥尔摩的一家银行，一名带有冲锋枪的名叫杰尼·奥尔森（Janne Olsson）的男子，劫持了4名人质（21～31岁），他要求政府释放当时正被囚禁的知名罪犯——他的朋友克拉克·奥洛夫森（Clark Olofsson），同时还要求政府付给他一大笔钱。瑞典政府答应了杰尼·奥尔森的要求并且把克拉克·奥洛夫森带到银行。两名罪犯又带走了一名年轻的银行职员

---

① 崔林霞. 牺牲与共依附特质对亲密关系质量的影响. 上海：华东师范大学，2010：15-16.

② David Matsumoto，General Editor. The Cambridge Dictionary of Psychology. Cambridge University Press，2009：113.

③ https://bpdfamily.com/content/codependency-codependent－relationships.

④ 斯德哥尔摩综合征（Stockholm syndrome），是指某一具体情境中的受害者或被害人对于加害人或罪犯逐渐产生情感依赖，甚至反过来帮助加害人或罪犯的一种情结，又称斯德哥尔摩征候群、人质情结或人质综合征。这个概念产生于1973年在瑞典首都斯德哥尔摩发生的一起银行抢劫案。后来这个概念延伸至家庭暴力的受害者，那些在家暴中痛苦万分却又深陷关系中无法自拔的被施暴者可以说是日常生活中斯德哥尔摩综合征的典型个案。

做人质，就这样，他们一共带着5名人质到银行的金库，等着取钱和一辆用以逃跑的车。警方设法关闭了金库的门，并且拒绝提供金钱和供他们逃跑的车。随后，这场牵动所有瑞典人的悲剧持续了6天，警方一直在与他们谈判。最后，警方在金库下凿了一个洞，在进攻之前先施放了瓦斯，两名罪犯被捕获，5名人质平安获救。

人们诧异地发现，在6天的漫长谈判过程中，有些人质站到了罪犯的一边，并且在随后的法庭审判中，他们并没有指控那两名罪犯。相反，他们与绑架者成了朋友，当时瑞典警察的心理学顾问尼尔斯·贝杰瑞特（Nils Bejerot）就此现象提出了一个术语："斯德哥尔摩综合征"（Stockholm syndrome）。贝杰瑞特当时坚持认为，在漫长的谈判过程中，警察应该把罪犯当作聪明的、有理性的人。运用TA理论分析当时的状况，可以说，警察中的谈判代表与绑架者之间建立了成人对成人的互补沟通关系，警察尊重罪犯，相信他们能够在这种极端情境中为自己寻求一个满意的解决方法。后来，奥洛夫森被判终身监禁，杰尼·奥尔森被判刑10年。服刑期满后，杰尼·奥尔森一直过着正常守法的生活。欧嘉瑞永远不会忘记当年电视上直播的这起漫长的劫持案，同时他对当年的总理奥洛夫·帕尔梅（Olof Palme）对此案的直接介入也记忆犹新。而作为TA的培训教师，欧嘉瑞认为：这是一个可以运用TA理论去理解的成功个案。当我们以成人自我状态去与即使是劫持犯这样的人相互作用时，也仍然可以取得较好的效果。

第四节　变漠视为重视

要想变漠视为重视，需要从以下几个方面入手。

一、从观念与制度入手解决漠视问题

从宏观上看，有些漠视是需要从观念和制度入手去加以重视的。从观念上来说，由于中国的集体主义文化，很多人比西方个人主义文化中的人们更重视集体利益而较忽视个人利益。好在随着时代进步，越来越多的年轻人开创时代新风，为长辈们树立了关注自己、关爱自己的榜样，让越来越多的中国人学会了维权，学会了捍卫自己的利益，学会了关注并照顾自身的需要；与此同时，为了自身的持续发展，也慢慢学着关注并满足他人的需要。

此外，有的漠视是个人无法解决的，只能依靠制度的完善，比如当前中国连续出现的食品安全、药品安全问题，还有小悦悦事件等，社会的道德底线被不断突破。像这类漠视生命权利的问题，除了依靠制度的完善之外，我们自己也要学

会用恰当的、成熟的沟通方式去提醒别人重视我们的权利。比如当前中国的医患关系出现较大问题，这一方面是由于医疗体制的问题，另一方面也与医患之间的沟通不畅有关。因此，在健全医疗体制的同时，医患双方都需要学习用一种更为健康的方式进行交流和沟通，以把制度造成的损失降到最低。

二、在自我状态中去污染和去排除

因自我状态被污染而产生漠视的人要先分析自己被污染的部分，然后用我们前面介绍的方法对自己的自我状态进行去污染的过程。自我状态被排除者也一样，需要先做自我分析，然后再做自我状态的去排除工作。

但是，对自己的自我状态进行分析并进行去污染和去排除是一项艰难的工作，需要有专业人员的指导。比如一个有很多幻想而又希望自我成长的人，他就非常需要在专业人员的指导下进行自我认识和调节，学习变漠视为关注和重视。例如彼得·潘，那个充满幻想而永远也长不大的孩子，即使他有愿望，如果没有专家的指导，他自己也是没有办法去除自我状态中的污染的。

自我状态中出现排除问题的人也一样，需要在专家指导下才能够真正消除自身对社会规则以及自身责任、能力、重要性和选择权的漠视。此外，从操作层面上看，我们也可以学习关注自己和他人的感觉、感情、思想、行为，学习培养对自己和他人的敏感，并以一种得体的方式表达对自己和他人的关注与重视。

三、建设健康的人际关系

首先，我们要学习觉察自己是否存在于某种不健康的共生关系中。如果我们正置身于一种纠缠不清、痛苦不堪但又欲罢不能的关系中，如果我们一旦进入某种关系中就会产生强烈的无力、无助而又无可奈何的感觉，那就表明我们正面临某种不健康的共生关系。这时，我们就要问自己：我是否需要被需要？我是否需要通过去控制和去拯救才能有安全感？或者问自己：我是否恐惧做自己或恐惧走进世界？我是否需要被控制？我是否仍然渴望做一个孩子而不是选择做一个成人关系中的独立的人？

其次，我们要学习一种健康的交往方式，比如在不健康共生关系中起主导作用的一方，要改变“我只有关心别人、帮助别人才有价值”的认知，要学着照顾自己并去做对自己有益的事，要学习关心自己、重视自己，要对自身存在的价值确立充分的自信；不健康共生关系中被动的一方则要改变“我只有依赖别人的帮助甚至拯救才能生存”的认知偏差，学习认识并运用自己的能力和权利，学习对自己的身体和幸福感负起责任来，学习发掘自身的潜能。

最后，漠视常常被当作一种逃避现实的方式，如果我们总是漠视自己，总是依赖别人，或者干脆总是依赖别人对他的依赖，我们就要问自己：我在逃避什么？我是不是像《圣经》中的约拿（Jonah）那样，是在逃避做最好的自己？是以往的什么经历使我只有待在一种不健康的共生关系中才会感到安全？是什么时候我写下了要生存在不健康的共生关系中这样的人生脚本？或者问自己：作为一个成年人，我到底在恐惧什么？逃避什么？到底是什么让我以为即使是一个成年人，自己也依然需要像孩子一样依赖别人的帮助才可以生存？

如果我们自己解答不了这样的困惑，我们可以去向专业人员寻求帮助，在他们的指导下了解自己，觉察自身漠视的范围、类型及层次，并最终学会与他人建立健康的共生关系。漠视是生活的腐蚀剂，漠视这个概念还会在隐藏式沟通、心理游戏这些章节中出现，而停止漠视就可以停止沟通障碍和心理游戏。

谈了这么多，让我们以两个漠视的反例来结束本章，其中一个是中国的，一个是西方的。

先看一个中国典故“孟母三迁”。孟母非常重视环境对孩子健康成长的影响，为了让孟子从小能够有良好的社会学习的环境，她克服多种困难，三次带着孩子搬家，最终找到了适宜孩子健康成长的环境。孟子后来成为我们中国的“亚圣”，这与孟母极为重视环境影响有着十分密切的关系。

另外一个故事是希腊神话传说，讲的是古希腊英雄奥德修斯率领船队经过墨西拿海峡。他们事先得知海妖塞壬姐妹坐在绿色的海滨，向经过此地的旅人唱起迷人的歌曲，谁若被她们吸引过去，谁就必死无疑，因此在她们的海岸，遍地都是腐尸白骨。女神喀尔刻忠告奥德修斯：为了对付塞壬姐妹，他必须采取谨慎的防备措施。在船只驶近塞壬姐妹的领地之前，奥德修斯令人把他捆在桅杆上，并吩咐手下的水手用蜡把自己的耳朵堵住，还告诫他们在经过死亡岛时无论自己怎样要求和命令，都不要给他解开绳子。奥德修斯非常严格地执行了女神的指示，终于顺利地带着自己的手下通过了海妖塞壬姐妹的地盘。[①] 在这个故事中，深知人性弱点的奥德修斯为了能够顺利通过险境，极为坚定地做出了正确的选择。他知道人性的最大弱点之一是抵制不住诱惑，同时他也知道虽然如此，他仍然拥有选择的权利和能力，而且他懂得重视并且在必要时依靠自己的社会资源。

这两个故事告诉我们：漠视会导致对自身存在和关系的扼杀，而重视则会把最美好的自己和关系呈现给我们。

思考题：

1. 漠视理论给你的启发是什么？
2. 你在自己和周围人身上发现了哪些类型的漠视？
3. 制订一个学习重视自己和他人的成长计划。

---

① 斯威布. 诸神的传说——古希腊神话与传说. 高中甫，等译. 哈尔滨：哈尔滨出版社，2005.

第八章

人际沟通及其分析

在心理治疗这个领域以外，TA也能应用到教育方面，帮助老师和学生保持清楚通畅的沟通，避免无益的冲突，特别适用在谘商方面。TA也是机构中管理和沟通训练的好方法。许多种行业如社会工作者、警察、观护人和牧师等都常运用TA。举凡牵涉到需要了解人、人与人的关系和联系等各个范畴，都适用TA。①

——艾恩·史都华，凡恩·琼斯

第一节　人际沟通分析的基本概念

不同的心理治疗家有各自不同的疾病观，也就是不同的有关心理疾病的假设。弗洛伊德的假设是童年的不幸经历影响人的心理健康，因此他把对心理障碍的分析与治疗重点放在挖掘早年的创伤性经历上。行为治疗理论认为，心理疾病的成因取决于环境，因此他们分析与治疗的重点在于重塑环境和行为。认知治疗的疾病观认为，人的心理问题产生于不恰当的认知，因此他们的重点就放在寻找并解决认知障碍上。人本主义心理治疗家确信人的心理问题产生于早

① 艾恩·史都华，凡恩·琼斯．人际沟通分析练习法．易之新，译．台北：张老师文化事业股份有限公司，2002：31。

年缺乏关爱，因此他们在治疗室营造出积极的无条件的关爱氛围，以此帮助来访者重塑对自己和对人性的信心，并做自己的治疗师和导师。新精神分析学派注意到人际关系对心理健康的影响，于是又开始从人际关系入手去了解并调节心理疾病。

伯恩的疾病观是：人们之所以会有心理疾病，最主要的原因就在于人们之间的交互作用出了问题，通俗地说就是人们的交流与沟通出了问题，而人们之所以会出这样的问题，又与其不恰当地使用自我状态交换信息有关。如果治疗师能够帮助来访者了解自己的沟通特点，同时学会用明确清晰的方式进行沟通，他就能够摆脱心理疾病的困扰。

交流与沟通原是社会心理学研究的重要概念，后来又成为人际关系心理学和管理心理学等的理论基础，而在伯恩这里，他独辟蹊径，从人们的自我状态入手去分析人们之间的交互作用和相互关系，以此了解并治疗心理问题，取得了极具创造性的发现。

一、人与人之间的交流与沟通

伯恩指出，人际交往表现为如下的交流与沟通或说是交互作用（Transaction）过程，即甲向乙发出一个刺激，乙给甲一个反应，而这个反应又变成对甲的刺激，甲因为这个刺激又给予乙一个新的反应。[①] 整个过程就如同一个链条，而交流分析要做的就是分析这个链条，尤其是链条的运作方式。

例一：早晨上班时，同事甲路遇同事乙。

甲笑着对乙说：你好啊！（甲向乙发出一个刺激）

乙点头微笑着回应甲：你好！（乙给甲一个反应）

甲听到乙的问候（乙的积极反应又变成对甲的刺激），笑得更灿烂了（甲因为这个刺激又给予乙一个新的反应）。

例二：同样是早晨上班时，同事甲路遇同事乙。

甲笑着对乙说：你好啊！（甲向乙发出一个刺激）

乙像没有听见一样，与甲擦肩而过。（乙给甲一个反应：把甲当成空气）

如果甲是个善解人意的人，他会想：乙今天心事重重，他遇到困难了。（乙的消极反应变成对甲的刺激）甲想到这，不禁皱起了眉头，心里很是为乙担心。（甲因为这个刺激又给予乙一个新的反应）

如果甲是个小心眼的人，他会想：乙今天怎么这么对我！我什么地方得罪他了吗？（乙的消极反应变成对甲的刺激）甲想到这，不禁皱起了眉头，心里很是

① Eric Berne. Transactional Analysis in Psychotherapy. New York: Ballantine Books, Grove Press, Inc., 1961: 82.

忐忑。(甲因为这个刺激又给予乙一个新的反应)

如果甲是个急脾气的人……

人和人之间的沟通就是由这样一系列的交互作用形成的，交流顺畅就能够沟通，从而得到自己想要的安抚，不顺畅就无法沟通甚至会产生误解，严重的甚至会产生心理疾病。于是，作为心理治疗师的伯恩独辟蹊径，从交互作用或说是交流沟通入手去分析、了解并缓解症状。不仅如此，他还把这种技术教给病人，让病人自己去对自己的交流方式进行分析。

二、交互分析（沟通分析）及其目的

在TA理论的框架中，交互分析或说沟通分析是指用自我状态说解释并分析交流沟通过程中发生的事情，“交互分析的目的是社交控制”①。换言之，交互分析可以帮助一个处于社会情境中的人，在别人有意或无意运用儿童自我状态和父母自我状态操纵他时，他仍然能以成人自我状态与之从容相处。此外，对交互作用知识的掌握还可以帮助一个人根据情境自如调动自我状态，比如在工作时以成人自我状态全力投入，在节日聚会时让儿童自我状态跳出来享受美食、美酒，而当酒喝到一定程度时又能自如调动父母自我状态，说服自己不要喝多了。

再如在工作环境中，一个在家里任性惯了的人，如果掌握了交互分析的基本技术，那么他就会有意识地约束自己的儿童自我状态。即使一时冲动没有管住自己的儿童自我，他也会在出现人际冲突之后有清醒的自我觉察，并尽快采取有效措施，调动自己的成人自我状态去弥补过失，并把损失降到最低。

第二节　沟通方式分类

伯恩把人们之间的沟通方式分成以下三大类：互补沟通、交错沟通和隐藏沟通。

一、互补沟通

互补沟通（complementary transaction）是指当刺激和反应在两个人的P—

① Eric Berne. Transactional Analysis in Psychotherapy. New York: Ballantine Books, Grove Press, Inc., 1961: 86.

A—C 图中成平行线时的情况（如下图所示），这样的交流中给出刺激的一方可以得到他预期的反应。[①] 伯恩认为互补沟通遵行了正常人际关系的法则。

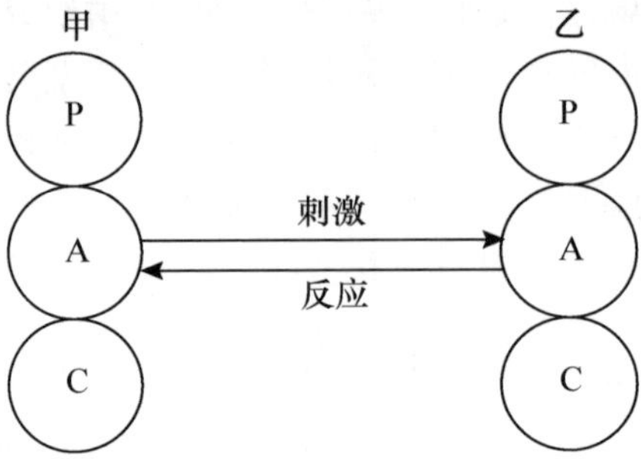

伯恩提出交流的第一定律是：只要人与人的交互作用保持互补状态，这样的交流就可以持续平稳地进行下去，直到不想继续这个话题为止。[②]

1. 两个成人自我状态之间的互补沟通

甲：我们可以为改善环境做些什么吗?

乙：当然，我们目前至少可以做以下这些事情……

这种成人与成人之间的对话会很顺畅，双方都能满足对方的期待。如果愿意，这种对话可以一直持续下去，直到大家决定终止这个话题为止。我们常常会在以下的场合中听到类似的互补对话：

参会者都感觉收获颇丰的会议中；

家庭就重大事件达成共识的时候；

两个人在交流中都愉快地感觉到自己得到了自己想要了解的信息时；

…………

以下给大家提供一个非常棒的成人对成人（A 对 A）的沟通范例，那就是美国人亨利·马丁·罗伯特首倡的"罗伯特议事规则"。这个规则的宗旨是："在尊重每位参会者平等权利的前提下，使会议有效率地进行，形成有行动效力的会议决议。"[③] 这个规则的要点是：提倡大家在正式的对话、讨论与意见交流中充分调动自己的理性，用 TA 的术语说就是要使用成人自我状态去与对方的成人自我状态交流和沟通。可以想见，如果大家在正式场合的交流中都遵守这样的规则，那么交流一定是有效率的，并且交流的双方也一定都会得到自己所期望的收获。在这种健康的成人与成人的互补沟通中，人们所预期的问题得到妥善解决，人们之间的感情因此得到了安抚，而人们之间的关系也因为这种交流而变得更为健康

① Eric Berne. Transactional Analysis in Psychotherapy. New York: Ballantine Books, Grove Press, Inc., 1961: 90.

② Eric Berne. Games People Play. New York: Penguin Books, Ltd., 1964: 28.

③ 罗伯特. 议事规则. 王宏昌，译. 北京：商务印书馆，1995.

和持久。

2. 父母自我状态与儿童自我状态之间的互补沟通[①]

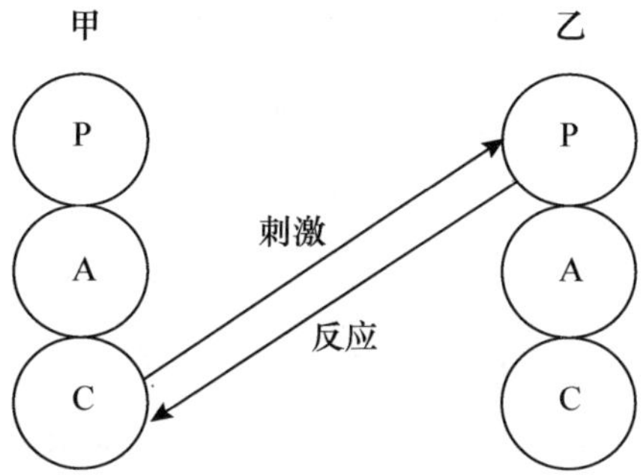

甲：我真累呀。

乙：那就赶紧休息会儿吧。

在这个平行的沟通模式中，一方以儿童自我状态提出安抚要求，另一方以父母自我状态给予及时准确的回应，双方都因此而感到满意。

以下是欧嘉瑞、安妮卡和罗南在其著作中对伯恩理论的完善，他们在伯恩理论的基础上，又提出了两种互补沟通模式。[②]

3. 两个儿童自我状态之间的互补沟通

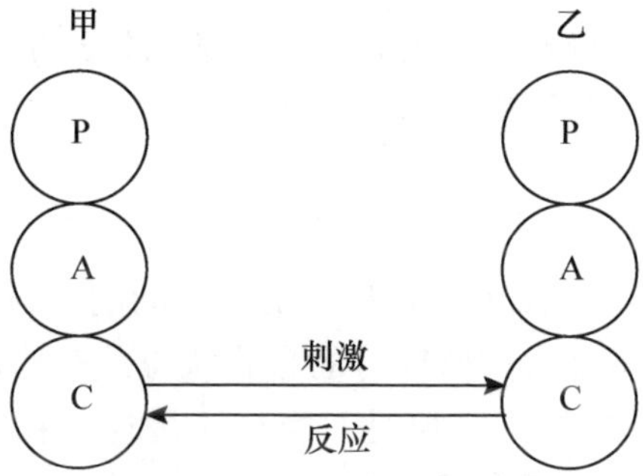

甲：这个真好玩。

乙：我们一块儿玩！

这是两个自由型儿童自我状态之间的互补沟通，他们对好玩的定义达成了共识，从而在一个他们认为好玩的事上一拍即合，他们的沟通给他们带来了十分愉悦的体验。

① Eric Berne. Transactional Analysis in Psychotherapy. New York: Ballantine Books, Grove Press, Inc., 1961: 90.

② 欧嘉瑞，安妮卡，罗南. 人际沟通分析——TA治疗的理论与实务. 黄珮瑛，译. 台北：张老师文化事业股份有限公司，1996：58.

两个适应型儿童自我状态的交流沟通（AC对AC）也一样是互补的，都是听话的乖孩子，沟通起来自然很容易且顺畅。

甲：我们出去玩会儿吧？

乙：我的作业还没做完呢。

甲：噢，那我等你，别着急，你慢慢做。

4. 两个父母自我状态之间的互补沟通

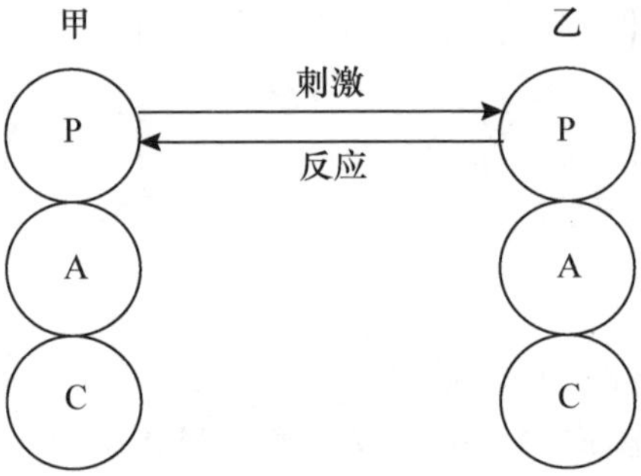

甲：现在的工作、生活节奏太快了，很多人都处于亚健康状态。

乙：是啊，我们得自己放慢节奏，要学着自己照顾自己啊。

这样的沟通在彼此牵挂、相互关心的亲人、朋友之间，在老友聚会之时，在病人的床边是常常都能够看到的。

当然，两个控制型父母自我状态之间也一样可以形成互补沟通，比如他们共同声讨社会不公正现象，共同谴责贪官污吏。

二、交错沟通

交错沟通（crossed transaction）是指交流者的两个自我状态不是平行的，或说进行反应的自我状态不是对方所期待的自我状态。交错沟通一旦发生，交流就会中断。[①] 伯恩提出沟通的第二定律是：当交流呈现交错状态时，沟通就会被打断，这时一方或双方需要改变自我状态，才能继续沟通下去。[②]

伯恩认为交错沟通有两种类型[③]，一种是指当一方的成人自我状态向另一方的成人自我状态发出刺激时，对方却以其儿童自我状态回应刺激方的父母自我状态；另一种是指当一方的成人自我状态向另一方的成人自我状态发出刺激时，对方却以其父母自我状态回应刺激方的儿童自我状态。如图所示：

---

① Eric Berne. Transactional Analysis in Psychotherapy. New York: Ballantine Books, Grove Press, Inc., 1961: 89.

② Eric Berne. Games People Play. New York: Penguin Books, Ltd., 1964: 28.

③ 同①.

类型一：

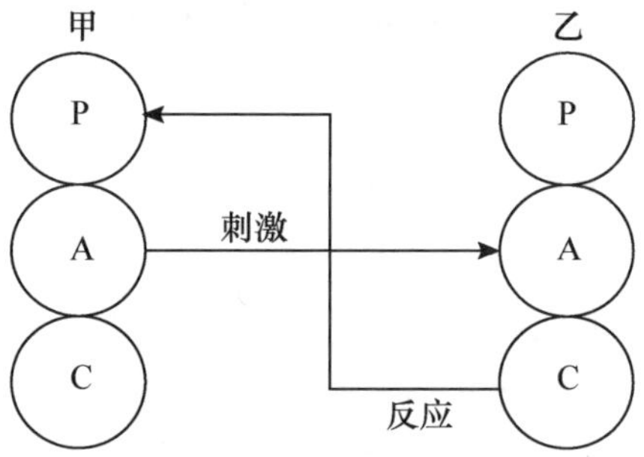

甲：我们明天去看话剧吧？
乙：话剧有什么意思，有什么可看的！

甲：你穿这件衣服真好看！
乙：你是说我穿别的衣服不好看？

甲：请问售货员，这个品牌的相机和那个有什么区别？
乙：我不知道，你自己看吧！

甲：抽烟对身体不好！
乙：抽烟让我高兴，人高兴了身体就好！

类型二：

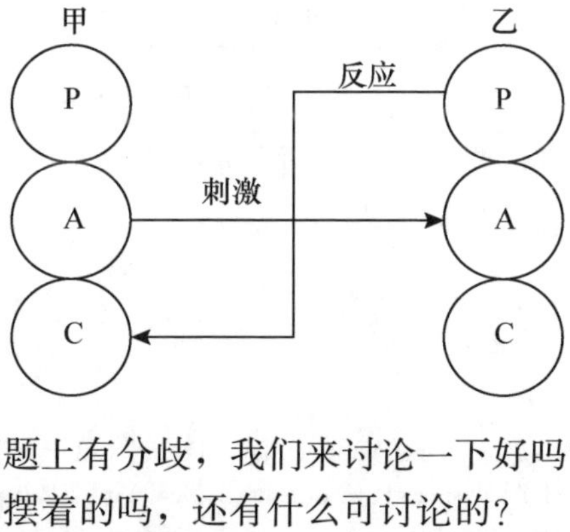

甲：我们在这个问题上有分歧，我们来讨论一下好吗？
乙：这事儿不是明摆着的吗，还有什么可讨论的？
在这个对话中，甲用成人自我状态发出刺激，而乙却用父母自我状态做出反应。

甲：我们在这个问题上有分歧，我们来讨论一下好吗？

乙：你就该听我的才是！

在这个对话中，甲用成人自我状态发出刺激，而乙却回应以父母自我状态。

甲：今天上班时忘了带月票了。

乙：你什么时候才能不再丢三落四的？

甲：我还在准备明天的面试呢。

乙：你什么时候才可以不这样总是临时抱佛脚！

伯恩认为，在婚姻、恋爱、友情、工作情境和社会生活中发生的大多数问题，都是由交错沟通引发的。① 他提出："临床案例中，由交错沟通引发的问题是很典型的现象，事实上，交错沟通也许可以说是心理治疗技术的主要目标。"②

伯恩曾经计算交错沟通的可能性，他发现从理论上看，交错沟通可以有 72 种组合，但常见的则是他上面罗列的两种。③ 欧嘉瑞、安妮卡和罗南在伯恩提出的两种常见交错沟通类型之外，又提出了另外两种常见的交错沟通类型。④

类型三：

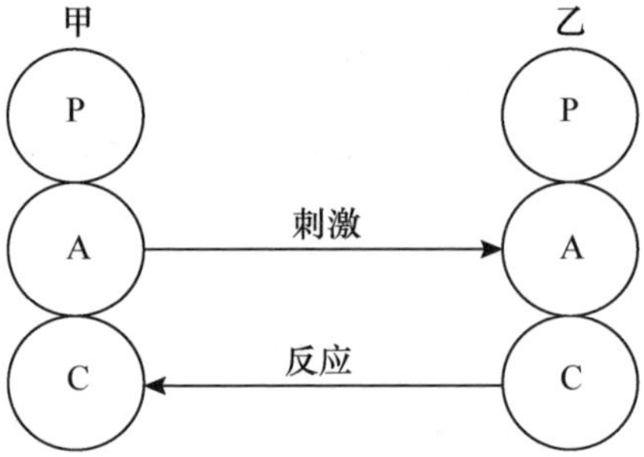

甲：今天单位有很多事要处理，我都担心做不完。

乙：我才不管呢，到点我就走人。

甲：你喜欢读什么书？

---

① Eric Berne. Games People Play. New York: Penguin Books, Ltd., 1964: 29.

② Eric Berne. Transactional Analysis in Psychotherapy. New York: Ballantine Books, Grove Press, Inc., 1961: 89.

③ 艾恩·史都华，凡恩·琼斯. 人际沟通分析练习法. 易之新，译. 台北：张老师文化事业股份有限公司，2002：111.

④ 欧嘉瑞，安妮卡，罗南. 人际沟通分析——TA 治疗的理论与实务. 黄珮瑛，译. 台北：张老师文化事业股份有限公司，1996：58.

乙：读书有什么好玩的？

甲：孩子刚才说了，老师让开家长会。
乙：又开家长会，真烦！

在这些交流中，双方各说各话，虽然看起来是平行的，但根本没有达到交流的目的，相反都会有不舒服甚至愤怒的感觉。

类型四：

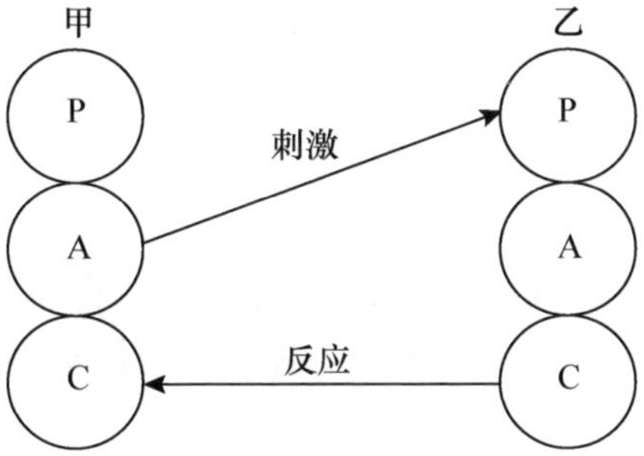

甲：你要对自己的作业负责。
乙：做作业不好玩。

甲：你做不到的事就不要答应别人。
乙：我喜欢帮助别人啊。

甲：社会角色规范其实就是游戏规则，做游戏就得守规则。
乙：谁管它呀，我喜欢走到哪算哪，过一天是一天。

从上述例子中可以看出，人际关系中的很多痛苦与麻烦，往往都是由交错沟通造成的。形象地说，交错沟通就是我们中国成语中的“鸡同鸭讲”，两个交错着使用不同自我状态的人进行对话，无疑就像使用两套不同语言体系的人，根本无法沟通。这又如同西方人所熟悉的《圣经》中的“巴别塔困境”：人类曾经联合起来希望建筑一座能通往天堂的高塔，为了阻止人类的计划，上帝让人类说不同的语言，使人类相互之间不能沟通，建高塔的计划自然流于失败，而人类自那以后也各奔东西。交错着的自我状态就如两套不同的语言体系，即使双方都有沟通的意愿，并且也为此做了努力，但是因为各说各话，无法协调，使沟通中断，于是人们就可能退缩甚至逃避，结果自然常常会陷入误会甚至曲解之中而使关系出现问题。

以下是笔者在学生作业中看到的三个交错沟通的实例，很能够说明问题（因为涉及个人，把名字隐去，但在此要感谢那几位同学的贡献）。

例一："我看到身边很多女生朋友在恋爱时都会有想要得到安抚却不直接表达的情况。我的好朋友会打电话给她的男友说：'今天考试没有考好，我很难受。'其实她只是希望听到男朋友说没关系、下次好好努力这样安慰的话，可偏偏她男朋友说了一些怎么会没考好啊、是哪里没学会还是哪里不明白啊、之前是不是没有发现问题啊、下次好好复习提前发现问题提前解决就好了这样的话。最后女生很生气，觉得自己已经心情很不好了，男生还不懂得安慰，好像还怪她没有好好学习、好好复习一样。这就是一种典型的交错沟通。女生用儿童自我状态对男生索取安抚，而男生却用成人自我状态来回应女生，想替她解决问题。现实生活中，如果我们给对方发出信息，得到的回应却并非我们预料中的，这样就会出现交错沟通，它往往会导致人与人之间的矛盾。为了避免矛盾，我们应该学会更加正确直接地表达我们的意思，比如女生可以说：'今天考试没有考好，我已经努力了，现在我很难受，我希望你能安慰我一下。'这样男生就有了很明确的方向，知道女生需要的是安慰而不是解决这个问题的方法，这样的沟通才是互补沟通，即我们向对方发出信息，对方顺应我们的期待并还我们以期待。这样双方在沟通上才能非常顺畅。"

例二："前一阵子我因为社团有点事特别忙，就对我的一个室友说：'我最近好累啊，都没时间学习。'其实我是希望她安慰我一下，说句'辛苦了，忙完了就有时间学习了'之类的话，但她的回答却是：'我也很累啊，我天天学微积分都快烦死了。'也许这次沟通就是一种'交错沟通'吧，也许还暗藏着一种'隐藏沟通'。回家后，孩子跟妈妈说：'今天好累啊，还要写好多作业。'其实这时他只是想要妈妈一句关心的话：'没关系，慢慢写，累了就休息一会儿。'可结果却是相反的，妈妈说：'这点压力都承受不了！谁都有高三的时候，就你累别人不累啊，抓紧时间学习去。'这时孩子没有得到安抚，这时的沟通就是交错沟通，沟通时发出信息，得到的却非预料中的反应。"

例三："交错沟通就是沟通时发出信息，得到的却不是预料中的反应。这一点我的感触很深。我每周坐车回家时都经过北京站，那站一定会上来很多拿着大包行李的人，车上顿时就会变得很拥挤。有一次，我不小心被挤到门边，门开时我的脚就被夹住了。回家后，我十分委屈地告诉了妈妈，我渴望的是从她那里得到温柔的安慰，这是我的儿童自我状态。但我妈妈却给了我另外一种回应。她很严厉地说：'你就不能小心点吗？被夹到为什么不马上说啊！'虽然我知道这也是妈妈关心、安慰我的一种方式，但我要的并不是责备，而是温柔的安慰。当时我就很委屈地哭了，就像一个要不到糖吃的孩子。如果经常发生交错沟通，沟通就会产生阻碍，无法继续。所以，现在，如果我希望得到什么回应，我就会直接说，不然如果发生交错沟通，心里会更加难受。"

但是交错沟通并非都不好。人有时可能会被困在一种无效的互补沟通模式中，此时如能改变自我状态或引导到另一个自我状态，使交错沟通产生，就可以引发有益的想法、看法来面对问题，并促使下次的沟通有意义。

例一：甲、乙双方各以儿童自我状态和父母自我状态沟通。

甲："我好差！"

乙："振作起精神来啊！"

甲："我没办法。"

乙："试试看嘛！"

甲："我不行！"

乙："你真是无药可救。"

甲："我早就说过了，不是吗？"

以上对话是无效的沟通，但如果这时换一种方式，比如乙以成人自我状态去应对甲的儿童自我状态，用交错沟通去打断甲的逻辑：

甲："我好差！"（这是甲的儿童自我状态在邀请乙的父母自我状态）

乙："你所谓的差是什么意思？"（这是乙的成人自我状态在邀请甲的成人自我状态）

乙的这个提问就比前面的那个反应更容易调动甲的成人自我状态。

例二：在心理治疗中，为了促使患者改变看法，有时也有必要用交错沟通。例如当来访者表示不知所措时，他是在以他的儿童自我状态企图抓住营养型父母自我状态。此时，治疗师就必须选择用不同的自我状态来回应他，以中断与他的无效沟通，使他能够以有利于他成长的自我状态面对问题。

来访者："我知道这样不好，可是我不知道该怎么办。"（儿童自我状态对父母自我状态）

咨询师："办法总比问题多，我们可以一起来思考解决这个问题的方法。"（成人自我状态对成人自我状态）

或咨询师："你不要再漠视自己，把你的成人自我状态调动出来！"（邀请成人自我状态）

再或咨询师："（以开玩笑的语气）天哪，你该不是又要让我当你的父母吧？"（当然是要在医患关系很好的前提下）

以上三种反应中的任何一种都有可能使原本的沟通中断，使来访者产生不一样的想法，这时的交错沟通就打破了原来的无效沟通而成为有效。因此，一种沟通是否有效不是绝对的，而取决于沟通时的具体情境。

三、隐藏沟通

伯恩认为：隐藏沟通（ulterior transaction，又译暧昧沟通）通常包括两个以上的自我状态，并且同时传达两种信息，一种是公开的、社交层面的信息，另一种是隐藏的、心理层面的信息，即所谓话里有话。①

通常社交层面的信息都是成人自我状态对成人自我状态的内容，看起来很合理，但实际上在心理层面发出的则是别的信息，并且蕴藏着不同的动机和目的。心理信息的形式通常是成人自我状态对儿童自我状态，或儿童自我状态对儿童自我状态的内容。心理层面的信息常常是对心理游戏与负面感觉的邀请，因此，如果我们想要了解别人的行为，就必须注意沟通中心理层面的内容。

社交层面的信息通常是通过语言来表达的，而心理层面的信息则往往是通过非语言来表达的，如语气、声调、手势、姿势和面部表情等。在此，伯恩提出交流的第三定律：隐藏沟通会有什么结果，取决于其心理层面而非社交层面的交流。② 换言之，隐藏沟通中社交层面的交往无法预测交往的结果，能够预测交往结果的是我们对心理层面交往知识的了解。此外，虽然表面上看，隐藏沟通时成人自我状态处于主动地位，但实际上在大多数时候，交流的结局是由儿童自我状态决定的。

隐藏沟通分为以下两种主要类型：

类型一：角型沟通

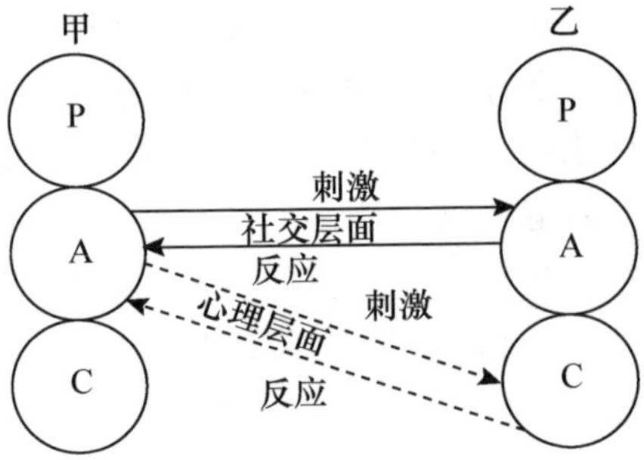

例一：

甲：祝贺你呀，你得奖了。（挤眼、笑）听说你有个叔叔是评委？你真运气呀。

乙：（紧张不安地）哦，谢谢。不过这事和我叔叔没有关系，我是先评的奖，我叔叔是后来才当上评委的。

在社交层面上，甲似乎在祝贺乙，但在心理层面上，甲却是在暗暗讽刺甚至指责乙。

例二：

父母：隔壁阿毛报了四个课外班呢！你怎么才报了一个？（心理层面：你看

① Eric Berne. Games People Play. New York: Penguin Books, Ltd., 1964: 31-32.

② Eric Berne. Principles of Group Treatment. New York: Oxford University Press, 1966: 227.

你，比人家差远了。）

孩子：他报四个班和我有什么关系？（心理层面：又来了，就想拿别人压我。）

类型二：双重沟通

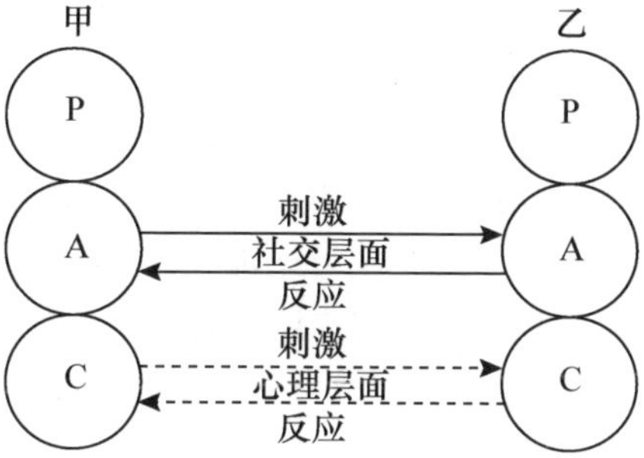

例一：

老师（斜眼看着大家）：这次又是只有张三同学一个人考得最好。（这句话中，在社交层面上，老师似乎只是在做客观陈述，但在心理层面上，老师却是在责备其他同学。）

李四：老师，张三是天才，我们比不了的。（李四表面上是在夸张三，实际上则是在指责老师偏心。）

老师：谁说张三是天才，你们就是太懒！要不一样拿好成绩。（老师也像小孩子一样和学生较起劲来。）

例二：

甲（表情暧昧，勉强堆出笑脸）：我和你没法比，你们家条件那么好。（心理层面：你是靠你们家，有什么了不起的！）

乙（小心翼翼然而又很坚定）：我觉得其实人最终还是要靠自己努力才行。（心理层面：我不是靠家里才有今天的，我是靠自己的努力。你自己努力不够，却总找外界的原因！）

凡是说真话会倒霉的地方，就会有谎言、沉默或者隐藏沟通。而一个人对“说真话会不会倒霉”的判断，又往往是根据他儿时的经验而不是客观现实。所以，一个儿时总被父母打骂、被环境欺压的人，往往会发展出很熟练的隐藏沟通及其他生存策略。长大成人后，即使面对心怀善意的同事、朋友甚至是配偶，他都很难做到敞开心扉，很难与人进行互补沟通，因为他儿时的经验让他觉得处处危机四伏，使他很难信任别人和已经长大了的自己。反之亦然，一个早年生活单纯快乐的人，往往会比较直爽单纯，沟通时多用互补沟通，而对隐藏沟通则缺乏必要的敏感。可以想见，这样两个出身背景如此不同的人如果组成家庭，需要共同付出多么大的努力，才能够实现互补沟通！

和交错沟通一样，隐藏沟通也未必都不好。中国文化强调含蓄，讲究给人留面子，因此有些时候就是用隐藏沟通的方式解决问题，比如我们主张的“婉拒”“谢绝”，再比如和敌人斗智斗勇时常常就会用上隐藏沟通，京剧《沙家浜》中阿庆嫂与刁德一智斗的那场戏，就可以作为隐藏沟通的正面例子。

京剧《沙家浜》是根据真人真事创作的一部抗日传奇剧，讲的是 1939 年秋，新四军第六军团为主的抗日义勇军离开苏常地区后，留下的十数名伤病员面对日伪顽匪相互勾结、下乡“扫荡”的险恶环境，在地方党组织和群众的支持帮助下，不畏艰险重建武装、坚持抗日的斗争事迹。下面这段唱词就是地下党员阿庆嫂与汉奸刁德一智斗的片段，刁德一在听土匪头子胡传魁说阿庆嫂曾在日本人手下救过他的命的事后试探阿庆嫂，话里充满了隐藏沟通：

刁德一：阿庆嫂！（唱）适才听得司令讲，阿庆嫂真是不寻常。我佩服你沉着机灵有胆量，竟敢在鬼子面前要花枪。若无有抗日救国的好思想，焉能够舍己救人不慌张！

阿庆嫂：（接唱）参谋长休要谬夸奖，舍己救人不敢当。……开茶馆，盼兴旺，江湖义气第一桩。司令常来又常往，我有心背靠大树好乘凉。也是司令洪福广，方能遇难又呈祥。

刁德一：（接唱）新四军久在沙家浜，这棵大树有阴凉，你与他们常来往，想必是安排照应更周详！

阿庆嫂：（接唱）垒起七星灶，铜壶煮三江。摆开八仙桌，招待十六方。来的都是客，全凭嘴一张。相逢开口笑，过后不思量。人一走，茶就凉。……有什么周详不周详！

有时候并非由于需要，而仅仅是文化使然，比如在国际政治中，我们中国人用的隐藏沟通就比较多。下面举中美关系史上的一个例子，是美国著名政治家基辛格讲到的：“当年（1960 年代末），中国领导人虽已有重启中美关系的想法，却苦于没有有效的沟通渠道。毛泽东主席在国庆二十周年时邀请美国记者斯诺登上天安门城楼，就是在向美国释放缓和信息。不过美国人并没有读懂这一层深意。‘我们不像中国人那样善于用隐晦的方法婉转地表达，也不善于从一张照片的排序去猜测对方的深意。斯诺对中国人太友好了，我们当时只把这解读为宣传手段。那时中美两国就像是待在同一房间里的两个盲人，互相摸索着想找到对方。’”①

在今天这个互联网高度发达的世界，隐藏沟通虽然已开始其式微的历程，但它在中国人人际沟通中的润滑作用仍然是存在的。

① 杨澜，朱冰. 一问一世界. 南京：江苏人民出版社，2011：21.

第三节 沟通分析——沟通方式的自我分析

上一节中我们介绍了不同交流方式导致的不同沟通结果，如果我们想要和别人有流畅而有效率的沟通，就需要对自己的沟通方式有所了解，这就需要做沟通分析，即对自己和他人在沟通过程中的自我状态做分析。沟通分析聚焦于人们相互影响时的过程，其目的在于帮助人们学会辨别并调节与人交往时起主导作用的控制型父母自我状态与反叛型儿童自我状态间的冲突。终止这种冲突的方式在于不仅能够把自己的成人自我状态调动出来，而且能够把对方的成人自我状态调动出来。当两个人的成人自我状态被调动出来后，双方才可以就某个问题达成妥协，从而以建设性方式满足彼此的需要，而不必用不健康的沟通方式“达成”目标。

在治疗情境中，沟通分析是由治疗师与来访者共同进行的，而在日常生活中，我们自己也可以对自己的沟通方式进行自我分析。

一、从文化角度做沟通方式的自我觉察

我们先来看几个小故事。前段时间，以盛产“理工男”著称的清华大学的2012年跨年晚会上，流传出几段小视频。视频里的故事是网上流传已久的“然后……就没有然后了”系列。

故事一：他递给已观察了许久的女孩一张纸条，女孩看完纸条，站起来转身问他：“我要走了，你要不要和我一起走?”接下来，他说了一句也许是他一生中说过的最经典的话：“你先走吧。我还有几页书没看完。”

故事二：漂亮的师妹说要给我介绍女朋友，约第二天早上图书馆门口给我见面。第二天到图书馆门口后，没见到她说的女朋友，只见到穿了一身新衣服的师妹。我大呼上当，扬长而去，等回味过来已经晚了，然后……就没有然后了……

故事三：当年我特别喜欢的一个女孩——梦中情人级别的，情人节给我打电话，我说啥事啊，人家说没事聊聊，然后我说，那我过两天再找你聊吧。悔死我了啊!

这些故事都是典型的中国特色的隐藏沟通，可爱同时又让人扼腕。虽然21世纪中国城市的大街上随处可见时尚到令人咋舌的女孩子，但是我们的老祖母被文化传统约束的行为，在今天不少中国女孩子身上仍然清晰可见。与此同时，中国文化中控制型父母自我状态对男性“建功立业”“青史留名”的特别要求，更让男士们强化了我们文化中“不要亲密”和“不要有感觉”等禁止信息，因此在一些特殊情境中无法和女生进行顺畅的沟通。

我们的文化强调委婉与含蓄，因此为隐藏沟通提供了生长的土壤。说话拐弯抹角、话里有话以及弦外之音等已经成为我们的语言特色。比如我们希望别人安抚我们的时候，我们不会直说，而会“顾左右而言他”。再如我们想要拒绝某件事的时候，按照习惯也不会直接表达，而会用“我想一想”或者“到时候再说吧”这样让外国人不明就里的表达（汉语中称之为“婉拒”）。在上面三个故事中，如果女孩子直接表达“我喜欢你”，那么，“然后”后面就可以还有“然后”，虽然“然后”后面的“然后”未必皆大欢喜，但是至少不会如此“悲催”①。

在非言语的身态语上，我们的文化同样积淀了很多隐藏沟通的习惯，比如我们的传统文化提倡“喜怒不形于色”“老成持重”“深沉”“沉默是金”。与西方人线索明确的身态语比较起来，我们的身态语不仅外国人难以区分，就是涉世不深的年轻人也一样难以辨别。虽然改革开放以来我们与国际接轨，中国人在表达上已经比原来坦率直接了许多，但是比较而言，我们仍然属于高语境文化，也就是“人们在交际时，有较多的信息量或是由社会文化环境和情境来传递，或内化于交际者的思维记忆深处，显性的语码所负载的信息量相对较少，人们对交际环境的种种微妙之处较为敏感（而在西方低语境文化中的人们，更习惯借助言语的力量来交际）”②。例如《史记》“鸿门宴”故事中，“范增数目项王，举所佩玉玦以示之者三，项王默然不应”，讲的就是范增没有用言语，而是用非言语——三举“玉玦”（音诀）示意项羽，意在催促项羽“解决”刘邦。

现在，无论是个人的心理健康，还是人际关系的健康，以及更为广大的国际关系健康，都需要我们更多地采取更健康的沟通方式。因此，我们要有意识地觉察自己文化中的隐藏沟通习惯，在生活中学习用更为直接有效的方式去交流和沟通，以真诚而坦率的方式与人对话，这样不仅能把沟通中可能产生的误会甚至冲突降到最低，而且也能够极大地提高沟通的效率。

二、日常交往中的自我分析

1. 在交错沟通模式中的自我分析

我们可以把自己的交流场景做个分类，比如在家里、学校、单位、商场、医院等，再或者按人群分类，与亲友、熟人、老师、上级、下级、服务人员以及医生等。然后我们去回忆，看自己平时在什么样的场合与什么样的人交流顺畅（或者不顺畅），然后按照TA的框架找规律，看自己交流顺畅时用的是哪种沟通模式，交流不顺畅时用的又是哪种沟通模式，并在头脑中尝试用更有利于沟通的模式去做替换。这样的练习做多了，以后再遇到同样的情境时，我们就能够用比以

---

① “悲催”是近几年青年人中流传的时尚语之一，意为很糟糕，甚至糟糕到悲惨的地步。

② 胡超. 高语境与低语境交际的文化渊源. 宁波大学学报（人文科学版），2009（4）.

往健康的方式进行交流。

例一：我们接着看前面举过的交错沟通的例子。

甲：请问售货员，这个品牌的相机和那个有什么区别？（成人自我状态对成人自我状态）

乙：我不知道，你自己看吧！（儿童自我状态对儿童自我状态）

在这个交错沟通的例子中，如果我们是甲，当我们被乙的态度激怒时，最常见的情形有两种，一是父母自我状态被瞬间激活，于是对这个售货员大加指责，如："你的服务态度怎么这样？！"二是儿童自我状态被激活，如："我要去告诉你们的领导！"

但是显然，这两种自我状态都不利于问题的解决。如果我们以往在这样的情境中很容易出现沟通问题，那么以后再遇到这样的问题，就应该提醒自己调动成人自我状态，并进而调动对方的成人自我状态，比如我们以温和而坚定的语气说："对不起，我想这是你的工作，因此还要麻烦你给我介绍一下，谢谢。"

当然，如果我们自己是这个乙，那就要反省自己的工作态度，要学习以专业精神对待工作，而不能在工作时使用儿童自我状态或说是耍小孩子脾气。

例二：这个交错沟通发生在家里。

甲：孩子刚才说了，老师让开家长会。（成人自我状态对成人自我状态）

乙：又开家长会，真烦！（儿童自我状态对父母自我状态或儿童自我状态）

在这个交错沟通中，甲用的是成人自我状态，乙用的是儿童自我状态。这个对话完成后，甲和乙的感觉都会很糟，甲会想：你这人怎么这么不负责！家长会多重要啊，你却总是这样一种态度！乙的想法则可能是：你真烦，明明知道我讨厌开家长会，还跟我说！你自己去不就得了吗！

如果我们是甲，当我们觉察到自己有可能以父母自我状态和儿童自我状态做出反应时，我们可以采取恰当的处理方法：继续保持自己的成人自我状态并用以下的方式调动对方的成人自我状态——"最近家长会是多了点，但也没有办法，我们是父母啊。你看看，我们谁去更合适啊"。

如果我们是对话中的乙，我们就需要反思自己，在做父母时的成人自我状态和父母自我状态是否有欠缺？以后再与配偶就孩子问题进行沟通时是否需要调动更多的成人自我状态或父母自我状态？这样的分析多了，我们就会对自己在交错沟通中的行为变得敏感，并因此而做出更恰当的反应。

2. 在隐藏沟通模式中的自我分析

隐藏沟通发生后的结果常常让当事双方感觉不舒服甚至愤怒，下面我们以前述的隐藏沟通例子进行分析。

例一：

甲：祝贺你呀，你得奖了。（挤眼、笑）听说你有个叔叔是评委？你真运气呀。

乙：（紧张不安地）哦，谢谢。不过这事和我叔叔没有关系，我是先评的奖，我叔叔是后来才当上评委的。

社交层面上，甲似乎在祝贺乙；心理层面上，甲却是在暗暗讽刺甚至指责乙。而乙在社交层面上是在说谢谢，在心理层面上却很不舒服。

如果我们是这个例子中的乙，以后再遇到这样的事，就可以调动自己的成人自我状态，正视着甲的眼睛，坦然地对甲说："谢谢你，不过你误会了，我是凭自己的能力得的奖。"或者更简单、冷静地对甲说："谢谢你。"

如果我们是这个例子中的甲，就要问自己，为什么在别人得奖的时候，我们要像个没有吃到糖的孩子一样去攻击别人？这样会不会使我们离自己想要的东西更远？这样做对我们个人的成长以及人际关系会起积极的还是消极的作用？

例二：

推销员：这个产品最适合你这个年龄的人，只是有点贵，一般人不太舍得给自己买。

顾客：（赌气地看着推销员）是吗？我要了！

社交层面上，推销员只是在做客观介绍；心理层面上，他却是在用激将法刺激顾客的虚荣心。而顾客在社交层面上表达的是决定要买这个东西，在心理层面上表达的却是：怎么着，看不起我啊，我就让你看一看！

如果我们是这个顾客并且确实不需要这个产品，我们要做的一是在购物前明确自己的购物目标，二是当别人以上述方式向自己推销产品时，不要放任内心那个自卑或者任性的小孩子，而要调动自己的成人自我状态，礼貌而客气地对推销员说："谢谢你的推荐，我现在不需要这个。"

例三：

父母：隔壁阿毛报了四个课外班呢！你怎么才报了一个？

孩子：他报四个班和我有什么关系？

父母在心理层面上表达的是：你看你，比人家差远了。而孩子在心理层面上表达的是：又来了，就想拿别人压我。孩子是否需要报课外班，应该由孩子说了算，否则报了也没用，如果他不愿意，报了他也不会用心学。因此，如果父母真的认为孩子需要报课外班，也要拿出成人自我状态与孩子的成人自我状态对话，和孩子讨论报课外班的必要性，而不要用这种话里有话的方式让孩子感觉被贬低甚至被指责和打压。

三、日常生活中学习并练习多用互补沟通方式

1. 接纳自己，增强自信

我们与人的沟通方式往往取决于我们对自己的看法或者评价，如果我们是自

信的，是自我接纳的，我们就会在正式场合自如运用自己的成人自我状态，就会自如运用成人自我状态和父母自我状态与人进行互补沟通，而在休闲场合也能够自如调动自己的儿童自我状态。如果我们不自信，甚至总怀疑别人看不起自己，就难免会用交错沟通或隐藏沟通与人交往。

2. 了解自己在不同场合的一般沟通模式

每一个成年人在每一种不同的交流场合都已经形成了自己的沟通习惯，除非有什么特殊事件，他在各个场合的沟通方式基本上都是条件反射似的。比如在家里，如果亲子关系或夫妻关系好，互补沟通就多；如果家庭关系不好，交错沟通甚至隐藏沟通的发生率就会高。在单位、在其他公共场合也一样。我们需要了解以往自己与不同人沟通的方式，这样就可以增加对自己沟通方式的敏感，并增加对互补沟通方式的有意识的练习。

3. 要在日常生活中有意识地积累互补沟通经验

我们在日常生活中要多积累互补沟通的实例，自己的、他人的，对我们都很重要。这样的例子积累多了，我们自己需要时就可以运用自如了。这里提供一些可以参考的原则和句式，以便大家举一反三。

原则一：正话一定要正说

正话正说，是成人自我状态对成人自我状态，或父母自我状态对父母自我状态的互补沟通。我们中国人有时候喜欢正话反说，尤其是对孩子，这样常常搞得孩子不知所措。比如，孩子玩电脑玩得忘了做作业，父母明明非常生气，但当孩子停止电脑游戏的时候，父母却往往会讽刺地说："这就停啦！怎么不多玩会儿呢?"在孩子听来，这就是一个儿童自我状态在邀请他继续玩电脑，而在父母，他们则是在用一种幼稚的儿童的方式解决问题。恰当的沟通方式是，父母以成人自我状态对孩子的成人自我状态说："这就对了，做完功课再玩，这是对你自己的学习负责。"

此外，正话反说在成年人那里常常会激起愤怒，因此很容易引起冲突。

原则二：好话一定要好说

这是父母自我状态或成人自我状态对儿童自我状态，或者成人自我状态对成人自我状态，再或者儿童自我状态对儿童自我状态的互补沟通。

我们先看下面这样一个个案，它非常形象生动地体现了中国家庭中仍然存在的一种现象（因为涉及个人，此处隐去了这位同学的名字，但是非常感谢她的分享）：

"在姥姥家，大家都很开明，我每次回去和离开时都要挨个儿亲亲每个人。但是奶奶就很反感被孩子亲，觉得很'腻歪'。我也不知道奶奶是真的不喜欢，还是装作不喜欢来扮酷。上初中时有一次，我当着另一位老奶奶的面亲了奶奶一口，结果奶奶说：'滚蛋！瞧你那贱样子！'我伤心地大哭，奶奶瞄了一眼客人，对我说：‘你怎么不懂好赖呢？说小孩子“贱了吧唧的”，是说你腻腻歪歪地讨人喜欢啊！’我都彻底无语了，这是哪里的词汇体系啊！我们就不能好话好说吗？”

在这个个案中，很显然，奶奶被孙女亲吻时心里是非常美的，尤其还当着客人的面，自己被孙女如此贴心地爱着，是一件很值得炫耀的事。可是这样美好的时刻，中国人喜怒不形于色的本能还是占了上风，她的掩饰机制瞬间被条件反射似的激活，于是就有了也许我们中国人才能够理解的“打是亲、骂是爱”的非常奇特的表现。

随着1970年代末的改革开放，现在的中国人不再像祖辈、父辈一样极端压抑自己了，大家都能够更开放、坦然地接受自己，能够更从容地接受和表达自己的情感。因此，相信这位同学的妈妈在女儿的亲昵面前会坦然、从容得多，甚至可能会不加掩饰地、骄傲地表现出自己的幸福感。所以，我们一定要学习好话好说，并且说的时候要注意就事论事，实事求是。例如：“我喜欢你处理这事的态度，非常大方并且得体。”“我很欣赏你在做这事的时候表现出的冷静和理智。”“我很欣赏你的幽默，那是一种我一直想学习的智慧。”

在正话正说和好话好说这点上，伯恩有一段非常形象的描述：“人们总是把负向的话讲得既大声又清晰，并强力执行，而积极的话则如雨滴落入大海，几乎听不到声音或只能引起微弱的涟漪。‘努力工作’通常见于教科书，而‘别混日子’才是家中常说的话。‘永远守时’是一句教育性的格言，而‘别迟到’在日常生活中才更常见。人们经常说‘别傻了’，而不是‘要聪明’！”①

原则三：需要批评时要对事不对人，就事论事

这仍然是互补沟通。很多时候，人们在批评某人一件做得不当的事时，常从否定这个人开始，比如：“你这个人怎么这么自私!”或“你这人怎么这样!”最容易被人接受的批评往往是成人自我状态对成人自我状态的，但如果我们一开始就否定一个人（父母自我状态对儿童自我状态），那么对方往往就会以反叛型儿童自我状态回应我们的控制型父母自我状态，结果这种批评就会成为一种交错沟通。因此，当我们需要批评某人时，我们要以成人自我状态就事论事，实事求是。举例来说，“我现在觉得不舒服，请你不要说了”，或者“我现在觉得别扭，我们换一种方式说好吗?”

总之，在日常生活中，我们要注意积累互补沟通的经验，向自己学，也向别人学，这样我们就可以极大地提高自己的沟通效率。

① 埃瑞克·伯恩. 人生脚本——说完“你好”，说什么?. 周司丽，译. 北京：中国轻工业出版社，2016：113.

思考题：

1. 分析自己常用的沟通方式。
2. 简述沟通方式与人际关系的关系。
3. 制订一个有助于个人成长的沟通方式调节计划。

第九章

心理游戏与游戏分析

每一种游戏基本上都是不诚实的，玩起来不只是刺激而已，总会引发强烈的效果。表面上似乎是在处理现实的状况，其实受到更迂回的因素驱使。玩游戏有两种层次，一是社会层次，看起来比较开放，诚实；另一个是心理层次，动机是隐晦的，也就有不诚实的成分。两者不可避免的结果都是负面的。①

——罗伯·狄保德

相信大家都有过这样的体验，不知道为什么自己常常会陷入同一种困境而无法自拔。比如，我们会在不同时期和地点与同一类人有密切的交往，这个交往交织着矛盾、冲突和欲罢不能的依赖，当冲突达到顶点，关系就会破裂；一段时间以后，我们却会与另外一个类似的人又产生同样的纠结。举例来说，有的人会非常奇怪地总是与有暴力倾向并会伤害自己的人交往，有的人平时特别热心助人，但结果却总是“好心被当成了驴肝肺”。在日常生活中，我们对这些现象百思不得其解，于是往往就会归结到“命”上，大家会说“那就是他的命”，或“那就是我的命”。

伯恩在其临床工作中发现了很多类似的病例。他从中寻找规律，直到发现了被他称作“心理游戏”的心理现象。

---

① 罗伯·狄保德. 蛤蟆先生的希望——TA谘商童话版. 张美惠，译. 台北：张老师文化事业股份有限公司，2012：161.

第一节　心理游戏的基本概念

一、伯恩的定义

先看伯恩最初给心理游戏（psychological game）下的定义："一连串包含隐藏沟通的过程，直到发展到一个明确的、可预期的结局。"[①] 联系我们上面所举的例子可以看出，在 TA 理论中，心理游戏是指在相似的情境中反复发生的、让人产生不舒服感的人际交往中的一种固有行为模式。"用精神分析的语言，脚本受强迫性重复驱使，即具有一遍遍做相同的事的冲动。因此，一个短脚本会在一生中一遍遍重复（一个女人一次次嫁给酒徒，每次都假定这次会不一样；或者一个男人一次次娶到患病的妻子，然后一次次体验丧失）。"[②]

伯恩后来又提出了一个"游戏公式"（game formula）[③]，简称 G 公式：

Con＋Gimmick＝Responds→Switch→X(confusion or crossup，简称 X)→Payoffs

游戏公式简写为：C＋G＝R→S→X→P

伯恩指出，这里的 Con（简称 C）是指欺诈行为或者说是饵，Gimmick（简称 G）指可乘之机，具体说是指交互过程中，一方存在的诸如恐惧、敏感、多情、贪婪或者是易怒等情绪，正是这些情绪给了对方可乘之机。C＋G 的含义是指欺诈行为钩住了可乘之机，也就是反应者做出了反应（Responds，简称 R），然后事情发生转换 Switch（简称 S），转换之后跟随着一个困惑或混乱的时刻（confusion or crossup，简称 X），然后导致双方都得到一个心理结局（Payoffs，简称 P）。这样的游戏进行得多了，结束时，双方都会有不舒服的感觉，会变得沮丧、不快、生气甚至愤怒。

伯恩曾经用一个治疗个案解释这个游戏公式：

来访者向治疗师索要保证：请对我说我一定会好起来（C）。

---

① Eric Berne. Games People Play. New York：Penguin Books，Ltd.，1964：44.

② 埃瑞克·伯恩. 人生脚本——说完"你好"，说什么?. 周司丽，译. 北京：中国轻工业出版社，2016：304.

③ Eric Berne. What Do You Say After You Say Hello?. New York：Grove Press，1972：22-25.

治疗师出于敏感和丰富的情感而做出保证（R）：你一定会好起来（G）。

这时来访者紧接着说（按下那个转换的按钮 S）：是什么使你觉得你就知道一切呢?!

这时治疗师就会感到混乱（X），而结局（P）则是治疗师感觉挫败，而来访者则在得意于他让治疗师上钩之外，产生“谁也帮不了我”的无助感。

这就是心理游戏，在来访者，这个游戏叫“打击他”，而在治疗师，这个游戏叫“我只是想帮你”。

日常生活中这样的例子也不少，举例说：

甲：今天天真好啊，真想出去玩儿啊。

乙：那你就去玩儿呗！

甲：可是一个人多没趣啊。

乙迟疑了一下：那我陪你去吧。

甲：啊，太好了。

晚上回来，乙有点后悔地说：今天光陪你玩儿了，我的作业都没有完成。

甲：我又没有让你陪我！是你自己要陪我玩儿的！

此时，甲乙二人的感觉都很糟糕，

乙觉得什么地方出了问题，但是说不清楚，就是有很强烈的挫败感和委屈感，继而觉得沮丧甚至愤怒。

而甲此时也会有委屈的感觉。

(后面我们会提到，在甲，这个游戏叫“我有一条木头腿”；在乙，这个游戏叫“我只是想帮你”。)

如果用图表示，那么，心理游戏中最常见的形式就是：

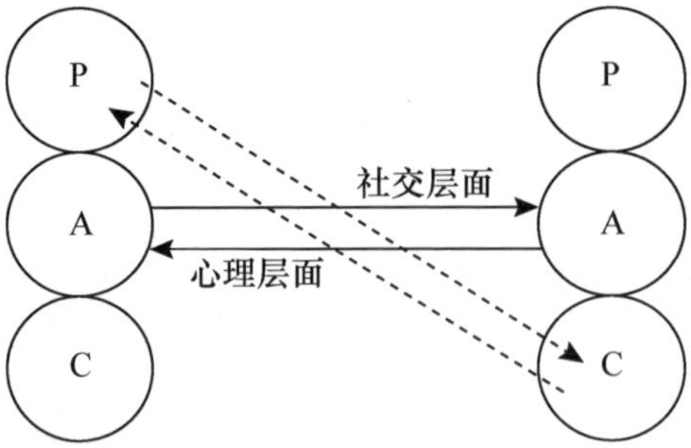

例如学生宿舍里常常会发生这样一幕：

甲：我今天真累呀，可是水瓶里的水又没了。(表面上是一个 A 对 A 即成人自我状态对成人自我状态的客观陈述，实际上却是个隐藏沟通，在心理层面上，是C对P即儿童自我状态对父母自我状态：你们谁给我点水吧?)

乙：那你用我的吧，只是要记着给我留一点啊。(表面上是一个成人自我状态的回应，实际上更可能是一个适应型儿童自我状态因为不敢拒绝而做出的顺从反应，但是后面的叮嘱还是露出了儿童自我状态)

甲：知道啦，瞧你这人，用你点水还那么不情愿，不就一点水嘛！(反叛型儿童自我状态对适应型儿童自我状态)

乙：谁不情愿啦，不就是要你给我留一点嘛?(儿童自我状态对父母自我状态)

甲：留就留呗，至于嘛！(儿童自我状态对父母自我状态)

乙：你这人怎么这样！(父母自我状态对儿童自我状态)

甲：我怎么啦，不就用你点水吗?(愤怒)

乙：你……(恼怒、委屈、受伤害感、后悔)

到此，原来好心要帮人的乙反倒成了一个伤害人的人，而明明利用了乙的甲却似乎成了被伤害的人。乙原来是以“我好，你也好”的方式进行回应，结果却感觉“我不好，你也不好”，或者是“我好，你不好”。

类似这样的情形，是不是常常在我们的生活中反复上演？是不是总有那么一些特定的人，常常会与我们发生这种结局一定不愉快的交流？你生活中这样的交流多吗？都是和谁？它们通常是怎么开始的？以后我们专门做游戏分析时，就要用到这方面的自我觉察。

二、其他心理学家的定义

1. S. 卡普曼的戏剧三角说(drama triangle)[①]

按照卡普曼的观点，每一次的心理游戏都是一场小小的戏剧，而每场戏剧里的主角都必定属于以下三种角色中的一种：迫害者（Persecutor，简称P)、拯救者（Rescuer，简称R）和受害者（Victim，简称V)。如图示：

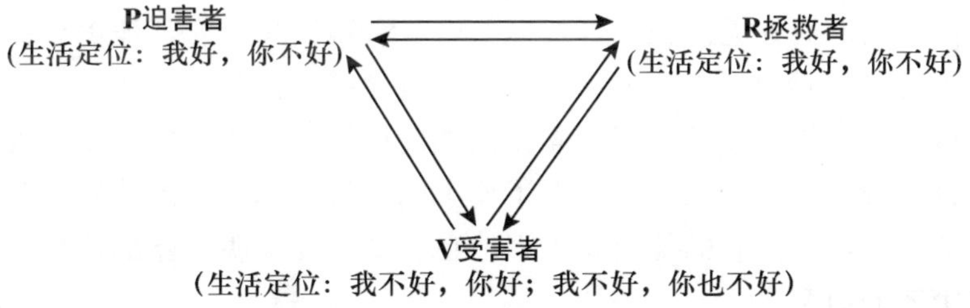

迫害者（P）更多处于控制型父母自我状态中，认为他人无能、低下，因此会去迫害他人；拯救者（R）更多处于营养型父母自我状态，自视甚高，总以俯视的态度

① S. Karpman. Fairy Tales and Script Drama Analysis. Transactional Analysis Bulletin，1968 (7)：39-43.

看他人，由于他坚信别人都无法帮到他们自己，因此总要强加于人地去帮助别人；受害者（V）则更多处于适应型儿童自我状态，认为自己不够好且地位低下甚至一无是处，因此他要么会去邀请迫害者来伤害自己，要么会去寻找拯救者来拯救自己。

在一个戏剧三角中，主角的角色总处在不断的变化中，每个人都会扮演两种或三种角色。因此，迫害者有可能变成受害者或转变为拯救者，受害者有可能转变为迫害者或拯救者，而拯救者则可能转变为受害者或迫害者。

请注意，戏剧三角的要点是：在每一出心理游戏中，主角的角色都处在变化中，并且每个人都至少会上演两种角色。而在非心理游戏的生活情境中，比如被违章驾驶者撞倒的人，或者被老板克扣工资的农民工，受伤的人和农民工都是实实在在的受害者，而其中的违章驾驶者和老板都是真实的迫害者。再比如汶川地震中所有前去救援并且没有任何附加条件的人，也都是真实的拯救者。

以下是一个戏剧三角的例子：

甲：我头好疼呀，可是还有那么多活没有做完。(受害者)

乙：我来帮你做！(拯救者)

甲：太好了，谢谢呀，我昨天还有一堆活没有做完，你也一块儿帮我做了吧。(甲从受害者转变为迫害者)

乙：(沉默。因为他此时的感觉变得非常糟糕，有一种强烈的被利用的感觉，这时的乙由拯救者变成了受害者)

甲：怎么啦，多帮少帮都是帮，你就把我昨天的活也捎带着做了吧。(继续迫害)

乙：(忍无可忍，终于爆发）你这人怎么这么贪！(乙似乎成了迫害者)

甲：(很伤心地）我怎么贪了，不就请你帮个忙嘛！(甲再次变成了受害者)

这段对话的结局可以想见，两个人都有非常不舒服的扭曲感觉。

在戏剧三角中，一定隐藏着漠视。迫害者和拯救者都漠视他人，迫害者漠视他人的价值与尊严，而拯救者漠视他人解决自己问题的权利和能力；受害者漠视的是自己，所以他会在无意识中寻找拯救者或者邀请迫害者，他需要拯救者帮助自己脱离困境，同时他也需要迫害者来证明自己的无价值与无尊严。这后一点可能让人觉得不可思议，但生活有时候就是如此诡异，有的人由于童年经历中的大不幸，对自己产生了全盘否定，写下了输家的人生脚本，并确认了“我不好，你好”的生活定位，长大后的他会无意识地在各个方面证明自己的不好，其中就包括邀请迫害者的迫害。

2. 欧嘉瑞等人的定义

“心理游戏是借着与他人交换安抚，而得到负面感受的结果。”[①] 想要安抚，

---

① 欧嘉瑞，安妮卡，罗南．人际沟通分析——TA治疗的理论与实务．黄珮瑛，译．台北：张老师文化事业股份有限公司，1996：66.

却得到不快甚至伤害，这正是心理游戏的本质所在。

3. 高登夫妇的定义

“心理游戏就是这样一种系列交互作用过程，其结局中至少有一个参与者感觉很糟或者感觉在某方面受到伤害。……而且整个人际互动过程都在成人自我状态的意识之外。”① 这个定义强调了两点：（1）心理游戏的结果之一是可能有人感觉受伤；（2）心理游戏是在我们的成人自我状态之外。换言之，当我们和别人玩心理游戏或别人和我们玩心理游戏时，成人自我状态是处于缺席状态的。

4. 凡恩·琼斯有关心理游戏的一个通俗说法

“心理游戏就是做一件事的过程中包含了隐藏的动机，而且符合下述几个条件：（1）不在成人自我状态的觉知之内；（2）在参与者的行为还没转换时，这个动机一直没有表现出来；（3）结果造成大家都觉得混乱、莫名其妙，而且想着责怪别人。”② 这个定义更具有操作性，用它可以更方便地判断一场不愉快的交往是不是心理游戏。因为，虽然心理游戏的结果一定是不愉快的，但并非所有不愉快的交往都一定是心理游戏。像林妹妹在大观园里的许多不愉快交往中，有的属于心理游戏，有的就不是，比如林妹妹被挡在怡红院门口的那段故事，她感受到的不愉快就不是心理游戏的结果，而是她自己小心眼儿的结果。

三、心理游戏的特征

笔者按照艾恩·史都华和凡恩·琼斯的总结，将心理游戏的典型特征概括为以下几点：

（1）心理游戏一定是一再重复的，而几乎每个人都会反复玩自己最熟悉的几种心理游戏。

（2）当心理游戏发生时，成人自我状态是没有觉察的，只有当游戏结束时，人们才会问自己：这事为什么总发生在我身上？即使此时，他也不知道是自己的无意识安排设计了这反复发生的过程和结局。

（3）心理游戏结束时，参与者都会体验到扭曲的感觉。

（4）心理游戏一定包含着隐藏沟通，他们会在表面的交流之下，传递暧昧秘密的信息。

（5）心理游戏包括一套混乱的过程，结局是双输的，并且总会让当事人觉得出乎意料。但是细想过后，又会发现其实不过是故技重演而已。

（6）心理游戏常常被当作安抚的替代品。

---

① Mary McCluer Goulding，Robert L. Goulding. Changing Lives through Redecision Therapy. New York：Grove Press，Inc.，1982：30.

② Vann Joines. Similarities and Differences in Rackets and Games. TAJ，1982（4）.

(7) 游戏的本质是阻止亲密与成长，是漠视和操纵。[1]

以上介绍了有关心理游戏的几个定义和特征，简单地说，心理游戏是人们无意识中一再重复的、固定的、相互操纵的一种交往模式，游戏中包含着对自己和对他人的漠视。游戏是我们从“不好”的感觉中寻求自我保护的一种防御方式。每个游戏都能使当事的两个人在当下有所获益，只是代价会很高。游戏中的角色并不是固定的，而是一直在变化的（即伯恩所谓的“转换”）。此外，心理游戏中必然包含着隐藏沟通，而游戏的结局则是交往过程中没有人赢，准确地说，心理游戏的结果一定是双输。不仅如此，这样的交往带给人的只有混乱、苦恼、沮丧、不安甚至愤怒。游戏关系与健康的人际关系相反，是封闭的、缺乏成长的、缺乏信任和友爱的。游戏会遏止人的成长潜能。

四、心理游戏的起源

心理游戏起源于人童年时与父母的交往关系。如果一个孩子有一对健康的父母，他们爱他、关心他、信任他，在他成长的过程中给予他耐心指导与积极鼓励，这样的孩子对父母怀有同样的信心与热爱，久而久之，他对父母的健康的爱也会迁移到他生活中次第出现的其他人身上。这样的孩子通常就不会玩心理游戏，因为他不需要靠那种不健康的方式来获得他所需要的爱与关注——这是一个人能够拥有的最大、最丰富的安抚。

但是，如果一个孩子不幸生活在一个缺乏安抚的环境中，为了生存，他不仅向自己的父母学到了许多可以得到负面安抚的心理游戏，而且自己也会发展出一些新的游戏。对一个渴望安抚的孩子来说，只要能够避免被当作空气这种最可怕的状态，从心理游戏中得到的负面安抚无论如何也比没有安抚好。

因此，当一个成年人与别人玩心理游戏时，他采用的是小时候他所习惯的方法。他在玩游戏时有可能用的是父母自我状态（模仿父母），但更有可能用的是儿童自我状态，而其成人自我状态却是缺席的。

伯恩指出：“一个孩子在儿时就会把某几类心理游戏当作他的人生脚本或者无意识生活计划的要素，不仅如此，他最偏好的游戏还将决定他最后的命运，即决定他婚姻和事业的结局以及他死亡时的情境。”[2] 因此，当我们分析心理游戏时，一个很重要的线索就是要对此时此地自己以及他人的自我状态敏感。

---

① 艾恩·史都华，凡恩·琼斯．人际沟通分析练习法．易之新，译．台北：张老师文化事业股份有限公司，2002：333.

② Eric Berne. Games People Play. New York: Penguin Books, Ltd., 1964: 52-53.

第二节　心理游戏的几种程度

伯恩提出，心理游戏是分程度的[1]，它们包括：

一、第一种程度的心理游戏

第一种程度的心理游戏是玩游戏者的社交圈可以接受的。比如那种为占别人小便宜或为钻点小空子而常常玩的邀请别人为自己做些小事的心理游戏，虽然结局不愉快，但通常人们都还是能忍受的。再如那种总是要求我们为他出主意，但对我们的所有建议都给以“是，但是”这种回应，结果常常搞得我们自己特别沮丧的例子，也属于这种程度的心理游戏。

这类心理游戏事实上在我们的人际交往中占了不小的比例，而我们自己也常常会把这类游戏的过程与结果告诉我们自己社交圈子里的人，向他们征求处理这类问题的意见，诡异的是，这种讨论的结果往往会构成新一轮心理游戏！

二、第二种程度的心理游戏

第二种程度的心理游戏也许会进行很长时间并导致负面情绪，甚至发生重要的消极生活事件，比如丢工作或者破坏关系等。这比第一种要严重，但还没有严重到造成永久性伤害的地步。这种程度的心理游戏发生后，当事人通常不愿意让一般人知道。比如：

来访者邀请咨询师：我现在不相信任何人，只相信您，您给我出点主意吧，我现在就靠您了。（一个儿童自我状态向父母自我状态的邀请，一个大大的饵）

咨询师：那好，你就这样做吧！（上钩）

来访者：您说的这个我试过了，但是没有用。

咨询师：那你试一下另一个方法吧。

来访者：您说的这个我也试过了，也没有用。

…………

来访者：您还有没有其他方法了？谢谢您给我想了这么多方法（隐藏着的意思：但是都没有用），我还是回去自己想想吧。（秘密信息：你们这种心理医生有什么用呀？算了，我还是靠自己吧）

咨询师：（非常委屈同时也感觉很无助）我这不是一直想帮助你吗？

---

① Eric Berne. Games People Play. New York：Penguin Books，Ltd.，1964：57.

来访者（敷衍地说）：谢谢您，给您添麻烦了，再见！（什么呀！你的能力也太差了！）

这个心理游戏起初是第一种程度的，这位心理医生也许会在与同行聚会时说起，然后大家共同取笑一阵这种“是，但是”的人。但这个心理游戏持续发生，其结果却不仅破坏了医患之间的关系，而且会给治疗师或咨询师的心理造成阴影。

再如《红楼梦》中赵姨娘和自己亲生女儿探春由于种种原因而产生的明争暗斗，都体现了第二种程度的心理游戏的典型特征，结果对她们的母女关系产生了极具破坏性的影响。

三、第三种程度的心理游戏

这类游戏会持续到有人进入外科急救室、法院甚至是太平间才结束，比如家庭暴力的个案中，夫妻双方常常玩的各种心理游戏就会导致这样的结果。

举例来说：一对夫妻，妻子自小从母亲那里学会了说刻薄话，而丈夫自小因为母亲的刻薄吃尽苦头，所以非常忌讳妻子说话刻薄。只要妻子出语刻薄，丈夫就会大打出手。（特别说明，从法律上看，别人没有权利因为一个人说话刻薄而伤害他，但从社会心理上看，如果一个人说话刻薄还想总不受惩罚是不现实的。）按理说，妻子挨打后应该吸取教训，但他们夫妻间却仍然会常常发生妻子说话刻薄而遭丈夫殴打的情况。从妻子方面看，当她说刻薄话的时候，其实就是在邀请丈夫：“你打我吧！”从丈夫方面看，当妻子说刻薄话的时候，他就会有“我又逮着你了！看我怎么治你！”的反应。

妻子已经知道丈夫对刻薄话深恶痛绝，为什么还要不断去说刻薄话？这是因为她在自己的原生家庭中，没有看到过夫妻沟通的建设性榜样，因此她与丈夫之间要么就是不说话，要么就是用刻薄的方式说话。如果她想打破家庭的沉默状态，想和丈夫有交流，她就只有用刻薄的方式去做邀请。这是目前为止她向丈夫索要安抚（负面安抚）的唯一方法，所以，她无意识中就不仅不改说话刻薄的习惯，而且还会时常用这种方式去向丈夫索要（负面）安抚，这就是此类家庭暴力总在上演的主要原因。

再比如一个人如果总揪着另外一个人的错误不放，总摆出一副“我又逮着你了”的样子，对被自己揪住的人总采取极端不信任的和粗暴的态度，就很容易引发别人的愤怒，使他们因为冲动而做出严重伤害他人身心的行为。我们在2009年北京发生的“大兴灭门惨案”中可以看到，如果把原因仅仅归结到杀害全家的李磊自身的病态人格上，我们就无法避免以后仍会发生类似的惨案。

这是一个典型的第三种程度的心理游戏的悲剧性结局。根据大兴灭门案庭审记录[①]，他们家玩的正是“我又逮着你了”这种心理游戏。不过，不是李磊逮别人，而是他父母逮他，报道中说：“记者采访他了，问有没有隐情，他说没有，就是平时他父母老说他，他一回家压力特别大。……就连参加别人的婚宴时，父亲也当众数落李磊。”心理访谈节目中提到，当有人问他为什么杀妹妹时，他说因为他妹妹总是跟他父母告状。

在此再一次强调，从法律上看，任何人都没有权利因为别人对你的态度不好而去伤害别人，但从社会心理的角度看，如果我们总对别人态度不好，就要准备接受别人的惩罚或者报复。这就是人们之间的相互影响，是人际关系中的作用力与反作用力定律。

四、第四种程度的心理游戏

这是克瑞斯·戴维森（Chris Davidson）于2002年提出的一个观点：世界政治可以说是第四种程度的心理游戏，卷入其中的不仅是国际政治经济共同体，还有国家甚至整个世界。[②]

当今世界，美国对中东的战争就很像一个戏剧三角，美国在拯救者与迫害者的角色中不断转换，而美国在中东积怨太多时，普通美国人又可能成为恐怖主义的受害者，如2001年美国的“9·11”事件。

第三节　心理游戏的类型

伯恩在其《人们所玩的游戏》一书中，介绍了他在临床咨询中所观察到的七类35种心理游戏。[③] 七类包括：生活游戏、婚姻游戏、聚会游戏、性游戏、底层游戏、咨询室游戏和好游戏。伯恩之后，很多人对为心理游戏命名投入了极大的热情，但现在看来，真正可以归结为心理游戏的并不多，即使伯恩自己所罗列的心理游戏，有一些也显得很牵强。

以下笔者的介绍将主要参考艾恩·史都华和凡恩·琼斯所确认和罗列的常见心理游戏。[④] 他们的分类特点是，将伯恩有关心理游戏的观点放在卡普曼戏剧三

---

① “人民网法治频道”，2010.

② Eric Berne’s Transactional Analysis—TA Theory Development and Explanation. Businessballs. http://www.businessballs.com/transactionalanalysis.htm.

③ Eric Berne. Games People Play. New York: Penguin Books, Ltd., 1964: chapters 6-12.

④ 艾恩·史都华，凡恩·琼斯．人际沟通分析练习法．易之新，译．台北：张老师文化事业股份有限公司，2002：358-361.

角说框架下，按照玩心理游戏的人在转换过程中的角色变化来进行分类。同时，笔者还将介绍一些终止这些游戏的基本方法。

一、由迫害者转换成受害者的游戏

1. “踢我”(Kick me)

这个“踢”是指心理层面的。有一种人似乎总会做些引起别人生气、愤怒和蔑视的事（迫害者），直到引起别人的反击（受迫害）为止。他们的胸前似乎贴着一块隐形标志，上面写着大大的诸如“踢我吧”“打我吧”“伤害我吧”之类的字。他们通常会做一些愚蠢的事，比如说些特别不得体或贻笑大方的话，或者不守信用、当面说谎，再或者总做些特别不靠谱的事，像《红楼梦》中的赵姨娘，她似乎什么时候出场都会惹出些事来，永远是横冲直撞、闹得鸡飞狗跳的，就是你不招她，她也要招你，以致她的女儿都忍不住要教训她（“踢”她）。最典型的就是第六十回由茉莉粉、蔷薇硝、玫瑰露、茯苓霜引起的一场混战。起初赵姨娘因为一件小事打了芳官一下，这个芳官就一头撞向赵姨娘，结果呢？“当下藕官、蕊官正在一处作耍。湘云的大花面葵官、宝琴的豆官两个闻了此信，慌忙找着他两个说：‘芳官被人欺负，咱们也没趣，须得大家破着大闹一场，方争过气来。’四人终是小孩子心性，只顾他们情分上义愤，便不顾别的，一齐跑入怡红院中。豆官先便一头，几乎不曾将赵姨娘撞了一跤。那三个也便拥上来，放声大哭，手撕头撞，把个赵姨娘裹住。晴雯等一面笑，一面假意去拉。急的袭人拉起这个，又跑了那个，口内只说：‘你们要死，有委屈只好说，这没理如何使得！’赵姨娘反没了主意，只好乱骂。”①

一个人所以会与别人玩“踢我”的心理游戏，往往是因为在他儿时的经验中，他很少甚至根本要不到正面的安抚，而一旦他做错了什么，他就能马上得到诸如取笑、训斥甚至打骂这样的回应（负面安抚），久而久之，他在无意识中就做了这样的决定：既然我很难要到正面的安抚，那么我就干脆只要负面安抚好了。而每得到一次负面安抚，就会强化一次他的决定：看，我就是只配得到负面安抚。于是，他会更努力地用一些很糟糕的方式去引人注意，去做些只会让人烦的事，他的所作所为常常使他周围的人失去耐心，教养好的人常常靠躲着他解决问题，而修养不够的人就常常忍不住要和他玩“踢我”的心理游戏。

每一次“踢我”游戏结束的时候，被踢者也会想：“为什么这种事总发生在我身上呀！”但是一段时间以后，他又会不由自主地与别人玩同样的游戏。在他的游戏三角中，基本循环是如此发生的：最初他是受害者，但是久了，他就成了

① 曹雪芹，高鹗. 红楼梦：第60回. 北京：人民文学出版社，2000.

迫害者，因为他迫使他周围的人不得不忍受他的自取其辱的行为，同时也迫使他周围的人成为迫害者。当然有的时候也会有某个拯救者出来，帮助他停止这类游戏。再以后，他有可能会暂时停止这种去招别人烦的行为，这时他可以算是一个小小的拯救者，把别人从他的游戏中拯救出来，但是，一段时间以后，他又故态复萌，于是，一个新的循环再度开始。

一个总和别人玩“踢我”心理游戏的人是很难有自我觉察的，但是，如果我们是那个总会上钩陪着他玩“踢我”心理游戏的人，我们就有必要反思自己的行为。以后如果在单位或者宿舍这种躲不过去的环境中，再遇上这类总是会说些让我们不舒服的话或做些让我们觉得别扭的事的人时，我们要诚实地把自己的感觉真诚地反馈给他，而不要像以往一样，总是先忍着，直到忍不住时就大爆发，从而对关系造成无法挽回的裂痕。此外，一个总玩“踢我”心理游戏的人，他内心存在极为强烈的怕别人弃他而去的恐惧，因此如果他能够增加自信和他信，他就有可能终止这种游戏。比如说，如果他能够得到别人的真诚反馈，他也会增加自我觉察，并且学习用健康的方式获取他想要的安抚。

2. “官兵捉强盗”（Cops & robbers）

有意思的是，这个游戏中的主角是“强盗”而不是“官兵”。因为当一个人陷入这个游戏时，他常常做的是挑战“官兵”的规则，他会花样翻新地做一些会被父母、领导等权威或者说是“官兵”禁止的事，不断在戏剧三角中循环，以满足他无意识的被安抚的需要。

一个人小时候如果总被父母禁止做某些正当的事，比如学校组织的郊游、男孩子都玩的打仗游戏，或者女孩子都玩的过家家等，他就有可能对那些被禁止的事有特别的好奇，并且在偷做这些事的过程中体验到一种反抗的乐趣。长大后，他会不由自主地常常做些挑战规章、规则的事。

在公共生活中喜欢玩这种游戏的人，如果是学生，他就会是那个总喜欢顶撞老师甚至和老师作对的人；如果是已经参加工作的人，他就是那个控制不住自己总要挑领导或他人毛病的、永远处于“愤青”状态的人。在私人生活中，这样的人会是不断挑战家庭规则的人，他们的挑战与家庭规则本身是否合理无关，他们只是为挑战而挑战。

喜欢玩“官兵捉强盗”游戏的这类人和有独立思考的自主者的区别在于：他们只是为了反对而反对，而从来提不出建设性意见。这样的人起初是以迫害者身份出现，他们到处挑起事端，使他们周围的人难以招架，但是，当他们的行为积累到一定时候，忍无可忍的人起来制约他们时，他们又一变而沦为“不幸”的“受害者”。

一个人所以会陷在“官兵捉强盗”的游戏中无法自拔，与他儿时的经验有关，也许他儿时不挑战权威（父母）就得不到他想要的关注或说安抚，而每次挑战权威让他被关注的体验则使他学习到只有如此才能够得到安抚，于是，他就做出了要在挑战权威中度过一生的决定。

对这样的人，我们能够做的是要尽量冷处理他的挑衅热情，对他要以诚相待，在需要他遵守某个规则时要向他讲清道理，让他知道守游戏规则是一个社会人所需要掌握的功课。此外，我们对他的挑衅不要太敏感，要了解他在自己的生活经验中没有学到以其他的方式与人相处。还有，要了解他的挑衅并非针对我们个人，只是我们碰巧成为他所面对的那个人而已。只要我们不把自己当作他挑衅的独特对象，我们就不仅可以避免成为他的受害者，而且也可以有效避免某一天成为他的迫害者。

3. “总爱找碴儿”（Blemish）

这类游戏在师生关系、亲子关系和亲密关系中最常见。

这种人因为儿时总被挑剔，误把大人的挑剔当安抚，长大后与人相处时，不知道除了挑剔还有什么方式可以与人打交道，因此总喜欢批评他周围的人的一切，从服饰到行为，从学习到工作。这样的行为方式显然不可能维持长久的人际关系，别人对他的忍耐到达极限后，就会给他有力的反击，要么和他断交，要么想法躲着他，要么直接回击，结果他又从“迫害者”变成了“被害者”。

人与人之间是相互影响的，面对一个总爱找碴儿的人，我们要能够理性、坦然、诚恳地帮助他了解自己的界限所在，让他知道他没有权利干预别人的生活，让他知道他的找碴儿给别人带来的是不舒服甚至是愤怒，而这只会给他的人际关系造成更大的麻烦。

一方面，一味地忍让别人的找碴儿会让别人误会，以为你不在乎，甚至以为你需要这种挑剔，就如同他当年需要他父母的挑剔一样；另一方面，一味地忍让找碴儿最终一定会使你成为一个迫害者。所以，与其等到问题堆积起来使自己沦为迫害者，不如一开始就不做受害者，这样不仅可以帮助自己，也可以在有限的范围内帮到对方。

4. “如果不是因为你”（If it weren't for you）

这种游戏最常发生在家庭或者两个有较深关系的人之间。有这样一个个案，爸爸在妈妈生了一个女儿后离开家庭，后来妈妈带女儿回到外婆家。在这个女儿长大的过程中，妈妈和外婆不断地在她耳边说：“如果不是因为你是个女孩儿，爸爸就不会离开妈妈。”家庭中这样的游戏常常发生，通常是妈妈或爸爸中的一个摆出一副“都是因为你们，我才如此”的受害者的样子，而孩子或者父母中的另外一方最初也都十分认同这点，于是，全家人都对家庭中这个“牺牲者、受害者”礼让三分。但是，这样的时间长了，家里人就会厌倦这样总被置于迫害者的地位，于是就会有人起来反抗，此时，原先的拯救者就又会转变为受害者，而原先的受害者则会转变为真正的“迫害者”。恋人与配偶之间也常常有这样的游戏，一方为另外一方做事，比如自称为对方而“放弃出国”“放弃参加考研”“放弃留在大城市”等等，然后就总挂在嘴上，直到对方忍无可忍，弃之而去，使其成为“受害者”。还有为家庭放弃工作、回家做家庭主妇的妻子，或者为家庭而调动工作的丈夫，以及为父母而放弃理想专业的孩子等等，都有可能从一开始的拯救者转变为受害者，直到成为迫害者。

避免卷入这种游戏的方式是：对别人，除非别人要求我们，我们不要主动提供帮助，更不要自以为是地去做什么牺牲。这个世界，没有人能够担负得起别人的牺牲，除非你自己清醒地认识到你可以从所谓牺牲中得到自豪感、价值感、意义感等种种精神回报，否则你就不要勉强自己去牺牲，那样的结果常常是付出（拯救者）之后就把自己变成了债主（迫害者）。没有人能够长期忍受债主的存在，而有一天起来反抗时，自己就不可避免地会成为受害者。对自己，除非我们确信自己可以回报别人的恩惠（物质的或者精神的），我们也不要接受别人的拯救或牺牲。

对那些自以为是地把我们强置于被救者地位的“拯救者”，我们要态度鲜明地告诉对方：“谢谢你曾经的付出，但是，如果当时我成熟到足以了解这种付出所需要的代价，我是绝对不会接受这种付出的。现在请你告诉我，我有没有什么方法可以一次还清你的付出？我很希望以最快的方式结束这种欠债的感觉。”

二、由受害者转换成迫害者的游戏

1.“看，我逮着你了吧”（Now I've got you）

这个心理游戏是如此进行的：甲是个喜欢说教并总是虎视眈眈地盯着别人的人，只要别人一犯错，他就会冲上去。非常奇怪的是，甲总能吸引某几个人与他玩这种游戏，每一次他充满愤怒地冲上去说“我又逮着你了！”的时候，心里就有一种很强大的感觉，他需要通过抓住别人的错误来显示自己正确。他大多数时候像一个迫害者，但也有时候像一个受害者，那就是当与他玩游戏的人“屡教不改”时；也有时他会做一次拯救者，对被抓住的人宽宏大量。

日常生活中，那种一见到别人犯错误就兴奋的人，那种对别人的过失耿耿于怀的人，那种对公正有病态需求的人，常常就是在和别人玩这个游戏。有的职业也特别容易造成这样的人。这类人在小时候的生活中有一对近乎患强迫症的父母，他们对他的要求很苛刻，使他总是处于紧张的自我约束之中，长大后他就有了病态的道德观。由于长期受父母压抑，这类人自觉非常无助和弱小，为抵御这种感受，他只有在抓住别人的错误时才觉得自己足够有力量。这样的人做了父母，眼睛一定总是盯着孩子的问题，与孩子不断上演“我逮着你了！”这样的游戏，使孩子的童年充满不幸，而最不幸的是，这个孩子长大后会与周围尤其是有亲密关系的人陷入同样的恶性循环。

有必要说明的是，在很多时候，几种心理游戏有可能同时发生，比如“踢我”和“我逮着你了”往往就是配对发生的。我们需要反思自己有没有这种情况，如总盯着别人的问题，别人一犯错自己就兴奋，有一种终于证明自己正确和抓住别人把柄的快感。如果有，说明我们自己有可能会和别人玩这种游戏，需要在这种游戏中验证自己在别人心目中的重要性和自己的正确性。其实一个人如果有足够的自信，就不需要靠玩这种游戏去引起别人的重视。

此外，我们也要学习尊重别人的规则，在处理人际关系时应该更有弹性，好的人际关系都是双赢的，一方总赢一方总输的人际关系是难以长久维持的，谁也不会愿意跟一个总喜欢证明我们有错的人长久相处。而如果我们正被这样的人盯着，我们就要反思自己有没有必要仅仅是为了反抗而反抗，而忽略甚至违反了一些该遵守的规则。如此，我们就有可能终止这样的游戏。

2. “是，但是”（Yes，but）

在这个心理游戏中，一方会先请求另一方帮助，如甲会征求乙对某个问题的建议，乙也会认真地帮助甲想办法。起初甲显得很诚恳，乙因此也非常认真地投入帮甲想办法之中，给甲提出很多很多的建议，而每一次甲的回答都是：“是，你说的很对，但是……”如此，直到乙发现自己对甲的状况完全无能为力并因沮丧万分而放弃继续提供帮助时，甲就会在无意识中再次证实：“瞧，我是多么无助，这不是我的错，是你们根本提不出什么好方法。”在这个过程中，甲原先是求助者，乙被当作拯救者，但是，当游戏结束时，乙却有非常明显的被甲迫害的感觉。以下是笔者的学生在作业中提到的例子：

例一：

甲：我现在什么都不想看，可是看见你看书我又着急。

乙：那你就练听力嘛！

甲：你说得有道理，但是不行，那也是学习，我现在就是不想学习。

乙：那就看点小说吧？

甲：也不错，不过，那也不行，因为那也是看书！

例二：

甲：我特羡慕你那么有意志力，能够坚持早读。

乙：那还不容易，你也早起不就行了嘛！

甲：是啊，我也知道早起好，但是，我想睡懒觉呀！

乙：那你就少睡点吧。

甲：说的也是，但是不行，不睡懒觉多难受呀。

这样的对话完了后，两个人都会非常沮丧。类似的情形在有些人之间经常发生，通常都是甲邀请乙的帮助，乙就提出许多建议，可是甲却一一用“是，但是”加以反驳，甲在不断地邀请别人帮助的同时又不断地拒绝别人的帮助，结局是两个人都很不舒服。他们两人的游戏常成对出现，乙的游戏叫“你为什么不”

(Why don't you)，而甲的游戏叫“是，但是”。

喜欢玩这种游戏的一方，小时候常常在面临各种困境时才能够引起大人的关注，因此养成了通过求助去吸引人注意的习惯，而另一方在童年时又总是靠给予别人实际的帮助甚至为别人做出牺牲才能得到关注。表面上看，他们是在讨论一个问题的解决方法，实质上，两个人是用这种方式试探关系，寻求和提供安抚，甲用这种方式试探乙对自己的态度，而乙又急于用自己的方式去证明自己对对方的关注和重要性。

因此，要想摆脱这种游戏，在甲，要调动自己的成人自我状态，懂得对自己的行为负责，提升自己的执行力，信赖自己解决问题的潜能并信赖自己周围的人。而乙，则要警惕这种时候自己的父母自我状态被激活，要学习尊重别人解决自身问题的能力和节奏，不要总是想着去做别人的拯救者，要摆脱“我只有帮助别人才有价值”这种思路。只有这样才能抵制饵的诱惑，不至于总和别人玩这种让人无比沮丧的“是，但是”游戏。

3. “我有一条木头腿”(Wooden leg)

有一条木头假腿的结果大家都知道，肯定是行动不便的。这里的木头腿是一个符号，一个有先天劣势的符号，也许是真正的残疾，也许是先天的家庭状况很糟、社会地位很低，也许是有一个非常不幸的童年，或者有一个至今仍然酗酒、吸毒的父母，等等。总之，无论是什么问题，他都会将其视为一种借口，为自己的不上进或不作为进行辩解。

而每一次他以这种破罐子破摔的方式进行沟通时，他也往往都能够激活别人的拯救欲望，于是他的缺陷就成为他利用别人的同情心和操纵别人的武器，而被拉入他的游戏中的人在每一次结束时都充满了沮丧、懊恼和后悔，因为那种被人利用的感觉实在是让人很不舒服。

这样的人在童年时只有遇到重大困难才能够得到父母的关注，久而久之，他就以为只有制造问题才能够得到安抚和帮助。而总会上木头腿者钩的人，往往是在儿时只有帮助别人才能够体验自身价值的人。因此，如果我们要终止这类游戏，我们要做的是，喜欢做木头腿者要学习信任自己，不再为自己找任何理由，而把精力用在提升自己的行动力上；那种总会上木头腿者钩的人，同样需要学习信赖自己的存在价值，学习不再以帮助别人甚至是牺牲自己的方式去证明自己。在别人又以木头腿的方式向自己发出游戏邀请时，要能够调动自己的成人自我状态，控制自己想要立刻去帮对方的冲动，这样才可以让这个游戏在刚开始时就结束。

这类“木头腿”的游戏有时也被称作“你看我有多么可怜”(Poor me)。这种人往往是一种被动攻击型的人，他最常和别人玩的心理游戏就是：“你看我被别人整得多么可怜。”他无意识中用这种方法有效地实现了对他不满的人的攻击，而且也很容易激活旁观者的拯救冲动。

被动攻击型的人在与他人相处时，表面上忍让、顺从、委曲求全，在外人看来，他是个温和宽容以致容易被人欺负的人，在社交层面上，他看起来常常“被别人整得很可怜”，但只有当事人知道他才是迫害者。他用看起来显得可怜的某种疾病或者某种不幸去利用甚至攻击别人，有时候也用在工作或生活中出错等方式被动攻击他不喜欢或不满的人，这种心理层面的被动攻击方式让别人受伤却有苦说不出。与此同时，他往往又会激起旁观者做拯救者的冲动。比如中国人所说的“恶要饭的”（乞丐），他们用赤裸裸地展示自己残疾的方式去威胁人的同情心，再比如一个总拿自己的病要求各种优待条件的人，再就是用诸如食言、迟到、拖延、出错等方式去表达不满甚至攻击意图的人。

习惯于使用被动攻击的人，其童年生活中经历了很多来自重要他人的压制，他只能够采用被动攻击的方式保护自己，或索要安抚。他的适应型儿童自我状态和反叛型儿童自我状态都很强大，在他能够忍受的某个度之后，他的反叛型儿童自我状态就会突然爆发，对别人发起被动攻击。因此，如果我们遇到被动攻击，我们要能够把事情放到桌面上，不和对方玩隐藏沟通。我们可以直接问他：“你是不是认为我有什么地方没做好，请直接告诉我，谢谢你。”或者：“我知道我可能有什么地方做得不合适，请告诉我。”而旁观者在这种时刻则要学习控制自己的拯救冲动。

4.“看，你都让我做了什么”（See what you made me do）

这类心理游戏在夫妻关系、亲子关系中尤其多见。它的初始阶段是这样的：一个人表现出对某件事的无能为力，比如在家里，孩子大哭，妈妈着急地哄孩子却没有效果，于是妈妈叫着“孩子爸爸，你快来帮帮我啊”，但是爸爸来了也没有用，妈妈急了，打了孩子一巴掌，打完后却对爸爸说：“看，都怪你！你怎么就哄不好孩子?”言外之意，都是因为你没哄好孩子，害得我不得不对他采用暴力！另外，父母如果过分关注孩子的学习成绩，有的孩子就会以急剧下降的成绩“回报”父母，当父母责备他时，他就有可能说：“都是你们，总唠叨，搞得我太紧张，所以学习成绩就掉下来了。”就是在这样的交互作用过程中，孩子学会了如何通过心理游戏去改变甚至反抗父母，长大后，这个孩子还会用同样的方法去影响他想影响的人。这就是人们要玩并且学会玩心理游戏的重要原因之一。

我在工作中还见到过一个个案，这个家庭中的爸爸由于封建思想的影响，对于女儿的出生非常失望，以至于这个孩子从来没有被当作正常的女孩子对待，稍有不听话就会遭到责骂甚至毒打。打完之后父母还会对她说：“你要是男孩子就不会这样对你了。”

在现实生活中，“看，你都让我做了什么”和“帮帮我吧”是互补的，是一个事物的两个方面。常玩这种游戏的人在他们童年的时候，一种可能是有一对总是推卸责任的父母，另一种可能是他们所遇到的大人对他们犯了很多的错，长大后，他们就在无意识中把这些错迁移到其他人身上，认为别人该为他们做的事负责任。这种人最真实的情感是无助感和自罪感。

要想从这种游戏中脱身，我们首先要学习的就是对自己的行为负责，这个负责包括在做事之前和做事之后都要能够担当。如果出了错，就要从中吸取教训，做到“不二过”，而不是把责任推给别人。此外，如果我们周围有某个人总对我们发出“帮帮我吧”这样的信号，而最后总是以他责怪我们结束，对这样的关系，我们自己就要反思，学会控制自己的助人冲动，以避免让自己再度陷入这类游戏之中。

5. 酗酒者或成瘾者（Alcoholic）

酗酒者的心理游戏是这样的：一开始他是他的早年家庭经历、当前不幸事件和酒精的受害者，他的亲人开始充当拯救者，于是他戒酒，但不久后他旧病复发，再次酗酒，这次他转变为他亲人的迫害者，当他的亲人受伤到一定程度后，他再次戒酒，这次他成了拯救者……除非他戒酒彻底成功，否则他和亲人的心理游戏就会如此不断地反复上演。其他成瘾行为如毒瘾、网瘾、赌博成瘾等，大多也都属于这一类。

这类人与他周围的人反复玩酗酒、指责或酗酒、劝说戒酒的游戏，因为他们在早期脚本中决定了“我不好”。他认定自己不好，所以不知道该如何得到积极的安抚，于是就去寻找消极安抚。他找到的是酒精，让酒精刺激自己，感觉很好，而且还可以不必去依赖他人。但由于他生活在人群中，他的家庭一定会有人出来干涉，于是，酒精造成的继发性获益就是：他因为自己的成瘾行为而得到了家人的关注。虽然通常都是遭到责备甚至打骂，看起来像个受害者，但实际上，他无意识中得到了他想要的安抚（虽然是负面的，但是有比没有好），这样的“好处”——被亲人指责——让他再一次确认自己的脚本：“我不好，所以他们才会这样指责我。”

这些人幼时接受的禁止信息包括“不要思考”“不要亲密”“不要相信别人”“不要存在”“不要正常或健康”等。他们不相信别人会给予他们真诚的安抚，不相信自己有权利获得别人真诚的安抚，他们也不相信别人能帮助他们。因此，成瘾者的最终结局往往是陷入孤单或者非正常死亡。

有必要指出的是，工作狂也是一种成瘾行为，英文中工作狂的写法是workaholic，直译过来就是“工作成瘾”。

要想从这个游戏中跳出来，需要有专业人员的帮助才行，因为导致这个问题的原因在于关系，而处理关系，即使对于一个有一般心理问题的人而言都是一件比较困难的事，更不用说对于一个成瘾者了。作为游戏中配合成瘾者的人而言，除了要学习与成瘾者重新建立建设性的关系之外，还要学习在成瘾者处于清醒状态时给予安抚，而绝不要在其发酒瘾、毒瘾或其他瘾时才给予安抚。

欧嘉瑞多年来一直致力于用 TA 理论帮助吸毒成瘾者终止玩心理游戏，从而使他们重返社会，取得了很好的效果。

三、由拯救者转换成受害者

1. “我只是想帮你”（I'm only trying to help you）

有的人成天拿眼睛盯着别人，见到别人有困难就恨不得立刻扑上去帮助别人，无论谁向他提要求他都会非常爽快地答应，但是因为他揽的事太多，他对人食言的时候自然也就多，当别人因为他失信而责备他时，他却无比委屈地说：“我当时真是想帮你呀！”也有的时候，他的帮助只会给别人增加麻烦，这时，不仅别人，连他自己也十分沮丧。于是，他从拯救者变成受害者，别人则从被拯救者变成了迫害者。而这整个过程，不过都是由他自己的好管闲事引起。

这样的人小时候是被大人忽略的，只有当他为别人做事时才会被注意到，长大后，他无意识中就认定他只有对别人有用，才有存在的价值，于是就到处揽事，到处帮人，结果常常就是越帮越忙，越帮得罪的人越多。积累到一定时候，别人对他的反感就将他置于受害者的地位，使他以为自己这么辛苦，不过就是想要帮助别人而已，而“自己无论怎么做，别人都不会感激自己”。

这样的人要从这类游戏中摆脱出来，首要的就是坚信自身所具有的独一无二的价值，了解人的价值无须证明；作为游戏的另一方，如果不需要别人的帮助就直接表达出来，不要碍于情面而不说，等到情绪积累到一定时候才说，就会对关系造成很糟糕的影响。

2. “忙忙碌碌”（Hurried）

这个游戏通常在婚姻关系中上演，一个家庭主妇整天忙忙碌碌，她要求自己并且也被要求做好一切，比如好厨师、好妻子、好妈妈、好女儿、好护士、好保姆、好设计师等等。她包揽一切，做得太多，除非把自己累垮，她都不知道自己应该停下来休息一下，而她的家人也都把她所做的一切视为自然，有一天她真的倒下时，她的家人还会觉得奇怪。

这个主妇成天想着满足家人，完全忽略自己的需要，时间久了，她无意识中就会升起对家人的怨恨。她的家人也一样，起初有感激，后来失去感觉，再后来也会产生不满甚至怨恨。于是这个主妇从一个拯救者变成一个受害者，这个游戏常常会以离异告终。

这个游戏产生的最主要症结在于她有一个过于强大的父母自我状态，它要求她必须“追求完美”。她儿时的经验告诉她，只有努力做好一切，别人才会说她好，所以她就陷入永无止息地追求好上加好的忙碌之中。要终止这类游戏，她一是需要调动自己的成人自我状态，了解个人价值的独一无二性；二是需要在配偶的帮助下界定清楚家庭责任，要把配偶和孩子的家庭责任感调动出来，而不是独揽一切家庭事务。

四、由拯救者转换成迫害者

这种情况中最典型的就是：“看我已经多么努力了。”（See how hard I've tried.）在中国的高考制度下，我们有相当一部分家长和老师在由拯救者转换成迫害者的角色，结果使孩子不堪重负，以至于在人生最美好的青春时光中，往往夹杂着许多与学业成绩有关的痛苦回忆。

还有的人把拯救当作放债，他在别人困难的时候帮助了别人，而在随后的日子里就不断提醒对方自己的付出，无论对方怎样回报他都无法满足。永远以债主自居的结果，往往是关系的彻底破裂。

这样的人缺乏自信，总认为只有为别人做事同时又被别人永远感恩，自己才有价值。要终止这种游戏，首先需要我们不把自己当拯救者，别人有困难需要我们帮助，而我们又有能力提供帮助时，我们自己内在的“助人需要”也得到了满足，因此助人的结果其实是双赢的，别人赢物质，我们赢精神。其次，我们要相信每个人都有权利和能力解决自己的问题，而不要认为没有自己的帮助，别人就活不了。家长在孩子问题上也一样，我们要关心、教育孩子，但不能够以拯救者的身份去对待孩子，那是对孩子的不信任，是漠视孩子自己解决问题的能力。最后，如果我们无法做到“施恩不图报”，就最好不要去帮别人，因为那样的“帮”更像是放债，而人们通常都是不喜欢欠债的，更不用说是被别人强加的债务。从操作层面上看，如果别人没有向你提出要求，你就不要向别人提供帮助。

有必要指出的是，伯恩在其著作中还提到过几个“好游戏”（good games）①，但在笔者看来很是牵强，这里就不介绍了。

第四节　心理游戏与扭曲感觉

一、扭曲感觉的基本概念

有时候我们会有这样的体验：明明遇到了愤怒的事，可我们体验到的却是伤心；明明遇到了让人悲伤的事，可我们体验到的却是无助；明明得到巨大的荣

① Eric Berne. Games People Play. New York: Penguin Books, Ltd., 1964: 143-150.

誉，可我们却毫无喜悦……其实这些都是扭曲感觉在作祟。

1. 定义

所谓扭曲感觉（racket feelings），是指一个人从小学习到的并在其环境中被加强的一种常见情绪，它一定是某种不被允许或者被禁止的真实情绪的替代品或变式，它会在压力情境中无意识地发生。扭曲感觉是一种无论是在性质上还是在程度上都与情境不匹配，并且掩饰真实感觉的一种感觉。扭曲感觉不利于一个成人解决问题。

伯恩指出："几乎所有愤怒、伤心、内疚和恐惧等'不适当'的感觉都有替代的扭曲感觉……扭曲感觉是与真实感觉绝缘的感觉，是一个人在其心理游戏中所扮角色不断重复某种行为习惯后的结果。"[①]

1979 年，理查德·厄斯金（Richard Erskine）和玛丽莲·扎克曼（Marilyn Zalcman）提出"扭曲系统"（racket system）的理论，1982 年他们因此而获得"伯恩纪念科学奖"[②]，他们的发现对分析心理治疗中的来访者很有意义，限于篇幅，此处不再介绍。

2. 扭曲感觉的特点

（1）无论在什么样的压力情境下，都会有相同的条件反射似的情绪反应。比如无论是被别人误会还是自己做错了事，或者是被别人伤害，都只有一种情感反应，如"无助""沮丧""无奈""失落"等。

（2）扭曲感觉的出现不仅无助于问题的解决，反而可能使问题进一步激化。比如张三和朋友闹矛盾，这种情境下人们通常的反应是生气甚至愤怒，但是张三的感觉却是"无助"或"沮丧"。这样的情感反应不仅无助于问题的解决，还会使朋友觉得无所适从。相反，在这样的时刻真实地表达自己的生气和不满，反倒更有助于对方了解自己当下的思想和情感，从而做出恰当的回应。

（3）扭曲感觉是一种在此时此地之外的感觉。如前所述，明明此时此地遇到了让人愤怒的事，可我们体验到的却是伤心；明明此时此地遇到了让人悲伤的事，可我们体验到的却是无助。扭曲感觉就是这样一种与此时此地不相匹配的感觉。当一个人产生扭曲感觉时，他往往会把责任推给别人，认为是别人造成了他的问题，因而此时他往往处于一种需要人安抚的状态。而从咨询与治疗的角度看，对扭曲感觉的安抚不仅无助于问题的解决，反而会强化扭曲感觉。

比如林妹妹，她在自己成长的过程中学习到，一个寄人篱下的女孩子如果表现出生气、愤怒或者恐惧、痛苦这样强烈的感情，会影响到她的生存。因此，面临产生了这些情绪的场合，她表现出来的多是伤心："眼空蓄泪泪空垂。"每当这样的时刻，她往往都能够立刻得到别人尤其是宝玉的同情和安抚，于是这就强化

① Eric Berne. What Do You Say After You Say Hello?. New York：Grove Press，1972：139.

② Richard Erskine，Marilyn Zalcman. The Racket System：A Model for Racket Analysis. TAJ，1979（9）.

了她的这个扭曲感觉，使她离自己的真实感觉越来越远。所以，我们不能去安抚扭曲感觉，那只会进一步强化扭曲感觉。

二、扭曲感觉与真正的感觉的区别

扭曲感觉不同于真正的感觉（authentic feeling）。所谓真正的感觉是指，“我们在很小的时候，还没有学会按照别人的意思来表达感觉时的感觉”[①]。换言之，真正的感觉是一个人在环境中自然产生的感觉，比如一个男孩子的手被划了一个大口子，流了很多血，自然状态下他会吓得哭起来，这时的害怕甚至恐惧感就是一种真正的感觉。但在现实中，很多父母会对孩子发出各种禁令，比如“男孩子不许哭”，当男孩子生气或者愤怒时，父母却一笑了之，久而久之，这个孩子就学会了以生气或者愤怒等父母允许的其他情感来表达他所体验到的伤心或者痛苦。

很多关系破裂的个案中，我们都可以看到扭曲感觉。比如，甲明明已经被乙伤害得遍体鳞伤，这时他真正的感觉应是伤心和愤怒，可他却体验着委屈和失落（扭曲感觉）。直到有一天忍无可忍突然爆发时，两个人的关系往往就只能以破裂告终。再如，一个传统中国家庭中的女孩子遇到一件快乐的事，忍不住哈哈大笑时，她的父母就会发出禁令：“女孩子不许这样放肆地笑!”久而久之，她在遇到快乐的事情时，升起的扭曲感觉就会是平静。比如一个孩子因为父母的不当行为而对父母产生了愤怒，但是他的经验告诉他，如果他对父母直接表达愤怒，其后果往往是很糟糕的，于是，他慢慢就发展出一种无攻击性的愤怒——一套独特的扭曲感觉系统，罗伯·狄保德将这个次第进行的过程用一张图表示，一目了然[②]：

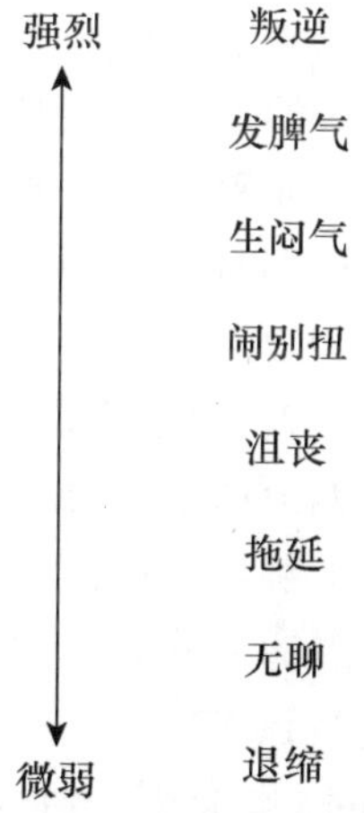

① 艾恩·史都华，凡恩·琼斯．人际沟通分析练习法．易之新，译．台北：张老师文化事业股份有限公司，2002：306.

② 罗伯·狄保德．蛤蟆先生的希望——TA谘商童话版．张美惠，译．台北：张老师文化事业股份有限公司，2012：84.

从这幅图中我们可以看到，一个孩子感觉愤怒时，出于生存需要，他最初表达愤怒的方式是退缩，然后是无聊、拖延、沮丧、闹别扭、生闷气，这六个阶段之后，如果他的愤怒仍然没有消解，他才会发脾气直至叛逆。长大以后，他还会把这种无攻击性的愤怒或者说是扭曲感觉带到他的生活与工作中，成为他处理愤怒的标准程序。

了解扭曲感觉和真正的感觉间的区别，其意义在于：认识自己的真正感觉并加以恰当的表达不仅有助于问题的解决，而且有助于我们的心理健康。而放任或者安抚自己的扭曲感觉，只会延续甚至加重自己的问题。以前述个案为例，如果甲在被伤害之初，就能够明确地表达自己的伤心和愤怒，那么他通常不仅可以有效地制止乙对自己的继续伤害，而且也有助于乙的成长以及自身与乙的关系的持续发展。而那个女孩子如果能够学习接纳自己的快乐，并且学习以周围人能够接受的方式表达自己的快乐，她就会变得真正快乐。

三、扭曲感觉与脚本

扭曲感觉一定与脚本有关。换言之，无论何时，只要我们体验到扭曲感觉，就一定正处于脚本之中。[①] 生命脚本是人无意识中的人生计划，是人们早年做出的决定，并会被父母或其他重要他人强化。一个人从小在家庭中学习到的扭曲感觉，会在他长大后遇到相似情境时以条件反射的方式复现，与此同时，他有可能重新陷入他早年的脚本而无法自拔。

比如我们中国人有“家丑不可外扬”的古训，当一个人长大后遇到让他痛苦甚至愤怒的家丑时，他表现出的扭曲感觉往往是平静。这时的平静不仅不利于问题的解决，而且会加重他内心深处的无助甚至绝望感。可是，以平静去应付他所面临的家丑是他小时候学习到的扭曲感觉，除非有人帮助他觉察、正视并处理自己的真正感觉，否则，他就很难从小时候的脚本中走出来，并采取建设性的方式去解决问题。

很多人有这种误区，以为表达自己的情感会破坏关系，其实事实正好相反，以得体的方式表达自己的情感，无论这个情感本身是敌意、愤怒、生气、伤心还是害怕，都会增加对方对自己的了解，并促使对方做出相应的反应。比如朋友的行为让你感觉愤怒，而你也以适当的方式表达出自己的愤怒，这时对方通常就会有所收敛，就会对自己的行为进行调节（交互作用），其结果就是双方增进了认识。对方会了解到你的底线，而你也会因为捍卫了自己而对自己感觉满意。因此，两个人的相互了解反而会更深入，合作也会更默契。了解这点对希望成长的

① 艾恩·史都华，凡恩·琼斯. 人际沟通分析练习法. 易之新，译. 台北：张老师文化事业股份有限公司，2002：302.

人很重要，因为扭曲感觉在此正好可以成为我们自我觉察的一种工具，有了这种自我觉察，我们才有可能学习接受并且表达与环境匹配的真正感觉，使自己摆脱早年脚本的束缚，为自己做出新的有利于成长的再决定。

四、扭曲感觉与心理游戏

如前所述，心理游戏是指在相似的情境中反复发生的、让人产生不舒服感的人际交往中的一种固有行为模式。一个人玩心理游戏时，说明他至少在当前的问题中缺乏成人自我状态，因此他在无意识中是要实现或者印证自己儿时的脚本。换言之，人们无意识中会在印证自身脚本的时候与他人玩心理游戏。这点正如伯恩所言："借着心理游戏，我们可以得到脚本所预期的结果。"[①]

每个人在心理游戏结束时，都一定会体验到扭曲感觉，并且不可避免地，当事人还会有"怎么又这样了呢？怎么会总是这样呢？"等类似的想法。这样的游戏积累到一定时候，就导致伯恩所说的可以预见的脚本结局。这种结局一定是输家结局。

五、扭曲感觉与积分券

如果一个人体验着扭曲感觉却不表现出来，而是留到以后才表现，这被伯恩称为收集积分券（stamps，又译点券）。[②] 伯恩所谓的积分券，类似中国现在有的商家为了促销而给顾客的券，这些券攒到一定数量，就可以拿去换奖品。有的人性子急，攒一点就去换，因此就只能换一个小的奖品，有的人则喜欢存很多然后去换大奖品。伯恩认为人们在心理上也有收集积分券的现象。[③] 但是，与商家的积分券不同，TA 理论中提到的积分券多是用来换取不幸。而且由于人的个体差异，人们在收集积分券时有以下不同：

从内容上看，有的人只收集愤怒，有的人只收集内疚，有的人什么都收集。

从时间上看，有的人每天收集，每天检视；有的人当天收的当天就花掉，比如在上司那里收集到的愤怒，晚上回家对着小狗就发泄出来了；也有的人要攒很久才花，比如夏天时在家里积攒下的不满，要到过年时的某一天才突然爆发。

从对象上看，有的人会把攒下的积分券花到引起这种积分的人身上，但更多地会花在无关的人身上，如上所述，在单位受了气的人回家后跟小狗发火；也有的人会把积分券花在自己身上，无意识中让自己出现很多身心问题。

从程度上看，这些积分券引起的问题小到和别人吵架，或者打人、骂人，以

---

① 艾恩·史都华，凡恩·琼斯．人际沟通分析练习法．易之新，译．台北：张老师文化事业股份有限公司，2002：347.

② Eric Berne. Principles of Group Treatment. New York：Oxford University Press，1966：309.

③ Eric Berne. What Do You Say After You Say Hello?. New York：Grove Press，1972：141.

及自己总处在伤心、害怕和孤独状态，大到失败、辞职、离异，出现严重的身心反应，如高血压、糖尿病、心脏病、失眠等躯体症状，以及抑郁、焦虑、恐惧等心理问题，还有的甚至出现精神症状和自伤行为等。

从个人性格上看，有的人喜欢向别人展示他的收藏，有的人则从来不让别人知道他收集了多少愤怒、伤心或害怕。

此外，艾恩·史都华、凡恩·琼斯在其著作中还提出了一个值得思考的观点：有平庸脚本的人收集少量的积分券后就会去兑换一个不好的结果，如和别人吵一架或者发个火等；有输家脚本的人则倾向于收集很多积分券才去兑换，结果就兑换回程度最严重的不幸——严重的身心反应乃至伤人或者自伤。[①]

六、扭曲感觉产生的原因

1. 扭曲感觉是一种学习来的情感

从宏观上看，扭曲感觉是文化的产物之一，比如中国文化强调“喜怒不形于色”，提倡“正襟危坐”“老成持重”等，这些都要求人强行压抑外露的情绪，由此所造成的扭曲感觉会比西方多。

从微观上看，有些扭曲感觉是小时候学习来的。小时候我们会注意到爸爸妈妈禁止我们表达某些感觉，同时又鼓励我们表达另外一些感觉，比如有的父母非常忌讳看到男孩子哭，也有的父母非常讨厌看到女孩子发脾气，与此同时，有的家庭会对伤心给予特别多的安抚，另外的家庭则会对愤怒给予更多的关注。孩子为了能够得到父母的安抚，就会在无意识中做出决定，即只去表达那些被允许的感觉，而对那些不被家长认可的感觉则给予压抑和漠视。虽然这些都是小时候做的决定，但是长大以后，我们会继续用那些被允许的感觉——扭曲感觉——来掩盖真正的感觉。

比如一个男人小时候如果因为摔了一个跟头而哭，大人会说：“男孩子，哭什么哭!”久而久之，这个男孩子就学习到了“有泪不弹”。另外，当他发脾气、砸东西时，大人却什么都不说，好像理所当然似的，于是，他就又学习到了他可以随意表达愤怒。长大以后，即使他遇到的是痛苦的事，他也只会用愤怒而不会用悲痛去表达他内心的痛苦。再如一个女孩子被长辈批评后很生气地大声顶嘴，大人会说：“女孩子不可以这样!”但是这时候如果她哭，大人就会停止批评她，久而久之，她就学习到用哭或者用伤心表达愤怒或其他情感。长大后有一天，她遇到家庭暴力，她只是哭而不表示愤怒，她不停地哭，不停地表达悲伤，却不说“不许打我！”而实质上她真实的情感首先是愤怒。还有的孩子从小在家里被禁止

---

① 艾恩·史都华，凡恩·琼斯．人际沟通分析练习法．易之新，译．台北：张老师文化事业股份有限公司，2002：315.

表达快乐："就知道傻乐！有什么好笑的？"渐渐地，他就学会了以平静、漠然的情绪去面对生活中的趣事。

学习来的东西是可以摒除的，既然扭曲感觉是学习来的，那么我们以后在面对自己的或者别人的扭曲感觉时，要学着不去安抚，因为那样只会进一步强化扭曲感觉。

2. 扭曲感觉是禁止信息的产物

禁止信息是鲍伯·高登和玛丽·高登在其心理治疗实践中提出的概念，指会影响一个孩子制订输家脚本或非赢家脚本的早期决定的因素。前面谈到，禁止信息往往是父母从自己的儿童自我状态中发出对自己孩子行为的一系列禁令，它们是消极的并且有很强约束性的一些指令，它们在孩子的生活中一次又一次重复出现，就如同诅咒，因此能够产生预言自动兑现的作用，孩子正是根据这些禁止信息而设计有关自己的生命脚本的。

不同的早年经历或说禁止信息决定不同的扭曲感觉。如果一个家庭允许孩子自由表达情感，孩子长大后就能够自如表达自己。而如果一个家庭禁止表达某种情感，孩子就会将其压抑到无意识中，然后只去体验被允许表达的感觉。久而久之，他与自己的部分情感就处于隔绝状态，他用自己在生活中被允许的感觉替代真正的感觉，他的感觉被扭曲，他学习到他应该有的感觉而不是他真正的感觉。

由于各个家庭压抑的和认可的情感不一样，因此，不同的童年经历导致不同的扭曲感觉。在张三，可能是用愤怒来掩饰伤心；在李四，可能是以无助来掩饰伤心；在王五，可能是以混乱来掩饰伤心；而在赵六，则可能是以害怕来掩饰伤心。那么，我们该怎样终止自己的扭曲感觉呢？

七、如何终止自己的扭曲感觉

1. 宏观上看就是要终止心理游戏

扭曲感觉是心理游戏的结果，因此，终止心理游戏就可以终止扭曲感觉。换言之，如果一个人选择终止心理游戏，那么他的扭曲感觉也就会相应地终止。终止心理游戏的方法很多，其具体方法我们将在第六节中详细讲述。

2. 可以终止扭曲感觉的其他方法

我们可以从终止心理游戏入手去终止扭曲感觉，同样，我们也可以从终止扭曲感觉入手去间接终止心理游戏，具体的可操作方法是：

（1）学习接受并表达自己的负性情绪

很多国家的文化对诸如生气、不满、痛苦、担忧、伤心、愤怒、烦躁、紧张、恐惧等负性情绪都有一种拒绝甚至否认的倾向，以至于当人们有这些情绪时，大家都会想方设法地加以掩饰，久而久之，这些情绪就被很多扭曲感觉所替代。

其实情绪具有非常重要的适应功能，正是因为情绪的介入，我们人类才能够更好地适应生存，比如对污染的担忧，使我们为重见蓝天白云而努力改善环境；对缺乏教养的行为的厌恶，使我们懂得了自律；考试带来的紧张，使我们在考场上变得格外认真与专注；对灾难的恐惧，又使我们凝聚并爆发出超常的力量……因此，学习以成人的方式接受自己的负性情绪，并学习用成人自我状态去理性地加以表达，我们就可以用更具有建设性的方式去处理自己的负性情绪。

（2）停止收集积分券

如果我们能够做到接受并及时表达自己的情绪，我们就可以停止收集积分券的行为。比如别人对我们食言，我们非常生气，但是又怕说出来伤了和气，于是就保持沉默。这样的情绪积分券集多了，总有一天会爆发，从而给关系造成破坏性结果。

可以停止收集积分券的方式是：接受自己的情绪，并向对方承认自己对他食言的行为感到失望甚至生气。为了不让对方产生误会，我们可以参考如下的表述方式："我对你这次的食言感到失望或者生气。"注意要以"我"打头，同时具体指出对方让你不舒服的那件事。这里的要点是：就事论事，实事求是。

很多人担心直接表达会破坏关系，其实不然，如果我们确实是以成人自我状态诚恳而又理性地表达自己对对方某一件事的不满，就能够把对方的成人自我状态也调动出来，从而使问题得到较好解决。

（3）觉察自己的需要，学习给自己以安抚

有时候我们对自己的需要觉察不够，无意识中就会按照以往的习惯去和别人玩心理游戏，结果自然避免不了扭曲感觉。因此，如果我们能够及时觉察自己的需要，并给自己以及时的安抚，必要时也可以用儿童的方式（如直接要求一个大大的拥抱）或者成人的幽默（如"表扬就是力量嘛！"）向别人直接要求安抚，这也可以使自己降低玩心理游戏的概率，从而降低扭曲感觉的发生率。

（4）对别人要求安抚的需要敏感

有时候我们对别人的安抚需要不敏感，也有可能诱使别人和我们玩心理游戏。因此，对别人的安抚需要敏感，并及时给对方所需要的安抚，同样可以有效降低扭曲感觉产生的可能性。

（5）不要安抚扭曲感觉

安抚扭曲感觉的结果只会强化扭曲感觉。以林妹妹为例，她在很多次该生气、不满或委屈的时候，表现的却只是伤心，而宝玉对她扭曲感觉的每一次安抚都强化了她的问题，使她离自己真实的感觉越来越远。所以，我们不要安抚别人和自己的扭曲感觉，这才有可能使我们越来越接近真实的自己，同时也才有可能渐渐摆脱扭曲感觉。

第五节　心理游戏的好处

既然心理游戏会导致这么多问题，为什么人们还要周而复始地重复它？从心理学角度看，人们之所以会对某件事欲罢不能，一定是因为他从这件事中有所获益。当然，人们在获益问题上的价值观是有差别的，因此这里所说的获益，指的是对当事人而言的“好处”。这种对当事人而言的好处，正是心理游戏的功能。伯恩用弗洛伊德有关心理疾病的功能的框架对心理游戏的好处做了分类。①

一、心理层面的好处

1．心理层面的内在好处

（1）可以强化个体的人生脚本

人生脚本是人在儿时写就的，除非有极强的内外动因，人的一生通常都是在上演自己的人生脚本。通过心理游戏，人们在无意识中不断强化自己的脚本信念，不断确认自己就是自己脚本的产物，久而久之，这些脚本就会产生预言自动兑现的效果。以“你为什么不”与“是，但是”这对心理游戏为例，每与一个自己邀请来帮助自己的人玩一次“是，但是”的游戏，当事人都是在强化“没有人能够帮助我”这样一个脚本信念。

这里要特别说明，此处的“好处”是当事人主观认定的，是一种心理现实，他在这种好处中得到的暂时性满足越多，他个人的发展就越受阻碍。在强化自己人生脚本的过程中，人还在无意识中收集积分券，以兑换他无意识中所预期的结果。

（2）可以“满足”人的安全需要

人需要确定性，确定性可以满足人的安全需要。虽然心理游戏的结局往往是令人沮丧的，但比起不知道结局如何的人际交往，有些人更倾向于玩心理游戏。这使人产生自己和别人的关系都在掌控之中的错觉。因此从长远看，这实际上是在破坏而不是满足人的安全需要。

（3）帮助人收集积分券

这点前面已经提到，这就是人生中常常会让人困惑的地方，明明收集积分券

① Eric Berne. Transactional Analysis in Psychotherapy. New York：Ballantine Books，Grove Press，Inc.，1961：99-113.

通常都是为了换取不快甚至不幸，但是有的人就是欲罢不能。究其根源，还是在于儿时的不幸始终没有能够消除，以至于他会不由自主地一遍又一遍地重复儿时所学习到的不健康的适应方式。这种方式的"好处"在于：它带来的至少是确定性，而越是有童年创伤的人，越怕不确定性，因此他宁可用收集积分券的方式积攒负性情绪，也不敢尝试其他的方式。

2. 心理层面的外在好处

找到一个帮助自己维持现有人生脚本的配合者，借着与人玩"是，但是"游戏，不仅可以继续保持自己的"没有人能够帮助我"的脚本信念，而且可以继续保持不想改变的现状。

人生有时候充满了诡异，当一个人向别人发出帮助请求时，在他自己和在他所求助的人看来，都是想要改变现状的信号，但实际上，在他的无意识中，他只是摆出一个想要改变的样子而已。他邀请别人的帮助，然后否认别人建议的可行性，表面上看，他只是没有找到一个好方法，或者别人没有能够给他提供一个好方法，而在无意识中，他正是借着否认别人建议的可行性，给自己一个继续维持现状的理由。

二、社交层面的好处

1. 心理游戏可以维持与人亲近的假象

仍以"是，但是"游戏为例，一个人不断邀请别人的帮助又不断否认别人的建议，在他自己和在别人看来，两个人之间都有一种亲近的并且是相互支持的关系。但事实上不是这样，这不是真实的相互支持和帮助的关系，相反，这是一种会最终导致关系破裂的亲近。

没有人会长久地陪伴一个总是对自己的建议和帮助说"不"的人。没有人会一直陪一个总是找自己要建议又总是拒绝自己一切建议的人玩心理游戏。因此，这样的"好处"都只是暂时的，而这样的关系也很难真正持续发展。

2. 心理游戏可以帮助人消磨或说是填充一部分时光

每个人都有自己的社交时间安排，有自己固定的社会交往圈子，如果一个人缺乏健康的人际关系，那么他就有可能通过心理游戏与人交往，比如说玩"帮帮我吧"和"是，但是"游戏的人，他在这种游戏中与人保持一种联系，使自己的部分社交时间得到填充。

三、生理层面的好处

从刚刚出生时就产生的躯体刺激饥渴到长大后出现的追求认同的饥渴，处处都表现出人们对安抚的强烈需要。因此，一个人如果缺乏健康的满足安抚需要的方式，他就会通过与人玩心理游戏的方式寻求安抚。

伯恩指出："人们需要得到他人的注意或说安抚才能够生存。"因此，虽然心理游戏提供的多是负面安抚，但对人来说，有安抚永远比没有安抚好，心理游戏至少可以让人摆脱被漠视的孤独状态。但这种摆脱只是暂时的，有时甚至会让人陷入更大的孤独与被漠视之中。

总之，心理游戏的功能是帮游戏者维持一种虚假的收益，向我们一次又一次地证实我们早年人生脚本的正确。然而，当我们处于游戏之中时，我们很少有人能够得到真正的、可以持续的益处，在心理游戏这种一个人占上风，另一个人就一定会占下风的人际交往中，不存在真正的收益。既然心理游戏不存在双赢，那么参与游戏的人所能够期待的就是不要输，在这样的人际交往中，双方都要付出情绪、情感、时间等代价。

因此，在我们了解了心理游戏的本质后，我们要做的就是学习如何终止心理游戏，以及如何与他人建立建设性的、可以持续发展的人际关系。

第六节　面对心理游戏时怎么办

我们已经知道心理游戏对人际关系和人自身所可能造成的负面影响。由于无意识的原因，反复上演的心理游戏是在向我们证明这个世界就是我们早年脚本中所认识的那个世界，而不断上演的心理游戏就是我们命定的生活。

笔者的"人际沟通分析学"课上的一名学生杨旭在作业中写道："我个人认为，每个人最开始扮演一个角色，是出于某种（无意识的）目的，比如，受害者是希望得到安抚，迫害者是为了宣泄自己，或是希望通过身边的人抚平自己的创伤，而拯救者则是希望被人尊敬、崇拜。但是，一旦进入这个游戏，周而复始，自己就被角色同化，找不回真正的自己。……其实这里每一个角色的形成都有它背后的不得已。……也许曾经有太多的事儿导致我们选择了一个角色，但我们都有再选择的权利。我们才是我们人生的主宰，只有我们自己才能够决定人生的方向，也只有我们自己才能终止这场怪游戏。"的确是这样，如果我们能够把自己最常上演的心理游戏提到意识层面，我们就可以降低其上演的频率，如果我们愿意，我们可以有很多种方式终止心理游戏。

欧嘉瑞在其治疗和教学的实践中发现：有些初次接触 TA 的人常常急于知道"如何终止心理游戏"，也就是很想知道自己可以做什么来阻止别人玩心理游戏，其实这种态度本身就是开始玩心理游戏的基础。因此，要想终止心理游戏，我们需要谨记一个前提："我们每个人唯一要负责的是自己的游戏而不是别人的，唯一能停止的也是自己的而不是别人在玩的心理游戏。”[1]

伯恩在其心理治疗的实践中以“心理游戏”这一生动形象的概念及公式，高度概括出人与人之间的许多不健康的互动关系，而且让我们了解到心理游戏的诸多形式与特征，这就为我们预测和终止心理游戏并以健康的人际互动取代心理游戏提供了深厚的理论基础。我们在前文介绍那些心理游戏时，相应地介绍了一些具体的终止心理游戏的方法，以下从宏观的角度谈谈如何终止心理游戏。如果用伯恩的框架进行分析，也就是用其心理游戏公式进行分析，那么我们可以从以下几个方面入手去终止心理游戏。

一、要终止抛饵的行动

1. 要对自己所常玩的心理游戏有自我觉察

由于儿时的经历，我们常常会习惯性地玩某几种心理游戏。我们要反思自己原来最常玩的是什么样的心理游戏，是“是，但是”，还是“踢我”？是“我有一条木头腿”，还是“我这都是为了你们好”？例如，笔者的“人际沟通分析学”课上的张同学在答卷中写道：“记得小时候的自己，满世界地去寻找安抚，一直都认为负面安抚比被漠视的感觉要好，于是就总是在充当迫害者，抢小朋友的玩具，戴妈妈的项链，穿妈妈的高跟鞋，往奶奶的洗脚盆里撒落叶……以各种方式向我身边的受害者要安抚。那时还不懂这只是一个愚蠢的心理游戏，我想，现在，作为一个大学生，如果我还用这样的方式去要安抚，我将会成为无人关心的孤岛。”

2. 熟悉自己在心理游戏中体验到的扭曲感觉

我们要熟悉自己产生扭曲感觉时的躯体反应和心理反应，这样在玩心理游戏时我们就能够多一个及时辨别和觉察的线索。比如某次因为条件反射，我们和别人开始了心理游戏，也许我们的意识部分还没有完全注意到，但我们的感觉部分一定已有反应，比如胃部不适，或者突然就感到心里不舒服，等等，这些都可以成为提醒我们心理游戏正在开始的线索。

3. 调动成人自我状态，分析当下游戏的目的与自身需要之间的关系

每一种心理游戏都是为了满足一个人儿童自我状态中的某一个特殊而又隐秘的需要。比如“木头腿”是为了满足被人关心的需要，“我这都是为了你们好”是为了满足自己关心别人的需要，“是，但是”是为了满足被关心、被支持的需要，“成瘾”是满足自己被爱的需要，“踢我”则是满足自己想要独处的需要。把自己的成人自我状态调出来，可以理性地分析自己到底想要满足什么需要。

---

[1] 欧嘉瑞，安妮卡，罗南．人际沟通分析——TA治疗的理论与实务．黄珮瑛，译．台北：张老师文化事业股份有限公司，1996：213.

4. 承认自己的需要并以建设性方式满足自己的需要

心理游戏是为了满足需要、寻求安抚，我们要接纳自己的需要，寻求真实的安抚，也就是以建设性安抚取代游戏安抚。比如，如果我们需要别人的关心，我们可以直接和亲友说，而不需要以“我有木头腿，可怜可怜我吧”的方式要求关心。要知道，人有被人关心的需要，也有关心别人的需要，因此如果我们需要关心，我们可以直接去要求，而不要用自己的缺陷做诱饵，那样别人和自己在事后都会有不舒服的感觉。别人会有被利用的感觉，自己则会有别人是否仅仅出于怜悯的疑问。

再如，如果我们需要关心别人，我们就要给予别人真正需要的关心，而不是我们自认为的关心。我们不能以“我这都是为了你们好”为理由，把自己的所谓关心强加于人，那在本质上是干涉，因此最终一定会产生扭曲感觉，在自己会是“好心被当成驴肝肺”的委屈，在别人则是被粗暴干涉后的愤怒。

还有，如果我们想独处一段时间，我们可以直接告诉亲友，而不需要靠玩“踢我”的心理游戏把亲友赶走，事后又让自己后悔，同时让亲友觉得伤心。

总之，我们自己终止抛饵的行动，就可以从根上避免心理游戏的发生。

5. 走出安抚的误区，学习给予并接受积极的安抚

我们玩心理游戏，很多时候是因为想要安抚，但却又被有关安抚的误区所影响，因此，我们有必要复习前面介绍过的有关安抚的误区，检视自己的问题所在，同时学习给予并接受积极的安抚。

二、要终止上钩的行动

当别人给我们抛饵时，我们就要通过以下方法避免进入心理游戏：

1. 我们要对别人所投下的饵敏感

当一个人总以某一种特定的并且必然会引起不快结局的方式邀请我们加入某个互动时，我们要能有足够的敏感去觉察饵的存在。

2. 以思考投饵的原因取代立刻上钩的行为

很多时候，我们会在某个固定的心理游戏的饵前立刻做出参与的反应，这时如果我们能先思考对方为什么会投下这个饵，思考对方真正的需要是什么，我们就有可能放慢行动（或说是上钩）的速度。

3. 以成人自我状态去激活对方的成人自我状态

在游戏面前，如果我们自己能够客观、冷静地指出问题，就有可能把对方的成人自我状态也调动出来，从而使问题得到建设性解决。比如，在面对“木头腿”的要求时，我们可以诚恳地对对方说：“你总以你的木头腿为借口要我为你做事，我有一种被利用的不舒服的感觉。”在面对“是，但是”的心理游戏时，我们可以告诉对方：“你有没有意识到，其实你根本不需要别人的建议，你是对

的，你自己的问题当然只有你自己最清楚。”

4. 用自由型儿童自我状态去幽默地绕开饵

比如，面对一个总是声称“我是为你好”的同事，你可以开玩笑地对他说：“哎呀，老爸（或老妈），我知道你都是为我好，可是现在我长大了，也该放手让我自己闯天下啦!”

5. 对非直接的要求帮助的话不予理睬

日常生活中由于多重原因，如怕别人拒绝，怕欠人情，或者具有剥削型人格特点等，人们常常以暗示的方式请求帮助，其实这就是在玩心理游戏。比如甲说：“我这几天太累了，领导布置的事都做不完了，真急人呀。”如果甲只是偶尔说这样的话，那么这就是一个客观陈述，最多就是要求一个语言上的安抚，但如果甲总是说这类话，那就是一个明显的隐藏沟通，其心理层面的意思就是：你还不帮帮我，我都忙成这样了!

有些人喜欢用这种方式要别人帮忙，但是这样做的结果，我们往往会有被利用的非常不舒服的感觉，而且事后这种人还常常会说：“又不是我要你帮我的，是你自己愿意的。”

注意，由于儿时的不幸经历，很多人形成了一个误区，以为自己只有为别人做事才有价值，因此会很容易就对这类饵上钩。这样的时候，如果我们想避免陷入心理游戏，就需要采取如下措施，即仅仅给予对方一个口头安抚：“的确是辛苦，你要注意不要太累了。”或者：“这事听起来是真难办，你打算怎么做呀?”

6. 把对方隐藏沟通中心理层面的意思揭示出来

在上面这个例子中，我们可以直接问对方：“你的意思是想要我帮你做什么吗？你需要我为你做什么呢?”再如，如果一个人又像以往一样，说：“我做不了这个，我一点用都没有。”（隐藏沟通：你帮帮我吧!）你不要像以往一样，立刻说：“让我为你做这个!”你要控制自己上钩的冲动，可以说：“听起来你好像遇到了问题，你是想要我为你做什么吗?”（把其隐藏沟通的内容揭示出来。）再如，一向喜欢玩心理游戏的甲说：“头儿给我布置的任务太难了，我真怕自己完不成。”（隐藏沟通：你帮帮我吧!）这样的时候，你要能够控制住自己不揽事，除非对方直接邀请你帮忙而你又有条件帮忙，就要避免进入隐藏沟通，比如先是提建议，直到最后再说出那句：“那好吧，我帮你吧。”

总之，用成人自我状态与对方对话，把对方隐藏沟通的内容公开化，不仅有助于自己避开心理游戏的陷阱，而且也有助于帮助对方以成人的方式与自己相处。当一个人不再以饵的方式寻求帮助时，无论他能否得到帮助，最终都会避免扭曲感觉，而一段时间之后，他也能够学习到一种新的健康的寻求帮助的方法。

7. 思考原因

一个人和我们玩心理游戏，一定有他的原因，这种时候，我们要能够反思自己是否忽略甚至漠视了对方，以至于对方无意识中决定和我们玩心理游戏。也有的时候是我们自己太爱干预别人的生活，以至于在自己的周围培养出了一批“木头腿”者和“是，但是”者。还有一个可能的原因就是，我们可能没有满足对方寻求安抚的需要。

以上是用伯恩的框架分析如何终止心理游戏，下面我们用卡普曼的框架进行分析，看如何终止心理游戏。

三、要检视自己是否具有“拯救者情结”

这里先要区分“利他精神”和“拯救者情结”。有利他精神的人以助人为乐，这个世界天生有这样的人，西方的说法是“具有使徒性格”，他把有益他人看作自己的天职，如诺贝尔和平奖得主特蕾莎修女，她以一种非常平凡而又朴素的方式去助人，助人是她的需要，是她的天性使然。

有拯救者情结的人不同，助人是他证明自己价值的方式，只有在助人中他才能够感受到自己存在的意义。这样的人往往来自缺乏“无条件积极关爱”的家庭，父母如果不能够给孩子无条件的积极关爱，常常会使孩子朝两个方向发展：一个是特别关心别人，尤其是喜欢做拯救者，在他的无意识中，只有这样的时刻他才有价值；另一个则是回避和冷漠，因为只有这样他才能够感到安全。

如果我们有拯救者情结，通常我们的父母自我状态会比较突出，而生活定位则常常以“我好，你不好”为主。因此，有必要对自身自我状态的比例做些调节，同时反思自己的生活定位。

此外，我们还要学习重新认识自己的价值。任何人都具有天赋的价值，而且是独一无二的。我们的价值无须证明，以为自己只有为别人做事或者以为只有好成绩、好业绩才算有价值的观点，属于一种认知歪曲，是需要我们自己加以调节的。同时，我们也要学习重新认识别人的价值，每个人能够活到与我们交往的年龄，都有他自己独特的生存技能和方法，只要愿意，他通常也都能够解决他自己的问题，因此，我们要信任别人的问题解决能力。别人有困难，需要我们帮助，我们当然要尽可能地伸出援手。但是别人自己能够做的事，我们却硬要越俎代庖去为别人做，那就是邀请别人和自己玩心理游戏，而自己就是在扮演拯救者的角色，其结果就是必然的扭曲感觉，以及人际关系的破裂。

从操作层面上看，当有人向我们投出要求我们做拯救者的饵时，我们要调出自己的成人自我状态以抑制自己的拯救冲动，既相信别人有能力处理好自己的问题，又相信别人不会以自己是否会做拯救者来衡量自己的价值。如果对方确有需要，我们可以先调出自己的营养型父母自我状态给对方以安抚，同时要用自己的成人自我状态去理性地与对方共同思考和讨论能够帮助他的对策。

四、停止做“受害者”

这首先需要觉察自己无意识中是否存在“受害者情结”。由于早年经历，有的人只有在以受害者身份出现时，他才能够得到别人的关注和（正面的或负面的）安抚，久而久之，他就习惯了以受害者的身份邀请拯救者或迫害者。有受害者情结的人，其适应型儿童自我状态较为突出，在生活定位上则是“我不好，你好”或“我不好，你也不好”。

这样的人，需要思考自己可以采取什么不一样的适应行为，也就是说，需要学习不做受害者。具体方法是：要有意识地增强自己的成人自我状态，让自己内在的那个小小的受伤的儿童强大起来，学习终止对迫害者和拯救者的邀请，学习拒绝迫害者和拯救者，还要学习信任自己独立处理问题的能力。此外，要能够超越个人狭隘的经验，相信这个世界上绝大多数人都是愿意以健康的方式与人交往的，学会信赖别人，向别人提出自己的合理要求，学习以建设性方式去得到别人的关注。

例如，当我们又想要和别人玩“踢我”的心理游戏时，我们要问自己：为什么我要用这种会让大家都不愉快的方法来满足自己想要独处空间的需要？为什么我要借他人来否认自己？为什么我要放任自己的不适应的儿童自我状态？

总之，永远不把自己当成受害者，无论是不是在心理游戏中都一样，因为所有非意外的受害都一定有当事人自身的配合。当我们以受害者自居的时候，我们就有可能停止解救自己的责任，而把希望放到别人身上，那样我们就很难从困境中走出。如果我们在生活中被真实地伤害过，尤其是经历那种重大的伤害之后，我们要把自己当作勇敢的幸存者而不是悲惨的受害者，以一个人（而非一个受害者）的姿态出现，有尊严地、坚定地、堂堂正正地捍卫自己的权利。

五、停止做“迫害者”

习惯于做迫害者的人，往往有一对习惯于做迫害者的父母或者其他重要他人为榜样。父母对他的苛求、约束和诸多控制使他学会了做一个迫害者（也有的正好相反，学会了做受害者），使他在长大后控制不住地要以迫害者的方式与他人交往。他只有在玩迫害者游戏时才能够感觉到自己存在的意义，而他的迫害要不了多久就会遭到反抗，使他的角色很快转变为受害者。这种恶性循环周而复始，会极大地消耗一个人成长的能量。习惯于做迫害者的人，其父母自我状态的比例过高，生活定位以“我好，你不好”为主。

要停止做迫害者，首先需要对自己过强的控制型父母自我状态有所觉察，调动出成人自我状态，做出不再做迫害者的决定。此外要对自己的类似行为敏感，比如，当发现亲友又做出我们曾屡次提醒他不该做的事时，我们要控制自己的控制型父母自我状态，不去玩那个“官兵捉强盗”的游戏，要相信别人有解决自己问题的能力，要尊重别人行为的节奏。

以下是笔者学生作业中的一段，很感谢这位同学以自己的亲身经历形象地描绘出卡普曼的戏剧三角（因为涉及她的隐私，这里把名字隐去）：“以前我总很郁闷：和朋友拌嘴吵架几乎每隔一段时间就发生一次，就像有周期一样循环往复，自己也不知是为什么，过一段时间就又和好了，貌似总是为一些鸡毛蒜皮的小事。事后我们试着去找原因，但根本不记得当初是因为什么。上了 TA 课以后才知道，原来每隔一段时间我们都会不自觉地与对方玩心理游戏，在不知不觉中我们用错误的自我状态去面对，去试着解决问题。然后我们一次又一次地扮演迫害者、受害者和拯救者的角色。谁也不知道这到底是怎么回事，问题到底出在哪里，为什么我们总是隔一段时间就吵一次，然而唯一相同的就是我们每个人在玩这个游戏时都很不愉快!”

心理游戏是人们在成人自我状态之外的父母自我状态与儿童自我状态交互作用的结果，是人们无意识中以破坏性方式获取安抚的方式。终止心理游戏，不仅可以使我们获得可以持续的安抚，而且可以有效提升我们的成人自我状态，使我们与他人建立起建设性的连接。

此外，有必要说明的是，提升成人自我状态是有效终止心理游戏的方法之一，同时要注意，仅仅调动成人自我状态是不够的，要想让自己过上健康的、有质量并且满意度和幸福感较高的生活，我们还需要学习在适当的时候运用相应的自我状态。比如，在教育孩子的时候，我们需要运用更多的控制型父母自我状态；在和孩子沟通的时候，我们需要增加成人自我状态；在和孩子嬉戏时，我们需要调出自由型儿童自我状态；在照顾孩子时，又需要更多的营养型父母自我状态。在学校聆听老师的教诲时，我们既需要适应型儿童自我状态去遵从，又需要成人自我状态去思考，还需要调动自由型儿童自我状态去做逆向思维，去向权威挑战，去发出自己的声音。在单位，我们既需要成人自我状态去和他人进行沟通，又需要营养型父母自我状态去关怀和帮助别人，而在节日的聚会中，我们又需要调动出自由型儿童自我状态去使聚会别开生面。

总之，在面临心理游戏时，我们要学会调动自己的成人自我状态或者自由型儿童自我状态（比如用幽默、创造性方式等）去终止心理游戏。在日常生活中，我们要学会根据环境自如调动自己不同的自我状态，使之与环境匹配，从而使自己与他人能够共享快乐而有意义的人生。此外也要注意，一个心理健康的人是能够随时随地运用恰当自我状态的人，同时也是能够根据情境自由并且迅速转换自我状态的人。一种最具有适应性的生活，是一种能够根据环境自如运用所有自我状态的生活。

思考题：

1. 你对自己经常玩的心理游戏有觉察吗？
2. 在戏剧三角中，你通常最初是哪种角色？为什么？
3. 你将用哪些富有建设性的方法终止自己常玩的心理游戏？

第十章 我们可以做的再决定

第一节 伯恩再决定理念与合约观的提出

一、伯恩有关决定的理念

1. 决定有“健康”与“不健康”之分

伯恩把“决定”分为健康的与不健康的两种。所谓健康的决定（a healthy decision），“是指一种适应性的并且灵活的决定”①，例如南丁格尔儿时的决定“我长大要做一个医护人员”，或者中国农村的一个留守儿童决定“我要通过好好学习改变自己的命运”，再如“无论发生什么，我选择乐观面对”，以及“如果山不过来，我就向山走去”，等等。可以想见，以这样一种积极并且富有弹性的态度对待生活，其个人成长和生活质量都会朝着健康的方向发展。伯恩认为，这些健康的早期决定可以帮助个体很好地适应世事的变迁，使个体由于其所具有的灵活的适应性而平安渡过各种逆境，并可以从中获益。

所谓不健康的决定或说是病理性决定（a pathological decision），是指“一种绝对化的决定，一种因为绝对化而完全没有适应空间的决定，它的表现形式往往是‘绝不’或‘总是’”②，例如“我绝对不会再信任别人”“我绝对不会喜欢数学”

① Eric Berne. Principles of Group Treatment. New York: Oxford University Press, 1966: 269.

② 同①.

“我总是严格要求自己”“我做事总是精益求精”等。想象一下，如果生活中一个人常常以如此极端化的方式生活，他的个人发展和生活质量会受到多么大的限制。

2. 伯恩的决定理念

伯恩假设：“每一个正常的人类婴儿来到这个世界上时，都拥有一种可以让自己往有利于自身和社会最好方向发展的潜能，他拥有心灵的自由，不仅能够让自己快乐，而且能够创造性地为社会做贡献。”①

可以想见，如果一切都如伯恩所假设的，而且这个孩子的亲子关系健康又安全，那么孩子出生时就秉持的“我好，你也好”人生定位就会一直保持着；但是，这个世界上的孩子并非人人都能够如此幸运。若一个孩子生长在一个有严重家庭问题的环境中，渐渐地，他就有可能对自己的生活定位做出新的决定。例如一个从小生活在家庭暴力中的女孩子，她那常常用拳头说话的父亲会让她得出“男人都是野蛮的”的判断，并让她做出“男人不好，男人不能爱”的决定（其相应的生活定位就是“我好，你不好”）。这个决定在当时会帮她，使她可以毫无内疚地逃避、远离甚至顶撞父亲，并因此而免于被父亲的喜怒无常所困扰。但在日后的成长过程中，她戴上的这副有色眼镜会使她出现选择性注意：对男性的各种问题行为有超常的敏感，而这敏感又会进一步强化她儿时的决定，即使她成年之后与异性交往甚至结婚，她也会不断重复当年她与自己父亲的交往方式——逃避、拒绝（如冷战）或反抗（如热战）。

按照伯恩的观点，一个孩子儿时做出的这类决定会导致固着。② 固着（fixation）是经典精神分析中一个很重要的概念，指的是人由于发展中遇到创伤事件使欲望受挫或过度满足，一部分性力（libido）冲动在其发生的初期就停滞下来，“并固定为永久异常”③。在伯恩的分析框架里，人们在儿时做出的决定所导致的固着表现为：在其后来的成长中，虽然其父母自我状态和成人自我状态随着年龄在发展，但却始终围绕着一个被固定了的儿童自我状态，无论这个人的其他自我状态有什么样的发展，他的一部分儿童自我状态都像被施了魔法一样，因为那个儿时的决定而从此停止了发育。如果这个人后来因为某个生活事件的困扰而产生心理问题，他到人际沟通分析学派的心理治疗师那里做咨询或者治疗，那么一段时间后，他就有可能选择在治疗师的指导下对自己儿时做出的决定做一个再决定。

笔者在继续介绍具体的再决定理念之前，还要就自身的咨询与治疗实践对决定做一些补充。按照伯恩的观点，人的“我好，你也好”的生活定位是与生俱来的，但是幼年的不幸经历会使人做出背离这种生活定位的决定。

笔者在实践中发现，导致人做出背离天赋生活定位的生活事件很多，因此，

---

① Eric Berne. Principles of Group Treatment. New York: Oxford University Press, 1966: 269.

② 同①265.

③ 弗洛伊德. 精神分析引论. 高觉敷，译. 北京：商务印书馆，1985：215.

这类决定并非只在儿时发生，任何年龄遇到的重大生活事件都有可能导致一个天赋具有“我好，你也好”生活定位的人做出“我好，你不好”定位的决定，并且随着时间推移，还有可能发展出“我不好，你也不好”甚至“我不好，你好”的生活定位。

比较而言，由于幼年的人很容易被生活事件影响，也由于心理现实的存在，所以绝大多数人是在幼年时做出改变天赋定位的决定的。但是，成年人的抗挫折力虽然强很多，却也仍然有可能被重大生活事件影响。以台湾地区作家陈若曦的小说《纸婚》为例，男主角项是一个美国人，他在第一次婚姻后选择做同性恋，因为他在第一次婚姻中被妻子虐待，所以做出“不可以信任婚姻中的女性，婚姻中我只能信任一个男人”的决定，然后才在婚姻问题上对女性持有“我好，你不好”的生活定位。

当然，仅仅因为一个女人而做出“不可以信任婚姻中的女性”的判断显然是以偏概全的，这的确是项自身的思维方式有问题，但这个故事非常形象地描述了成年人因为重大生活事件的影响而做出改变天赋生活定位的决定的过程。此外，老师、领导、同事、朋友等的影响以及重大生活事件、社会事件甚至重大的自然灾害等，都有可能让一个人做出背离天赋生活定位的决定。

了解这一点，可以扩展我们对人性的了解，从而使我们更大限度地理解和包容他人。当然，某个成年人在一个重大事件前做出这个而不是那个再决定，其实也与其早期决定有某种联系。童年挫折多的人，在成年后遇到重大事件时，更多地会倾向于放弃，而那往往正与其“我不重要，我没有价值，我不值得拥有”等早期决定相吻合。

二、伯恩再决定理念的提出

伯恩是在治疗一个叫瑞塔（Rita）的病人时提出他的再决定理念的。他指出：“她的性格和症状产生的关键原因在于她在早年做出的有意识的决定，既然这些决定是有意识做出的，它们也可以不被决定。但是在这些决定做出之初，它们为患者提供了在她看来是她那个时期最有可能帮她有效解决问题的方向。因此，治疗的初期是要稳定成人自我状态，并且帮助成人自我状态去除污染，从而使其早年的决定能够被再考虑。如果患者能够放弃她早年的立场和她采用了很久的生存策略，那么她就有可能重新审视她解决问题的方法，并且为自己做一个新的、更有建设性的决定（再决定）。”[①]

这就是说，一个人在早年所做出的适应当时情境的决定，如果影响到其成年后的生活，使其成年后的生活出现问题，那么，他可以通过主动思考、探索早年

---

① Eric Berne. Principles of Group Treatment. New York：Oxford University Press，1966：267.

决定中的问题，以及做出新的决定（再决定）来改变自己未来的人生。治疗师可以通过什么样的方法帮助患者实现自己的再决定呢？

三、可以操作的再决定：治疗中的合约

伯恩的观点是，治疗师可以通过合约（contract）的方式帮助患者实现再决定。伯恩在其著作中对合约有很明确的定义："（这）是治疗师与患者之间一个明确的协议，其中规定了治疗过程中每一个阶段的目标。"①

治疗合约如同商业合约一样，分别规定了双方的责任、义务和所要达成的目标。在伯恩的治疗实践中，合约的制订要经过以下几个过程②：

1. 共同确认治疗目的

这是指医患双方在不断的讨论中确认共同工作的目的。很多时候，来做心理咨询或治疗的人是不太清楚自己的咨询或治疗目的的，而医患双方的共同讨论可以帮助来访者澄清自己的目的。

以下笔者根据自己的实践为大家呈现一个具有普遍性的案例。在伯恩的理论框架中，这仅仅是一个初始合约，而真正的治疗合约是在这个初始合约的基础上生成的。

治疗师：请问你到咨询室来是希望达成什么样的目的？

来访者：我希望成为一个被所有人喜欢的人。

治疗师：你见过被所有人喜欢的人吗？

来访者：见过呀，我一个同学就是这样呀，他人缘特好。

治疗师：人缘特好的人一定是被所有人喜欢的人吗？你确定吗？

来访者：嗯，我不特别确定他是不是被所有人喜欢，但是，嗯，周恩来不就是一个被所有人喜欢的人吗？

治疗师：周恩来是被所有人喜欢的人吗？他的敌人也喜欢他吗？你知道他当时是有敌人的，至少在非社会主义阵营中他有敌人。

来访者：哦，是，他的敌人不是喜欢他，是尊重他。

治疗师：那我们再来看你想要通过咨询达到的目的是否合理？

来访者：好像不合理。

治疗师：那么怎样才会合理呢？

来访者：一个人能够被多数人喜欢就很不错了。

治疗师：为什么你想被多数人喜欢？

来访者：因为那就可以证明我的人际关系好。

---

① Eric Berne. What Do You Say After You Say Hello?. New York：Grove Press，1972：443.

② Eric Berne. Principles of Group Treatment. New York：Oxford University Press，1966：chapter 4.

治疗师：你的意思是，你来做咨询，是因为你想有良好的人际关系？

来访者：对，是这样，这就是我想达成的目的！

在这整个讨论过程中，来访者在治疗师的不断提问中，对自己为什么会来咨询室以及自己究竟想要达成什么样的目的，有了清晰明确的自我觉察和认识，而且也开始承担起自我调节的责任。而对治疗师来说，这整个讨论过程则让其明确了自己可以用什么样的专业方式为来访者提供帮助。

2. 澄清想要解决的问题并明确具体的共同工作目标

知道了来访者想要达成的咨询目的，接着要搞清楚的问题就是：过去究竟是什么妨碍了来访者实现自己的目的，以及要怎样做才可以实现这个目的。这仍然要通过医患双方的共同讨论去澄清并且实现。我们继续以上述个案为例：

治疗师：现在我们来讨论，要实现良好的人际关系，你认为有哪些需要解决的问题和要达成的具体目标？

来访者：我不知道自己究竟什么地方出了问题，也不知道自己究竟该怎么做，我曾经读过很多书，也问过几个长辈，还努力观察过周围的人，都没有找到很好的答案，所以我才到这里来。

治疗师：哦，你为了实现良好的人际关系，已经做了这么多努力，你真是一个很有心的人。你现在的意思是，我们共同工作的具体目标应该是：找到问题的症结，同时学习一些有效的人际交往方法。你觉得是这样吗？

来访者：对，我想我到这里来，是因为我决定通过自己的努力改善自己的人际关系，我要找到妨碍我人际关系的原因和学习能够提高人际交往能力的方法。我想知道你可以怎样帮助我？

治疗师：我会与你在一起，认真地听你的故事，当我了解了你的情况后，我会与你讨论，还会提一些你的亲友不曾向你提出过的问题与建议，你也会做些调节，然后就会有些不同的事发生。（注意：治疗师不会做出诸如“你会改变，你会痊愈”的承诺。）

3. 医患双方确认治疗过程中各自承担的责任

就像所有的合约一样，伯恩的治疗合约中，有专门的责任分担规定。具体地说，在治疗过程中，治疗师要承担的责任是用自己的知识与经验向来访者提供专业帮助，同时为来访者保密；来访者要承担的首要责任则是按照共同的约定在治疗过程中付出切实的努力。除此之外，治疗师与来访者要共同就咨询或治疗的时间、地点、费用达成一致的约定。

伯恩不仅在个人治疗中提倡合约，而且在团体治疗（group therapy，又译集体治疗或小组治疗）中也提倡采用合约的方式，而这正是 TA 团体治疗区别于其他团体治疗的要点所在。

伯恩之后的很多TA治疗师就治疗合约有很多自己的补充甚至发展，比如克劳德·斯坦纳[①]，艾恩·史都华与凡恩·琼斯[②]，以及欧嘉瑞、安妮卡和罗南[③]等都有很多补充，高登夫妇更是发展出了系统的“再决定”治疗理论和方法[④]。由于本书重在向读者介绍TA理论中有助于个人自助、自我成长的理念与方法，这些与治疗有关的合约内容都不再赘述。本章第三节将对高登夫妇的“再决定”理论中有助于个人自助的理念与方法做较详细的介绍。

四、治疗中合约观提出的重要意义

伯恩提出的治疗合约是一个具有操作性的意义重大的创见。大家都知道，在最原始的医患关系中，医生被看作“救星”或者“拯救者”，渐渐地，这种看法进入人们的无意识，无论一个人平时有多么自信甚至跋扈，在其生病见到医生时都会立刻条件反射似的把医生夸大为需仰视可见的大人物，并总是唯医生是从。

其实，不仅是心理治疗，就是在躯体治疗中，这样的医患关系都会妨碍疾病的治疗和患者的康复。最先想到要解决这个问题的是心理治疗师罗杰斯，他早在1940年代就提出具有划时代意义的新的医患观：一是用“来访者”（client）替代“患者”（patient）的称谓，这是尊重患者、强调患者自主权利的具体体现；二是提倡“以来访者为中心”，即强调医患之间是一种平等与合作的关系，医生要相信患者（来访者）有足够的潜能恢复健康，并尊重患者（来访者）的选择。为实现其理念，罗杰斯还提出了相应的态度和方法，即“无条件积极关注”“共情式理解”“倾听”“真诚”。[⑤]

伯恩于1960年代提出的“治疗合约”，则是对罗杰斯医患关系理论的重要补充，不仅从理念上，而且从技术上进一步完善了医患关系理论，是存在-人本主义哲学理念的又一次体现。具体地说，伯恩的“治疗合约”在医患关系理论中的贡献表现为以下几点：

1. 邀请来访者对自己的康复负责

前面提到，由于多重原因，罗杰斯之前的医患关系存在极大的不平等：医疗

---

① Claude Steiner. Scripts People Live—Transactional Analysis of Life Scripts. New York: Bantam Books, 1974: 290-299.

② 艾恩·史都华，凡恩·琼斯. 人际沟通分析练习法. 易之新，译. 台北：张老师文化事业股份有限公司，2002：370-378.

③ 欧嘉瑞，安妮卡，罗南. 人际沟通分析——TA治疗的理论与实务. 黄珮瑛，译. 台北：张老师文化事业股份有限公司，1996：156-196.

④ Mary McCluer Goulding, Robert L. Goulding. Changing Lives through Redecision Therapy. New York: Grove Press, Inc., 1982.

⑤ 卡尔·R. 罗杰斯，等. 当事人中心治疗——实践、运用和理论. 李孟潮，李迎潮，译. 北京：中国人民大学出版社，2004：3-170.

情境中，医生被看作无所不能的救星，到医生那看病，就是把自己全部交给医生。现在中国仍然有不少人秉持这样的医患观，患躯体疾病和心理疾病者皆然。而伯恩治疗合约的发明，就如同商业或一切工作合作中的合约一样，把来访者当作平等合作的另一方，使来访者成为治疗师的合作伙伴，很自然地就能够激活来访者对自己疾病的责任感，使来访者有意识地对自己的康复负起责任。

正如欧嘉瑞等在其著作中所表达的："合约是根据个体与治疗师之间的合作而来的，且共同拥有。在 TA 里，这意味着个案与治疗师对治疗负有同等的责任，虽然他们的责任范围与角色不同。这种助人自助的态度，也是 TA 对人的能力及治疗效果的看法。当个体为他自己的治疗负起责任时，他须尽其所能运用自己及治疗师的力量与能力，来达到治疗的目标。"①

2. 有效地避免陷入心理游戏并发展出建设性的替代方法

在医患情境中，最有可能发生的心理游戏包括伯恩罗列的"踢我"、"官兵捉强盗"、"总爱找碴儿"、"噢，你是多么棒的治疗师啊"、"看，我逮着你了吧"、"是，但是"、"我有一条木头腿"、"看，你都让我做了什么"、"酗酒者或成瘾者"(对治疗或治疗师成瘾)、"我只是想帮你"等。如果用卡普曼的戏剧三角说对这些心理游戏进行更详尽的分类，它们无非都卷入了轮流扮演迫害者、受害者和拯救者的恶性循环之中。

因此，治疗合约的意义是：首先，可以帮助治疗师和来访者在一定程度上避免陷入戏剧三角，在合约的约束下，医患双方是完全平等的合作关系，来访者与治疗师共同商量治疗目的、需要解决的问题、希望达到的目标、为了合作各自所应该承担的责任和义务等。大家既然是平等合作的关系，自然就不会再有什么迫害者、受害者和拯救者的存在空间。

其次，合约的另一个重要功能是创造了一种帮助来访者和治疗师有效应对心理游戏的可能性。医患之间不可避免地会发生心理游戏。合约的目的就是在治疗室中创造一种安全的环境，以帮助来访者发现一种新的更好的方法去应付他的心理游戏，并且与治疗师一同去选择可以替代心理游戏的建设性方法。在合约的规定下，来访者和治疗师共同承担实现合约目标的责任，从而促使来访者摆脱生活脚本和惯用心理游戏的束缚，以实现个人自助与成长。

3. 促进医患关系向更积极健康的方向发展

治疗合约的引入使医患双方在实现共同目标的过程中精诚合作，在整个过程中，不仅来访者的自助意识与能力在不断增强，其自主性得到提升，而且治疗师的助人与自助能力也会明显提高。因此，双方的合作不仅可以提高治疗的效率，

---

① 欧嘉瑞，安妮卡，罗南．人际沟通分析——TA 治疗的理论与实务．黄珮瑛，译．台北：张老师文化事业股份有限公司，1996：157.

而且也使医患关系变得更健康，更具积极性。

第二节　慕瑞尔·詹姆士等人对合约观的发展：自我重塑观

要掌握高登夫妇发展TA理论后提出的系统的再决定理论，我们还有必要先了解一下慕瑞尔·詹姆士（Muriel James）等人在合约观上所做的贡献。

一、自我重塑观释义

伯恩的追随者中有几位很注重将TA理论运用到自我调节与治疗上，其中慕瑞尔·詹姆士是最早的提倡者之一，另外一位是艾恩·史都华，他在慕瑞尔·詹姆士的基础上提出自我重塑（self-reparenting）观，从而对伯恩的合约观有所发展。[①]

这里先要澄清self-reparenting这个概念，有人把它译作“自我治疗”[②]，也有人译作“自我重塑”[③]，还有人译作“自我抚育”[④]。笔者倾向于第二种翻译法，即“自我重塑”，这更准确。因为，英文中的parent（父母）加上ing后成为parenting（父母化的），而前缀re-意为重新，合起来就是“重新父母化”，在TA的框架中意指自己重新做一次自己的父母，对自己进行新的教化或塑造。因此，self-reparenting译作“自我重塑”最为准确，“自我抚育”次之，而“自我治疗”则最不贴切。

二、自我重塑观的内容

1. 慕瑞尔·詹姆士的自我重塑观

自我重塑概念最初是由慕瑞尔·詹姆士于1974年提出的，1983年，她的《自我重塑的理论和过程》一文获得“伯恩纪念科学奖”。[⑤]

所谓自我重塑，是指一个人“内在父母自我状态的自我更新与重塑”[⑥]。经典的TA理论强调人的三种自我状态与他人的三种自我状态间的互动，而慕瑞尔·詹姆士提出的自我重塑观强调的则是一个人内在父母自我状态与内在儿童自我状态的互动。具体地说就是在自我重塑的过程中，一个人担负起自己抚育

---

① 艾恩·史都华，凡恩·琼斯．人际沟通分析练习法．易之新，译．台北：张老师文化事业股份有限公司，2002：375.

② 同①.

③ http://dict.youdao.com/w/%E8%87%AA%E6%88%91%E9%87%8D%E5%A1%91/#.

④ 同③.

⑤ M. James. Self Reparenting—Theory and Process. TAJ，1974（4：3）：32-39.

⑥ 同⑤32.

自己的责任，在自身之内建立起一个新的父母自我状态，并对自己的儿童自我状态加以安抚和抚育，在这个过程中消除以往经历中的真实父母或替代父母的负面影响，从而重建一个健康的儿童自我状态。

2. 什么样的人需要自我重塑

慕瑞尔·詹姆士认为，虽然每个人都需要牛奶，但并不是每个人都需要有一个新的父母自我状态，而要判断一个人是否需要自我重塑，只需要问以下两个问题①：

"当你还是一个孩子的时候，你会用哪五个词描述你所觉察的你的妈妈？"

"当你还是一个孩子的时候，你会用哪五个词描述你所觉察的你的爸爸？"

慕瑞尔·詹姆士认为，如果来访者选择的词汇都是积极的，那么他们会表现出同样积极的性格特点，这样的人就不需要重建其父母自我状态；如果来访者选择的词汇都是消极的，这些性格特点同样会表现在他们当前的行为中。这些人原有的父母自我状态往往是过度批评的、过度保护的、内在不协调的、前后不一致的、冲突的、疏远的、超理性的或者十分幼稚的。因此，这样的人往往就需要通过自我重塑而获得一个新的父母自我状态。

慕瑞尔·詹姆士的这种测验方法虽然很简单，但却很有意义，并且可以同样运用到我们的自我觉察和自我认识上，这两个问题可以让我们了解自己日常的思维习惯是积极的方面多还是消极的方面多，如果我们更多地处于一种消极心态中，那么自我重塑就是必要的；如果我们的心态大多数时候都很积极，我们就不需要父母自我状态的自我重塑。

但要注意，这里还有一个问题。人的情绪总是变化的，如果我们现在正经历着重大生活事件，我们在回答慕瑞尔·詹姆士的这两个问题时就可能有更多的主观性和情绪性。因此，这时的评估结果就需要考虑。

3. 自我重塑的步骤②

步骤一：自我了解

从自身的消极思维入手，了解自己儿时所接受的禁止信息、有关自我和他人的否定性情感、自己常常玩的心理游戏、自己的脚本以及自己自我状态中缺乏适应性的父母自我状态。

步骤二：做一个历史性回顾

用家庭作业的方式，回顾儿时经历，了解自己儿时父母的状态，了解自己父母状态中的每一个方面。

步骤三：有关自我重塑的主题心理教育

心理教育（psychoeducation）这一概念诞生之初，特指针对有精神疾病的患

---

① M. James. Self Reparenting—Theory and Process. TAJ，1974.

② 同①.

者及其家属的一种特殊形式的教育，目的在于帮助其以清晰的方式了解精神疾病，并掌握应付精神疾病及其影响的策略。心理教育的内容包括：信息传递（疾病症状、原因、治疗概念等），有关情绪知识的了解，医学与心理治疗对策，向精神疾病患者及其家属提供自助策略等。

随着时间的推移，心理教育不仅被用在精神疾病和心理疾病的治疗上，后来还用于以团体辅导形式解决心理困扰，以及对青年学生的发展教育上。心理教育在心理咨询与治疗以及心理疾病的预防和心理健康的推进上有非常重要的作用，它不仅能够帮助当事人了解有关心理健康的内容与知识，还可以激发来访者自我疗愈和成长的动机。因此，它所给予人们的更多是"渔"，而非简单的"鱼"。

慕瑞尔·詹姆士提倡的心理教育包括：参加自我重塑的讲座，参加诸如1970年代起在美国比较流行的一种由托马斯·高登首倡的"父母效能训练"(Parent Effectiveness Training，简称 PET）工作坊[①]，以及阅读有关著作、文章。慕瑞尔·詹姆士建议的阅读材料是她自己的一本著作：*What Do You Do with Them Now That You've Got Them? —Transactional Analysis for Papa and Mam*。

不仅如此，慕瑞尔·詹姆士还强调要观察真实生活中自己的和他人的父母，以及真实生活中包括团体治疗成员所表现出的恰当的或不恰当的父母自我状态。很显然，在这一系列的心理教育过程中，我们不仅可以更深入地了解自己的父母自我状态，而且可以增加对父母的了解和理解，在这样的前提下实现自我重塑。

步骤四：展开成人自我状态和儿童自我状态的内部对话

这个内部对话所要达到的目的是发现儿童自我状态中各个部分的需要。因为每个人的自我状态都是独一无二的，因此也有必要得到特别的满足。

比如一个工作狂，他很有必要通过内部对话了解自己的自由型儿童自我状态有些什么样的需要，同时了解自己长时间压抑自己的自由型儿童自我状态给整体的自己造成了什么样的伤害；再比如一个"愤青"，他就有必要通过内部对话知道自己的适应型儿童自我状态有什么样的渴望，同时了解对自身自由型儿童自我状态的放任给自己的持续发展造成了什么样的问题。

人在成长的过程中，由于社会化的缘故，压抑最多的就是自己的儿童自我状态，因此，与自己的儿童自我状态对话，了解它受到的压抑甚至伤害，了解它的渴望和期待，然后以建设性方式加以满足，对人的自我重塑有很重要的意义。比如林妹妹，如果她能够给自己的适应型儿童自我状态更多一点的理解和体贴，她

---

① Roger C. Rinn. Parent Effectiveness Training: A Review. http://www.amsciepub.com/doi/abs/10.2466/pr0.1977.41.1.95.

的处境会不会好一些？再如宝钗，如果她能够给自己的自由型儿童自我状态多一些关心，她是不是会活得轻松一些？

步骤五：对原有的父母自我状态做评估

按照慕瑞尔·詹姆士的观点，这是由成人自我状态承担的事。在这个阶段中，成人自我状态要搜集有关父母自我状态、儿童自我状态和外部世界的资料，对其进行评估，尤其对原有的父母自我状态进行明确详尽的评估，以与新的父母自我状态达成一种平衡。评估是为了让自我重塑更有方向，也更有效率。举例来说，如果林妹妹的成人自我状态对其原有的父母自我状态进行评估，并且开始在原有的父母自我状态中融入营养、包容的成分（重塑），使重塑的父母自我状态对其适应型儿童自我状态多一些培育，那么她的外部微观环境就会比原来好一些，她的日子就不会那么艰难。而宝钗的成人自我状态在对原有的父母自我状态进行评估后，会发现原来的父母自我状态太过苛求和压抑，那么重塑父母自我状态时，只要她懂得对自己的自由型儿童自我状态多一些关心和安抚，那么她的生活也会容易一些。

步骤六：签订合约并且加以实践

这个合约是自己与自己签订的，是成人自我状态承诺以新的父母行为去与自己的儿童自我状态相处，让需要安抚的儿童自我状态得到最好的照顾。还以林妹妹为例，她的成人自我状态应对自己承诺：要用新的、更具有营养性的方式与自己的适应型儿童自我状态相处，同时以温和而坚定的方式让自己的自由型儿童自我状态了解遵守游戏规则在社会生活中的必要性和重要性，了解人与人之间相处是需要彼此尊重、珍惜和爱护的，了解在非原则问题上的随和与弹性在维护人际关系中的作用。而对于薛宝钗，如果她的成人自我状态对自己做出重塑父母自我状态的承诺，她在实践中就要学习对自己的适应型儿童自我状态少一些干预和苛求，而对自己的自由型儿童自我状态多一些安抚，学习用微笑欣赏自己的自由型儿童自我状态，而以温暖去安抚自己的适应型儿童自我状态。

步骤七：认可新的父母自我状态

虽然新的父母自我状态刚开始时给人的感觉不太舒服、生疏甚至别扭，但是，只要我们认可它并且坚持在生活中实践它，那么，当它形成条件反射后，就可以成为我们的自动化行为。

林妹妹刚开始肯定会对自己的控制型父母自我状态感觉不适，而薛宝钗刚开始也会不适应对自己进行多方照顾的营养型父母自我状态，但是，只要她们懂得在必要时坚持使用新的父母自我状态，久而久之就会形成新的条件反射。

以上介绍了慕瑞尔·詹姆士的父母自我状态重塑法，想象一下，一个懂得约束自己的任性的林妹妹（对自己增加了控制型父母自我状态），以及一个不只知道顾及别人感受的薛宝钗（对自己增加了营养型父母自我状态），是不是会显得更可爱和更容易让人亲近？

第三节　再决定学派

一、再决定学派产生的基本背景与治疗哲学

1. 再决定学派产生的基本背景

伯恩 1970 年去世之后，TA 理论不仅没有停滞，相反一直蓬勃发展，到 1970 年代中期，形成了三个学派：经典学派、贯注学派和再决定学派。经典学派强调发展成人自我状态，这点我们在前面已经有很充分的介绍，此不赘述。

贯注学派（The Cathexis School）重视父母自我状态的发展，其首倡者 J. L. 席芙原先是一位专为精神分裂症患者服务的社工，她和她的同事在工作中运用并且扩展了 TA 理论，于 1972 年在美国加州成立“贯注治疗中心”。这个中心的研究目的是：为轻度精神分裂症患者寻找一种只需要上课、参加社交训练和参与治疗计划而无须住院的康复方式。贯注学派的治疗要点是，以培养患者的父母自我状态为主要目标。在治疗过程中，他们提出了有关漠视的理论，并且发展出了他们的“再抚育”（re-parenting）治疗技术。①

有关漠视的理论我们在第七章有专门的介绍，这个理论在帮助人处理自己和他人的关系时意义重大。尤其对我们中国人而言，由于一直处于集体主义文化之中，人们对个人一向存在着较严重的漠视，因此，了解并学习漠视理论对增进我们在这方面的自我觉察和自我成长有着特别的意义。

再抚育技术的要点是，以父母自我状态为治疗目标，也就是对精神分裂症患者的价值观给予直接的指导。② 席芙认为，想要教导有严重精神障碍的人如何生活，就得给他们提出有关生活的明确指示，其中包括如“你必须对自己的言行负责任”“你可以有感觉”等。席芙的目标是把这些“孩子”重新抚育成能够对自己的行为负责的“大人”。再抚育的具体实践方法是：先帮助患者对其自我状态做去污染的工作，从而使其各个自我状态间有明晰的界限，继而培育患者的成人自我状态，然后有意识地帮助患者去除其原有的不适应的父母自我状态，并以治疗师的父母自我状态代之。这段时间中，患者与治疗师之间处于一种共生状态，

① 欧嘉瑞，安妮卡，罗南. 人际沟通分析——TA 治疗的理论与实务. 黄珮瑛，译. 台北：张老师文化事业股份有限公司，1996：26.

② 同①25－29.

治疗师此时成为患者心理上的父母。此时的精神分裂症患者有可能真正退化为一个孩子，然后再一步步经历成熟的每一个阶段，直到重新长大成人。这个过程中，由于治疗师把患者当成幼儿甚至婴儿，因此自然会有很多身体接触，后来导致这个学派和这种非常特殊的治疗方式被质疑，席芙因其独特的工作方式有悖伦理而被国际人际沟通分析学会（ITAA）除名。另外，由于这个学派更多是针对精神分裂症病人的，这里不再赘述。

以下重点介绍再决定学派。再决定学派与经典学派一样，适合普通人群的自助。前面提到，最先提出再决定理念的是伯恩，其后，伯恩的学生高登夫妇在伯恩的基础上，整合了帕尔斯完形疗法的理念和方法以及团体治疗的技术，发展出系统的再决定治疗理论，其代表作是 *Changing Lives through Redecision Therapy*（《通过再决定治疗改变生活》，台湾地区译为《再生之旅》）[①]，以及 *The Power Is in the Patient*：*A TA/Gestalt Approach to Psychotherapy*（《来访者自身的力量——一种通往心理治疗的 TA/Gestalt 疗法》）[②]。

2. 再决定学派的治疗哲学

再决定学派秉持存在-人本主义的哲学观，坚信每个人对自己负有完全的责任，坚信人可以通过自由选择在一定程度上超越他所处环境的局限性，坚信来访者对自身责任的承担是治疗的重要基础。在操作层面上，再决定治疗特别强调激活来访者的自主性，以此充分调动来访者自我成长的动机与潜能。

在《来访者自身的力量》一书中，高登夫妇谈道："从治疗一开始，医患就面临一个共同的理念：来访者独自为他的思想、行为和情感负责，他拥有独自为自己负责的权利。如果他选择生气、悲伤或者焦虑和混乱，那是他自己的选择，而且他也可以有其他的选择。这个理念是我们工作的核心。"[③]

这种对人的自由意志和自主性的强调，可以很有力地激发来访者对自己的想法、行为和感觉承担责任，从而为治疗奠定坚实的基础。在"来访者独自为他的思想、行为和情感负责"这个核心理念的指导下，高登夫妇最大限度地调动出来访者自助与自救的动机，从而使治疗产生奇迹般的效果。

二、再决定治疗的基本目标与方法

1. 目标：对以往的不适应性决定做出再决定

在《通过再决定治疗改变生活》一书的第一章中，高登夫妇就对他们的治疗

---

① Mary McClure Goulding，Robert L. Goulding. Changing Lives through Redecision Therapy，with a foreword by Virginia M. Satir. New York：Grove Press，Inc.，1979.

② Mary McClure Goulding，Robert L. Goulding. The Power Is in the Patient：A TA/Gestalt Approach to Psychotherapy. San Francisco：TA Press，1978.

③ 同①73.

方法做了高度概括："我们使用的方法简单明了，易学易懂，综合了沟通分析学派、完形治疗、团体心理治疗，以及减敏感法。目标是帮助人不再有恐惧，将焦虑转成对人生的热情，去除强迫症和忧郁症，代之以享受人生。我们也帮助夫妻由交战变成相爱，若他们无意和解，也帮助他们另寻人生的乐趣。我们还教人面对自己的感觉，而不是怪罪别人。我们的方法总称为'再决定治疗法'。"①

要了解再决定治疗的目标，就要复习我们在讨论人生脚本的章节中谈到过的禁止信息与早期决定。孩子在成长过程中会遇到一些限制性的禁止信息，为了生存，孩子会发展出一套自己的方法。这些由孩子的儿童自我状态所发展出的方法被称为早期决定，这些早期决定帮助孩子与父母维持表面良好的关系。这些早期决定不仅会组成这个孩子人生脚本的核心内容，而且会派生出相应的心理游戏和扭曲感觉。这些早期决定可以暂时帮助幼年的人适应当时的环境，但是随着他长大成人，儿时的决定就会表现出很多不适应性，严重的还会引发心理问题，而再决定治疗就是要帮助来访者做出新的适应当下环境和满足个人成长需要的再决定。

从操作层面上看，高登夫妇具体做的就是通过合约的签订、治疗环境的提供和具体的医患互动，帮助来访者把严厉的控制型父母自我状态从其意识中赶走，让来访者对其不适应性早期决定做出改变——再决定，从而实现心理的健康。

2. 再决定治疗的基本程序与方法

(1) 再决定治疗的基本概念

高登夫妇发展出的再决定治疗的要点是：一个人的再决定是指由其儿童自我状态针对其早期决定而做出的新的决定。一个人的早期决定是由其儿童自我状态做出的，因此，今天的再决定也应该由这同一个儿童自我状态做出，在具体的治疗中，这就意味着医患之间要做一些回溯工作。在日常生活中，我们自己也可以通过回溯对自己的早期决定做出新的改变。只是由于这种回溯往往会触及我们儿时的创伤并且激活相应的情感，因此有时候对我们而言，在咨询或治疗情境中做自己的再决定会是更好、更有效率的选择。

在《来访者自身的力量》一书中，高登夫妇对再决定治疗有非常明确的叙述："来访者儿时面对禁止信息而做出了他们的早期决定，他们直到今天仍然在维持这个早期决定。当年他们的决定是针对父母的行为和感觉而做出的，是为了帮助他们自己在身心上都能够幸存，因此，那个早期决定是有适应功能的。他们早年有权利做出这个决定，而现在，在此时此地，他们也有权利做出新的决定。如果他们现在不喜欢他们的行为、感觉和想法，如果他们现在不喜欢他们的扭曲

---

① Mary McClure Goulding, Robert L. Goulding. Changing Lives through Redecision Therapy, with a foreword by Virginia M. Satir. New York: Grove Press, Inc., 1979: 4.

感觉、他们的心理游戏和所有支持他们早期决定的事情，他们现在有权利去改变它，而引导他们去改变则是我们所做工作的实质。”①

（2）从接触到签订合约

高登夫妇认为小组治疗中的治疗合约是最重要的工具。在治疗合约中，医患双方要明确他们想达成的目标，以及为达成目标他们双方所要承担的义务。有时候，为了让来访者充分了解自己的需要和目标，高登夫妇甚至要花一个下午的时间来签这个合约。② 他们首先倾听并且观察与这位来访者有关的一系列信息，比如他抱怨的主要是什么？在他决定寻求帮助的时候他同时为自己做了什么？他有什么样的感觉？他不喜欢他自己的什么行为？他是不是有强迫思维？他抑郁吗？他大多数时候是愤怒、无聊，还是恐惧？他在婚姻中是不是感觉不幸福？他在工作中的感受呢？这个不快乐的来访者有什么特殊的感觉、思想或行为？他现在来到治疗室是希望改变什么呢？经过对上述一系列情况的了解，高登夫妇才根据来访者的特殊需要，与之签订合约。

这种根据每个来访者个人情况而量身定做的治疗方案，就如同我们教育者要因材施教一样，是在因人施治，因此针对性很强。这也是再决定治疗常常被称为有“神奇效果”的原因所在。

此外，医患合约的重要性不仅仅在于澄清医患彼此的责任和目标，更重要的是使治疗师与来访者确立一种合作的同行（音“形”）关系，它提醒来访者对治愈拥有和治疗师一样的责任，并鼓励来访者自主地承担起让自己康复的责任。

（3）注重“此时此地”

高登夫妇将格式塔疗法中的“此时此地”理念用于 TA 治疗中。其要点是关注来访者在治疗室中所发生的一切，注重来访者对当下问题的思考与解决。

格式塔疗法首倡的“此时此地”中暗含着这样一个前设，那就是一个来访者在治疗室中当下所表现的行为模式与思维方法，与他在日常生活中是一致的，因此，我们只需要通过了解并矫正他在治疗室中发生的行为，就可以帮助他摆脱以往的不适应行为模式，而具备适应性行为。

所以，高登夫妇在与来访者交流时，非常注重要其用“现在时”谈问题，也就是要求来访者“假装”所要叙述的一切正发生在当下的治疗室。比如，来访者谈到与某个人的过节，就要假装这个人眼下正在治疗室中，在他的对面。用这样的方法，高登夫妇把其治疗聚焦于治疗室中的“此时此地”所发生的一切。“比如说，他会不会因为担心明天可能发生什么意外而整夜失眠？或是因为总统做了某事而整天生气！总的来说，重点是他是否因为忽略了‘此时此刻’的生活而不

---

① Mary McClure Goulding，Robert L. Goulding. The Power Is in the Patient：A TA/Gestalt Approach to Psychotherapy，San Francisco：TA Press，1978：74.

② 同① 4-5，68.

快乐?”①

通过创造出这样一个让来访者亲临其境而不是讨论某个情境的氛围，来访者得以更加真切而直接地了解与其当下情感密切相关的内心冲突。这不仅有助于来访者的自我觉察，而且也有助于其尝试采用新的思维方式。

（4）注重调动来访者的自主性

在治疗中，高登夫妇非常注意调动来访者的自主性，如前所述，再决定治疗的理念之一是：每个人都要为自己的感觉和想法负责。高登夫妇坚信，每个人制造了自己的感觉，而且没有人能制造出他人的感觉，就如同每个人都有可能影响他人的感觉，例如你吓唬某个人，让他害怕，但是我们无法要他人按照我们的感觉来反应，我们吓唬他，他可以选择感觉害怕，也可以选择感觉好玩，我们不可能制造出他人的感觉。每个人都对自己的感觉负责，就如同别人也不可能让我们感觉一样，我们的感觉由我们自己负责。

为了保证来访者了解这点，在治疗室中，高登夫妇会不断提醒来访者注意自己的有关语言，比如有人说“一个念头冒了出来”，高登夫妇就会反问：“这个世界上怎么可能有一个念头自己‘冒了出来’？是谁制造了这个念头?”为了让来访者学习对自己的想法和感觉负责，他们会教来访者更负责任的表达方法，如用“我”打头的声明去替换原先的句子，比如“我产生了一个念头”，再如“我被吓着了”“我让我自己抑郁”“我感觉恐惧”等。

高登夫妇认为他们这种以“我”打头的替换声明是他们技术中最重要的部分。② 他们在用这种方法让来访者认识到是自己选择了生气、伤心或者愤怒，如此，来访者就会渐渐学到对自己的情感和想法负责。

高登夫妇这种增强来访者自主性的理念和方式非常有现实意义。在现实生活中，我们常常认为是外界发生的事导致我们的心情好或不好，比如“没有考上名校让我自卑”“失恋让我绝望”“疾病让我感觉不幸”等，当一个人这样对自己说的时候，其实他就是把自己置于受害者的地位。可是放眼看去，这世界上那么多没有考上名校的人，那么多失恋的人，那么多生病的人，为什么并不是所有人都感觉自卑、痛苦或者不幸呢？所以，决定一个人情绪的不是一个人所遇到的外部事件，而是他对这个外部事件的解释和他自己选择的反应方式。因此，不是没有考上名校让人自卑，而是他选择以自卑来反应；不是失恋就一定绝望，而是他选择以绝望来反应；同样，不是疾病就会让人不幸，而是人选择以不幸来对疾病做出反应。

高登夫妇在调动来访者自主性时所用到的技术与合理情绪疗法有相似之处，其要点都在于要来访者对自己的情绪和想法负责，不再以受害者自居，因为只有

---

① Mary McClure Goulding, Robert L. Goulding. Changing Lives through Redecision Therapy, with a foreword by Virginia M. Satir. New York: Grove Press, Inc., 1979: 5.

② 同① 6.

这样，他才能够走上康复或说是再生之路。

（5）了解来访者的早期决定与症结

按照 TA 的框架，人的症结来源于其早期决定。所谓早期决定，是指“一个人在幼年时为自己的存在所做出的结论……是个人脚本的基础，与情绪性经验有很大的关联”①。

一个孩子在其生长的过程中会遇到不同的环境，如果爸爸妈妈身心健康，那么孩子就有健康成长的环境。但是，如果爸爸妈妈有自己的问题，比如酗酒、家庭暴力、冷战，或者对孩子发出很多禁止信息，再或者只会用拳头和孩子说话等，孩子为了生存，即为了能在这样的父母手中活下来，与这样的父母保持最适合自己生存的关系，他们会发展出一些适应性策略，比如“无论如何，我都要听父母的话”“无论如何，我都要做让父母高兴的事”“我一定要做让父母喜欢的孩子”“我要牺牲我的童年去换取父母的欢心”“我要以伤害自己的方式引起父母的注意”等等。这就是早期决定，并且经由这个早期决定产生了他的人生脚本。

这些早期决定在当时的确帮助这个孩子有效地适应了他的父母，但是，随着他年龄的增长，这样的早期决定和人生脚本不仅极大地限制了他的发展，而且往往会导致心理问题甚至精神症状。所以，当来访者走进高登夫妇的治疗室时，他们会了解其早年生活与早期决定，会观察他的人生脚本究竟是平庸的、输家的还是赢家的，观察其早期决定对其今日生活与心理状态的影响，以此发现其症状与早期经历之间的关系，从而实现对症治疗。

高登夫妇在其著作中举了一个很有意思的例子：“一个来访者在治疗室一面点烟一面说：‘我想戒烟。’这是一种很明显的症结，他的一部分说：‘我想戒烟。’他的另外一部分说：‘我不想戒烟。’除非他解决自己内在的冲突，否则不管抽烟或戒烟，他都会很不舒服。就这个例子来说，这个症状如同大多数症状一样，同来访者至今仍然在无意识地沿用的早期决定——我要伤害我自己——有关。”②

帮助来访者在治疗室发现症结，解决症结，然后，再帮助其在认知上了解自己过去的思考、感觉和行为模式究竟是如何影响他现在的生活的，如此便可以帮助一个来访者把无意识中的东西提升到意识层面，从而为来访者的自主决定或说再决定奠定坚实的基础。

（6）在团体中进行

再决定治疗通常是在团体中进行的，这是高登夫妇为来访者提供的治疗环境。而且高登夫妇还偏好“马拉松式团体治疗”，也就是一种连续的、密集型的、

---

① 欧嘉瑞，安妮卡，罗南. 人际沟通分析——TA 治疗的理论与实务. 黄珮瑛，译. 台北：张老师文化事业股份有限公司，1996：91.

② Mary McClure Goulding, Robert L. Goulding. Changing Lives through Redecision Therapy, with a foreword by Virginia M. Satir. New York: Grove Press, Inc., 1979: 6.

有严格的时间设置（包括用餐、休息和吃茶歇的时间都有时间表）的团体治疗，通常是一整个周末。高登夫妇认为，在这样的马拉松式治疗团体中，来访者可以非常专注地聚焦于自己想要解决的问题，此外可以有高度支持性的工作气氛，并且来访者也更容易得到集中的正面安抚。①

以上介绍了高登夫妇的再决定治疗观。为了更形象地说明其治疗理念，笔者摘录了高登夫妇著作中的一个治疗片段②：

例如，一个来访者因为多年来总是处于非常紧张的忙碌中而得了严重的头痛病，他的成人自我状态做出了“我要放慢节奏，不要那么努力”的决定，但是他的儿童自我状态感觉受到伤害，因为它没有得到安抚，它从小就是靠努力工作得到自己想要的安抚，现在这个成人自我状态的决定让它无所适从。于是高登夫妇让他回到当年做出决定的年龄，而且要求他以现在进行时进行。

来访者：当我 7 岁的时候……

治疗师：用现在时。

来访者：我现在 7 岁，我想要一辆自行车。爸爸说：“除非你做些什么，否则你不可能得到它。”

治疗师：想象你就是你爸爸，正站在你面前，他对你说了什么。

来访者：（扮演爸爸）如果你在这个世界上想要任何东西，都需要为它付出，需要为得到它而努力工作。

治疗师：扮演你自己。

来访者：爸爸，我只是一个小孩儿，我只想要一辆自行车，我不想去干活，你就送我一辆自行车作为圣诞节的礼物吧。

来访者：（再次扮演爸爸）不！你必须通过努力工作去得到任何东西，树上不会长出自行车！

来访者：（扮演自己）爸爸，你想要我做什么？（这是一个扭曲感觉，他真实的感觉是伤心、委屈或愤怒，但是他表现出的是平和与顺从。）

治疗师：停下。请告诉我你当时事实上想对他说的是什么？（这是在帮助对方觉察自己的扭曲感觉。）

来访者：（一段骂人的话。）（这表明来访者当时更多的感觉是愤怒。）我就是不要总是努力工作！我从现在起，就是要玩得多一些，工作得少一些。（说完这话，他的头痛病突然就消失了。③）

---

① 欧嘉瑞，安妮卡，罗南．人际沟通分析——TA 治疗的理论与实务．黄珮瑛，译．台北：张老师文化事业股份有限公司，1996：30.

② Mary McClure Goulding，Robert L. Goulding. The Power Is in the Patient：A TA/Gestalt Approach to Psychotherapy. San Francisco：TA Press，1978：80.

③ 心理学上这叫作“修通”，即从儿时困扰他的问题以及由此而显示出的躯体问题因他的再决定而消失。

几天后，这个来访者又想起妈妈要他努力工作的禁止信息——“不努力工作，你就不存在”，治疗师又针对这点与来访者交流，限于篇幅，不再介绍。

总之，再决定治疗相信人具有自由意志，相信人有能力为自己的感觉、行为和思想负责，有能力为自己做出更好的选择。它以合约和决定为导向，在此时此地的治疗室中，使治疗师与来访者有各自明确的目标，把焦点放在来访者儿时所做的早期决定上，并鼓励来访者在当下做出新的更具有适应性的决定。特别要指出的是，在自杀预防中，再决定治疗的合约制有着非常重要的意义。

以上介绍了高登夫妇对伯恩合约说的发展，从中可以再次看出 TA 理论所秉持的存在-人本主义哲学观：强调个人选择的自由和责任，强调人的自主性和自我决定性。这些自我重塑说都具有操作性，因此，不仅有助于提升咨询效果，而且也有助于自我成长。

第四节 我们可以做的再决定

一、每分钟都可以开始的再决定

以上介绍了再决定治疗理念和理论产生的原因及发展的历程。再决定理论的精华是，坚信人有能力超越旧有的习惯模式，并选择新的目标与行为；坚信人有自主性，有能力做自己命运的主人。为数不少的人对再决定持怀疑态度，认为自己被环境限制，根本不具备做出再决定的可能。其实不然。事实是，无论我们意识到没有，我们每时每刻都在做决定——有时是在有利于自己成长的方向，有时则是在不利于自己成长的方向，此外，不做决定也是一种决定。无论我们意识到与否，决定总是在发生，再决定亦然。因此，无论何时何地或说此时此刻，我们都可以在有利于成长的方向做出有关自己当前与未来的再决定。

很多时候，人们虽然已经看到自己的早期决定所造成的严重问题，但是由于诸多原因，他们宁愿在早期决定造成的问题中继续煎熬，也不愿意为自己做出新的再决定。导致人们难以做出再决定的原因很多，比如有的人是因为不确定新的决定是否真的有效，有的人是因为不知道该做出什么样的再决定，有的人是因为担心自己的问题已经积重难返，等等。

确实，再决定不一定能够让我们更适应生活（因为我们做出的再决定不一定更具有适应性等），但是，已经过时了的早期决定则肯定会影响我们对当下生活的适应。佛家有句话：“放下屠刀，立地成佛。”这句话可以作为再决定的最好诠释，冷酷如屠夫者都可以立地成佛，更何况一般人。这句话的另一层含义则是：人的行为可以在任何一个节点上停止和重新开始。因此，只要真想改变，每分钟都可以实现，并且一切皆有可能！

虽然面临很多局限，但只要愿意，我们仍然可以有很多其他的选择。历史早已证明，所有那些绚烂绽放的生命，所有那些超越环境而发生的奇迹，都源于人的再决定，比如中国历史上的司马迁，比如那个在纳粹统治下的密室中写日记的荷兰小姑娘安妮。生活的可能性通常只对愿意去尝试新的更好的选择的人呈现，所以，选择再决定还是不选择再决定，这是我们每一个人都可以为自己做出的决定。

二、我们可以为自己做的再决定

我们可以从宏观和微观两个方面将再决定治疗的理念与方法运用到自我保健、个人成长中。

从宏观上看，再决定可以发生在任何时间和地点。如果有必要，我们可以在自己的生活、学习或工作的一切方面进行再决定，小到戒烟，中到变拖延为行动，大到改专业、换工作，或者开始和结束一段关系，等等，我们都可以从现在开始在更有利于自己成长的方向上做出再决定。此外，某个重大生活事件也可以成为我们做再决定的契机，例如一次成功或者一次失败，都可能成为督促我们做出再决定的机缘。其实，在之前的所有章节中，尤其在结构分析、沟通分析、脚本分析和游戏分析的过程中，我们不仅时时都在做自我觉察，而且某种程度上也都是在做各种宏观的再决定。

从微观上看，再决定治疗只发生在治疗室中，但是，再决定的理念却适用于所有希望自助成长的普通人。任何希望对自己的生活做出新的决定的人，都可以借用再决定治疗的理念与方法，按照基本标准的 TA 框架，有针对性地对自己的某个或某些早期决定做出新的更具有适应性的再决定。以下，我们将只从微观角度谈普通人自己可以做的再决定。

前面已经非常详细地介绍了伯恩及其后继者有关再决定的理论及其沿革，下面笔者将以日常咨询中常见的典型个案为例，看来访者可以从哪些方面做再决定，并借此而改变自己的人生脚本和人生，以便为读者提供参照。笔者将按照再决定的标准程序来罗列，而人们在自己的实践中，则完全可以根据自己的情况，对再决定理论中的理念和方法做符合自身情况的增减。

1. 一个完美主义者可以做的再决定

先要说明，做人做事时追求好上加好是一个人有上进心和负责任的表现，但是如果把自己的目标定在“完美”上，就过度了。因为这个世界上根本不存在完美，以完美为终极目标就只能是把自己和他人置于疲于奔命的境地。

日常生活中的“完美主义者”是指那种对自己和他人都严格到苛求的地步的人，他们在追求完美方面有不可遏制的冲动，不仅对自己所做的事精益求精到吹毛求疵的地步，而且对他人也有同样的要求。因此，他们的人际关系容易出问题，而且他们自己的身体也容易出问题。

有可能导致一个人成为完美主义者的原因很多，用 TA 的框架看，是因为在其童年时接受了相关禁止信息和应该信息。如果一位完美主义者决定为自己做一个再决定，那么我们建议的基本程序如下：

第一步：确立自己要达成的目标，即降低自己追求完美主义的要求，确立符合个人情况的目标。

第二步：与自己签订合约，合约上要清楚标明想要达成的目标（降低自己追求完美主义的要求，确立符合个人情况的目标）、实现目标的时间（三个月到半年）和预期的可以量化的目标（比如容忍自己工作中的几个小瑕疵，允许自己偶尔出点差错，确立符合自己实际情况的新的工作目标，减少对他人工作的评价，降低对他人的要求等）。

第三步：找出当前问题的核心信念（“只有你完美，才会有人喜欢你”）。

第四步：回忆与之有关的禁止信息、应该信息（禁止信息可能是“不要做小孩”，应该信息是“要完美”“要努力尝试”）和早期决定（“我要像大人一样把事情做到完美”）；评估该早期决定在当下的适应性（“虽然这个早期决定曾经帮助我学会精益求精，帮助我得到很多我想要的喜欢和欣赏，但是现在这个早期决定开始影响我的生活质量了。它让我活得很累，它已经不再适用于我当下的生活了，它只会让我产生耗竭感”）。

第五步：做出再决定，即“这个世界根本不存在什么完美，我才不要去追求什么完美，我只要做到‘尽人事，听天命’就好”。

第六步：付诸行动（增加自己的营养型父母自我状态，在非原则问题上允许自己出差错，允许自己的工作中有点小瑕疵，允许别人犯错误等）。

2. 一个自卑者可以做的再决定

某种意义上，人人都会自卑（这也是心理治疗家阿德勒的观点之一）。自卑最初是人成长的动力之一，因为想要超越自卑，很多人才有了很多了不起的成长。只是有的人的过度自卑，因此才成为束缚自身成长的问题。

日常生活中的自卑是指那种对自己缺乏信心，总是认为自己比别人差，如果有了很大的成就，他会认为这是偶然，而如果出了问题，他会认为这是必然。因为总是低估自己，他在与人相处的时候会比较多疑，总是担心别人在评价自己，并且认定别人对自己的评价一定都很糟糕。过度自卑者的心情常常很低落甚至抑郁。

有可能导致一个人过度自卑的原因很多，用 TA 的框架看，是因为在其童年时接受了相关禁止信息和应该信息。如果一位过度自卑者决定为自己做一个再决定，那么我们建议的基本程序如下：

第一步：确立自己要达成的目标，即接受自己，悦纳自己，信任并悦纳他人。

第二步：与自己签订合约，合约上要清楚标明想要达成的目标（降低自己的自卑感，悦纳自己，信任并悦纳他人）、实现目标的时间（三个月到半年）和预期的可以量化的目标（比如减少对自己的责备，减少接受不合理要求的次数，每天找出自己的两个优点并且夸自己等）。

第三步：找出当前问题的核心信念（比如“我一无是处”。有可能导致过度自卑的原因很多，禁止信息和应该信息里的很多条都有可能导致一个人过度自卑，再加上家庭中可能有的严重问题等，因此，这里只是选取其中一个可能）。

第四步：回忆与之有关的禁止信息、应该信息（禁止信息有可能是“不要存在”“不要重要”“不要做你自己”“不要思考”等，应该信息则可能是“要完美”“要努力尝试”）和早期决定（“周围人都比我强，我什么都做不好，所以，我干脆就什么都不用做了”）；评估该早期决定在当下的适应性（“虽然这个早期决定曾经帮助我降低焦虑，帮助我学会配合别人，并让我具备对人的敏感，但是现在这个早期决定开始影响我的成长了。它已经不再适用于我当下的生活了，它会让我停滞，它妨碍了我的持续发展，它阻碍我做最好的自己，而且它妨碍了我和别人的真诚交往”）。

第五步：做出再决定，即“我不是一无是处的，我有我自己存在的价值，我要实现我来到这个世界的意义”。

第六步：付诸行动（增加自己的营养型父母自我和成人自我状态，停止与自己作对，停止对自己的贬低和苛求，学习无条件地接纳自己，学习对不合理要求说“不”，学习欣赏和爱护自己；学习接纳他人，学习为自己树立合理的成长目标）。

3. 一个名校情结者可以做的再决定

希望上名校本来是一件很好的事。中国有句古语：“人皆立于所欲立之地。”以名校为目标，一个中学生就会更奋发、更积极和更努力。只是，如果名校成为一种情结——围绕着一个共同主题的一些情绪、记忆和思想，它的特点是强烈地全神贯注于某物——那么它就会走向反面，成为对人的束缚（金钱情结、文凭情结、名牌情结等皆然）。

此处所说的“名校情结者”，当然是指那些心心念念想上却没有上成名校并且又没有打算复读重考的同学。由于名校情结，他们对自己当前所上的学校始终采取不接纳的态度，整天沉浸在悔恨与抱怨中无法自拔，不仅荒废了当前的学业，而且也影响到自身长远的发展。

有可能导致名校情结的原因很多，用 TA 的框架看，是因为在其童年时接受了相关禁止信息和应该信息。如果一位名校情结者决定为自己做一个再决定，那么我们建议的基本程序如下：

第一步：确立自己要达成的目标，即认可自己，认同学校，在自己现在的学校中不仅注重学习，而且注重个人成长。

第二步：与自己签订合约，合约上要清楚标明想要达成的目标（认可自己，认同学校，在自己现在的学校中不仅注重学习，而且注重个人成长）、实现目标的时间（三个月到半年）和预期的可以量化的目标（比如停止抱怨学校、家长和自己，认真学习功课，保证 80 分以上的成绩，参加社团，读名著，考虑人生规划问题，等等）。

第三步：找出当前问题的核心信念（孩子的名校情结通常起因于父母和老师，是父母和老师多年来灌输的结果，因此，与名校情结有关的核心信念其实就是父母、老师常常对孩子说的“上名校才能够有好前途，我没有上成名校，我的人生全完了”）。

第四步：回忆与之有关的禁止信息、应该信息（禁止信息有可能是“不要做你自己”“不要有感觉”“不要思考”等，应该信息则可能是“要完美”“要努力尝试”“要取悦别人”）和早期决定（“为了让爸爸妈妈高兴，我一定要上名校”）；评估该早期决定在当下的适应性（“虽然这个早期决定曾经帮助我养成了勤奋学习的习惯，并且使我成为一个积极进取的人，而且还让爸爸妈妈特别快乐，但是，我的名校情结现在正在影响我的成长，如果我现在还执着于名校，我就会在悔恨与抱怨中虚度光阴”）。

第五步：做出再决定，即“我要接受没有上成名校的现实，在现在的学校通过此时此地的切实努力实现个人的成长，为未来的持续发展打下坚实的基础”。

第六步：付诸行动（增加自己的营养型父母自我状态和成人自我状态，停止对自己、父母和学校的抱怨，把精力用到学习上，同时努力通过听课、读书和思考，发现自己的潜能所在，为自己做出更符合自身主客观条件的人生规划）。

4. 一个想要建立良好人际关系的人可以做的再决定

一个想要建立良好人际关系的人对其当前的关系是不满意的。有可能导致关系紧张的原因很多，用 TA 的框架看，是因为在其童年时接受了相关禁止信息和应该信息。如果一位关系紧张者决定为自己做一个再决定，那么我们建议的基本程序如下：

第一步：确立自己要达成的目标，即能够与人建立可以持续发展的良好的人际关系。

第二步：与自己签订合约，合约上要清楚标明想要达成的目标（能够与人建立可以持续发展的良好的人际关系）、实现目标的时间（三个月到半年）和预期的可以量化的目标（比如恢复了几段以往的人际关系，在现在的地方建立了几段新的关系，对自己的关系感觉满意并有幸福感）。

第三步：找出当前问题的核心信念（“我没有能力与他人建立良好关系”）。

第四步：回忆与之有关的禁止信息、应该信息（禁止信息有可能是“不要亲密”“不要重要”等，应该信息则可能是“要坚强”）和早期决定（“为了避免被人伤害，或者为了避免分离之痛，我要和人保持距离”）；评估该早期决定在当下的适应性（“虽然这个早期决定曾经帮助我有效地避免了一些伤害，同时也使我免于分离之痛，但是，那只是一个孩子可以采取的有效的自我保护措施。现在我已经是成人了，如果还停留在为了避免伤害而回避人群的状态，就很难适应当下的生活”）。

第五步：做出再决定，即“我要学习与人建立双赢的、可以持续发展的关系，我要让健康的人际关系成为我个人持续发展的最重要的外在资源”。

第六步：付诸行动（增加自己的成人自我状态和营养型父母自我状态，主动与人交往，发现他人的长处，用得体的方式向他人表达自己的愿望，与人合作，与人分享，对别人的帮助感恩）。

5. 一个工作狂可以做的再决定

一个人成为工作狂的原因有很多，用TA的框架看，是因为在其童年时接受了相关禁止信息和应该信息。如果一位工作狂决定为自己做一个再决定，那么我们建议的基本程序如下：

第一步：确立自己要达成的目标，即努力工作，享受生活，与工作狂状态告别。

第二步：与自己签订合约，合约上要清楚标明想要达成的目标（努力工作，享受生活，与工作狂状态告别）、实现目标的时间（三个月到半年）和预期的可以量化的目标（降低加班加点的频率，不把工作和工作面具带回家，增加享受生活的时间，增加与亲友共同活动的时间）。

第三步：找出当前问题的核心信念（“我只有努力工作才是有价值的”）。

第四步：回忆与之有关的禁止信息、应该信息（禁止信息有可能是“不要做小孩”“不要归属”“不要亲密”“不要有感觉”等，应该信息则可能是“要完美”“要努力去尝试”“要快点，再快点”“要取悦别人”“要坚强”等）和早期决定（“我要努力再努力，我只有做出成绩才有价值”）；评估该早期决定在当下的适应性（“虽然这个早期决定曾经帮助我成为一个懂得对自己所做事情负责任的人，帮助我比大多数同龄人获得更多的成就，但是，今天这个决定已经开始妨碍我。它让我的身体处于耗竭状态，让我的家庭关系出现裂缝，让我丧失享受生活的能力”）。

第五步：做出再决定，即“我要与工作狂状态告别，我要放慢工作节奏，学习享受工作和生活”。

第六步：付诸行动（增加自己的自由型儿童自我状态和营养型父母自我状

态，管理自己的工作时间，不把工作带回家，不把工作面具带回家，每天晚上和每个周末安排与家人共处的时光，学习与家人分享生活的美好）。

以上介绍了普通人可以参考的几个再决定的例子，通过再决定，当事人可以将自己以往的人生脚本加以改写，使其更具有成长性和发展性。但是请注意，以上方法只适用于有一般适应问题的人，对有较严重心理问题的人则不适用，后者需要去向专业人员寻求帮助。

对普通人来说，再决定治疗理念的最重要之处就在于向我们提供了一个有关改写自己人生脚本的可能性，而这可以帮助很多人走出有关人生选择的一个误区。不少人认为，一些关乎命运的重大选择往往是一锤定音的，似乎任何重大选择上的错误都是要以一生为代价的，就如同高考的“一考定终生”说。其实不然。虽然每个人都需要为自己的错误选择付出代价，但是，“再决定”理论更强调付出代价之后的人还有再选择的无限可能性，而且这个再选择是我们每个人都可以为自己做出的，这点尤其振奋人心，给人力量感。关于这点，笔者的学生马瑞娜在考试答卷中有一段很精彩的论述：“‘再决定’理论虽然承认人的行为需要代价，但肯定代价的可被清偿性，即所有人在赎罪后都能不顾一切地重新开始。这一点是非常引人深思的。‘再决定’的另外一个本质特征是自我的再决定。我认为这一点非常重要，即这个过程必须是你自己完成的，必须理解、原谅原来的自己后才可以做出再决定。TA 理论所能够带来的心理安慰之所以与宗教安慰不同，就在于在宗教中，原谅你的是上帝而不是你自己，这对我有着极大的理论说服性，人不再是永远不能犯错的，‘不能犯错’的禁令是错的。我们要体谅、理解自己的错，也要勇敢地付出代价，（然后）重新开始。”

不仅如此，再决定理论还为我们提供了详尽的操作方法。虽然我们平时总是在做着各种各样的再决定，但那通常是条件反射式的，或者是无意识中完成的，而再决定理论把有关再决定的理念和方法提到了我们的意识层面，使我们非常明确地知道无论何时何地，我们每一个人都可以为自己的人生做出新的更富有建设性的选择。因此，无论我们现在的处境如何，无论发生了什么我们意料之外的事情，我们都有可能在当下的新的决定或说是再决定中，为自己开创一个新的有利于自己成长的可能性。

“再决定”是一个富有魔力的词。再决定理论把个人成长的责任交还给了我们，为我们的发展成长提供了无限的可能性。以往我们总觉得自己是被决定的，被环境、他人、事件、不可知的命运所决定，而再决定理论告诉我们：无论我们曾经被什么所决定，只要愿意，我们都可以从当下的每分钟开始对自己的未来做出新的选择。我们可以选择继续躺在各种不幸上，在悔恨和抱怨中度过一生，我们也可以选择即刻终止抱怨，朝着成长的方向继续前进。

从宏观上看，通过广义的再决定而超越命运和个人局限的榜样比比皆是，中国的司马迁、外国的尼克·胡哲等，他们都是再决定的典范。他们的存在，证明了选择可以无止境。虽然人面临着极大的主观、客观局限性，但人更是有主观能动性的，可以通过自己的选择最大限度地超越主观、客观的限制，使自己有更好的发展与人生。所以，每个人都有 N 次机会为自己的人生做出再决定。“再决定”抑或“不再决定”，这应该不再是一个问题！

思考题：

1. 再决定理论的哲学背景是什么？
2. 你怎样理解再决定的理念？
3. 你将在哪些方面做出有利于你个人成长的、可以操作的再决定？

第十一章

不同的文化，相同的情感

第一节　不同的文化，相似的心理

按照2011年中国官方公布的资料，中国有56个民族；与此同时，按照民族语言网(http://www.ethnologue.com)上公布的资料，我们这个世界存在6 909种语言。很多民族内部又存在着不同的文化群体。很难估计这个世界文化群体的总数到底有多少，但是一定成千上万。

我们在自己的文化之内和文化之外该怎样有效地与他人沟通？今天，随着世界的急速变化，与人沟通已经成为一个攸关生存的重大问题。由于新的数字媒体的出现和各类远程交通工具的不断提速，人们已经不可能独自存在于自己的文化群体中。在今天和明日的世界里，一个人要想有生活幸福感，需要具备以下两类很重要的知识：一是知道文化怎样造成个体对生活的不同体验，二是了解心理如何造成个体对生活的相同体验。

本书早在关于心理游戏（一共有四种）的第九章中就提到，心理游戏说可以用于理解在组织之间发生的大规模的破坏性行为，这些组织包括国家、民族和国际同盟[①]。当前有关四种心理游戏的知识仍然需要不断扩展，而扎实的TA理论

① 这类程度最严重的游戏被称作第四种程度的心理游戏。——译者注

知识对增进理解和合作则有极大的作用。

随着数字化革命，无论是沟通的可能还是沟通的速度都有极大的增长，而且对于地球人来说，沟通在解决彼此间问题以促进彼此间安定与和谐的生活方面，开始具有前所未有的重要性。我们不是身处我们自己的地区或国家，就是身处别人的地区或国家。在本章中，为了运用 TA 理论去实现与任何地方的任何人的有效沟通，我们将鼓励读者去了解文化差异以及人们心理的相似性与感觉的相同性。

第二节　一个跨文化合作的样本：本书

本书是两个不同国家与文化中的两个心理学家长时间交互作用的产物。杨眉教授来自中国北京，欧嘉瑞博士来自瑞典的马尔默（Malmö）。在创作本书的过程中，我们时而以成人自我状态对成人自我状态进行互补；时而以父母自我状态对父母自我状态进行竞争，看谁的观点更为正确；时而又以儿童自我状态对儿童自我状态进行交流，让思想相互碰撞出火花，或只是单纯地享受创作的过程。我们现在将要分享的这本书的一些创作过程，可以看作一个国际合作的成功个案。

本书的前十章是杨眉用她的母语中文写作的，因为这是一本写给中国人看的 TA 教科书，第十一章是欧嘉瑞用英文写作，然后再由杨眉翻译成中文的。两种写作风格当然会反映出两个人的不同特点，同时读者也一定能看出文化差异。对比杨眉那为中国人所熟悉的结构化的解释风格，本章也许会让读者更多地体验到“西方的谈话风格”。

对我们两位作者而言，本书是真诚合作的结果。我们都相信，本书由合作写成比由我们中任何一个人单独完成要好得多。需要说明的是，这一章中的“我”或“笔者”是指欧嘉瑞。

嘿，我是托马斯，我的母语是瑞典语。我住在瑞典，我的瑞典全名是 Per Thomas Ohlsson。我在中国时，很多人叫我“托马斯”，这很好；我在美国时，人们通常叫我“汤姆”，这也很好。我没有英文名字，这在中国有时候会让人们诧异，因为中国人习惯于认为所有用字母写的名字都是“英文”名字。最近，我申请到中国旅行，按照要求填表，那表格上的第一条就是：“填写与你护照上一致的英文名字。”我感觉很困惑，我的瑞典护照上是我的瑞典文名字，不是英文名字。瑞典文名字、德文名字、法文名字、英文名字以及其他来自不同语言的名字，都是属于不同文化的名字，要把这样广大的用不同语言命名的名字全部用

“英文”来统一，这在文化上是有问题的。

一个在中国台湾的老师给我起了这个中文名字：欧嘉瑞。我接受它并把它当作我的中国名字。我喜欢这个名字，因为，中国姓氏中“欧”的发音与我的姓（Ohlsson）的发音相似，并且它也同样象征着“欧洲”。在中国大陆，繁体字“歐”被简化为“欧”，这感觉也很舒服。我“被给予的名字”“嘉瑞”听起来不像“托马斯”的发音，但是它暗含着“美好的瑞典人”这样一层意思，代表了我所希望成为的人。我的中文老师喜欢这个名字，因为它从开头的姓到中间的辈分字再到缀尾的名，结合得如此贴切，形义相称，包含了从内容到形式的完整。

我的一个台湾学生对我的瑞典名字有一个不同的印象，当他听我用瑞典语发“托马斯”的音时，他以为我说的是英文中的 Too much，所以他总是叫我“Too much” Ohlsson——“太多”欧先生。作为有时会敦促他努力学习 TA 的老师，我有时也许的确是一个“太多”先生（中文里，先生也有老师的意思）。

可是，当我没有能够及时完成我在北外的中文老师布置的作业时，我就觉得自己成了“太少”欧嘉瑞。我清晰地记得这样的时刻，我的中文老师在班上点名要我朗读一段文字：“嘉瑞，请你念……”虽然她的声音很温柔，但我感觉却像被她的手指头猛点了一下，我的儿童自我状态会吓得立刻浮现，我会再次成为那个第一天上小学时惊慌失措的“小男孩欧嘉瑞”。

名字对于人是很重要的，就如同中国《论语》中记录的孔子的名言之一“必也正名乎”[①]，在瑞典我们有一个说法 Kärt barn har många namn，翻译出来就是：一个可爱的孩子会有很多名字。我很高兴并且自豪拥有一个中文名字。我的儿童自我状态非常熟悉那个瑞典语 Thomas，虽然他现在也会对“嘉瑞”或英文的“托马斯”有反应。而当别人叫我“托马斯老师”或者“欧嘉瑞老师”的时候，我的成人自我状态和父母自我状态就会立刻注意到我的中文名字。

这是一本有关寻常人类处境的不寻常的书，反映了 TA 理论在多重文化中的传播与发展。埃瑞克·伯恩，TA 之父，就有着多重文化背景。作为一个东欧犹太移民的后裔，他成长于加拿大的蒙特利尔。他后来移居美国，在 1950 年代、1960 年代的加利福尼亚发展出他的 TA 理论。他于 1970 年去世，我从来没有见过他。但是我 1975 年到加利福尼亚，师从伯恩的学生高登夫妇以及他的其他学生。1975 年，我成为将人际沟通分析学带入欧洲的人之一，同年我们在欧洲创办了欧洲人际沟通分析学会（European Association for Transactional Analysis，EATA）。同样是在 1975 年，我的婚姻给了我一个马来西亚妻子。

① 白话四书．杨伯峻，译．长沙：岳麓书社，1989：92．

1980年代，一个在中国台湾工作的挪威护士郭惠芬（Sissel Knibe）邀请我和我的同事安妮卡、罗南去台湾介绍TA。从那以后的20年，我们一直穿行于瑞典和台湾，我渐渐地学会与中国人交流沟通。

正如杨眉在第1版结束语中提到的，我们是2004年在北京召开的世界心理学大会上认识的，当她问我是否愿意到中国大陆讲授人际沟通分析学时，我很高兴地接受了她的邀请。

那时，我已经连续多年在台湾讲授TA，并且已经有了一些有关中国文化和中国语言的知识。除此之外，早在1965年，我遇到我的妻子莫琳，她是马来西亚的峇峇娘惹人[①]，这意味着她的祖先是早在200多年前从中国厦门移民到马六甲海峡的中国人。现在这些家庭的主要身份认同就是说马来语或以英语为第一语言的马来西亚人，但是他们维护着他们中国文化的根。我因为婚姻进入了一个中国钟姓家庭，这个家庭的历史可以追溯到中国春秋时期的安徽地区。有时候，东西方之间的地理距离远比它们之间的历史距离要短！

TA源于美国。当第一次接触TA时，我还是一个年轻的心理学家，我想要将它运用到与美国文化和语言完全不同的瑞典文化和语言中，我与我的几位同事和朋友开始了这项工作。在这个过程中，我了解到要让一种文化中产生的心理学知识适应另外一种文化，需要付出极大的努力。现在，我住在瑞典南部的马尔默，作为一个心理学家在瑞典运用TA已经超过35年了，我的日常工作是在我们的生活治疗研究所（Institute for Life Therapy，IFL）接诊，与此同时我也为其他治疗师和咨询师提供督导和培训。

这么多年来，我难以回忆起来的来访者远远超过了我能够想起来的来访者，以我多年从事TA治疗的经验，我要非常明确地说：TA治疗法是有效的。

就距离与社会形态而言，瑞典介于美国和中国之间。我和我的同事长期在中国大陆和中国台湾传播TA的经历使我意识到，我的瑞典人身份是有助于TA的传播的。

因此，当杨眉指出应该有一本按照中国人的思维逻辑写的TA教科书，而不仅仅是从不同语言翻译过来的教材时，我马上表示理解并且赞同。我对她说，她就是那个适合写这本书的人。让我感觉特别高兴的是，她不仅接受了我的建议，而且还提出了合作写书的建议。

以下是创作本书的合作过程：

1. 我在北京用英语教授TA，然后由翻译译成中文，三年中共有27天，杨眉作为我的学员，忍受着我这个“太多”欧老师的教学。

---

① 峇峇娘惹人指马来西亚的土生华人，他们是中国明朝移民的后裔。他们中的男性称为峇峇（音“巴巴”），女性称为娘惹。

2. 杨眉作为一个经验丰富的著作者和心理学教授，整合了她从我的课堂中以及她在阅读TA原著时学习到的TA理论，加上她丰富的心理治疗理论素养和实践经验，写出了本书除本章之外的所有章节。

3. 杨眉通过E-mail把她用中文写就的章节一篇一篇地发给我。她发一篇我读一篇，我读得很慢，因为在读中文时，我是“太少”先生而不是“太多”先生，但是，我可以很充分地理解我读到的东西。我在她的中文电子版文稿上用英文写出我的评论、一些调整的建议或者需要增加的内容，然后发回给她，请她考虑，她会把她思考并修改后的文章再发回给我确认。我再次确认后发回给她，她则做最后的文字确认，这样几个回合后，才算完成一章。

4. 在我写的这一章中，我们的合作过程正好相反，我写完发给她，她翻译成中文再发回给我，同时提出建议，我审读、修改、确认，然后发给她，她再确认，然后这章完成。

5. 最后，杨眉负责统稿和在中国大陆的全部出版过程。感谢中国人民大学出版社的欣赏，本书将由中国人民大学出版社出版。

好了，读者诸君，既然现在这本书正在你的手里，你也已经知道了中国杨眉与瑞典欧嘉瑞合作写作此书的过程，你也许想知道，为什么我们的合作能够成功？我相信以下这些因素是我们成功完成这本著作的基本原因：

1. 我们都拥有“我好，你也好”的生活定位。

2. 我们都尊重我们自己以及对方的专业知识和能力。

3. 我们在交往过程中都信守诺言，所以建立起对彼此的信任。

4. 我们都对对方感觉好奇并且愿意相互学习，尤其是对对方的语言和文化。

5. 我们在合作过程中都具有足够的耐力和定力，给我们的合作以充裕的时间。

6. 我们有能力运用未被污染的成人自我状态共同工作。

7. 我们有能力运用自己的适应型儿童自我状态去承担各自的责任。

8. 我们有能力看到并且欣赏对方人格中的自由型儿童自我状态。

9. 我们有能力运用我们的营养型父母自我状态去理解对方的拖延和所出现的专业上的问题。

10. 我们有能力运用控制型父母自我状态去面对自己和对方。

11. 我们都愿意给予安抚并且也能够接受安抚。

12. 我们都理解我们各自的生活脚本对我们自己和对对方的限制，即使我们不知道（或不需要知道）自己身上脚本的问题所在。

13. 我们不仅共同拥有个人的成就动机，而且在为更大多数人增进幸福感方面拥有人道主义的社会兴趣。

14. 在这个数字化世界中，我们这两个来自不同国家、不同文化，有着不同母语的人有能力运用网络就合作写书这样的问题进行交流和沟通。

第三节 文化差异

在写作这本书的过程中，有四种文化卷入进来，为了了解沟通所必需的文化知识，我们将挑出这些文化的某些方面进行讨论。按照笔者学习并介绍 TA 的顺序，其间所接触到的文化包括美国文化、瑞典文化、中国台湾地区的文化、中国大陆的文化。

以下是我个人在这四种文化中的有限经历：

1. 我于 1960 年代在美国的中西部上了一年高中，于 1970 年代在美国的加利福尼亚州学习 TA，我能够流利地听、说、读、写英文。

2. 我是在瑞典出生的永久居民，我住在离丹麦首都哥本哈根很近的瑞典南部城市马尔默，瑞典语是我的第一语言，也是我的母语。

3. 我从 1980 年代末到 2007 年，一直有规律地到中国台湾的高雄、台北、台中和其他地区教授 TA，我中年时在台湾开始学习中文。

4. 从 2004 年开始，我有规律地到中国大陆教授 TA，大部分时间是在北京，但也去过中国北部的哈尔滨和南部的珠海，西部的成都、昆明，以及东部的上海和青岛。我 62 岁的时候，获得了中国语言与文化的学士学位，但我的中文阅读与口语仍然不是很流利。

第四节 美国、瑞典、中国大陆和中国台湾文化差异的研究

荷兰有位从事组织机构人类学和国际管理研究的名誉教授基特·霍夫斯戴德（Geert Hofstede），他自 1960 年代末，用 40 多年的时间进行了极大规模的国际文化差异比较研究。[①] 他和他的追随者在近 100 个国家和地区做了大规模的问卷调查，起初从四个后来从六个可以测量的各国文化差异的维度入手，对国家间的文化差异进行研究，以下是他在美国、瑞典、中国大陆和中国台湾经测量而得出的有关文化差异的研究结论。[②]

---

① 霍夫斯戴德的研究主页：http://www.geerthofstede.nl/culture/dimensions-of-national-cultures.aspx.

② 同①.

1. 权力距离指数（power distance index，PDI）

“权力距离指人们对组织中权力分配不公平情况的接受程度。”[①] 如领导和雇员对社会中资源分配和权力分配不对等情况的赞成程度，也指处于低层的人接受高层人拥有更多财富的状况。

在霍夫斯戴德的研究中，权力距离的变化范围大致在 0～100 分之间，0 分代表权力距离低的国家，100 分代表权力距离高的国家、地区。以下是霍夫斯戴德在许多国家、地区测量调查中的研究结果之一。

美国、瑞典、中国大陆和中国台湾的权力距离指数（PDI）[②]

国家/地区	分数
中国大陆	80
瑞典	31
中国台湾	58
美国	40

2. 个人主义/集体主义指数（individualism/collectivism，IDV）

个人主义和集体主义是指社会中个人与群体的关系，“与个人主义相对应的是集体主义——一种将个人整合到群体中的状态”[③]。在个人主义社会，人们之间的社会联系是松散的，并且每个人都被期望照顾好他自己以及他的最核心的家人。而在集体主义文化中，人们从出生开始就被强有力地纳入群体中以获得保护和忠诚。

美国、瑞典、中国大陆和中国台湾的个人主义指数（IDV）[④]

国家/地区	分数
中国大陆	20
瑞典	71
中国台湾	17
美国	91

3. 阳刚气质/阴柔气质指数（masculinity/femininity，MAS）

“与阳刚气质相对应的是阴柔气质，是指两性中社会性别角色的情绪差异。”[⑤] 通常阳刚气质处于被认为自信、坚强、倾向于竞争的一极，阴柔气质则

① 霍夫斯戴德的研究主页：http://www.geerthofstede.nl/culture/dimensions-of-national-cultures.aspx.

② 同①.

③ 同①.

④ 霍夫斯戴德的研究主页：http://www.geerthofstede.nl/research-vsm.

⑤ 同④.

处于被认为谦虚、关怀的一极。高阳刚气质社会中，两性间的社会性别角色差异清楚，男性自信、坚强、倾向于竞争，女性则谦虚、关怀；低阳刚气质或说是高阴柔气质的社会中，则两性间的社会性别出现重叠，男性与女性一样都表现出同样的谦逊、关怀的价值观。

霍夫斯戴德的研究显示，斯堪的纳维亚半岛国家具有富女性化气质的文化，日本则存在显著的男性化文化，美国的男性化文化要相对温和一些。

美国、瑞典、中国大陆和中国台湾的阳刚气质指数（MAS）①

国家/地区	分数
中国大陆	66
瑞典	5
中国台湾	45
美国	62

4. 不确定性规避指数（uncertainty avoidance index，UAI）

不确定性规避指数“指一个文化中的成员在不确定情境中感受到的舒服与不舒服的程度。与惯常的情境相比，不确定情境是不同的、新奇的、未知的、令人惊异的”②。在高规避不确定情境的文化中，通常会有很多规则以及安全措施，其中的人们倾向于更多的情绪表达。而在接受不确定性的文化中，其民众对于不确定性具有高容忍度和适应力，并且会更理性而且不希望表达太多的情感。

诸如希腊、葡萄牙和比利时等国的雇员具有高度不确定性规避特征，并偏好结构、稳定、规则和明确。不确定性规避指数较低的国家包括中国、爱尔兰和美国。

美国、瑞典、中国大陆和中国台湾的不确定性规避指数（UAI）③

国家/地区	分数
中国大陆	30
瑞典	29
中国台湾	69
美国	46

5. 长期取向文化指数（long-term orientation，LTO）

“高长期取向社会培养未来取向的务实的价值观，特别重视节俭、坚韧，能

① 霍夫斯戴德的研究主页：http://www.geerthofstede.nl/research-vsm.

② 霍夫斯戴德的研究主页：http://www.geerthofstede.nl/culture/dimensions-of-national-cultures.aspx.

③ 同①.

应付环境的变化，如日本，国家以长远的目光来进行投资，每年的利润并不重要，最重要的是逐年进步以达到一个长期的目标。短期取向的社会培育与过去和现在相关的价值观，比如国家荣誉、社会责任的履行，以及对传统的尊重和对面子的保持。”[1] 两种倾向在中国儒家文化的教导中都能够看到。而在美国，公司更关注季度和年度的利润成果，管理者在逐年或逐季对员工进行的绩效评估中关注利润。

美国、瑞典、中国大陆和中国台湾的长期取向文化指数（LTO）[2]

国家/地区	分数
中国大陆	87
瑞典	33
中国台湾	87
美国	29

6. 放任与约束指数（indulgence versus restraint，IVR）

这第六个维度中，“放任意味着一个社会允许并基本满足与享受生活和过得快乐有关的人类驱力；约束指一个社会压制需要的满足，并且通过严格的社会规范实现对人基本需要的控制”[3]。

美国、瑞典、中国大陆和中国台湾的放任与约束指数（IVR）[4]

国家/地区	分数
中国大陆	24
瑞典	78
中国台湾	49
美国	68

下面是霍夫斯戴德在美国、瑞典、中国大陆、中国台湾进行问卷调查后，用最初的五维度框架做出的剖面图，发表在他的网页上。[5] 下面四个图表中的数字与上面六个表格中的数字并不是一一对应的，因为图表和表格所代表的研究阶段并不完全重合。但是，两者反映的大趋势是相同的。

---

① 霍夫斯戴德的研究主页：http://www.geerthofstede.nl/culture/dimensions-of-national-cultures.aspx.

② 霍夫斯戴德的研究主页：http://www.geerthofstede.nl/research-vsm.

③ 同①.

④ 同②.

⑤ http://geert-hofstede.international-business-center.com.

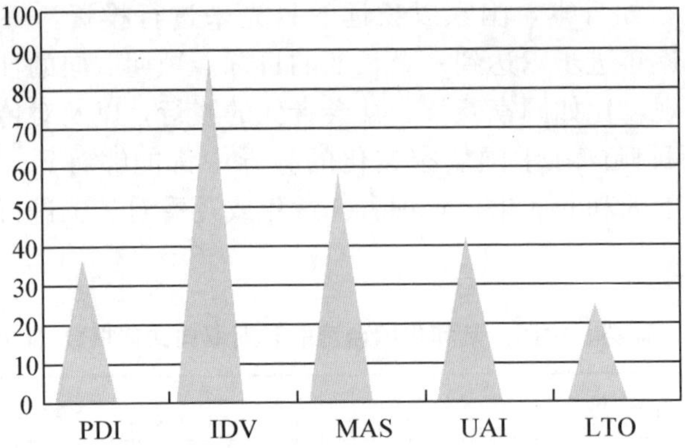

美国五维度图

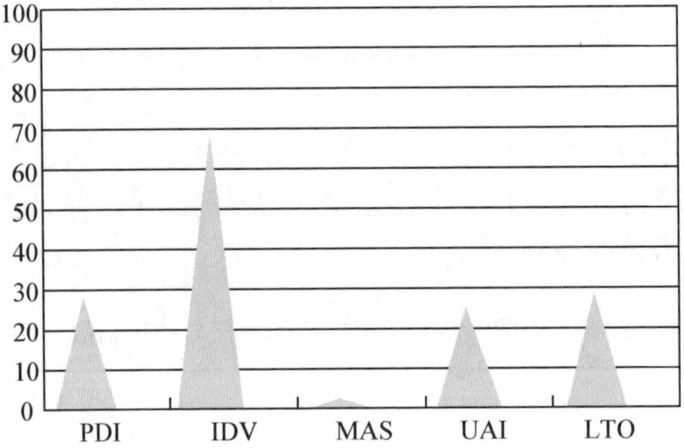

瑞典五维度图

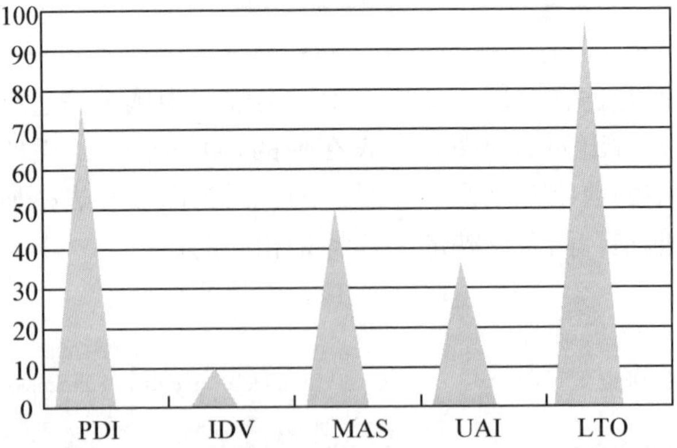

中国大陆五维度图

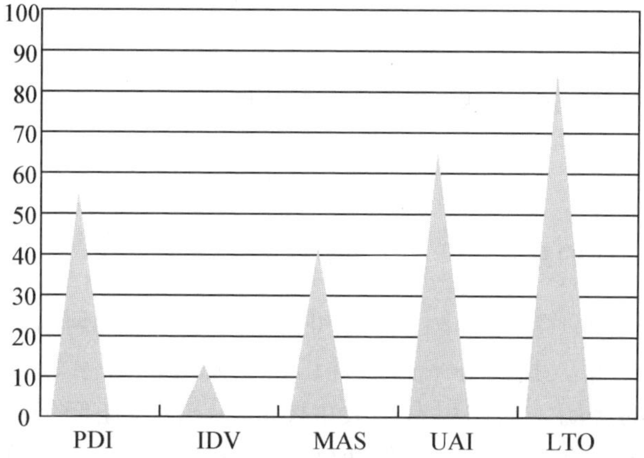

中国台湾五维度图

对美国、瑞典、中国大陆和中国台湾这四个国家或地区的文化调查有一些值得注意的有趣结果：

中国大陆和中国台湾的人比美国人和瑞典人更能够接受权力的分配不均，但是在这四个国家或地区中，从对权力距离接受度最高的中国大陆到接受度最低的瑞典，该接受度递减的梯度几乎相同。

比起中国台湾和中国大陆的集体主义文化，美国和瑞典趋向于个人主义，而比起瑞典，美国尤甚。

就阳刚气质指数而言，美国和中国大陆相去不远，中国台湾相比稍弱一点，但基本都处于相当高的阳刚气质（倾向于竞争并且自信）文化之中；比较而言，瑞典则具有明显的阴柔文化特点（谦虚并且关怀）。

美国和中国大陆在对不确定性的规避上，具有相似的中等程度的文化准则，中国台湾有较高的不确定性规避指数，而瑞典则属于四个国家或地区中更容易接受不确定性的文化。

就长期取向文化指数而言，中国大陆和中国台湾共同拥有长期的文化取向倾向，而美国和瑞典则都拥有短期文化取向。

霍夫斯戴德的结论显示：总体来看，美国和瑞典共同属于西方文化，中国台湾和中国大陆可以共同归类于相似的东方文化。与此同时，在这两类文化的内部又有着文化差异：瑞典和美国有着不同的阳刚气质（在这方面，中国大陆和美国有着相似的倾向）；中国台湾的不确定性规避指数高于中国大陆，而中国台湾比中国大陆更倾向于具有阴柔气质。所以，我们在运用自己有关东西方文化差异的个人常识时要谨慎，避免被自己的偏见所击中！要了解文化差异，我们需要对不同文化有明确而细致的研究。

第五节 我个人在以下几个国家、地区的文化体验

一、对美国文化的感受

以下是我在美国、瑞典、中国台湾和中国大陆所体验到的有关文化差异的一些个人感受。1970 年，我到马来西亚拜访我未婚妻的娘家，那是我第一次有关亚洲国家和文化的经历。马六甲有三大主要族群，现在他们仍然占主要比例，他们是马来人、中国人和印度人。记得初到马六甲的那几天，我总是分不清楚谁是谁。对当时的我而言，每个人都是“亚洲人”。今天的我几乎不敢相信当时的我居然会如此“盲目”！现在的我看他们，其间的区别是如此之清晰而又明显。

我一直非常注意学习并且具备一种能力，以便可以区分我们所生活的世界的很多美好而微妙的差异。天文学家告诉我们，自从宇宙大爆炸以来，我们生活在一个总是不断扩大的物理环境中。我认为我们的心理世界也如同我们所生活的物理世界一样，是在不断扩大的，只要我们在生活，我们就会不断获得新的了解和理解。我们知道得越多，看到得越清楚，我们可以做的能够提升生活满意度的选择就越多。心理治疗和心理咨询可以被认为是这样一种方法：它可以帮助来访者扩展他们的心理世界，从而使他们过上更满意的生活。现在我将分享我在美国、中国台湾和中国大陆所体验到的文化差异。当然，在整个体验过程中，我始终戴着我的出生地瑞典文化的眼镜。

我 18 岁时得到一份美国高中交换生奖学金，到美国上高中一年，并且住在一个美国家庭里。我用 10 天的时间乘一艘大船穿过大西洋到达美国的纽约，最终到了密歇根州的卡拉马祖。就这样，我带着我在瑞典高中外语课上所学到的一些有关英语的基础知识，进入一个完全未知的世界。

我感受到的是文化冲击！起初我几乎无法理解任何事，只是不得不紧跟着一种奇怪而又忙碌的家庭风格往前走。但是大家都对我很友好并且很好奇，他们总是问我很多有关我的国家、生活的事情。作为一个新来的“外国交换生”，我还被邀请到地方电视台做有关的节目，与此同时，我也对我看到的感到困惑。

我比在我自己的故乡得到了多得多的关注，我的自信心开始增长，我了解到美国人健谈、慷慨、有吸引力、开放并且喜欢行动，我也了解到他们在很友善地和你相处之后却又会把你给忘掉。

我感觉很困惑，有时也觉得很孤单，因为这与我们瑞典人很不一样。我们和人交往时是慢热的，我们比较安静而且矜持，但是一旦成为朋友，我们就会是永

远的朋友。

但最终我并没有被美国人忘记，直到现在，我一直都保持着和“我的美国家庭”的联系，即使我的“美国爸爸和美国兄弟”已经先后离世。作为一个年轻人，我很快就掌握了语言并且开始研究美国历史。

1965年回到故乡时，我成了一个真正的坦率而又“夸夸其谈的美国青少年”。我的瑞典朋友在相当长一段时间里，以一种怀疑而又审慎的态度观察我，特别是在瑞典人非常反感的美国对越战争期间。

了解美国英语、美国文化与历史，使我能够更容易地学习TA，并把TA带到瑞典语言与文化中。今天，当我用英语教学或写作时，我非常依赖自己对美国文化的认同。

二、在中国台湾的体验

1662年，中国明朝的民族英雄郑成功一举攻下被荷兰人侵占的台湾要塞热兰遮城（Fort Zeelandia），当时向郑成功投降并同意退出台湾的西方指挥官揆一（Frederick Coyett）是一个瑞典裔荷兰贵族。几百年后，我在台湾台南的安平区参观那里的博物馆，看着被郑成功打败的我的同胞的蜡像，想象一个瑞典裔人向中国人鞠躬投降，我有一种很奇怪的感觉。

当我1987年第一次在台湾讲授TA时，语言是一个最大的障碍。我不懂中文，我的学生当然也不懂瑞典文，他们中只有极少一部分人因为懂英文而能够享受这门课程。因此，我们之间几乎所有的沟通都必须通过翻译，并且我也不知道我的话究竟被译成了什么样。有时，我只说了几个字，但是翻译却会说长达几分钟的话，那样的时刻，我知道发生了一些英汉对译之外的事，但是我却不知道那究竟是什么。

毫无疑问，到了后来，我的翻译渐渐成了我最了解的人，与此同时，我和学员也慢慢地建立起友好但是不亲密的友情。有很长一段时间，我担心自己在社交上会出差错，因为我不了解特有的中国台湾文化，不知道它的边界在哪里。现在，我以我瑞典路德会的传统文化来看这个问题，我发现，一个人不应该随便去打扰别人，一个人的内在良知应该能够自动阻止其有可能给别人造成不方便的任何行为。

瑞典文化是“罪感”文化，而后来我了解到，与之相对应的中国文化则更倾向于“耻感”文化。在一个“罪感”文化中，你被期待能够内化所有的规范，并且你的“罪感”意识能够在你要做任何有疑问的事情之前就制止你。在“耻感”文化中，你可以做你想做的一切，但是如果别人告诉你你妨碍了他们时，你会立刻停止你正在做的事。在高雄——我在台湾的故乡，我常常惊愕地看到人们在街上随意停放他们的车辆，即使那里的商场边上有“禁止停车”的标识，直到商场的货车司机愤怒地大声按喇叭，那些小车司机才会把他们的车挪开。

回过头去看我到台湾之初的情况，因为特别尊重文化差异，加上过分害羞，我错过很多可以更好地了解当地人的机会。

我的一个学员意识到我的问题，给了我很大的帮助，她介绍我到台湾的“中华语文研习所”，那个研习所在台湾的好几个城市有分校，我开始利用我的空闲时间上中文班。虽然我的进度很慢，但是我仍然取得了稳步而且非常宝贵的收获。每一个中文字、每一个中文词的展开，都向我开启了进入并且了解中国文化的一扇小门，而我的心理世界也继续扩展。学习到的中国文化知识越多，我就越理解到人类的生活是基本一致的，文化之间的差异远小于文化之间的相似之处。非常有趣的是，所有文化都在回答同一个基本问题：人怎样才能够生活得好？

三、在中国大陆的发现

我 1996 年在台湾时，正遇上台海危机①，像其他所有人一样，我也很紧张。人们是如此恐惧，以至于很多人纷纷从银行提取现金并订机票准备离开台湾。当你成为导弹发送的目标时，你是很难欣赏那个导弹发送者的。在台湾教学期间，我的部分学员使我对中国大陆产生了负面印象。

受我台湾学员的影响，我知道最好就是只关注台湾而不去思考有关中国大陆的事。但是，我也看到这样的景象：一些老人坐在台北中山纪念馆地下一层一间挂满了中国大陆风景画的大房间里，他们的眼里充满了渴望甚至泪水，他们自身则仿佛已经消失在那久远的记忆中。

就是在中国的台湾岛上，我了解到“大陆”和“台湾”的差异，了解到台湾少数民族与历史上郑成功以及蒋介石时期从大陆到台湾定居的那些人群间的不同，还了解到他们与从马来群岛到台湾定居的那些船员之间也存在着差异。每一次新的移民潮都会改变台湾人口的地理分布。日本统治时期的台湾在基础设施和生活条件方面有一些改变，然后就是美国人的影响。第一次到高雄时，让我目瞪口呆的是，我觉得眼前的高雄太像我所见到过的那些美国城市：长长的、直直的、宽宽的街道上充斥着各种各样的汽车和十分无趣的建筑物，还有就是每个街角都有的类似于美国 7－Eleven 便利店的商店。

在台湾岛上，我总是感觉很安全，走在街上，无论人们对我是友好还是冷淡，我都无所谓。我步行，骑自行车，开车，或乘无数的出租车、公交车、火车、飞机等交通工具在台湾做环岛行，从北部的基隆到南部的鹅銮鼻，从西部的高雄到东部的花莲。我学习到如果我想要什么，我就必须告诉别人，如果我进入

① 指 1995—1996 年，在李登辉访美公开鼓吹“台独”以及台湾地区第一次直选领导人的背景下，中国人民解放军在台湾海域举行军事演习，美国派遣两个航母战斗群在台湾以东游弋。台海局势骤然紧张。

一个商店，并且等着别人注意到我然后给我服务，我可能永远也等不到别人的服务。但是当我对某人直接说出我的要求时，我就会立刻得到别人的回应，特别是当我敢于用中文说出我的要求时。

为什么我会在“中国大陆”的标题下持续地写台湾？因为当2004年终于有机会访问中国大陆时，我非常吃惊地发现我在大陆认识的人和我在台湾的学员以及长时间结交的朋友是如此相似。

像台湾一样，我在中国大陆认识的很多学员对我这个老师充满了好奇和了解的兴趣，他们友好、慷慨地对待我，但是，这丝毫不影响他们在课堂上睡觉——如果他们认为授课内容不好玩的话。像台湾朋友一样，我发现他们对家庭有强烈的忠实感，他们热爱美食、喜欢热闹。同样，他们会抱怨在学校和工作上的压力，他们习惯于用间接的方式（例如通过中间人）表达愤怒和不满。和台湾朋友一样，他们在被别人注视时经常是礼貌而且顺从的，但我有时发现，他们在没有被注意到的时候又会做他们自己真正想做的事。

我在中国大陆所遇到的人给我的最初印象和我在台湾遇到的人非常相似，这也许是受我先前提到的“盲点”的影响——无法在最初看起来似乎很相似的现象中区分出更多的细节和差异的微妙之处。现在，在我拥有8年中国大陆教学的经验之后，我发现，中国大陆与台湾的人们拥有非常相似的文化特质，那就是儒家的道德与价值观。

我遇到的几乎每一个人都对家庭和朋友的忠诚怀有很强烈的而又天然的重视感，而且他们也非常关心社会整体的稳定。他们似乎总是对中国文化本身的中心性怀有不言而喻的自信。中国、中华似乎很自然地就被看作世界的中心，而中庸则仍然是处理问题的方法（至少在被注视时）。我发现，当一个中国人想要强调他们自己的观点时，他们最常用的句式就是：“我们中国人觉得……”

与此同时，我也看到了中国大陆和台湾的文化差异，最明显的就是：中国大陆是一个拥有很多语言与文化的巨大区域。沈从文的《边城》中年轻的翠翠和今天哈尔滨中央大街上即使冻着耳朵也要边走边打电话的年轻女孩儿之间有什么共同点？很显然，任何希望诚实地比较中国大陆和中国台湾文化的人，都需要做比我更多的努力。

不管怎样，我相信中国大陆当代史上有三件事影响到大陆与台湾文化的差异，即1950年代的文字改革、1966—1976年的“文化大革命”以及1978—2015年的独生子女政策。

1. 文字改革的影响

台湾没有采用中国大陆推行的简化字。中国大陆和台湾在汉字书写上有简体字和繁体字的差异，这最直接地显示了两者在文化的关键因素——语言文字——上的不同观点。在台湾，我听到过有关繁体字的益处的论证：能够给新一代人提供了解丰富的中国传统文化的最原始的书写途径，能够帮助年轻人更好地了解书法和文化的发展史，与此同时，还能够维护中国书法的美丽。

在中国大陆，我听见人们为简体字的好处辩护：简体字更容易掌握，因此识字的人数增加了；简体字笔画少，因而书写简单；简体字更容易认识，因此使沟通更加方便。

我个人的观点是，简体字是使我决定要掌握中文阅读能力的关键性因素。我起初在台湾学的是繁体字，后来当我决定聚焦在简体字上后，我简直如释重负。

现在我相信，随着世界各地越来越多的外国人日益加强了了解中国的兴趣，就如同越来越多的中国人对英语感兴趣一样，简体字有助于打开中国与世界交流、沟通的渠道。我相信！我想，东西方是需要相互了解的，而中国大陆在进行国际交流方面，因为简体字的缘故，会比台湾更占优势。

2.“文化大革命”

我相信“文化大革命”给成千上万中国大陆的人留下了至今未能痊愈的心理创伤。我在自己的教学班上不止一次地见证这样的情况：有的学员，当谈起他们在“文革”中的成长经历时，毫无预兆地，他们就会立刻陷入痛苦和绝望的情绪之中。

中国社会在要忘记“文革”中发生的一切上似乎仍然存在广泛的压抑。我的一个学生说：“那些在‘文革’中长大的人通常认为必须忘掉‘文革’中的痛苦，他们想要忘记有关‘文革’的一切并享受他们当下的生活，但是他们很难做到这点。而那些‘文革’后出生的人很难知道‘文革’中究竟发生了什么，并且他们对此也毫不关心。”

从长远看，无论是对个人还是集体，试图压抑心理创伤并非一个富有成效的策略。我相信，“文革”留下的一些未结束的事很明显地造成了今日中国大陆很多人的心理问题。台湾从来没有发生过“文化大革命”，在那里就看不到与此有关的或类似的文化现象。

3. 独生子女政策

中国的独生子女政策是1978年开始实行的，按照中国官方的说法，截止到2011年，中国实行计划生育30多年来，少生了4亿人，极大地降低了人口压力。计划生育的心理影响是深远的，但同时也是未被充分认识的。发展中国家现在有一种降低出生率的倾向，从乡村化到城市化的转变过程似乎更支持小的核心家庭。原先很多依赖大家庭或说是大家族的地方渐渐被对社会和朋友的依赖所取代。然而，强有力的和长期的儒家家庭传统使得中国家庭的变化比世界其他地方的变化具有更多的戏剧性，特别是当这种变化通过政府政令而即刻实现时。作为一个旁观者，我注意到一些心理学上的后果。

其中一个后果是当一个独生子成为父母、祖父母、外祖父母及其他亲戚所给予的爱与关心的唯一的接收者时所承受的压力。以往中国家庭中七八个孩子所拥有的关心现在被集中在一个孩子身上，也许会导致“被宠坏的小王子或小公主”综合征：自我中心、过食、被动、逃避责任，并且迟早有可能会公然地进行挑衅和反叛，或者是在肩负“整个家族”重担的压力下出现问题。

由于中国传统文化，很多人希望有儿子，因此，独生子女政策对女孩儿来说也许是一件糟糕的事。我在中国遇到的“带着‘不要是你的性别’的脚本禁令”的妇女比在瑞典多。此外，中国大陆带有这类脚本的妇女比台湾多。很多跟我学习 TA 的中国学生——无论是大陆的还是台湾的——告诉我：“我们中国人的人格中存在着一个很大的适应型儿童自我状态。”这意味着他们经常是有礼貌的和顺从的。

作为一名老师，我注意到我的中国学生认真而准确地学习我所教的知识，我常常十分惊讶地发现他们接受新信息的能力远远超过了我的瑞典学生。但是我也发现，我的中国学生在我的视野之外往往会用我所教的知识做超出我想象的事。例如，我记得一个非常聪明的年轻人，他问了我很多有关在 TA 治疗中如何准确地运用 TA 的方法去说和做的问题，他想要学习如何“按照书里说的方法”去准确地从事 TA 治疗。我尽我所能地回答了他，坚持强调有很多“正确的方法”，然后他提出他想要确切地知道“这很多种方法”。让我印象非常深刻的是，他不仅能够记住并且很好地组织了我给予他的所有包括我自己都没有清晰组织过的思想。他跟着我学习了很长时间，虽然并没有成为 TA 治疗家，但是他运用学到的 TA 治疗理论发展出一种很有效地帮助父母养育孩子的方法。我不记得我教过他如何可以如此有效运用 TA 理论的方法。这就是中国人创造出的所谓“天高皇帝远”式的反叛，我相信这种反叛远比独生子女政策要久远。

按照我的观察，中国的独生子女政策在某种意义上已经深入人心，并且成为中国的一种文化和心理特点了（就如同适应一样），但是这个政策也造成了个人情绪的不稳定和无根感。今天，全球的变化非常迅速，而独生子女政策削弱了长期以来传统大家庭所能提供的归属感和安全感的基础。有趣的是，我了解到有的独生子女通过称呼他们的堂兄妹或表兄妹为“哥哥”“姐姐”“弟弟”“妹妹”，并在很多方面如亲手足一样密切联系，从而重新创造了一个“大家庭”。

要沟通顺畅，我们就需要理解人的差异，我们需要理解每个人都有不同的个人成长史（不同的脚本），每个人都有不同的社会背景（不同的文化）。我们不可能也不需要（有时也不适宜）去了解每个人的脚本或者文化背景的每一个细节，但是，我们对一个人了解得越多，就越能够理解这个人；我们越真诚地了解一个人，就越能够有良好的沟通。要真诚地了解一个人就要尊重他，要在他个人的脚本和文化背景中去了解他。

第六节 心理的相似性

所有文化中的人都有情绪情感。情绪情感是个人和族群生存所必需的。所有族群和文化的人出生时都有着同样的情绪情感，就如同人类都拥有同样的手指、手臂、腿、脚趾、眼睛和耳朵。文化与人生脚本将对个人表达情绪情感的方式做程度上的修改，但是，每个人天生都带有同样的情绪情感，并且世界各地的婴儿们在用身体与面部表情表达这些情绪情感时的方式都一样。

即使我们的语言和文化存在着很大的差异，但由于人类有着同样的情绪装置，这就意味着我们可以和世界各地的人沟通。与知道人类存在文化差异这一点相比较，更为重要的是，我们要知道人类拥有同样的具有普遍性的情绪情感沟通渠道。

以下是一些有关情绪的基本问题：什么是情绪？人类有多少种情绪？情绪是天生的还是学来的？一个新生儿能有什么样的情绪？为什么我们会有情绪？你知道多少种情绪？你怎样定义情绪？

作为一名心理学老师，我有时会问我的学生上述问题。这些问题往往会引发有趣的情绪，学生的眼睛会发亮，他们的身体会微微前倾，他们的回答多种多样，反映出他们早先所学习到的东西。TA 学员往往会说出四种基本情绪：悲哀、愤怒、害怕和幸福。在讲课之初，如果我请学员罗列情绪，这四种情绪同样会被提到。

继这四种基本情绪之后，大家罗列的复杂情绪包括“矛盾”“高兴”。有一次，在台北师大，大家说，我写，我把大家所说的情绪都罗列出来，直到那块大大的黑板再也没有空间时才停下。那次，我们一共罗列了将近 200 种不同的情绪，其中有 2/3 是人们体验到的不愉快的情绪，另外有 1/3 是所谓的好情绪。这样看来，我们拥有很多情绪，而其中大部分是消极的。有关情绪定义的问题常常被证明是挑战。答案往往像一个循环定义：“情绪就是一种你所感觉到的情感。”

我现在将就以上问题做出一些回答，并且对情绪理论做一个简单的概括，这个理论是在人与生俱来的、有限的、正常健康和具有普遍性的情绪的基础上产生的。我的回答基于美国心理学家 S. S. 汤姆金斯教授的情绪理论①，他是与埃瑞

---

① S. S. Tomkins. Affect, Imagery, Consciousness: The Positive Affects. New York: Springer, 1962; S. S. Tomkins. Affect, Imagery, Consciousness: The Negative Affects. New York: Springer, 1963; S. S. Tomkins. Affect, Imagery, Consciousness: The Negative Affects Anger and Fear. New York: Springer, 1991; S. S. Tomkins. Affect, Imagery, Consciousness: Cognition-Duplication and Transformation of Information. New York: Springer, 1992.

克·伯恩同时代的人。

“你怎样定义情绪?”

情绪是中枢神经系统生理过程的心理功能，更准确地说：情绪是密集型神经放电的功能。神经放电是神经细胞之间冲动的传递。举例来说，当一个人的中枢神经出现非常迅速的密集型神经放电现象时，他正体验的情绪是害怕。害怕这种情绪可以被定义为迅速增加的神经放电。这个定义在人类生理和心理之间架起了一座桥梁。显然，就情绪而言，中枢神经系统的特定生物学过程是能够用认知方式赋予其心理学标签的。

“人类有多少种情绪?”

人的基本情绪是有限的，因为能够呈现密集型神经放电的方式有限。人类有六种基本的情绪：愤怒—发脾气，悲痛—极度的痛苦，吃惊—大吃一惊，害怕—恐怖，愉快—快乐，感兴趣—兴奋。此外，人类还有三种辅助情绪：厌恶，恶心，害羞—羞耻。这些术语将在后面进一步解释。术语“affection”[①] 可以概括地直接表达这九种情绪。这九种情绪是世界各地人类婴儿所共同拥有的基本的情绪装置。

人类天生拥有的这一套九种情绪装置就如同人类降生就拥有两只眼睛、两个耳朵、一个鼻子、一张嘴、十个手指头和十个脚趾头一样。这九种情绪被描述成情绪字母表中的首字母。[②] 随着我们的成长，我们学会了用各种方法以各种强度组合这些情绪，创造出很多新的变化微妙的情绪。一个健康成长的人能够区分并且辨别自己和他人的很多情绪。有些学来的情绪会成为我们脚本的一部分，有的则会作为扭曲感觉来支撑我们的脚本。

“情绪是天生的还是学来的?”

情绪既是天生的也是学来的。上述九种情绪是天生的（或出生不久后开始起作用）。从一开始，它们集中在面部表情上，以明确而广泛存在的行为表达自己，一个哀伤的乌干达小宝宝会像一个同样哀伤的芬兰小宝宝一样哭泣。在正常环境中生长的人会有正常的情绪发展，并且一个健康的老人在晚年的时候也能够学习体验到他们在中年时所不曾体验到的情绪，而不健康的破坏性的情绪学习也是可能并且常见的（如扭曲感觉）。

“一个新生婴儿是怎样感觉的?”

---

① 英文中情绪（emotion）、情感（effection）有时会混用，但是通常人们会用 emotion 描述情绪。笔者与译者查资料后发现，情绪心理学家汤姆金斯有一个特点，更多地用 affection 而不是 emotion 来描述人类与生俱来的最基本的九种情绪。而在我们成长的过程中，我们会体验到更多的情绪和情感。汤姆金斯用“feelings”和“emotions”时是指更为特别和复杂的情绪。此外，译者还查阅到，国内学者在翻译汤姆金斯的九种基本“affection”时，所用的也是“情绪”。所以我们这里在介绍汤姆金斯有关“人类九种基本情绪说”时，选择将“affection”翻译成“情绪”，而用“感情”或者“情感”去指代其后发展出的感觉。

② A. Nilsson. Om Homo Psychicus uppkomst. Lund: ALN Förlag, 2005: 80.

他们能够感觉到愤怒、悲痛、吃惊、害怕、愉快、感兴趣、厌恶、恶心和害羞，以及身体感觉如疼痛、寒冷和温暖。

"为什么我们会有情绪?"

情绪给我们提供生存的动机。我们人类的动机中没有比情绪更基本的了。汤姆金斯的说法是，我们的情绪使好的事情更好，使坏的事情更坏。情绪会放大任何正在进行的事，使我们意识到一些好的或坏的重要的事正在发生，从而使我们能够及时采取行动。我们的情绪决定我们的思想，除非情绪推动我们，我们不会思考也不会采取行动。生命是如此危险和脆弱，所以我们才被安置了很多"不舒服"的情绪，以警告我们并且指导我们远离危险。生命同时又是如此重要和丰富，以至于我们被安置了很多"快乐"的情绪，以吸引我们去共同观察、创造和信任。

"请问你知道多少种情绪?"

读者诸君，我将把这个问题留给你。

或者我换一个问法："你在 5 分钟之内能够写出多少种情绪?"

请问听了我的这个问题后你有什么感觉?

按照汤姆金斯的观点，有九种基本的情绪。我将更有系统地介绍我对组成汤姆金斯情绪理论核心内容的九种基本情绪的理解。这九种情绪或者与生俱来，或者是出生后不久就产生，它们提供了情绪长期发展的基础。汤姆金斯有关情绪的定义之一是："情绪是处于面部的一系列肌肉和腺体的反应，同时也广泛地分布于身体各部分，身体根据天生的'可接受'或'不可接受'的反馈生成情绪反应。这些有条理的情绪反应是在皮层下被触发的，在那里，每一种截然不同的情绪反应被明确编程后储藏。这些程序是天生被赋予的并通过基因而遗传……一个人不是通过学习而懂得害怕、哭泣或者惊跳的，与通过学习而产生的痛苦感以及努力呼吸空气相比，害怕、哭泣和惊跳都是天生的。"①

情绪作为遗传基因的反应主要以面部的表情为中心。面部是人类发布并且接受情绪情感的器官。情绪情感表现在人类躯体的表面而不是内在。如果你想知道一个人有什么感觉，你首先要看他的眼睛和他的脸。

情绪是"可接受的"或"不可接受的"，它们无论好坏，是天生继承下来的经验。汤姆金斯的学生爱克曼（P. Ekman）有一个大规模的研究，显示出情绪的面部表情是普遍的、跨文化的。② 世界各地的人的天生的情绪在面部表情中都是一样的。爱克曼《情绪的解析》一书在 2008 年被翻译成中文，其中包含了很多非常棒的有关各种情绪的面部表情的图片。

---

① S. S. Tomkins. Affect, Imagery, Consciousness: The Positive Affects. New York: Springer, 1962: 243-244.

② P. Ekman. Emotions Revealed. London: Weidenfeld & Nicolson, 2003.

如果我不小心把我的手指碰到热炉子上，那么我的神经系统会将我的手指突然遇到的这个信息传到我的大脑中，并且迅速返回到我的手指上，从而促使我的手指立刻离开那个炉子。突然增加的密集型的神经刺激和冲动会由于情境需要做出即刻的反应，从而快速且大量地传导。因此而发生的情绪即惊跳将打乱我当时正做的一切，使我优先缩回我的手指。

随着时间的推移，汤姆金斯发现在神经刺激密度中有三种变量对应于三种类型的可以确保个体生存的动机："我们将要说明一种基本原理的三种不同变式所激活的情绪——神经刺激密度。神经刺激密度是指单位时间内的神经放电量。我们的理论假设三种层级的情绪催化剂第次激活情绪诱因。它们是神经刺激水平增加、神经刺激水平平稳和神经刺激水平减弱，它们保证了三种不同程度的动机水平——当神经刺激处于增加水平的时候，情绪处于增强的状态；当神经刺激处于平稳水平的时候，情绪维持平稳；而当神经刺激减弱，情绪的强度也下降。"汤姆金斯用以下的图阐明他的理论。[①]（此处笔者对汤姆金斯的图做了一点小小修改，省略了原图中的"大笑"这一矢量。）

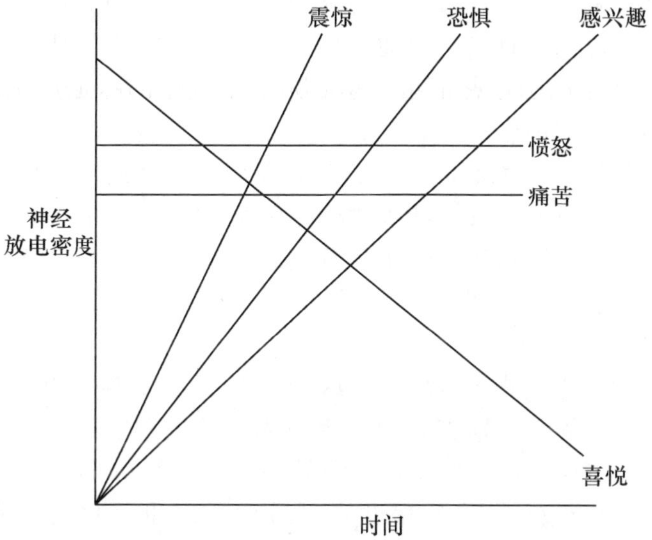

稍作修订后的汤姆金斯的情绪先天激活假设图

从这个图中可以区分出三种由增加的神经刺激导致的情绪，即震惊、恐惧和感兴趣；两种由平稳的神经刺激导致的情绪，即愤怒和痛苦；一种由神经刺激减弱导致的情绪，即喜悦。这些情绪中，有两种是积极的（感兴趣和喜悦），三种

① S. S. Tomkins. Affect, Imagery, Consciousness: The Positive Affects. New York: Springer, 1962: 251.

是消极的（恐惧、愤怒和痛苦），一种是中性的（震惊）。

从上图看，当神经放电的密集程度极端陡峭地升高时，不论是什么引起的，当事人正体验着的情绪都是震惊。当神经放电的密集程度急剧增加时，当事人体验着的情绪是恐惧。当神经放电的密集程度是中等状态时，当事人将发现这种刺激是积极的并体验着兴趣感。如果神经放电的密集程度稳定地维持在一个非常高且不断延续的水平，那么这时的情绪就是愤怒。如果神经放电的密集程度保持在一个适度的较高的水平上，那么人就正体验着悲哀和不安，这种情绪被称为痛苦。如果神经放电的密集程度从一种高水平（这种高水平不论是从积极情绪还是从消极情绪中获得的）往下跌落，那么这种放松的体验就是快乐。这个图所给予的有关六种情绪的生物学定义值得计算。例如，快乐是神经刺激的减少，因此无论何时、因何原因，只要这种神经刺激减少，快乐都会发生。

这六种情绪可以被看作初始情绪，还有三种天赋情绪没有从神经放电的角度进行定义。这些情绪不是单独出现的，而是在另外一种情绪出现或在其他情绪被激活的情况下才会出现。汤姆金斯称它们为辅助情绪。厌恶是受对食品或水的驱力的影响而产生的辅助情绪。当一个人吃下什么令人不舒服的东西时，就会产生厌恶这种情绪。恶心是对空气中的味道产生反应的辅助情绪。当一个人闻到“糟糕的气味”时，恶心就是其情绪反应，他会屏住呼吸以避免危险进入自己的身体。恶心是汤姆金斯用以强调难闻的气味而造出来的情绪词。害羞是两种积极情绪即“快乐”和“兴趣”的辅助情绪。害羞可以是在快乐或者兴趣最初产生时出现的情绪体验。害羞被定义为一种被打断的、没有完成的积极的情绪。害羞是一种想要阻止继续有好感觉而产生的“丢面子”的情绪。

所有的辅助情绪都是不愉快的，这样就有了六种消极的、两种积极的和一种中性的情绪。汤姆金斯将其中与驱力无关的七种情绪，分别就人们所感受到的不同程度而进行双重命名，例如惊讶—惊跳（surprise—startle），发怒—盛怒（anger—rage），前者程度轻，后者程度重。归纳起来，这九种情绪分别被称为：

惊讶—惊跳
害怕—恐惧
兴趣—兴奋
发怒—盛怒
痛苦—悲痛
愉快—高兴
厌恶

恶心

害羞—羞辱

按照汤姆金斯的观点，这个情绪装置是人人生而有之的，不分种族、文化或者地域。这也许不是有关我们天赋情绪的最终真理，但是就我所知，这是我们目前所拥有的最好的有关情绪的理论。

第七节　心理学、动机和情绪

心理学可以被定义为人类动机的科学。个体生命相对于人类的创造物如建筑、国家和文化而言是短暂的，个体生命如果和自然的创造物如山脉、星球与星系比较就更为短暂。究竟是什么使人类想要生存？是什么使人类想要影响自己的生活进程？心理学努力想要发现这些问题的科学答案。心理治疗就是心理学将理论用于实践，以帮助处于困扰中的人过上满意的生活的一种方法。

人际沟通分析学是一种心理治疗理论，它强调他人对于个人自我实现的高度重要性，它提倡“我好，你也好”，或者按照我书桌上这幅中文书法的表达：“你好，我也好”。中国文化与美国文化的重大差异从以上两种不同的表达方式中就可以看出：个人主义文化中的美国人强调自我，而集体主义文化中的中国人则强调他人。

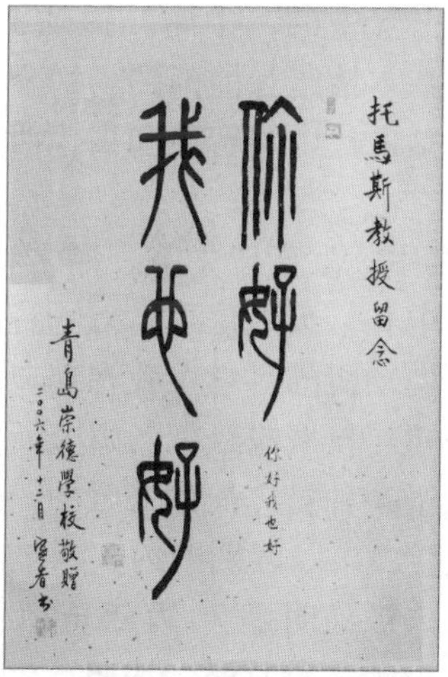

TA 理论的任务是激发来访者如下的动机，即要尊重自己并尊重他人，并让来访者感觉到生活值得人们一起好好地过。TA 强调一种特别的动机，即人们存在一种从他人那里获得安抚的重要动机。同时，无论来访者的动机是什么，任何心理治疗的核心任务都是要发现、理解和挑战来访者的动机。

那么，动机之后是什么？一个传统的说法是“驱力”——一种在生活中推动个体向前发展的内在能量。按照汤姆金斯的观点，人存在四种驱力，其中三种是为了个人的生存，还有一种是为了物种的生存：它们是对空气、水、食物和性的需要。这些驱力非常强烈，但是它们并不为个体提供最根本的动机，而情感会为个体提供最强烈的动机。这世界上没有什么比情感更能提供最深切的动机。如果一个人试图夺走你的空气并掐死你，那么你并不是因为缺乏空气而战斗或抵抗，而是中枢神经系统中突然产生的密集的神经放电导致的害怕以及持续发展的放电导致的愤怒，使你决定要为你的生命而战。害怕与愤怒这些负性情感将放大情境的危险程度，使坏事情显得更坏，使你调动你所有的资源去应对闯入者。当你的情感，尤其是你的负性情感不再适时发生时，你也许就无法存活下来。情感，而不是驱力，是最基本的动机源。

心理学，包括人际沟通分析学，是有关人类动机的学说。动机就是情感，一个有关正常情绪和情绪正常发展的好的理论，要能够区分并处理引发心理问题的情绪障碍。要了解情绪是怎么出问题的，我们需要先了解什么是正常情绪。要知道扭曲感觉是什么，我们必须知道正常感觉是什么。汤姆金斯的情绪理论在这方面提供了一个可靠的起点和坚实的理论基础。

我们应该注意，很久以前就有文献记载了相似的基本情绪。《黄帝内经》，中国 2 000 多年前的一本医学古书，就已经记载了与健康有关的七种基本情绪。这七种基本情绪是：喜、怒、忧、思、悲、恐、惊。中国另外一部同样已经存世 2 000 多年的经典古籍“四书”中的《中庸》提到了喜、怒、哀、乐四种情绪。这些中国古代典籍所提出的基本情绪与前面的汤姆金斯情绪图有重合之处。我认为下列引自《中庸》的文字是古代中国智慧和当代西方心理学之间存在一种美好联系的证明：

“喜怒哀乐之未发，谓之中；发而皆中节，谓之和。中也者，天下之大本也；和也者，天下之达道也。致中和，天地位焉，万物育焉。”①

我同意心理学是研究人类动机的科学。我在瑞典隆德大学心理研究院的老师艾尔夫·尼尔森（Alf Nilsson）教授曾经把汤姆金斯的著作介绍给我。尼尔森教授本人把汤姆金斯的观点置于一种更广泛的背景中，并且主张当前的人类应该被称作 Homo Psychicus（心理人），以区别于约 5 万年前的 Homo Sapiens（智人）。中国北京周口店发现的北京人被证明是 70 万年至 20 万年前的人类，所以，5 万年在人类进化过程中只是很短的一段时间。按照尼尔森教授的观点，我们全部都属于心理人这一种属，我们有能力了解我们自己和他人的情绪。我们能够相互沟

---

① 白话四书．杨伯峻，译．长沙：岳麓书社，1989：294.

通，因为我们能够了解彼此的感情。我希望并且相信，心理人正处于发展阶段，因此，我们人类可以通过沟通而不是盲目的愤怒和相互毁灭来解决我们之间的冲突。如此，我们就可以真正地和平共处、和谐相处，秉持“我好，你也好”的人生哲学去生活。

几年前，我在中国山海关附近的一个叫西沟的小山村中为一段废弃的长城拍了下面这张照片。当我拍照时，我感觉自己像是在注视着一个古代智者的眼睛深处，我注视着的是否同样是人类未来的充满希望的眼睛呢？……

思考题：

1. 你从霍夫斯戴德的研究中发现了什么？
2. 人类的相似性远大于其相异之处给你什么样的启发？
3. “我与你”或说是“人与人”之间的关系要实现和谐需要哪些基本条件？

第1版结束语一

最早知道埃瑞克·伯恩，是因为读了1988年版的《我好！你好！》[①] 这本书。这本书不是伯恩写的，而是托马斯·哈里森于1967年写的，介绍他如何将伯恩理论用于心理治疗实践。这本书出版后在美国连续几年居于畅销书之列。那是我第一次看到一个心理学理论能够对普通公众产生巨大影响。

2003年我在写《健康人格心理学》时也介绍了伯恩，在写那章时我几次想到：为什么没有人把伯恩的学说介绍到中国来呢？改革开放以来，西方很多心理学家的学说被系统地介绍到中国，有的还专门组织了长达几年的系列培训，可是，为什么就没有人想到要把伯恩的学说介绍过来呢？

在一直关注并致力于向中国人包括大学生普及心理学知识的我看来，伯恩的学说是最能够帮助公众提升生活质量和幸福感的。西方有人称伯恩的学说是简写版的"精神分析学说"，其实不然。伯恩只是在最初沿用了精神分析学中人格理论的三我框架，站在前人的肩上发表自己的思想，这应该是一种最值得提倡的既有继承又有发展的学术精神。伯恩学说的最大特点是：比起其他心理治疗理论以及其他人格理论，他的学说有更多的操作性并且也更通俗易懂。有人认为通俗的就是肤浅的，这是对通俗的误解。通俗是将复杂的问题简单化，是让知识能够真正为公众掌握，并为促进公众的心理健康做出切实的贡献。我们中国的传统医学

---

① 托马斯·哈里森. 我好！你好！. 陈朴，陈刚，覃光广，译. 北京：光明日报出版社，1988.

（中医）提倡“大医治未病”，而伯恩学说中通俗性和生活化的部分正好可以成为帮助普通人群预防心理疾病并提升生活质量和幸福感的工具。

我在从事心理咨询与治疗以及心理教育的过程中发现，一个多世纪以来，人格理论家、心理治疗家发现的许多有关“治未病”的有效的预防方法和促进心理健康成长、发挥人类潜能的方法，至今都还未曾得到普及，以至于很多普通人仍然在黑暗中独自摸索，还在以试错排错的方式寻求自我疗伤和自我成长的方法。这不仅造成了太多资源的浪费，更关键的是造成了许多生命的痛苦、不幸和生活质量的严重下降。

中国人太需要了解自我认识、自我发掘和自我心理保健的常识了，太需要从心理学那里获取帮助其健康成长和提升生活质量与幸福感的资源了。而伯恩的学说就是一个非常有效率的心理自助工具。

再回到我写《健康人格心理学》时的故事。自那以后，我就一直留心看有没有人介绍伯恩研究专家来中国。一直到 2004 年 8 月的第 28 届国际心理学大会，我在会议日程表上发现了一篇有关用伯恩的人际沟通分析理论为成瘾者做心理治疗的文章，于是和同事徐辉一同去听了来自瑞典的欧嘉瑞老师的发言，才知道他已经在中国台湾做了多年的有关人际沟通分析理论的培训，并且台湾还翻译出版了他与同事合作的一本书。

我知道这下终于找对了人，散会后我问欧嘉瑞老师是否愿意到中国大陆来介绍人际沟通分析学，他说他很高兴能有这样的机会。我对他说，我承诺我会尽全力去促成这件事，但是我无法承诺结果，因为我只是一个普通的教师。

当时我很想找欧嘉瑞老师要他在台湾翻译出版的那本书，封面的勒口上有他和他同事的照片，这可以成为很有说服力的证明。但考虑到我不一定能办成这件事，如果没有办成，如果书在寄还给他的途中丢失，那会让他觉得他认识的中国人没有信用，所以我就没有找他要书，只是叮嘱他回瑞典后务必发一张他的书的封面的传真给我。

那年 9 月以后，我开始和北京心理卫生协会的负责人之一赵大夫联系，她听我介绍后非常积极地开始了各项申请工作，我在其中就只负责英文翻译和回信。11 月的一天，黄昏，外面风很大，我接到赵大夫的电话，她正在风中等公共汽车，但她的声音很清晰且沉着。她说她刚体检完，明天还要复查，医生说她可能得了一种很重的病。我在震惊中还没有反应过来，她又接着说：“人际沟通分析学的事你不要担心，这件事我已经托付给我的助手小廖大夫了，她办事很认真负责，你放心。”之后她又告诉我，医生通知她复查后，她回到自己的心理诊室，对在门口等待的病人一一做了交代，告诉他们自己生病了，可能短时间内不能够继续为他们做治疗了，还一一告诉他们应该转到哪个大夫那里，哪个大夫更适合他们……

特别要说这件事，一是因为赵大夫让我非常感动，刚刚从医生那得知有可能得了重病，她不仅想到要对自己的病人做最负责任的交代，而且还想到了有关人际沟通分析学的培训项目。她这种“猝然临之而不惊”的大将风度，以及她所保持的这种“受人之托，忠人之事”的古风实在令人钦佩。二是想说，我们这些做心理咨询与治疗的人是心理学的最大受益者。赵大夫以及当时同样得了重病的另外两位心理治疗师在灾难性事件面前所表现出的沉着、镇定和从容证明了这样一个事实：一个追求心理健康的人在必要时能爆发出多么巨大的勇气、力量和潜能。(特别说明，后来赵大夫及另外两位大夫的治疗都非常成功。)

后来，也就是2005年的7月，中国第一个系统培训人际沟通分析学的班开课了，这是一个连续三年、每年两次的系统培训，其间田国秀老师也为这个培训班的顺利进行做了很多工作。我至今仍然记得田老师初次接触人际沟通分析学时所表现出的惊叹和喜悦，以及她一定要促成这个培训班持续发展的决心。而欧嘉瑞老师后来又把他团队中的另外两位老师介绍到中国。2011年4月，在蔺桂瑞老师的大力推进下，欧嘉瑞老师又开始了为北京市教育工作委员会培训北京高校心理咨询师的系列TA讲授的工作。

我和我的团队中的同事都是欧嘉瑞老师系统培训的第一批学员，在那之前，我个人只是通过读中英文著作自学人际沟通分析学。欧嘉瑞老师的课程与培训，让我全面而又系统地了解了伯恩理论中理念部分的精髓。

2007年，我开始为学生开设“人际沟通分析学”这门课，在我的《健康人格心理学》一书中，人际沟通分析学只是其中的一章，但是现在我开出了一门课。课余，我写了一篇8 000多字的文章，介绍我们这门课上学生的收获，2008年11月14日以《如何有效提升人际沟通能力》为题整篇发表在《中国青年报》第4版上。

我把这篇文章用E-mail发给欧嘉瑞老师，他看后很欣赏（欧嘉瑞老师能读中文），在征得我同意后，他把文章译成英文并推荐到在美国出版发行的国际人际沟通分析学会的会刊上，2009年7月5日，我这篇文章以“Transactional Analysis Helps Chinese Undergraduates Live Well”为题在ITAA的会刊上发表。之后，欧嘉瑞老师非常郑重地建议我：“你可以把给学生讲课的内容写成书，就按照你们中国学生上课的时数，这样受益的人就会更多了。”

如果没有欧嘉瑞老师的建议，至少当时我是不会想到要写此书的，因为当时手头正写着两本书，根本没有时间做别的事，我又是那种一心无法二用的人，是欧嘉瑞老师的建议使我决定写出这本书。

想到欧嘉瑞老师是人际沟通分析的治疗家，又是资深的人际沟通分析学的培训师与督导师，为了精益求精，我灵机一动就想到了邀请欧嘉瑞老师合作，而欧嘉瑞老师当时很高兴地就接受了我的邀请。

这里我要特别介绍一下欧嘉瑞博士。他是瑞典资深心理治疗家，国际 TA 分析师、国际 TA 心理治疗师、国际 TA 督导师，他从 1987 年开始每年两次在中国台湾做 TA 培训。他很早就开始自学中文，到大陆进行培训后，更是加紧了中文的学习。2008 年时他就已经可以凭借文林中文学习系统（Wenlin）读懂中文，他先读了瑞典汉学家翻译的瑞典语《红楼梦》和《西游记》，然后又借助文林词典选读了中文《红楼梦》与《西游记》中的一些章节，以与译文对照并更深入地理解这两本小说的语境。

欧嘉瑞老师能够读中文，我能够读英文，这是我们可以合作的基础。正因如此，我邀请欧嘉瑞老师合作撰写此书的提议是有可能并且有意义的。我们的合作模式是这样的：我写完第一至第十章初稿后，分别用 E-mail 发给欧嘉瑞老师，他看完后用英文点评或质疑，我按照他的点评或质疑修改完善书稿，或把他补充的段落翻译成中文，然后再把书稿发给他，他确认后，这章就算完成；第十一章的初稿由欧嘉瑞老师完成，他发给我，我翻译成中文后又发给他确认。

这个过程听起来简单，操作时可是非常费时间的，首先是资料问题，我手边虽然有伯恩的很多原版著作，但却缺乏伯恩后继者的很多著作。有时候，无论如何也找不到第一手资料时，我就会写 E-mail 给欧嘉瑞老师，请他给我发过来。有几次，他只得把他手头的资料用相机拍下来，然后再发给我。还有的时候，为了找一个别人的引文出处甚至要花好几个小时。写作时也常常因为各种原因而花很多时间，顺利的时候，我的稿子可以一遍通过，但这样的时候很少，绝大多数时候是需要两次以上讨论才可以定稿的。最难的是第七章，即有关漠视的那章，我是四次易稿后才最后通过的，而且其中还有 1/5 的内容是欧嘉瑞老师补充的。说起来这件事很有象征意义，我们中国传统文化和传统政治原先都是倾向于漠视个人权利的，我个人也一样，对自己的义务甚至不属于自己的义务，都异常清楚，而对自己的权利却常常很模糊。因此在完成第七章时，我常常找不出合适的例子来，于是一次次请教欧嘉瑞老师，最后还是不满意，我后来干脆请欧嘉瑞老师补充例子。

也是在完成第七章的过程中，我有很多特别的自我觉察和感触，有时候甚至感慨万千，这些也是受欧嘉瑞老师评论的启发。我想到了中国的很多例子，这些例子又反过来让欧嘉瑞老师深受触动。在与欧嘉瑞老师的合作过程中，我有几点很惊讶的发现，一是他的中文功底实在了得，因为他提出的三个实例全是中国的！比如，写“我好，你也好”这段时，我举了贾宝玉的例子，说他是秉持“我好，你也好”的人生定位的，但是欧嘉瑞老师不同意这点。我仔细想过后，认为他是对的，贾宝玉只是在大多数时候和女性相处时表现出这种定位，因此我改成了“总体来说，宝玉对女性是秉持‘我不好，你好’的生活定位的”。欧嘉瑞老师说：这下对了。

另外，欧嘉瑞老师对中国的了解非常细致且用心，比如在“安抚”那一章里，欧嘉瑞老师看完我的稿子后提出：你们中国刚刚开始改革开放时，台湾歌手邓丽君的歌声曾经给在“文化大革命”中生活多年的中国人带去了安抚，以至于那么多中国人都那样喜爱她的歌。我回忆了一下，事实的确如此。虽然中国大陆并不是所有人都喜欢或者迷恋邓丽君，但当时她在大陆的粉丝的确非常非常多，她柔美而充满人情味的歌的确给当时的大陆人带来了很多温暖和抚慰。

写作的过程是一个深入学习和思考的过程，因为在这个过程中有一位资深督导师、治疗师和同行的指点与合作，我自觉收获和长进都非常大。因此，再次感谢欧嘉瑞老师的课程，使我能够真正了解并且把握人际沟通分析学理念的精髓。欧嘉瑞老师的提议使我能够借由写书而对人际沟通分析学有更深入、更全面的了解和认识。

此外，我要特别谈一下我和欧嘉瑞老师合作过程中的感受和感想。我们能够有如此高效率而又愉快的合作，基于以下几点：

首先，我们秉持共同的存在-人本主义哲学观，我们坚信人类拥有向善、向上、可以无限发展的潜能，我们相信人性的共同之处远远大于人性的不同之处。正因如此，在共同的人性之下，整个世界都可以通过对话、沟通和妥协来解决冲突，达成共识。我们同样坚信人有选择的自由，因此，任何时候，只要愿意，人都可以选择一种更为健康的生活态度和生活方式。

其次，我们彼此尊重并且相互学习。与欧嘉瑞老师的合作过程让我对跨文化合作有了很深的体会。我发现，跨文化合作中需要秉持一个基本理念，那就是尊重与学习。尊重是指尊重彼此的文化和差异，学习是指学习对方看问题的视角以及思维方法和处理问题的方法，这样的合作结果自然就是合作双方的共同成长。

最后，互联网是使这种国际合作成为可能的不可缺少的物质条件，互联网使我们的交流可以非常畅通。如果没有互联网，我和欧嘉瑞老师的这部书稿到现在也不会完成。由于地理原因，我们可以面谈的时间非常少。欧嘉瑞老师每次到中国的行程都安排得非常紧，我们仅有几次当面讨论稿子的机会，都是在饭店用餐后的桌子上，打开手提电脑进行工作。因此，我们绝大多数时候都是借助互联网来进行合作过程中的大量讨论和沟通的。几乎每一章节都要经过至少两轮的讨论才能定稿，而第七章，我们甚至经过了四轮的讨论才最终定稿。此外，当我需要某种特别的英文资料时，发一封邮件，很快就能够见到原件。也有的时候，只为一个单词的翻译，我就会给欧嘉瑞老师发一封邮件，而他也总是很快就会回复。不仅如此，在查基础资料时，网络也提供了无比优越的条件，有时候，我是先在网络上发现有关资料的信息，然后再请欧嘉瑞老师用 E-mail 给我提供原文。

这本书终于要完成了，从 2007 年开始动手写作到今天即将完成，已经历时五年。在这个充满喜悦的时刻，我要表达我的由衷的谢意：

感谢向我提出写书建议的欧嘉瑞老师，感谢能够有机会与您这样一位令人钦佩的同行、老师、朋友合作完成这样一件有意义的事。感谢您为了向我们中国人传播 TA 理论所做出的贡献。

感谢我的家人给予我的无限的温暖、耐心与支持。

感谢我团队的同事王玉、徐辉和苏世兰老师，为保证我的写作时间，你们帮我承担了很多日常的事务性工作。在此特别感谢徐辉老师，感谢你为我承担了在国家图书馆找资料和联系出版社的很多工作。

感谢中国人民大学出版社的杨宗元编辑为争取此书的出版所做的种种努力。

感谢我的朋友陆小娅为推荐出版这本书写了那么多封推荐信，你的始终如一的鼓励和支持给予我太多的温暖与感动。

感谢友人韩小青，你是最早支持我为学生开设系列心理学课程的人，没有你一贯的鼓励、督促和激励，我很难走到今天这一步。

感谢朋友乐平与亚平，你们对启发我的创造性思维有无比重要的意义。

感谢朋友蒲莉，你所给予我的一贯的鼓励与关切，是我工作中最重要的动力之一。

感谢我的朋友包天奎，欧嘉瑞老师文章中有一句话，是因为你的建议，才能够有如此信、达、雅的表达。

特别感谢我的两位学生，一个是韩晓晨同学，我在翻译欧嘉瑞老师漠视矩阵图的过程中，有一个自然段无论如何也翻译不好，后来还是在晓晨的帮助下，我才完成了那一段的翻译。此外第十一章欧嘉瑞老师文章中的两个句子也是在晓晨的帮助下才得以较好地翻译。不仅如此，书中有几幅图，也是晓晨为我画出的。另一个要感谢的是杜芸同学，她是“黛玉粉”，所以在假想中的对黛玉抑郁情绪的“治疗”那段中，为避免做出会伤害“黛玉粉”的事，我几次咨询她，把我的文字发给她，问她的感受并且征求她的意见，其中有关黛玉的注就是受她的启发而作的。不仅如此，这个注中的后半部分用的就是她的解释。

还要感谢我在首都经贸大学和北京大学人际沟通分析学课堂上的学生，在与你们共同学习人际沟通分析学的过程中，我向你们学习到很多。你们中那么多有心的同学，不仅把这个理论用到自己的生活中，而且用以帮助自己的亲人，比如韩晓晨同学、高雅同学，还有王颜妍、王喆、王茉、刘立伯、赵明慧、杜芸、乔德玉、李晓楠、方超、任黛、刘英多、孙博文、郭翀、马瑞娜、计言信、蒋栋蔚、齐薪添、王大涛、张月、宋航、何笑鸥、韩致宁、邢小京、张凌子、宋天豪、杨柳、周耕宇、周欣、赵泽征子、杨柳缘、李丽丽等同学。看到你们能够如此自如地将这个理论运用到你们的生活实践中，以提高你们自己以及你们家人的生活质量，我的内心充满感动和喜悦。

杨眉

2012 年 8 月于北京滴水斋

第 1 版结束语二

在写这段结束语之前，在过去的 30 多年间，我在中国文化的氛围中已经讲授了 10 000 个小时的 TA 理论课程，为此，我在前往中国的飞机上用了 1 000 个小时。而为了学习我在本书中所教的东西，我则用了 40 年的时间。

这真是一次漫长的旅程！

怀着敬畏与钦佩回想我和我的合作伙伴，大家都拥有如此强烈的献身精神与好奇心，有如此活跃的生命力和智慧，还如此亲切与友善。当我怀着喜悦与感激的心情读着杨眉的结束语时，我意识到，我经历了一场令人惊异的冒险：我参与创作了一本如果不借助电子词典我自己就几乎无法读懂的书！

杨眉极其友善地对我贫乏的中国文化知识与中文给予了十分积极的肯定，而真相是：在合作撰写这本书时，我一直感觉自己像伯恩“牛仔”故事中的那个小男孩。记得在那个小男孩参观农场时，把这孩子当作大人看的工人对他开玩笑说：“嘿，过来，小牛仔！”那个孩子回答他：“我只是一个小男孩啊！”

读杨眉的书稿时，一些我看不懂的词语常常挡住我的路，我不得不用电脑上的词典去扫清道路，很慢地、一个字一个字地进行。最糟的情况是，我明明见过那个中文字，可是，我就是不知道它的意思：“嗯，这个字我认识，但是，它是什么意思？为什么我就是想不起来？”那样的时刻，我真的感觉自己就像个小小的、无知的——一个从我生长的瑞典南部乡村桥磨坊走出来的——学生。

这是我的第五本书。前四本我都能够毫无问题地读它们，它们都是用瑞典文写成的。但是这一本，则是由于杨眉极大的决心[①]、专业素养和耐心才得以产生。她从书本中学习TA，她从我的讲授中学习TA，她还从我们的合作中学习并且理解TA，正因如此，才有了这本近乎完满的、精确的、真正有益于中国人自助和自我成长的中国的TA著作！

我很难用语言表达对杨眉的感谢，她在使TA理论适用于博大精深的中国文化时经受了一个很大的挑战。我阅读杨眉中文稿的蜗牛似的步伐降低了我们合作的速度，但是最终，我可以充满自信地说——以一个专业TA治疗师、专业TA教师和专业TA督导师的身份——这就是TA，TA就在这本书中，它已经准备好了为任何能够读懂中文的人服务。谢谢你，杨眉，为了你在书中对TA理论的如此卓越的呈现，我想很多读者也将感谢你！

接受杨眉的合作邀请使我感觉非常快乐和骄傲，一是我得以把多年来对TA理论的理解和临床经验带到中国大陆和台湾地区；二是我发现自己多年来所学习的中文已经使我能够阅读杨眉创作的部分，并做出自己的贡献。

坦率地说，我到东方讲学的长途跋涉——无论在时间上还是在距离上都几乎两倍于唐僧到西天取经的路程——是充满了艰难的，有时甚至令人心碎。

1994年的一个清晨，我在台湾的高雄接到一个电话，那天我正准备启程到台中去讲授几天TA课程。电话是我弟弟从瑞典打来的，他告诉我，我们的父亲意外去世。我赶到台中，面对班上的学员，感觉心力交瘁。我永远也不会忘记，我在台湾"中华航空公司"改签机票时，一位年轻的工作人员对我说："请为您父亲的过世节哀，请不要担心，我们航空公司将帮您改签机票，让您尽可能快地赶回家。"后来航空公司果然帮我做到了这点。

如此漫长的行程和长时期远离家人，我从中所收获到的是：学习扩展了我的地平线和宇宙！学习去寻找和了解新的人、新的地方、新的文化和新的传统！当然，赚钱养家也是很重要的。但是，最让我兴奋的是和人们分享充满惊讶的"啊哈"时刻——那是人们发现更好的生活方式时所拥有的发自内心的感叹。教授TA和进行TA治疗，使我有幸一次又一次地见证这样的时刻。

上次我在北京时，我教过的一个学员走上前来对我说："谢谢您教我的一切。我现在拥有比原来好许多的生命！"每次遇到这样的时刻，我都感觉自己传授了有价值的知识，而我同时也会拥有最高的职业幸福感！

我希望这本书能为读者的生活开启崭新的、更为丰富和积极的可能性。

我在我的旅程中遇到了如此多的人，他们丰富了我的旅程，使我的旅途充满了意义。对我途中遇到的每个人，我都想借用瑞典诗人雅尔马尔·古尔贝里

---

① 指杨眉邀请欧嘉瑞老师合作写作的决定。其时，欧嘉瑞老师已经拿到了瑞典隆德大学的中文文凭，而且之前还将杨眉的一篇文章翻译成英文在美国发表。——译者注

(Hjalmar Gullberg) 的话对他说："谢谢你，因为你是我在途中所遇见的那个人。"

在台湾的授课过程中，我要首先感谢挪威护士郭惠芬 (Sissel Knibe)，她在近 20 年的时间中，邀请我和我的同事在台湾讲授 TA 课程，而她自己最终也成为台湾人际沟通分析学会的一名成员。我也非常感激我们最早的学员之一黄珮瑛，她承担了把我们的瑞典文的 TA 著作翻译成中文的艰难工作。感谢陈雅英，因为她的能力和坚定的目标，她成为台湾的第一位中文 TA 培训师。感谢王桂花，她以她非常专业的编辑技能为我们的 TA 著作出版了中文版。感谢台湾最早的两位 TA 学员邱德才和江原麟，他们翻译和写作 TA 著作，丰富了 TA 的中文文献。我感激所有这些建立了中文 TA 资料库的先驱者。

我能够把 TA 引入中国文化，还因为我有幸遇到了一些了不起的翻译，她们不仅具备非常优秀的语言技能，而且拥有非常棒的人际沟通能力。她们中有的人因为与我和我的同事有长期的合作，熟知 TA 的理论知识，从而使授课的过程成为一种非常愉快的"我们一起"教 TA 的体验过程。她们中有台湾的郑雅蓉和朱惠英，以及大陆的钟谷兰和周司丽。

中国大陆的赵梅和田国秀勇敢地邀请我在北京的首都师范大学做了第一期 TA 培训项目；程鹏以非常高的专业水准安排了 2008 年之前在大陆几个城市的 TA 课程；侯志瑾为我早期的课程做翻译，并且多次邀请我到北京师范大学与她的学生进行讨论；蔺桂瑞通过北京高教学会心理咨询研究会邀请我给北京高校的心理学老师做培训；目前，陈蕾安排了我 2012 年在中国的大部分 TA 课程。对上述各位，我谨致以最诚挚的谢意，感谢你们的邀请、能力和友情。

我还要特别感谢此书的合作者杨眉。

在 2004 年北京的世界心理学大会上，当我做完小组发言后，杨眉前来邀请我到中国大陆讲授 TA 课程。杨眉，没有你的邀请，就没有这本书中所描述的 TA 在中国大陆的发展，也不会有这本书的诞生！感谢你所拥有的极大的勇气、仁爱和决心，使我们能够有机会发展出一种相互信任并具有创造性的关系，从而能够完成这本著作。在这个"接近完形"① ——即将完成书稿的时刻，我体验着深刻的满足感。我们，来自不同世界的两位心理学家，努力跨越了文化与语言的障碍，向我们的读者提供了这本心理学自助书。在这个过程当中，我向你学习到的远远超越了我所教给你的。谢谢你将你的专业能力和经验融汇到我们的合作过程中！谢谢你，谢谢你慷慨地与我分享你的语言、文化、仁爱与真诚。

在结束之前，我还要感谢我专业生涯和个人生活中的几个核心人物：感谢我在瑞典生活治疗研究所 (IFL) 的同事和我的家庭，感谢安妮卡 (Annika Björk)

① "完形"是格式塔心理学中的一个概念，在此处可以理解为"完成"。——译者注

和罗南（Roland Johnsson），过去40年来，无论是在瑞典还是在中国台湾或者大陆，我们都共同分享着每一天的工作。

感谢你，我的妻子钟建娘（Maureen），几十年来，你一直是我最好的朋友，每时、每刻、每地！

欧嘉瑞（Thomas Ohlsson）

2012年8月于瑞典膝溪村

（August，2012，Knäbäckshusen，Sweden）

（杨眉　译）

第 2 版结束语

我与欧嘉瑞老师合作的《人际沟通分析学》于 2013 年出版之后没有成为畅销书，虽然我们坚信这本书所介绍的 TA 理论会对提升中国公众的人际交往能力与生活质量有很大的帮助。以前我一直为这本书没有被更多的读者所认识和接受而感觉困惑、遗憾。

所以，半年前接到中国人民大学出版社杨宗元编辑的邮件，说是要出这本书的第 2 版时，心中充满惊喜，杨老师的原话是："这本书我读过两遍，不是畅销书，却是对读者确实有益的、有价值的书，不赚钱，但销了 4 000 多册是能保本的。……我觉得想学 TA 理论，这本书应该是必读书，这样的书当然值得做第 2 版了。"

是的，能够对读者有益，能够为提升人的生活质量做贡献一直是我与欧嘉瑞老师的共同追求。我感谢我和欧嘉瑞老师遇到了知音，很自然地，我又想到了我们的其他知音。两年前，一位朋友发给我一张相片，是山东临沂的一个读书会，他们在读这本《人际沟通分析学》，可我并不认识那里的任何人！今年暑假，我又听一位老师告诉我，河南郑州有一个读书会，也在读我和欧嘉瑞老师的这本书。后来我有幸遇到了这个读书会中的一位女士，她对我说："这本书很实用，可以马上用到生活中。"

还有我的一位同龄朋友，在国外，现在也在读这本书，有的地方读了不止一遍。她不仅自己读，还在网上订了几本给她家族中的年轻人。我在学校为本科生开设的“人际沟通分析学”课堂上，旁听生中有报社记者，有三甲医院曾经的党委书记，有某报社退休的总编，有退休的人事处副处长，也有退休的“理工女”。她们曾不约而同地对我说：“听晚了，听晚了，早几十年听就好了！”她们有一个共同的体会：TA 理论改善了自己的人际关系。在我北师大的课堂上，有一位在北师大食堂工作的人到中年的谭师傅，她听完第三遍这门课后，特地来告诉我：“杨老师，这次我全听懂了，也可以用到我的生活中了！”

我的知音也包括我的几位同事——王玉、徐辉和苏世兰，她们相继用这本书的第 1 版给学生开设了“人际沟通分析学”课程。

我在学生中的知音就更多了，他们中有的连续听了两遍 TA 课程；有的同学将 TA 理论用于自己的学习、生活与关系中并获得成长；还有的同学向自己的父母普及 TA 理论，从而改善父母关系；也有的同学用 TA 理论帮助家长改善工作关系，从而极大提高工作效率并进而改善家庭气氛。

我从 1985 年起开始为学生做心理教育，我受杜·舒尔兹的启发，把世界上几位伟大的心理学治疗家[①]理论中有助于普通人健康成长的人格理论提炼出来，介绍给我的学生。在这个过程中，我发现伯恩的人际沟通分析理论是最适合普通人群的心理自助理论。伯恩博采众家之长，又具有深刻的实践智慧，因此比较而言，他的学说是一门最具有科普价值和操作性的西方心理学理论。也正因此，在他逝世 47 年后的今天，他的学说仍然充满活力，他的追随者遍布世界各地，为促进人类发展与提升生活质量做着不懈的努力和贡献。

在做心理教育的过程中我还发现，虽然科学心理学产生于西方，但是，有人的地方就会有心理学思想。我们中国文化中就有非常丰富的心理学资源，因为我们人类在整个成长过程中所面临着的最大困扰、终极关怀都是一致的，只是西方人先我们一步，将普通人的心理学思想上升为科学的心理学理论。在长达 32 年向学生介绍西方心理学中的人格理论和社会心理学等理论的过程中，我发现，人类的共同性远远大于其差异性，这也就是西方心理学理论同样可以帮助中国人解决或者超越现实困境的原因所在。就如同科学无国界一样，心理学同样也是无国界的，因为人类在知、情、意上的相似性远远大于人类的相异性。

这也就是心理教育在我的学生中能够产生显著效果的原因所在，也是我坚持不懈地对学生进行心理教育并且大力宣传心理教育的原因所在。

我从 1985 年开始做心理教育，在长达 20 多年的教学实践的摸索与研究后，于 2005 年左右逐渐提炼出了我今天的心理教育理念：心理学要为学生的健康成长和发挥潜能做贡献！心理学要为提升学生的生活质量和幸福感做贡献！心理学要为帮助学生成为最好的自己做贡献！

① 我介绍的心理学家中，只有马斯洛不是注册治疗师，其他几位均是。

我所以如此看重心理教育的应用功能，一是因为我自己首先得益于心理学，1982 年我从北京大学国际政治系毕业，因为需要和热爱而选择改行心理学，并用所学到的心理学知识与方法疗愈了我自己因“文革”而产生的创伤。所以我知道，这些被束之高阁的心理学理论其实可以成为最贴近人生活的一门学科，关键在于我们是否注重将理论联系实际。二是因为自小所受的理想主义教育，我坚信自己有责任、有义务为这个世界的美好做出切实的贡献。所以，不论是课堂上还是课堂之外，我写文章，写书，都是在贯彻我的教育理念。

欧嘉瑞老师也一样，从 2005 年开始，他每年至少两次，在中国的大江南北，传播 TA 这个能提升中国公众生活水平与生命质量的心理学理论。在长达 12 年坚持之后的今天，他的学生越来越多，TA 的中国实践者也越来越多。2017 年，欧嘉瑞老师在中国大陆的学员徐丽丽通过了国际 TA 组织的标准考试，成为中国大陆第一位拥有国际交互作用分析资格证书的分析师。徐丽丽的成功激励了欧嘉瑞老师的其他学员，明年我们中国大陆又将有几位学员去参加资格考试。

下面我要介绍这本书第 2 版的修订过程，我是先找资料，读资料，重新浏览伯恩的重要著作，同时又找到一些新资料。有的资料是欧嘉瑞老师提供的，有的资料是请我在美国当教授的大学同学帮忙找到的。然后我写出第 2 版的初稿，电邮给欧嘉瑞老师，请他审稿。我用中文写，拥有中国语言与文化学士学位文凭的欧嘉瑞老师用英文写评论，如果有需要修改或者更正的地方，我就用中文修改，再电邮给欧嘉瑞老师，如此循环反复，直到双方达成一致意见并且定稿。

为了将 TA 理论尽可能本土化，我结合了大量的中国个案，除了我在一线教学中发现的很多个案之外，我还从中国官方报纸上搜集个案，同时会在百度上找相关个案的补充资料。为了确保我所举的例子合适，欧嘉瑞老师则会到中文网站上搜索查询，查询如药家鑫和李天一的个案。就这样，我们通过十多次电邮和一次面对面的交流，完成了这部书的第 2 版。

欧嘉瑞博士是 TA 学说首创者伯恩的再传弟子，也是一位严谨的国际 TA 培训师和治疗师，我们在合作过程中有过意见相左的时候，但是我们最终都能够通过讨论和协商达成共识。因此，这本书这也是我们身体力行 TA 理论的成果之一。

说到 TA 理论，或者说是“人际沟通分析学”（或“交互作用分析学”），我知道很多人都对这个书名感兴趣，我们所以在众多译法中采用了现在的书名，也因为这个译法看起来一目了然。这本书的确包含人际交流与沟通的很多重要理念，帮助我们解答很多曾使我们困惑不已的人际问题，教给我们许多很有效率的与人互动的方法。

但是，如果我们只想了解人际交往的“术”，我们就有可能误入歧途。良好的人际关系与人际沟通一定是蕴含着“道”的，真正决定人际关系质量的是

"道"而不是"术"。按照我们中国圣人孔子的说法：人际交往中最重要的"道"就是"己所不欲，勿施于人"[①]，或"施诸己而不愿，亦勿施于人"[②]。后人还进一步扩展出"己之所欲，勿强于人"[③]。

自己不喜欢的，不强加给别人；不愿意加在自己身上的，也不加在别人身上。与人交往时如果贯彻了这样的原则或者说是大道，就能够推己及人，做到发自内心地尊重和爱惜他人，这样自然会为合作沟通与友好交往奠定最坚实的基础。

伯恩的人际交互作用理论，也有自己的"道"，那就是三个哲学假设中的前两个："'我好，你也好'的人生态度是天赋的"，以及"人与世界的关系由每个人自己决定和再决定"。伯恩相信人天性友善，相信人拥有可以决定或者再决定与他人关系的自由意志，在这样的"道"的指引下去与人互动、交流，沟通自然会是水到渠成的必然产物。凭借高度的实践智慧，伯恩的理论在"道"之外还提供了很多可供操作的"术"，而这正是西方心理学最重要的贡献：让很多重要的"道"有"术"可循。

这些年我一直深感困惑的一个问题是：这个世界上有这么多人类文明的精华，有这么多伟大的思想资源，可是却仍然有那么多人容忍自己在黑暗中摸索，容忍自己在试错排错的道路上踉跄甚至坠入深渊。在对心理学理论的了解和应用上，这个问题尤为明显。心理学这门最贴近人生命与生活的学科，发展到今天已经有很多成熟的理论和方法，可以极大地提高人类的生命质量和生活质量。可是真正得益于心理学思想资源的人却少之又少。我学的心理学理论与方法越多，就越为这种现状而痛心并且焦虑，同时也越发坚定了我一定要做好心理学科普并身体力行我所传播的心理学理论的信念。

能够在2017年修订心理学科普著作《人际沟通分析学》的第2版对我个人而言是特别具有纪念意义的一件大事。30年前的1987年，我出版了我的第一部心理学科普著作——《再塑一个你——个性心理探幽》[④]，1988年这本书再版。这本书直到现在仍然是有现实意义的，当然由于时代与认识的局限性，我当时在人与自然的关系的认识上存在误区。

23年后的2010年，在豆瓣上的"假如世界没有书"栏目中，我看到一位叫

---

① 朱熹．论语集注：颜渊第十二．北京：中华书局，2011：126.

② 朱熹．中庸章句．北京：中华书局，2011：25.

③ 笔者最初看到这个说法，是从梁凤仪的小说中，后来查了很久，并且也咨询过国学老师，都没有找到典籍中的出处。在网上还看到几个类似的说法："己之所欲，慎施于人""己之所欲，勿强施于人"。笔者认为这点非常重要，因为很多时候，甲之蜜糖，乙之砒霜，所以，后人所做的这个补充也是非常重要的人际交往之"道"。

④ 《再塑一个你——个性心理探幽》第1版出版于1987年，由山东人民出版社出版，当时我用的笔名是郑杨眉。

Alan 的极限户外资深驴友对《再塑一个你——个性心理探幽》这本书的推荐语："试图了解自我并完善健全人格的人们，将从这里得到答案。"就在今年国庆节期间，我接到某三甲医院原负责人杨大夫的来电，她说："这个十一，我和你在一起，我在读你的《再塑一个你》。"而她同时又是我现在"健康人格心理学"课程的旁听者，一个听完课、读完书就会立刻实施的践行者，一个终身学习和成长的知行合一者！

30 年来，我一直满怀激情地做我的心理学科普工作，在我的教室中，在我的文章里，也在我的著作中。我一直秉持存在-人本主义哲学观——这也是我们中国儒家学说的核心理念，相信每个人都有无限向上向善的潜能，相信每个人都能够为自己做出最好的选择。人们所需要的，就是站在这些巨人的肩上，用这些伟大先行者的思想资源去启迪自己，去丰富并完善自己的生命与生活。实现自己来到这个世界上的使命——在心理学中，这被叫作"自性"（self：自身的神圣性）；在我们中国文化中，这被称作"道心"或"良知"。

曾经读到美国社会心理学家戴维·迈尔斯的一段话："我们这些教授、编写心理学著作的人都被这样一种情感所推动，那就是不仅传播心理学，并且希望能帮助学生拥有更好的生活——更睿智、更有价值、更激情充溢的生活。我们写作是因为有这样的信念：我们能够改变些什么。这种'改变'可以是对美的全新感知，可以是对自我的全新洞察，可以是一次对喜悦的全新体验，也可以是一种投身变革的决定。"①

是的，我们这些书写心理学著作的人，都被这种经世致用的理想所激励，都希望用心理学知识服务社会与大众，都希望在公众中普及心理学这门最贴近生命与生活的学科。是的，我们确实相信只要坚持努力就一定可以改变点什么，可以让人们拥有更多的自我觉察和自我调节，从而成为更好的自己，可以让更多的人拥有更多的心理学知识与方法，并进而拥有更高质量的生活，可以让人与人之间拥有更多的温暖与关怀，让这个世界更美好，更值得期待。

谢谢，谢谢读完这些文字的人，谢谢你们！

杨眉

2017 年 10 月 6 日于北京滴水斋

☺☺☺

（*^▽^*）

① 戴维·迈尔斯. 社会心理学：第 8 版. 北京：人民邮电出版社，2006：24.

主要参考资料

ITAA（The International Transactional Analysis Association）的官方网站.

Eric Berne Website maintained by his family：https://en.wikipedia.org/wiki/Eric_Berne.

Eric Berne. Ego States in Psychotherapy. American Journal of Psychotherapy，1957（11）.

Eric Berne. Transactional Analysis：A New and Effective Method of Group Therapy. American Journal of Psychotherapy，1958（12）.

Eric Berne. Transactional Analysis in Psychotherapy. New York：Ballantine Books，Grove Press，Inc.，1961.

Eric Berne. Principles of Group Treatment. New York：Oxford University Press，1966.

Eric Berne. Standard Nomenclature. Transactional Analysis Bulletin，1969，8（32）.

Eric Berne. What Do You Say After You Say Hello?. New York：Grove Press，1972.①

① 再版修订时用的是这本书的中文版：埃瑞克·伯恩. 人生脚本——说完“你好”，说什么?. 周司丽，译. 北京：中国轻工业出版社，2016.

Eric Berne. Classification Of Positions. Transactional Analysis Bulletin, 1962 (3).

Eric Berne. Games People Play. New York: Penguin Books, 1964.

托马斯·哈里森. 我好！你好!. 陈朴，陈刚，覃光广，译. 北京：光明日报出版社，1988.

James R. Allen. Games People Play: 40 Years Later. ITAA (The International Transactional Analysis Association) 的官方网站.

欧嘉瑞，安妮卡，罗南. 人际沟通分析——TA 治疗的理论与实务. 黄珮瑛，译. 台北：张老师文化事业股份有限公司出版，1996.

Ohlsson, Thomas. Effects of Transactional Analysis Psychotherapy in Therapeutic, Treatment Community of Drug Addicts. Transactional Analysis Journal, 32 (3).

欧嘉瑞 2005—2007 年人际沟通分析学课程讲义.

台湾人际沟通分析学会（Taiwan Transactional Analysis Association, TTAA）的官方网站。

汪向东. 心理卫生评定量表手册. 北京：中国心理卫生杂志，1993.

Yang Mei. The Relationship between Teaching Transactional Analysis Theory and College Students' Locus of Control: An Empirical Research. International Journal of Transactional Analysis Research, 2010 (7).

罗伯·狄保德. 蛤蟆先生的希望——TA 谘商童话版. 张美惠，译. 台北：张老师文化事业股份有限公司，2012.

John M. Dusay. Egograms and the Constancy Hypothesis. Transactional Analysis Journal, 1972, 2 (3).

墨顿·亨特. 心理学的故事. 李斯，译. 海口：海南出版社，1999.

Susannah Temple. Functional Fluency for Educational Transactional Analysis. TAJ, 1999 (3).

艾恩·史都华，凡恩·琼斯. 人际沟通分析练习法. 易之新，译. 台北：张老师文化事业股份有限公司，2002.

Goulding, R, Goulding, M, New Directions in Transactional Analysis // Sager, Kaplan. Progress in Group and Family Therapy. New York: Brunner/Mazel, 1972.

Dan Kiley. The Peter Pan Syndrome: Men Who Have Never Grown Up. New York: Dodd, Mead and Company published, 1983.

许宜铭. 重塑心灵. 北京：中国轻工业出版社，2009.

Taibi Kahler. The Miniscript. Transactional Analysis Journal, 1974 (1).

Steiner Claude M. Scripts People Live，Transactional Analysis of Life Scripts. New York：Bantam Books，Toronto，1974.

Stenier. Script and Counterscript. Transactional Analysis Bulletin，1966 (18).

Ernst，Franklin. The OK Corral：The Grid for Get-on-with. Transactional Analysis，1971 (4).

R. L. Birdwhistell. Kinesics and Context：Essays in Body Motion Communication. Philadelphia：University of Pennsylvania Press，1970.

Levine，S. Stimulation in Infancy. Scientific American，1960 (3).

Mckenna，J. Stroking Profile. TAJ，1974 (4).

马斯洛. 动机与人格. 许金声，等译. 北京：华夏出版社，1987.

Ken Mellor，Dip. Soc. Studs.，Eric Schiff. Discounting. TAJ，1975 (7).

孙晔，李沂. 社会心理学. 北京：科学出版社，1988.

Jacqui Lee Schiff，Aaron W. Schiff. Cathexis Reader—Transactional Analysis Treatment of Psychosis. New York：Harper & Row. 1975.

胡超. 高语境与低语境交际的文化渊源. 宁波大学学报（人文科学版），2009 (4).

Karpman，S. Fairy Tales and Script Drama Analysis. Transactional Analysis Bulletin，1968 (7).

McCluer Goulding，Robert L. Goulding. Changing Lives Through Redecision Therapy. New York：Grove Press，Inc.，1982.

Joines，V. Similarlties and Differences in Rackets and Games. TAJ，1982 (4).

曹雪芹，高鹗. 红楼梦. 北京：人民文学出版社，2000.

Richard Erskine，Marilyn Zalcman. The Racket System：A Model for Racket Analysis. TAJ，1979 (9).

弗洛伊德. 精神分析引论. 高觉敷，译. 北京：商务出版社，1985.

卡尔·R.罗杰斯，等. 当事人中心治疗——实践、运用和理论. 李孟潮，李迎潮，译. 北京：中国人民大学出版社，2004.

James，M. Self Reparenting—Theory and Process. Transactional Analysis Journal，1974 (4：3).

Mary McClure Goulding，Robert L. Goulding. The Power Is in the Patient：A Ta/Gestalt Approach to Psychotherapy. San Francisco：TA Press，1978.

霍夫斯戴德父子研究主页：http://www.geerthofstede.nl/culture/dimensions-of-national-cultures.aspx.

Tomkins，S. S. Affect，Imagery，Consciousness：The Positive Affects. New York：Springer，1962.

Nilsson, A. Om Homo Psychicus uppkomst. Lund: ALN Förlag, 2005.

Ekman, P. Emotions Revealed. London: Weidenfeld & Nicolson, 2003.

崔林霞. 牺牲与共依附特质对亲密关系质量的影响. 上海：华东师范大学，2010.

David Matsumoto. The Cambridge Dictionary of Psychology. Cambridge University Press, 2009.

David Dobbs. The Social Life of Genes. Pacific Standard: The Science Society, 2013.

维吉尼亚・萨提尔，约翰・贝曼，珍・歌柏，玛利亚・葛茉莉. 萨提尔的家族治疗模式. 林沈明莹，陈登义，杨蓓，译. 台北：张老师文化事业股份有限公司，1998.

Ashley Montagu. Growing Young. New York: McGraw-Hill, 1981. Second edition, Westport, Connecticut: Bergin & Garvey, 1989.

Sandra Newell, David Jeffery. 教室里的行为管理——交流分析（沟通分析）之应用. 江原麟，陈冠吟，黄雅芬，译. 台湾：心理出版社股份有限公司，2006.

徐丽丽. 四大沟通模式——“怎么说”比“说什么”更重要. 武汉：长江文艺出版社，2014.

术　语

交互作用（transactional）
人际沟通分析学（Transactional Analysis，又译交互作用分析学）
自我状态（ego states）
儿童自我状态（Child ego state）
适应型儿童自我状态（Adapted Child mode，AC）
自由型儿童自我状态（Free Child mode，FC）
父母自我状态（Parent ego state）
营养型父母自我状态（Nurturing Parent，NP）
控制型父母自我状态（Controlling Parent，CP）
成人自我状态（Adult ego state）
自我状态的排除（ego state exclusion）
自我状态的污染（ego state contamination）
人生脚本（life script）
赢家脚本（winner script）
输家脚本（loser script）
非赢家脚本（non-winner script）
禁止信息（injunction）
驱力（driver）
生活定位（life-position）
我好，你也好（I am OK，You are OK）

我好，你不好（I am OK，You are not OK）
我不好，你好（I am not OK，You are OK）
我不好，你也不好（I am not OK，You are not OK）
OK 象限栏（OK Corral）
机械性变好（get-well mechanical style）
安抚（stroke）
刺激饥渴（stimulus-hunger）
认同饥渴（recognition hunger）
安抚过滤网（stroke filter）
安抚经济学（stroke economy）
时间结构（time structure）
漠视（discount）
互补沟通（complementary transaction）
交错沟通（crossed transaction）
隐藏沟通（ulterior transaction）
心理游戏（psychological game）
戏剧三角说（drama triangle）
迫害者（Persecutor）
拯救者（Rescuer）
受害者（Victim）
扭曲感觉（racket feelings）
积分券（stamps）
健康的决定（a healthy decision）
病理性决定（a pathological decision）
固着（fixation）
再决定（redecision）
合约（contract）
自我重塑（self-reparenting）
心理教育（psychological education）
再抚育（re-parenting）

附录一

能有效提升人际沟通能力的心理学术语

——人际沟通分析学理论简介

首都经济贸易大学2007、2008级TA选修课全体师生
杨眉设计并执笔

人际沟通分析学（TA）是目前在国际上流行的一种心理咨询与治疗理论。这个理论的最大特点是，有一套比较容易让人理解的通俗、简洁的分析语言和便于操作的方法。它的基础部分可以成为帮助公众改善自身人际关系、提升自身生活质量的心理学自助理论。

以下是我在课堂上向学生介绍这门课程后的总结。这里的文章和以往的课堂讨论与训练有不同的地方，在这里，我将以对该理论的简介和我的学生在运用、实践后的体会相结合，尽可能地以有助于应用的方式呈现这个理论。

术语一　我们每个人都拥有的“三种自我状态”

TA理论认为人格由三种自我状态——父母自我状态、成人自我状态和儿童自我状态——组成，其中每一种自我状态都包括完整的思想、情感和行为方式，这三种自我状态可以细分为五种。人与人之间的交往就是人们各自的三我之间的交往，三我的五种形态具体内容如下：

一是父母自我状态，指我们从我们的父母或其他重要他人那里复制来的思想、情感和行为。父母自我状态又分为控制型父母自我状态和营养型父母自我状

态。一个人处于控制型父母自我状态的时候，与人交往常常会表现出教育、批评、教训、控制的一面；处于营养型父母自我状态的时候，与人交往时则常常会表现出温暖、关怀、安慰、鼓励的一面。

在人际交往中，那种特别喜欢教训别人的人，常常运用的就是自己的控制型父母自我状态，而那些总是无微不至地关心别人的人，则常常是以营养型父母自我状态为主。

二是儿童自我状态，每个人在自己的内心深处都带着一个小小的儿童，当一个人以儿童自我状态与人交往时，他的情感、思考和行为表现等就会像一个孩子一样。儿童自我状态又分为适应型儿童自我状态和自由型儿童自我状态。

处于适应型儿童自我状态的人听话、服从、讨好、友爱，而内心常常充满自责、担心、焦虑和内疚；处于自由型儿童自我状态的人则往往表现为活泼、冲动、天真、自发性行动、贪玩、表情丰富、爱憎分明等，像以自我为中心的婴儿一样追求快感，并能充分表达自我的感情。

一个成年人在与人相处时总是任性妄为，其自由型儿童自我状态显然就过度了，而一个人总是唯唯诺诺，则是其适应型儿童自我状态过度的表现。

三是成人自我状态。一个人处于成人自我状态时，其思想、行为和情感都指向此时此地，具体表现为理性、精于计算、尊重事实和非感性的行为。

以上三种自我状态不存在好坏之分，因为每一种自我状态都有其适应性，也都有其不适应之处。事实上，就一个健康、平衡的人格来说，三种自我状态都是必需的，我们需要成人自我状态来处理此时此地的问题，帮助我们过一种有效率的生活。而要融入社会，我们既需要控制型父母自我状态提供规范以便遵守底线伦理，也需要营养型父母自我状态帮助我们去培育并且维护自己的人际关系。适应型儿童自我状态是我们可以遵守社会上的游戏规则的前提，而自由型儿童自我状态所包含的自发性、创造力和直觉力，则是工作成就和业绩的基础。

从 TA 理论的框架看，人在清醒时总是处在某种自我状态中，即父母、成人或儿童自我状态中的一种，而一个心理健康的人就是能在恰当的时间和地点使用恰当的自我状态的人。

学习完“三种自我状态”后，我的学生在作业中写道：

> 在青春期的时光，常常会有一些特别怪异的想法，总在想自己是不是生病了，心理上会不会有什么问题，自己为什么会这样。总是被这些问题困扰，使我感到很忧虑、担心。面对别人的时候，我也尽量伪装，怕别人感到自己异样，被别人嘲笑、排斥。但是时间久了，心情也就变得沉重、压抑了。通过“人际沟通分析学”这门课，我发现自己是正常的，因为我和大家一样，在这个年龄段会有相同的想法、相同的感觉。老师上课讲的问题也出

奇地和自己相似，我找到了解开自己困扰的金钥匙。原来每个人都有三种自我状态，即父母自我状态、成人自我状态、儿童自我状态。一个人会有三种自我状态是非常正常的，而且这三种自我状态都是必需的，但取决于时间、地点、环境。没有哪个是最好的，只要适合环境的自我状态就是好的。(2006级金融学院，赵微)

高三被称作“学习的魔域”，在那只知道学习的一年中，面对没有感情的数学题、计算公式、只会根据分数的多少变化表情的老师和家长，同学们长期停留在成人自我状态（或父母自我状态），使得儿童自我状态几乎没有机会出现，致使高考后出现了“不知道怎样玩”或说是“不会玩”的现象。长期压制儿童自我状态特别是自由型儿童自我状态会使我们丧失创造力，更恐怖的是，会使我们丢失感受快乐的能力。(2006级金融学院，王彦婷)

在听老师介绍TA理论中人的五种自我状态之前，我一直很不理解为什么人会有很多面，有的人在不太熟的人面前特别淑女，但在熟人面前却又特别会撒娇。我一直以为这样的人很虚伪，当人一面，背人一面。而听了老师的讲解后，我才知道，人在不同场景中就是会表现出不同的自我状态，这些状态绝不是互相冲突的，而是一个人的正常表现。后来我又如此审视了我自己，我才发现其实出错的是我自己，我在大多数场合都是用成人自我状态这一个状态，而不会在不同场景做不同自我状态的转化，从而在与人相处时会有一种距离感。妈妈老跟我说在亲友聚会时要开心一点儿，以前我就是觉得她很啰嗦，我觉得我的行为很正常。但现在我发现是我错了，我在亲友面前表现了太多的成人自我状态，而我其实应该表现更多的儿童自我状态。当我试着改正后，大家都说我变了，变得懂事了。我也觉得这样很开心。由此我就更深刻地理解了人在不同的场景中自我状态转变的建设性意义，这样能让我更好地融入他人，也使自己生活得更加愉快。(2005级工商管理学院，于丽丝)

学习人际沟通分析学理论，我最先接触的就是五种自我状态，即父母自我状态（营养型父母自我状态和控制型父母自我状态）、成人自我状态和儿童自我状态（自由型儿童自我状态和适应型儿童自我状态）。每个人处于不同时间、不同地点，都会调动起不同的自我状态，犹如一个人的内部有许多不同的人员来往穿梭。……我用这个理论帮助我父亲解决了他工作中的一个问题。我父亲是一名负责看管犯人的警察。刚刚调去的时候，他不适应环境，面对很多犯人，他真的有些紧张和无所适从。这些犯人起初不配合父亲的工作，他们在监狱里闹事、打架、骂人。父亲无奈之下也开始和他们针锋相对起来，和他们大声争吵，而且越发不可收拾。其实，父亲此时处于儿童自我状态。可是他没有学习过人际沟通分析学，于是我向爸爸简要介绍了这个理论，告诉他应该以成人自我状态或者营养型父母自我状态去面对犯人。爸爸若有所思地点点头，后来面对出言不逊的犯人，爸爸冷静地处理和对待，并以宽容的心态对他们。渐渐地，这些犯人不再挑衅，但还是不满。于是爸爸立刻表现出营养型父母自我状态的一面，耐心告诫他们在狱中表现好的人的家属可以优先探望，与此同时，爸爸还把家里的军棋、跳棋拿到监狱里教犯人玩，以让他们在监狱里过得快乐而有意义。现在爸爸对工作已经游刃有余，他不再像以前那样愁眉苦脸，而是更自信地面对自己的工作。爸爸的快乐就像阳光，把我们家照得暖洋洋的。(2006 级城市学院，高同学)

还记得同学们做的简短演讲中，不止一个人提到现在的我们都过于压抑自己的感情，总是想得很多很多，活得很累。那天做简短演讲的方瑶同学给我们展示她精心编排的朱德庸《绝对小孩》中的漂亮图片，听着 Jordy 唱的“做小孩真难”的配乐，还有方瑶同学自己的感悟，我也随之心潮澎湃，心里面仿佛也有个小孩一直在跳呀跳。过去我对这种情况可能会不知所措，但现在学习了 TA，我能够坦然接受这种快乐。(2005 级外语系，王喆)

TA 告诉我们生活定位与人格中的三我是有关系的，会形成无效的行为模式或有效的行为模式。无效的行为模式常常会成为沟通与交往中的障碍，而有效的行为模式则会得到发展并能提升人的幸福感。让我最有感触的莫过于对自由型儿童自我状态的认识。积极的自由型儿童自我状态在缓解个人压力、促进个人心理健康方面有着重要作用。以前的我总认为自己已经长大了，就只能干大人的事，现在的我已经能够坦然地释放儿童自我状态了。想跟孩子们跳皮筋就去，想爬山就爬，有时也会跟父母撒撒娇。每一次儿童自我状态的释放都能带给我幸福感。现在我感觉心里不那么压抑了，经常会觉得空气里弥漫着轻松。更让我惊喜的是，我常常能从这些行为中发现什么，有时玩着玩着，脑子里就会出现久未解决的问题的答案。这样一来，我就更高兴了，再也不受困于“你有多大了”这类问题，因为年龄不是界限。(2005 级会计学院，张惠雅)

人际沟通分析学教给我的不仅是怎样和别人相处，更多的是我怎样跟自己相处。它让我知道怎样用“成人自我”来鞭策自己，怎样用“儿童自我”来释放自己和怎样用“父母自我”去关心他人。(2007 级经济学院，夏百卉)

有关控制型父母自我状态和营养型父母自我状态的形象描述：

我没有理想不是与生俱来的，每个人都有喜欢做的事与不喜欢做的事。但我被“你应该”吓怕了，常常被“你应该”恐吓的小孩，就忘记了“我喜欢”。“你应该考大学”“你应该找个体面的工作”“你应该……”无数个“你应该”把“我喜欢”给覆盖了，让我以为“你应该”就等于“我喜欢”。我如此，大多数人也如此。(2006级旅游管理，高洁敏)

我也挖掘到被自己忽略的现象，比如自己营养型父母自我状态较多，总想帮助别人、照顾别人。而当对方依赖我、咨询我很多事时，我间或就会有控制型父母自我状态的表现，这就是我有失偏颇的地方，因为对方并不该被以这样的状态对待。(2005级城市学院，周嫣雯)

巴黎奥运火炬传递事件和紧接着的抵制家乐福事件发生后，我要学生用TA理论去分析当时的情况，王梓同学和赵灵翡同学在演讲中就家乐福事件提出自己的看法：

……我们要学会适当控制自己的情绪，而不要做“爱国贼”！……我们都是爱国的人，我们是成年人，我们有成人自我，所以必须学会控制自己的情绪，以和平的方式宣泄出来，非暴力、不违法是一切行动的底线。……过激、违法的行为只能导致行为的疯狂，而结果就是阻碍奥运进程，破坏中国形象，这是得不偿失的。

两位同学的热情演讲所表现出的强烈的爱国心和理性爱国的成熟态度，给在场同学留下了非常深刻的印象。

术语二　心理游戏

心理游戏是指两个人相处时一连串的暧昧的交流与沟通，TA称之为“一连串包含隐藏沟通的过程”。心理游戏是在成人间的无意识中发生的，是一种让人不舒服的、总在重复的行为模式。人们最常玩的心理游戏是“戏剧三角”，也就是人们常常在游戏中无意识地轮流扮演这样三个角色：拯救者，迫害者，受害者。最常见的戏剧三角案例如下：

1. 迫害者对受害者

责备型：“你为什么不”，“如果不是为了你”(有些父母对孩子的说法)，“都是你害得我”。

被动攻击型：表面上他什么都不说，但是，他做出委屈、忍让、顺从、讨好等表现，在外人看来他是受害者，其实当事人知道他是迫害者。

2. 受害者对迫害者

“看你对我做了什么?”（和对方生气时，自己故意不按时吃饭或者不吃饭，故意让自己着凉）

3. 受害者对拯救者

“是，但是”；“我不能”，“我没有办法”；“可怜可怜我”。

4. 拯救者对受害者

“我只是试着帮你呀!”

以上戏剧三角游戏中的角色并不是固定的，游戏中人们的位置是会不断变换的，迫害者可能变成拯救者，而被害者可能变成迫害者，拯救者也可能变成迫害者或者受害者等。

TA 理论认为心理游戏是安抚的替代品，所以，我们每个人都有可能在某个时刻和别人玩心理游戏。游戏的结果是双方都觉得不舒服。因此，为了避免那种双输的结果，我们要对自己常常玩的游戏敏感，同时也要懂得及时终止别人与自己玩的游戏。

学生作业：

“学习 TA 理论最大的感触是能够及时地发现身边日常生活中的心理问题，及时地中断问题，抑制其蔓延扩散，使偏离健康的心在最短时间内回归正常轨道，就像面对各种人际沟通中的心理游戏，及时地对自己说：“我要主动结束这个游戏。”（2005 级外语系，沈忱）

学习 TA 理论让我感兴趣的内容是心理游戏部分，比如最为常见的“yes，but”，因为在我的周围常发生这样的一幕，比如：

甲：我不想做作业。

乙：你可以看电视。

甲：但我内心愧疚。

乙：那你看杂志吧。

甲：不，看杂志也是看书，我现在不想碰书。

乙：……

现在学习了 TA 理论，我知道自己虽然不能干预他人玩心理游戏，但我自己可以调动起成人自我状态来拒绝和别人一起“玩游戏”。这样不仅节省了我的时间，也避免了自己产生挫折感。（2006 级城市学院，高雅）

在人际沟通分析学中，我还学习到一个对于改善人际关系有很大帮助的理论——心理游戏。原来我完全没有意识到在我的日常生活中有那么多游戏存在，游戏不仅给我造成了负面影响，还给身边的人带来了伤害。有时，当别人玩游戏时，我会很难受，但自己也会不由自主地玩起这种游戏。现在，我会有意识地控制自己不要和别人玩游戏。例如，当别人向我要建议或者态度时，我会很明确地表达出自己的思想，但是当她说“但是”时，我也会很明确地表示：“我就是这样认为的，我没有其他办法了，帮不了你对不起。”(2006级劳动经济学院，崔璐)

这门课，让我看到了这么多心地纯洁、善良、时刻准备帮助别人的同学，在一定程度上对我来说是很大的安抚。……说到心理游戏，我想，我们都深受隐藏沟通之苦，让自己和别人的关系变得很糟糕；也都说过“是，但是”，让别人与我们都对现状更绝望；遇到一个说“我没有办法呀”的人更是不知所措。但是学过人际沟通分析学后，我们能清楚地在交往中分辨出这于人于己都无益的游戏，并用学过的方法终止它。这无疑帮助我们学会了如何建立更好的人际关系。(2005级工商管理学院，马宇凡)

日常生活中大家可能都有这样的体验，对关系疏远的人，我们往往能够比较体谅对方，对于对方偶然的误解表现出大度的理解。但是对关系亲密的人，我们却常常表现出非常狭隘的一面，一点容不得对方对自己的误会，总觉得对方“应该”知道自己怎么想，“应该”知道自己想要什么。于是，在和亲友相处时常常玩要别人猜谜的游戏，结果当然是常常让自己和对方都很失望，并且疲惫不堪。

很多时候，人们是通过隐藏沟通的方式邀请别人玩心理游戏的，要想避免这点，我们自己就需要学习在与别人交流时尽量少使用隐藏沟通，并且学习用真诚的方式表达自己。

学生作业：

我们总是希望别人能够猜到自己的真实意图，自古就把“心有灵犀一点通”奉为美谈。现在更有人说“心有灵犀不点也通”，但这种情况发生的概率似乎很小。每个人都是独立的个体，即使再亲密的人也不可能十分了解彼此，更别说完全明白彼此的心思了。人们往往会说“他怎么那么笨呀，连这都看不出来”，或是“我不说他也应该知道啊”之类的话。但事实上，大部分情况下没有说出来的意愿别人是不知道的。

我们宿舍就发生过这样一幕：大家都坐在电视机前看访谈节目，节目里的某个场景让我们全都大笑起来。同学A说：“你们想起来没，跟上次见过的那件事太像了！”同学B说：“我知道你想说什么，逗死了！”同学C说：“还真有点像！”同学D说：“我怎么没觉得呀，这哪儿跟哪儿呀。对了，你们说的是哪件事啊？”A、B、C都开始回答D的问题，结果表明她们三个人所说的并不是一样的事，而且与节目中所谓的相似情况也不一样，而D的想法跟她们三个也相去甚远。

这件事让我明白了不同人对待同一件事的反应是不一样的，出发点和联想点都不一样，所以别人不明白我们自己的想法是极正常的。正因如此，隐藏沟通就有可能导致更多的信息交流的错误。我想说的是，我们是否应该在生活中尽量少地使用隐藏沟通呢？尤其是当你需要对方或者希望对方做什么事情的时候，不好意思和拐弯抹角往往造成误解，使沟通的有效性受到影响。当然，隐藏沟通也是生活中婉拒的一种重要手段，它使沟通变得有趣。如果什么都说得赤裸裸的，沟通中的乐趣就会少很多。（2005 级会计学院，张惠雅）

术语三　安抚

TA 理论有三个哲学假设，其中之一就是“人们需要得到他人的注意或说安抚才能够生存”。

安抚分为正面安抚和负面安抚。所谓正面安抚是指能使接受者感到愉快或者安慰的抚慰，而负面安抚则指使接受者感到不舒服的安抚，比如和别人热情地打招呼，别人不理睬，或者老师批评学生等。

但是人对客观安抚的主观评价是不一样的，有的人是“给点阳光就灿烂”，有的人却显得“贪得无厌”，对一个人来说是高品质的安抚，对另一个人来说可能是低品质的安抚。这与每个人的文化水平、家庭环境还有早年经历有关。

大多数人在自己的生活中都会接受某些安抚，但是由于这些安抚太熟悉了，人们常常就觉得这些安抚没有价值或者对这些安抚熟视无睹。西方心理学家马斯洛曾经特别感慨地说过：“我越来越相信对自身幸福的熟视无睹是人类罪恶、痛苦以及悲剧的最重要的非邪恶的起因之一。我们轻视那些在我们看来是理所当然的事情，所以我们往往用身边的无价之宝去换取一文不值的东西，从而留下无尽的懊恼、悔恨和自暴自弃。”①

对待安抚的健康的态度是：对自己所得到的安抚敏感，满怀喜悦和感恩地接受别人给予自己的安抚，并且主动去寻求自己想要得到的安抚。

在有关安抚的问题上，人们有如下一些误区：

误区一：要来的安抚是没有价值的。

事实是，要来的安抚和未经要求而得的安抚是同样有价值的。

误区二：别人都能够猜出我想要什么样的安抚。

① 马斯洛. 动机与人格. 许金声，等译. 北京：华夏出版社，1987：192.

这是不可能的，我们自己都常常搞不清楚自己想要什么样的安抚，又怎么能够指望别人?

误区三：别人都应该是安抚专家。

这是不对的，别人能否给你所需要的安抚，部分是由每个人的共情能力所决定，另外则是由你自己的表达和接受方式所决定。

误区四：不可以给自己安抚。

事实是，我们有权利并且有义务随时安抚自己，这也是热爱生命的表现之一。

误区五：自我安抚可以取代他人的安抚。

自我安抚虽然是安抚的重要来源，但却不能完全取代来自别人的安抚。健康的人际关系是我们可以依赖的最重要的外在资源之一。没有他人，我们的世界不可能完整。

误区六：只有正面的安抚才是好的，负面的都是不好的。

其实不然，这是一个度的问题。老师的批评、父母的教诲，在一个人的健康成长中有着无法替代的重要作用。此外，任何形式的安抚都比完全没有安抚好。因此，为了满足安抚饥渴，人宁愿接受负面安抚也不愿意没有安抚，对人而言，负面安抚至少说明我们存在，并且别人知道我们存在。

学生作业：

安抚就像是两个人之间的一座桥，通过这座桥，拉近了人与人之间的距离；通过这座桥，输送出我们对另一方的关心和爱心；通过这座桥，接受对方给予我们的关爱；通过这座桥，每个人都不再孤独。（2006级财税学院，贾莹萍）

但是现在出现了一种很不益的寻求安抚的方式：网络游戏。各个年龄阶段的人都有沉溺于网络游戏的现象。很多人打游戏就是为了从中获得安抚。但这的确不是一个良好的寻求安抚的途径，对身心健康不利不说，还浪费了时间，荒废了工作或学业。（2005级行政管理学院，靳微）

首先想说的是特别喜欢最近的专题：大家细心准备的简短演讲，杨老师告诉我们的那个台湾导游的美丽人生，电影《女王》的欣赏，老师关于校园某事件的客观思考和正面声明……人际沟通分析学课仿佛是大家的避风港，让平日里扮演各种角色、为前途埋头奔走的年轻人有停下来的勇气，去倾听他人的故事和自己的心声，让我们对人生中的美丽与幸福感多了一些关注和珍视，让我们以单纯本真的动机相互安抚以求实现生命的意义……在聆听和思考的同时，我深刻地体会着“我好，你也好”的生活定位，以及“共情”与“安抚”在人与人交往时给彼此带来的舒畅感与归属感。

……这样的安抚在生活中比比皆是。大家正是在这样那样的安抚中发觉自己的价值，踏实幸福地活下去。从前，安抚大概是人人都有的本能流露，但是当你开始意识到它的重要性时，你会在给予安抚时更加用心地选择方式，并从中得到欢愉与满足。(2006 级财税学院，李兮)

中国人认为，人应该自律、自强，应该通过修炼磨砺自我。所以，在中国人心中，向他人寻求安抚是一种软弱无能的表现，是一种示弱。比起寻求安抚，给予他人安抚来得更容易。但是，如果自己都无法接受安抚，那又如何给他人提供真正的安抚？而且，中国人有不麻烦他人的传统，而情绪与感受是很私人的事情，更不应该麻烦他人。这也是中国少有人接受或提供安抚的原因。……不少的中国人都会采取这种教育方式：不提供也不允许儿女接受安抚，为的是不想让他们太过一帆风顺，但结果可能是造成对安抚的更深的渴望，或者是干脆拒绝一切的安抚。……

我就安抚问题问过周围的同学，却很惊讶地发现：很少有人能坦然地接受安抚，很少有人认为安抚是必要的。比如赞美，被赞美的人却认为他不值得赞美；比如拥抱，无论是拥抱者还是被抱者，都会觉得别扭，而不会觉得快乐和幸福。为什么会这样？本来应该是快乐和幸福的事情，却根本触及不到我们的内心，我们把这些都挡在了门外。……这很可怕，也让我震撼。(2006 级经济学院，贾思)

总是会听到这样的故事——一个人做了很多让另一个人为难甚至是伤害他的事，很多人会以为这两个人之间有什么恩怨纠纷，到最后却发现这个人只是想引起另一个人的注意，想让他知道自己的存在。这就是在寻求负面安抚。(2005 级会计学院，张惠雅)

我听一个同学说，高中考试考不好时，很多女生会自己在家哭上一场，但她如果真的特别难受时，会坐在楼道里最显眼的地方哭，这样就会有很多人来安慰她，得到这么多安抚后，她很快就重新振作起来。我举这个例子是想说明：安抚是可以要来的，不要总把自己当悲剧主角，抱着头自怜自惜地说："没人要我，没人关心我。"(2006 级金融学院，王彦婷)

当我们寻求他人的安抚时，不要挑剔这份安抚是否附有条件。我觉得我们不应该要求他人毫无原因地喜欢自己，如果有，是缘分；如果无，是本分。身旁的同学、朋友不是妈妈，不一定第一次见你就觉得你可爱得无以复加。朋友间的感情往往是一点点积累的。(2005 级会计学院，王乔)

当我听到您讲安抚的时候，我就感觉周围的空气成了橘黄色，感到温暖、踏实和有力量。(2006 级劳动经济学院，冯海龙)

很多同学都说自己的妈妈总爱夸别人的孩子，对自己的孩子却一句好话都没有，有的同学于是就破罐子破摔了，其实这就是在寻求负面安抚。我认

为中国的家长在孩子成长过程中真应该多给予他们一些鼓励，这样有助于他们建立自信。(2005级工商管理学院，于丽丝)

过去我遇到让自己郁闷的事时，总会把伤心留在心里，很少去向他人倾诉，直至伤口自己痊愈。其实愈合的过程真的很痛苦，有的时候我渴望得到他人的安抚，却不去主动寻找。这好像是东方人墨守成规的一种做法，因为害怕自己会变得不够坚强。但是现在，了解了“安抚”，再审视自己的灵魂时，我懂得要想享受生活，就要学会享受安抚，喜欢安抚，就要去寻找它、接受它并给予它，因为这样才会让我更深刻地品味到生活中阳光一面的幸福！(2006级城市学院，高雅)

有关安抚的方式，同学们的观点有：

另一种寻求安抚的方式就是冷淡。这里的冷淡不是对于刺激毫无回应的漠视，而是用不回应来刺激对方给予自己更多的关注和安抚。这是女孩、女生甚至是女性的常备武器。经常能看到女生在前面走，男生在后面追着、在旁边哄着，女生却视而不见，仿佛没这个人。那男生和周遭的人不明白女孩的意图，还会觉得女孩不明白道理、不好交往呢。但其实，她只是想得到更温柔的安抚。由此可见，人们寻求安抚的方法很多，但不是所有的都是直截了当、一目了然的。(2006级金融学院，罗阳)

如果没有朋友、亲人的鼓励和支持，我想我是没有心灵的力量去完成人生旅途的。同时我们也是某个人的亲人、朋友，她也需要我们的支持才能更好地做自己，也需要我们在她一个人坐在湖边发愣时待在她身旁，搂住她的肩膀；在她满心焦虑，为明天的考试熬夜时对她说：别担心，早点睡。安抚是朋友生病时的一条关心询问的短信息，是同学在考试前的拍拍肩，是女伴失意时的一个拥抱。安抚是给予才会得到的幸福。(2006级会计学院，杨爽)

我生活在一种有些保守的家庭环境中，我们家的人都不会把爱说出来。我们可能会默默地为彼此做些事情，但是很多时候对方会觉得理所当然。我们之间没有谢谢，承袭着“家人道谢就不是家人了”的传统。

当我听到那个同学在奶奶病重时表现出积极的营养型父母自我状态时，内心震动很大。我想如果我的奶奶也病了，我内心可能会很痛，但我不会表现出营养型父母自我状态，而更有可能会表现出控制型父母自我状态，或者玩一些心理游戏。比如说一些“您平时怎么都不注意自己的身体呢？您看现在生病了吧？以前总跟您说，您就不听……”这样的话。这可能是我们家族互相关心的一种形式。但其实营养型父母自我状态会给人以更多的安抚。所

以我觉得我以后要多学习向自己的亲人、朋友表达我的爱。(2006级劳动经济学院，张晶璐)

还有就是我们在为人处世中所显现出的教养、素质和好习惯，都会让我们在不经意间获得很多安抚。……其实，安抚的获得与给予并没有明显的界限，在获得中给予，在给予中获得。幸福是共生的，一个人的幸福不是幸福，与别人分享我的幸福，与别人分享别人的幸福，才是幸福。当你把它养成习惯了，那么一切皆为幸福。(2005级电子政务，张岳)

有些人认为寻求来的安抚是没有价值的，事实上寻求来的安抚和未经寻求而得到的安抚是同样有价值的。只不过你需要辨别一下，这个安抚是不是别人本来就想给你的，是不是出于真诚。如果不是，你完全可以拒绝这个假意的安抚。(2006级安全工程系，苏红梅)

我们很需要别人的安抚，我们也很应该给别人安抚。如果那些悬崖边的生命及时获得了安抚，那么很可能就不会纵身一跳。当世界充满安抚的给予，也有安抚的勇敢接受，这个世界、这个人间真的会很美好。所以，我们要用安抚成就美好的人间。(2007级人文学院，苏艺)

有的同学把人际沟通分析学的理论运用到调节与父母的关系或帮助父母改善关系上：

每个人都需要别人的理解、认可和回应，也就是需要安抚，妈妈也是。作为妈妈，她需要我对她母亲权威的认可。小的时候，我会乖乖地听话，这对于她是一种很好的安抚。但是大了以后，我有了自己的想法，有些事情我想按照自己的想法去做，但是我仍然可以给妈妈在其他方面的安抚。(该同学在前面的作业中提到，这些安抚包括：陪妈妈逛街，给妈妈挑好看的衣服。上个月，爸爸和妈妈度假回来，惊喜地发现我和姥姥给他们留的饺子。我特别在便条的称呼上写着："亲爱的小爸爸和小妈妈。"妈妈特别高兴，还特别把便条拍下来，留作永久的纪念。)(2005级经贸英语，邢星)

有一次，妈妈和我聊天，无意中说起爸爸有时会忽略她。听到妈妈说她的委屈，我突然想到TA理论中有关安抚的内容。我告诉妈妈，爸爸并非不关心她，只是表达的方式不明确或不是妈妈想要的方式而已，妈妈完全可以直接告诉爸爸自己的想法，这并没有什么丢面子的。后来我又和爸爸说起这事，起初，爸爸并不理解妈妈的想法，认为作为已经一起生活了这么多年的夫妻，已经不需要太过形式化的东西了。我反问爸爸：如果妈妈只是在心里想着你，而不给予任何语言、肢体、动作的表达，早晨不再帮你热奶，冬天不再给你添衣，而只是把你"放在心里"，那你能接受吗？你应该以成熟的成人自我状态对待身边的人，处理周围的事。生活不需要模式，但有时生活需要一些仪式来提示自己，抚慰他人。……经过一段时间的观察，我觉得爸爸和妈妈之间的交流好了很多，妈妈开始尝试着向爸爸表达自己的需求，爸爸也更多地关心和感谢妈妈："太好了，我今天正好想吃菠萝呢，你就买了，真是越来越默契啦!"我觉得父母交流得顺畅了，家里的气氛自然就好起来了。(2006级国际金融，杨熠)

术语四　生活定位

人际沟通分析学中的"生活定位"是指一个人童年时确立的有关自己、他人和世界的关系的基本信念与结论，这种信念成为此人日后所做决定和行为的准则。人的生活定位通常有以下四种：

一、"我好，你也好"

这里的"我好，你也好"是指相信自己是好的，别人也是好的。换言之，就是对世界与人充满信心，因此，在现实生活中会与别人共同追求双赢。

二、"我好，你不好"

如果一个孩子从小被虐待，他就有可能产生"我好，你不好"的生活定位。这样的人会表现出一种防卫态度或者是有很强的攻击性，并且常常处于偏执、愤怒的状态。这是一种输家的人生定位。

三、"我不好，你好"

也许一个孩子在胎儿时和出生时都还顺利，但他出生后被长期惩罚、教训、贬低和忽略，这样的孩子渐渐就会形成"我不好，你好"的人生定位。持此生活态度的人有以下两种生活方式：自卑、依赖、无力感、自暴自弃、无主见，从而发展出一种退缩的生活方式；极度顺从或服从别人的要求，努力得到赞许，为了符合自己的人生定位，在无意识中选择持续扮演"受害者"的角色，并且总要显得自己不如别人。

四、"我不好，你也不好"

伯恩认为，有些母亲有创伤体验（如家庭暴力导致的躯体或者心灵创伤），或是孩子出生时难产甚至有生命危险，母亲的这种经历很可能影响孩子对世界的看法，使他感觉生活充满了恐慌和威胁。这样的人容易产生“我不好，你也不好”的生活定位。这样的人不敢信赖他人，会有很深刻的被遗弃感和消极、绝望的情绪。对他而言，生活充满了艰辛，具体表现为：会对生活持高度警觉的态度；有深刻的无价值感，觉得空虚无望，认为自己没有价值，也不相信别人会帮助他，他整个的人生都是在重复上演拒绝这出戏，拒绝自己、拒绝别人同时又被别人拒绝。

需要指出的是：生活中并不存在单一的生活定位，每个人通常都拥有四种生活定位，人与人的区别只在于哪种定位的比例更高。

我们的生活定位最初是由我们的童年经历决定的。我的一个学生以“童年，我学会了自卑”为题，写下了她的文章的第一个章节：

> 童年，我学会了自卑。我受的教育使我自小就认同了“我不好”这样的生活定位。有时我甚至觉得，老北京人传统的教育方式就是要让孩子们认为自己不好。师长们对待后辈习惯使用斥责的态度。在我童年的记忆里，大人们的脸总是严肃的，甚至是带着蔑视神态的扭曲状。我可以举出好几个鲜活的例子来证明我的观点，但声讨长辈的吹毛求疵并不是我写此文的初衷，况且我也心有余悸，所以还是不写为好。我童年的玩伴和同学们大体都有受辱的经历。我不知道别人内心作何反应，总之我是对此十分敏感并且记忆深刻的，每当回忆起来就会感到羞耻。(2005级，王同学)

了解这点，对未来的父母一定会很有帮助吧。

> 学习了TA，我知道了一个人的生活态度是怎样影响一个人的生活甚至是命运的，好像慢慢地我的人生被照亮了，我渐渐地看清楚了我的未来应该朝着哪个方向去努力。……在“我好，你也好”的生活态度下，我发现自己身边快乐的事情多了起来，而烦恼越来越少了。一个好的生活态度可以使一个人相信自己可以做好，让一个人不断朝着更好的方向去努力，并且让一个人在发现问题的时候愿意去改变自己以让自己更好。(2006级信息学院，曲瑞)
>
> 还是从汶川地震说起吧，无论曾经有多少碰撞，多少摩擦，在这片正在经历劫难的土地上，在这个被天灾震惊的时刻，我们仍然看到了许多国家伸出援助之手。来自日本、俄罗斯、新加坡等国的国际救援人员参与救灾的行动在震灾最前线展开。整个国际救援队所秉持的必然是“我好，你也好”的生活定位。(2006级劳动经济学院，张唯舒)
>
> “我好”并不意味着自己是最棒的、最杰出的，而是知道我们自己每个

人都有存在的权利，都有权利感到自己是美好的，并且有权利去追求美好的生活。“你也好”是你对这个世界充满希望，你认为这个世界是美好的，是值得你去留恋并不断奋斗的。“你也好”的态度会让你获得良好的人际关系与生活态度，会避免好多无谓的麻烦，会让你有更多的精力去做真正有意义的事情。（2006级金融学院，赵微）

选择“我好，你也好”生活态度的人，可以提升自己的幸福感。它代表着双赢，我觉得它更体现出一种平等，没有歧视、偏见、有色眼镜，持这种生活态度的人一定是幸福的，他周围的人也是幸福的。当你遇到困难时，“我好，你也好”可以化解矛盾、纠纷和不必要的误会。这种生活态度有利于我们自身的持续发展。如果你选择这种生活态度，你一定会很珍惜“此时此刻”的人和物，不会做“断自己后路的事”。（2006级经贸英语，李阳）

我们在宿舍门后贴了张纸，记录下每天发生的令人快乐和感动的事，现在都已经成了习惯。每次回宿舍先看一眼门后。所有的这些都给我们带来了许多快乐和感动，TA帮助我们幸福地成长！

在这门课上我还学会了许多，共情、自我觉察……这些都是我得到的财富，在生活中遇到问题时，我会学着做出学过心理学后的第二反应，感受生命的美好。（2006级金融学院，罗迪）

我发现，如果选择“我好，你也好”的生活态度解决日常小摩擦，首先可以让自己不生气，把情绪放松，进而有利于事情的解决。所以“我好，你也好”的生活态度是有效率的。其次，此次事情的顺利解决就不会留下阴影，这又有利于今后的学习与生活。所以，“我好，你也好”有利于心理健康。（2004级城市学院，魏菁菁）

老师说要在现实中多运用理论，这样我们才能真正获得知识，把老师的知识变成自己的知识。学习了“我好，你也好”的理论，我便在生活中寻找他人的优点和长处。我觉得在我发现了他人的优点后，我与他们的距离一下子就拉近了。我觉得自己的生活比原来更充实、更温暖。老师说要用橘黄色的眼镜去看他人、欣赏他人。我原来是用黑色和白色，现在却越来越喜爱橘黄色。（2006级财税学院，贾莹萍）

通过学习这门课程，我愈发地了解到人生的灿烂、生命的可贵、生活的美好。我越来越多地自己微笑着望着蓝天，大口地呼吸周围“橘黄色”的空气，并感受到可以生活在如此美好的世界是一件非常幸福的事。（2006级财税学院，张旭）

生活定位是在早期形成的，但伯恩也告诉我们可以进行再决定。所以不要灰心，如果我们发现自己不幸福，我们可以找出自己的生活定位。倘若并非是“我好，你也好”的生活定位，我们可以通过自己的努力进行再决定，从而使自己成为拥有“我好，你也好”人生观的人，此时，我们就会找到幸福了。最后我想说的是，这个世界上有太多美妙的事物了。课堂带给了我很多感动。同学们的发言让我感到我不是自己一个人，而是与大家在一起，我相信每个人都有找到幸福的能力。（2006 级电子商务，孟瑶）

当一个人总要与人争时，任何选择都会患得患失。唯恐选错了路，将来发展得不如别人而遭嘲笑。而当一个人相信“你也好”的时候，才不会恐惧别人的成功会对自己不利。当一个人无条件地相信“我好”的时候，才能不苛求自己，不用拼命地夺取成功以证明自己的价值。坚持“我好，你也好”的生活定位才能敞开心胸，享受大学这一段美好的时光，享受生活的安逸与快乐。（2005 级劳动经济学院，王晗玥）

我想起泰戈尔说过的一句话：“在梦中我以为我们不相识，醒来时才发现我们是相亲相爱的！”正如这句话所说，我不是不好的，我不是孤独的，我们相亲相爱地生活在“我好，你也好”的世界里！（2007 经济学院，房思思）

我很喜欢“我好，你也好”这种世界观。因为它可以使人们多做善事，存有善意，并可以维持人际关系和个人的可持续发展，推动整个社会的进步。而对三种自我状态的认知，就像情绪的脉络存在于意识之中，当我们偏离一种恰当的自我状态时，可以敏锐地觉察并修正从而提高人际沟通能力与生活质量，更好地适应社会与他人，并满足自我实现的需要。

术语五与术语六　人生脚本与我们可以做的再决定

人生脚本是指人“潜意识里的人生计划”。它是一个人在成长过程中根据自己的早年经历而做出的一种无意识的人生决定，这个计划中包括自己能够活多久，自己的生活是否健康、快乐和满足，将怎样过自己的一生，等等。人的人生脚本建立在他的生活定位之上。

人际沟通分析理论认为，虽然每个人的脚本都是由个人经历所决定的，是每个人自己写出来的，但是，只要一个人愿意，他就能够重新编写自己的脚本。这就涉及另外一个概念：再决定。

再决定是指对自己以往的人生脚本做出更改，例如改写原来的悲剧脚本，再如改写自己的角色，把受害者、拯救者或迫害者的角色改成建设者的角色，等等。

再决定的提法是非常有意义的，它表明无论一个人有多么不幸的过去，都可以通过个人现在的努力去改写以后的人生；表明任何时候我们都可以让自己重新具备“我好，你也好”的人生定位；最重要的是，它表明以往的不幸不会成为未来幸福的永久性障碍，只要我们愿意改变！

TA理论提倡从自己记忆中最早的童话故事里寻找自己人生脚本的痕迹，如果必要，就在此基础上对自己的脚本做出再决定。

学生作业：

我发现我的人生脚本非常美好。我想到我童年时最喜欢的是一个丑公主的故事。她从出生就奇丑无比，但却有一个美丽动人的同胞妹妹。丑公主不但不仇视妹妹，相反她疼爱并处处保护着妹妹。她快乐地长大，并在新婚之夜冒着生命危险救回了被巫婆抢走的妹妹，杀死了女巫。此时她的容貌也突然变得美丽，比小公主还美。从此她与王子相爱，和家人幸福地生活在一起。

这是一个有些类似丑小鸭变天鹅的故事，不同的是丑小鸭是自然蜕变，而丑公主却是经过了无数的身心折磨、勇敢拼搏才取得了成功。

我知道这个故事预示着我光明而幸福的将来，在那里，有一个美丽动人、神采奕奕的自己。（2006级城市学院，李梦）

我以前一直认为那些拒绝别人的女生是被惯坏了。谁都是独生子女，凭什么你就那么清高？现在我知道这样想是不对的。她们的早期决定和人生脚本出了差错，导致她们的生活态度或说是生活定位偏离了“我好，你也好”的方向。这样的人更需要关心，更需要安抚。我不再那样想她们了，我会尽可能多地给予她们所需要的关心和安抚。（2006级劳动经济学院，唐琳）

从接触到熟悉人际沟通分析学的整个过程中，我在不断感受并收获着力量——一种很确定的、让人感到幸福的力量。……很多事情，只要我们想，就可以有所改变。我们可以终结那些反复上演的心理游戏，将自己与别人从无意识中唤醒，从而也可以避免之后的扭曲感觉。我们可以耐心地了解自己与他人真正的需要，破译隐藏沟通的密码，用正面的、建设性的互补沟通取代游戏带来的负面安抚或是伤害。我们在不同的场合下，用成人自我协调父母自我和儿童自我，让污染产生的幻觉、混乱和模糊就此告别我们的生活。我们可以帮助自己和他人从戏剧三角中脱离出来，终止因为漠视而造成的恶性循环。……我们可以做的事情很多。最重要的是，即使我们失去了做正确的早期决定的机会，我们仍然可以做出再决定，并在人际沟通分析理论的指导下深化“我好，你也好”的生活定位。（2006级安全与环境工程学院，方瑶）

学习了TA理论后，感觉生活发生的变化妙不可言。以前藏匿在角落里的小小幸福和感动渐渐地犹如浮出水面一般，呈现在我的面前，成为我生活中快乐的源泉，让我像发现珍宝一样学会去珍惜点点滴滴，学会感动，学会面对，学会表达，一切自己不曾理解的一些人和事现在却豁然开朗。（2007级外语系，王玉芳）

学了这门课，我明白原来我做了一件伟大的事（帮助一个因为创伤而有猜疑心的熟人改变生活定位），我帮她从“我好，你不好”的灰暗定位回到了“我好，你也好”的美好世界。虽然我也不能肯定她的生活定位已经完全改变，但是我相信“我好，你也好”已成为她生活中的主流定位。她的生命正向着美好的方向转变！通过这件事，我认识到我们的生命可以重塑，不仅有我们自己的，也有身边之人的。（2007级人文学院，苏艺）

以往我是个很能够控制情绪的人，不太爱与人分享我的情绪，即使对亲人也很少有亲密的感觉和亲密的举动。有时候有的人会说我太过于冷静，情感不丰富，甚至有点冷血。我自己也怀疑过，我是不是个情感淡漠的人？我是不是生病了？当时的自己很困惑。但是学了人际沟通分析学后，我明白了，我是成人自我状态太高了，儿童自我状态太低了，这与我童年时代的经历有关，我没有生病。而且我知道了这种情况并不是不可调试的，经过自己的调试是可以改善的。（2005级，某同学）

对于我而言，寻找自身天赋的启发来自TA的课堂。在课堂上，我发现自己的自由型儿童自我状态偏低。我把这种状态看作一个活泼、天真、富有创造力的小孩子，而我反省自己在成长过程中似乎没有足够善待她，给她的糖和微笑太少了。于是我重新安排出时间来陪这个内心的孩子玩耍。我似乎知道，她的纯真会带我发现自己天赋的一面。于是我拾起了儿时的爱好——做手工。……整个过程给我最大的感受就是，当我停下匆忙的步伐，静心与心里可爱的孩子对话，就像找回了失落的自己，关注她的需要，重视她的爱好——虽然这样的爱好在现实生活中可能是“无用的”，这就是对心灵最大的安抚。学会爱自己，这是一种最棒的感觉。……现在的我越来越珍惜自己心中的那个小公主。我既让她自然地嬉笑打闹，又教会她不任性和撒娇。其实自己一旦开始关心她，她就会以最可爱的一面呈现出来，而在与她相处的过程中，我也渐渐认识到自己天赋中擅长动手的这一面。（2005级财税学院，许露）

我发现自己同大多数经历了十几年应试教育成长起来的大学生一样，存在着自由型儿童自我状态不足的情况。我记得从前上高中时经常会有很多新奇的想法，对课本上的知识时常怀疑，想要自己验证一番，但常常因为害怕浪费时间而放弃。我在进入大学之前，有一个根深蒂固的观念，那就是除了看课本和写作业，其他的事情都不是正经事。我应该抓紧每分每秒为了高考而学习。这使我的想象力、创造力降低，使生活乏味，缺少乐趣。因此现在我应该多拿出些时间做童年的“未完成事”，或由着兴趣去做一些新奇的事，来找回自由型儿童自我状态。另外为了与人更好地相处，我还应该增加营养型父母自我状态，以提高共情能力。(2005级劳动经济系，王晗玥)

结束语

TA是一种非常好的、可以有效提高人际沟通效率的理论。感谢瑞典人际沟通分析督导师欧嘉瑞先生，是他把系统的TA理论介绍到中国，使我得以在操作层面上更好地理解TA并教会我的学生运用TA。

最后，我要用我的学生的一个“再决定”结束我的文章：

从现在开始，每天早起迎着第一缕阳光坚持读半个小时的英语，哪怕是雨天也要坚持。

从现在开始，每天都要给自己一个微笑，给朋友一个微笑，哪怕自己的心情并不是那么好。

从现在开始，每天按照既定计划读书、写作业，完成一项就画一个对钩；如果没有完成，不要忘了画一个叉子，用红色的笔。

从现在开始，每天坚持做有氧运动，慢跑10圈，做120个仰卧起坐。在跑到第9圈和做到第119个仰卧起坐的时候，坚定地告诉自己要持之以恒、坚持到底。

从现在开始，每天都要在睡前几分钟默念以上的自我宣言，并在第二天醒来后告诉自己我可以！(2006级电子商务，侯云菲)

附录二

修订手记

杨眉注：2017年暑期，我在一个教师研讨班上做讲座时提到这本书的写作过程：我用中文先写出初稿，后用E-mail给托马斯·欧嘉瑞老师，欧嘉瑞老师借助有道词典读我的原稿并用英文评论后再E-mail给我，我按照欧嘉瑞老师的评论修改，修改后再电邮给他，每章都如此反复至少两次才可以定稿，而第七章有关漠视的部分，我修改了4次才定稿（这个过程中，我对自己身上所存在的漠视有了非常明晰的觉察）。

研讨班上来自天津的苏洁老师听说后提议："有没有可能把修订过程的原始部分也出版？"

苏老师这个建议很有新意，因此就与编辑杨宗元女士商量，她很赞同，因此就决定在第一版和第二版中各挑出一部分，以下的顺序是：一、第1版时欧嘉瑞老师与我的通信；二、第1版时第七章的第二次修改；三、第2版时的第三章和第六章部分（为了节省篇幅，第六章只保留了欧嘉瑞老师点评的部分）。

另外，评论部分中所有英文都是欧嘉瑞老师的观点，评论部分所有中文都是杨眉的回应。

一、第1版时欧嘉瑞老师与我的通信

----- Original Message -----

From:<Thomas……>

To: 'yangmei', <y……>

Cc:

Sent:Wed Jul 20 18:19:19 UTC+0800 2011

Subject: Ch7 revised

Dear Yang Mei

Thank you for two mails, including your changes in chapter 6. Looks very good! I have finished reading and commenting on chapter 7, which I attach.Very good, I have very few comments or ideas about improvement. Yes, I think we are both very clever people to do this book together! The further we come, the better it looks!

The pages you mention from our Taiwan book is where we discuss Berne's philosophical ideas. I think, I don't have that book available here. But I checked the mainland version and found my dismay that they have omitted all the references from that book!! In the Swedish original we give all the references, also to the philosophy part:

About decisions - Berne, E (1972, p. 31) What Do You Say After You Say Hello N.Y.: Grove Press .About need for strokes - Berne E (1961) TA in Psychotherapy, chapter 8 About existential positions - Berne E (1969) Standard Nomenclature. Transactional Analysis Bulletin, 32

I will continue to read chapter 8 nows. Sorry for the slow process, but at least it's moving forwarde :-)!

All best,

Thomas

二、第 1 版时第七章的第二次修改

第七章 漠 视

第一节 有关漠视的基本概念

一、漠视的定义

漠视（discount）这个概念是席芙（Schiff et al，1975）及其同事发展出来的[1]（请问你能把原来的出处给我填上吗？我觉得直接引用更好），其要点是：漠视是一种内在机械作用，导致人们忽视、扭曲关于自己、他人或现实的某些事实。

> 批注 [TO1]：Schiff, J. et al (1975) *Cathexis Reader, Transactional Analysis Treatment of Psychosis.* New York: Harper and Row
> 谢谢！

席芙的另外一个表述是：漠视是无意识中忽视与解决问题有关的信息。

此外，英国的专业交互作用培训中心（Yorkshire Training Centre）有关漠视有另外一个值得思考的定义[2]：漠视是指一种内在机制，能促使一个人忽视或夸大现实、自己和他人的某个方面。

> 批注 [TO2]：No need for this secondary reference. The definition comes from Schiff et al (1975)
> 好的。

举例说，一个有社交紧张的同学，其实是漠视了自己与人交往的能力，同时也漠视了别人与自己交往的愿望和诚意并夸大了别人对自己的威胁，因此在与人相处时，表现出紧张、不安甚至焦虑。

人在漠视问题上是存在个体差异的，有的人是部分漠视，有的人是全部漠视，这取决于他们儿时的经历。

举例说，对安抚采取**全部漠视**态度的人是因为童年经历太痛苦了，为维持自身儿童自我的安全感，除非能找到方法来打开其过滤网，他们几乎都生活在退缩和忧郁之中，会对周围的一切采取漠视态度。这样的人通常是自小总被拒绝，为了降低内心的痛苦，他会以否认自身安抚需要的方式保护自己。时间久了，他的意识部分会以为自己真的不需要安抚，并且投射出去，他也会以为别人也不需要安抚。

而对安抚采取**部分漠视者**小时候在某些方面受过伤害，因此，就对某些安抚采取无意识的漠视。例如，一个小时候因为学习成绩受过老师或者父母伤害的人，在别人真诚夸奖他的工作业绩时，他会在瞬间表现出漠视的态度，要么否认别人的真诚称赞，要么敷衍别人，总之心里是不相信并且也不接受这个安抚的。

二、漠视的范围、类型与层面

---

[1] 转引自《人际沟通分析——TA 治疗的理论与实务》，P62,[瑞典]欧嘉瑞，安妮卡.伯娇克，罗兰.约翰逊著，黄珮瑛译，台湾：张老师文化事业股份有限公司出版，1996 年。

[2] 见网址：http://www.ta-psychotherapy.co.uk/

肯.麦勒（Ken Mellor ）和艾瑞克.西格蒙德(Eric Sigmund)在其研究中提出[3]（请问你能找到这篇文章吗，如果有，请发给我好吗？谢谢啊！）：

1．漠视的范围包括：

（1）漠视自己：比如工作狂，就是漠视自身身体需要的人；

（2）漠视他人：比如自以为是的人，就是漠视他人尊严与能力的人；

（3）漠视情境：比如那些从来不寻求社会支持的人，就是漠视自己的社会环境，而那些拒绝采取低碳生活方式的人，则是在漠视自然环境。

2．漠视的类型包括：

（1）漠视刺激：指漠视事件的发生，如明明没有按时完成工作任务却满不在乎；

（2）漠视问题：指漠视事件所导致的问题，如由于自己没有完成工作任务而导致的整个团队工作所受的影响；

（3）漠视选择：是指漠视人所具备的各种解决问题的可能性，如采用各种建设性方法完成工作任务从而把对团队的损失降到最低。

3．漠视的层面：

（1）漠视存在：指漠视刺激、问题或选择的存在。比如单位中某个同事突然变得很沉默，但是他周围的人却像什么都没有发生一样；再比如别人说话时有人总去打岔；再如把别人当空气一样视而不见；还有就是对别人给予自己的安抚的漠视，比如林妹妹总是猜疑宝玉，对宝玉给予她的存在于她身边的许多安抚视而不见，虽然林妹妹会如此是多重原因造成的，但客观上，她表现出的这个特定漠视不仅伤害了宝玉也得罪了周围很多的人，不仅如此，这也反映了她对自身感情的一种漠视。

（2）漠视重要性：指漠视刺激、问题或选择方案的重要性，比如一个学生参加考试时很多题都不会做，但是他却认为这没有什么（漠视刺激的重要性），考试结束后他依然像往常一样贪玩（漠视问题的重要性），并且仍然拒绝看书和做题（漠视选择的重要性）。

（3）漠视改变的可能性：人际关系出问题或者心情长期不好的人，往往就是漠视改变的可能性的人，如："我总是搞不好人际关系"或"我是个天生

批注 [TO3]： Sorry, since I don't have my home library available when I'm in the countryside, I cannot send you this article now. I can send it in late August when I start working in the city again.
好的，谢谢。

批注 [TO4]： In this section I think it would also be useful to mention something about the severity of the 4 types. Discounting on the level of existence is more damaging than discounting on the level of personal ability. I heard Jackie Schiff use the example of the mother who is not aware that her baby is crying (because the mother has put on loud music for example) as much "worse" than the mother who hears her baby crying (and knows something is wrong) but discounts her own ability to do something about it. She also discussed the other two levels from that example (significance and solvability). In class I think I used the example I learned from Shea Schiff: About a grand piano suddenly standing in front of you when driving on the highway…
知道了，我会修订。

[3] Ken Mellor and Eric Sigmund：Discounting , Transactional Analysis Journal,5,3,1975,295-302.

的悲观主义者”。

（4）漠视个人的能力：举例说，当众发言紧张的人是漠视自己的语言表达能力；总是喜欢干预别人生活的人是漠视他人处理问题的能力；为孩子包办一切的父母则是漠视孩子的成长能力。

第二节　漠视存在的线索

漠视的形式非常多，除了第一节中我们所举的例子之外，下面这些线索可以帮助我们更为全面地了解自己和他人所具有的漠视。

一、漠视的动作行为表现线索

漠视的外部表现包括以下一些被动行为，这里的“被动”一是指不经过思考；二是指不去积极地解决问题，反而有可能制造出新的问题：

1. 什么都不做

顾名思义，就是缺乏行动力，缺乏担当，对所面临的事听之任之。这样的人通常表现为行为被动并且避免和别人交往，与人交往时，他们较少缺乏面部表情，并且不能与人正视。

现在中国出现了一批被称作“啃老族”的年轻人，他们虽然在生理年龄上早已经是成人，但是在心理年龄上却仍然如同孩子一样依赖父母，不仅要父母养活他们而且有时候还要父母养活他们的理想，他们任凭年迈的父母为生活奔波，不仅不为自己的生存与发展付出任何劳动，反而天天呆在家里面对着电脑杀时间。

还有诸如社交焦虑症患者、当众发言紧张患者，以及很多缺乏行动力的人，其实都是“什么都不做”者，他们不仅漠视个人的能力而且漠视改变的可能性。

2. 过度适应

这种人通常显得非常积极主动地适应他人，具体表现为过度替他人着想，总是按照自己推测的别人对他的要求去行动，总是在猜测别人对自己的要求，不假思索地服从和迁就别人，严重的还会有病态利他的表现。

由于过度适应者总是在适应别人，因此常常被当作好脾气、随和、友好的表现，而实际上，过度适应者是漠视自己的存在、漠视自己的重要性并漠视自己的能力的人。

过度适应者所以会有总按照自己认为的别人的愿望去做事的表现，是因为他的成人自我被他儿童自我中的适应性儿童污染了，再加上他的过度适应给一般人造成的好印象，因此，不仅他自己而且别人也很难识别他的过度适应。

只有当他的过度适应成为周围人的负担时，人们才会意识到他的问题。

生活中那些总是唯唯诺诺、屈己从人的人显然都有“过度适应”的倾向，当然，如果其有明确目的，那又当别论。

3．烦躁不安

有的人遇到事了就控制不住地敲桌子、咬指甲、暴饮暴食等。“当一个人有这种被动行为时，表示这个人漠视自己以行动解决问题的能力”[4]。

遇到问题时，一个信任自己能力的人会把精力用在寻找解决问题的方法上，而一个漠视自己能力的人则只会烦躁不安地重复上述动作以缓解焦虑。

日常生活中，很多常见的行为动作其实都是烦躁的线索，如：抖腿、一根接一根地抽烟、坐立不安、来回踱步等，如果我们细心观察，不仅会增加对我们自己的了解，也能够增加对别人的了解。

4．无能或暴力

批注 [TO5]：I don't know how well 无能 covers "incapacitation", which is not only lacking capability but also implies some violence to yourself, like for example breathing so much and so rapidly that you actually pass out (faint). Maybe this needs to be stressed?
这个我需要再想一下，谢谢提醒。

无能和暴力常常在一段时间的烦躁不安后出现，“当一个人觉得烦躁的时候就是在积累能量，最后籍无能和暴力把能量以破坏性方式表现出来”[5]

临床上，那些因为癔症而出现突然晕倒、瘫痪、精神崩溃或沉溺在酒精或毒品中无法自拔的人，都是“无能”的极端表现，日常生活中由于漠视自己的能力而表现出“无能”的人，往往就是那些明明知道自己问题在哪却仍然不作为的人，比如，明明知道自己是因为努力不够才出了问题的，但是就是不肯采取建设性行动去解决问题。

暴力被当作被动行为，是以思考和建设性解决问题为标准的，而暴力如辱骂甚至动手打人这样的行为本质上是回避思考并只会激化矛盾的破坏性行为。

[4] 《人际沟通分析练习法》，Ian Stewart 和 Vann Joines 原著，易之新翻译，台湾，台北：张老师文化事业股份有限公司，P259，2002 年出版。

[5] 《人际沟通分析练习法》，Ian Stewart 和 Vann Joines 原著，易之新翻译，台湾，台北：张老师文化事业股份有限公司，P260，2002 年出版。

无能是由于漠视自己的能力而产生的伤害自己的行为，而暴力则是因为漠视自己处理问题的能力而产生的伤害他人的行为。

二、漠视的言语表现线索

以下笔者将按照前面介绍的肯.麦勒（Ken Mellor ）和艾瑞克.西格蒙德(Eric Sigmund)在其研究中提出的漠视的范围、类型与层面这三个框架给出实例。

1. 言语线索

批注 [TO6]：Good and interesting examples, but it seems they are mostly intrapsychic rather than transactional (how B discounts what A is saying). Maybe a few transactional examples will help to show that this discounts can be seen in interaction (even though the mechanism itself is internal?) 好的，我再想想。

（1）漠视范围中的言语线索：

①漠视自己：“我不行，我没有上成名校” ；

②漠视他人：“他有什么了不起，他不就是一个……”；

③漠视情境：“环境和我有什么关系？我凭什么要为了环境而放弃自己的享受？”

（2）漠视类型中的言语线索：

①漠视刺激：“工作检查不合格怎么啦？这事又不是我一个人的!”

②漠视问题：“我的任务没有完成影响了别人的工作？奥，对不起，可是我也没有办法，我现在的事情实在太多了，忙不过来了，对不起了啊!”

③漠视选择：“你说我既然完不成任务当初就不该答应？可是我的心太软了，我没有办法拒绝别人呀”。

（3）漠视层面中的言语线索：

①漠视存在：“我不知道，我没有注意……”；“啊，这事我知道，你们听我说，奥，那事我也知道，你们也得听我说……”；“听你这么一说，我好象是有点累了，我好象是该歇会了。“你说我该思考‘我是谁？我从哪里来，我将往何处去？’这些问题，我不知道这些问题跟我有什么关系？！”

②漠视重要性：“至于吗，这事有那么重要吗？”；“我今天的生活方式和北极熊的明天有关系？你太夸张了吧？”；“我一个人能给这么大的地球造成什么影响？”；“我行吗？你觉得我行吗？”；“你说我努力了就能成？就这么简单？” “方法真的那么重要？我方法正确了就能做成？”

③漠视改变的可能性：“我不相信这事能解决，他那么固执，根本不可能改变”；“都这么大人了，怎么还可能改变？”；“就算我采取了可持续消费的

生活方式，那又有什么用，地球的污染已经造成了，现在做什么都晚了”；“人是不可改变的”；“我天生就是个抑郁的人”。

④漠视个人的能力：“这事我们做父母的不帮他做谁帮他做呀！”“我天生没有数学头脑，因此，怎么学都没有用”；“我真笨，总是出错”；“我怎么可能找到好工作？我又没有家庭背景！”“我不行，这工作我没有做过，我不会做”。

2．非言语线索[6]

我们在对人做判断时，要依靠很多信息资料，言语之外还有非言语。人们在交流过程中，其言语线索所占比例是远远小与非言语线索的，因此，了解人际交流中的非言语线索非常重要。

所谓**非言语线索**，包括：

（1） 辅助语言。如：音调、音量、节奏、变音、语气、啊、恩以及犹豫等；

（2） 目光接触。如：注视、凝视、正视或目光躲闪等。

（3） 面部表情。如：微笑、大笑、皱眉、扬眉、嘴角上扬或下垂，眼睛张大或眯缝等；

（4） 身体运动和姿势。如：点头摇头、招手挥手、耸肩、张开还是紧抱双臂，不断地拢头发、摸脸等；

（5） 人际距离。空间是可以说话的，关系密切的人相处时距离就近，漠视一个人时距离就会远，不过也要记住，各国文化不同对空间距离的定义有所不同，中国人强调集体主义文化，因此人与人的空间距离要比强调个人主义文化的美国要小。

批注 [TO7]：Interesting observation!
谢谢：)！

掌握非言语线索的要点在于观察一个人言语过程中其非言语是否与之匹配。当一个人的言语和非言语发生冲突时，我们更应该据其非言语做出判断。因为言语可以掩饰，而非言语则不容易掩饰，因此会暴露人的真实想法。举例说：林妹妹就很善于观察人的非言语，因此，她比一般人更能够洞察大观园中那些热情话语下的种种漠视。

第三节 漠视产生的原因

如果说安抚是生命的维生素，那么漠视就是生命的腐蚀剂。下面我们

批注 [TO8]：☺I like this one!
谢谢：)！

6 《社会心理学》，孙晔、李沂主编，P169-175,北京：科学出版社，1988 年。

来看漠视产生的原因。

一、漠视与自我状态的关系

1. 漠视产生于自我状态的污染

前面的章节中我们介绍到：**偏见**是父母自我污染成人自我状态时的表现，而**幻想**则是儿童自我混入成人自我状态的表现。

因此，当我们因为偏见而对农民工的生活状态和工作环境采取漠视态度时，我们的成人自我状态正被我们的父母自我状态所污染。

而当我们因为白日梦而忽视我们自己以及我们周围的人与事时，我们的成人自我状态就正被我们的儿童自我状态所污染。

2. 漠视产生于自我状态的排除

所谓排除（exclusion）指人有时候会出现把自己的一个或者两个自我状态相对关闭起来的情况，即使面临某种危险情境他也仍然维持即有状态。换言之，处于排除某种自我状态的人无法在自己的三个自我状态中自由出入。

排除儿童自我状态的人会漠视生活中的乐趣和感性的方面，而且容易漠视人的情感；

排除父母自我状态的人，会漠视基本的社会规则，漠视责任和义务；

排除成人自我状态的人，会漠视个人的能力、重要性和选择的自由。

批注 [TO9]： I think this type is unusual as it would be very hard to survive if A is severely excluded. Of course it happends more temporarily, like getting drunk.

二、漠视与共生关系

所谓**共生关系**（Symbiosis）从生物学角度看，是指“共生又叫互利共生，是两种生物彼此互利地生存在一起，缺此失彼都不能生存的一类种间关系，若互相分离，两者都不能生存。是生物之间相互关系的高度发展。共生的生物在生理上相互分工，互换生命活动的产物，在组织上形成了新的结构。地衣是众所周知的共生实例，它是藻类和菌类的共生体”[7]。

心理学家借用生物学上的“共生关系”概念，对人际关系中的共生现象作了描述和分类：

1. 健康的共生：

（1）母婴关系：

---

[7] 见百度百科科技名词条目：“共生关系”。

妈妈用自己完整的自我状态与婴儿的儿童自我相处，细心呵护照顾小小的婴儿，对孩子的反应都给予积极的关注和及时的安抚。

> 批注 [TO10]: The broken lines around P and A may require explanation, like those ego states hardly being developed in the very young baby. I like the polar bears, cute!
> 好的，放心。

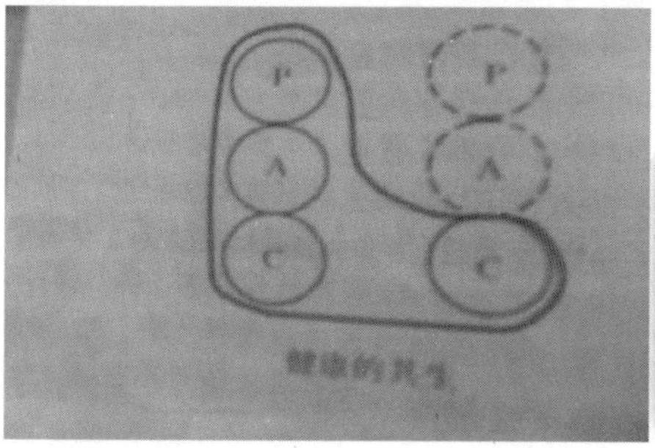

这时妈妈和孩子就处在健康的共生关系中。

（2）成人间健康的共生关系：

成人间健康的共生关系表现为两个成人之间有密切的关系，他们彼此互惠互利，同时又各自保持着自己完整的自我状态，如下图所示。由于两个人各自都运用自己的全部自我状态与对方交往，因此，他们之间的关系是灵活而又富有弹性的，在谈正事时，他们共同使用成人自我状态，在一个人有需要时，另外一个人及时表现出父母自我状态，而当处于一天结束时的闲暇时分，他们又共同使用儿童自我状态去愉悦对方。

> 批注 [TO11]: Some people would argue that the healthy relationship is the non-symbiotic relationship, where all ego states can freely interact. I agree with your view that some people develop a "healthy" symbiosis out of spending long times together.

在良好的亲子、夫妻、师生和手足等健康共生关系中，他们彼此尊重、关注、安抚，同时又非常注意保持彼此人格的完整和对自身需要的表达。

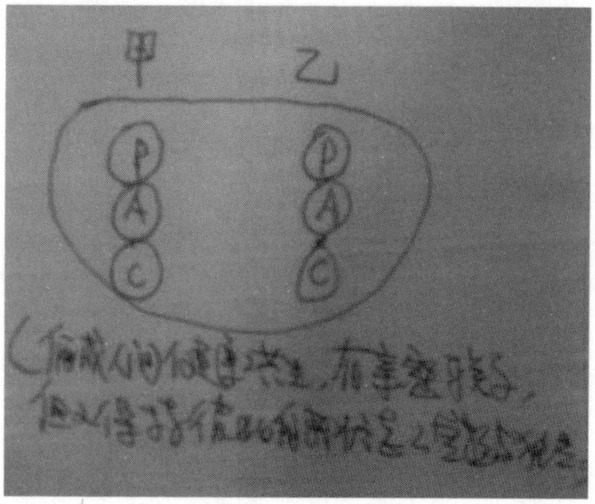

健康的师生共生典范应该是海伦.凯乐和她的老师安妮.曼斯菲尔德.莎莉文女士的关系，在遇到莎莉文老师之前，海伦因为病痛的折磨，成为一个暴戾、任性的孩子，但是她的老师没有放任她的儿童自我状态，而是非常耐心细致并且顽强地坚持引导她，直到海伦自己懂得对自己的行为负责，不仅如此，也因为她们师生间无比成功的合作，她们共同向这个世界奉献了人类潜能开发的奇迹。

批注 [TO12]: Is she well know to young people in China? I hardly know about these two people. Do they need more introduction (and also their English names)?
是的，海伦的故事在中国几乎可以说是家喻户晓。

2. 不健康的共生关系

（不健康）共生关系（symbiosis）是J. L. 席芙和A. W. 席芙提出的概念[8]:“（不健康的）共生关系发生在两个或更多的个体身上，他们的行为表现得好象他们是一个人一样。这种关系中的特点是，他们中的任何一个人也不具备完整的自我状态”。

虽然不健康的共生关系中“个体的独立思想、感觉和行为的能力都受到限制。但是由于只有经由共生关系才能满足的需求是攸关生存的，个体不得不接受如此局限且不健康的共生关系”[9]。

在如下这张图中，是两个人共用三个自我状态，

[8] Jacqui Lee Schif., in collaboration with Aaron W.Schiff:《Cathexis reader---Transactional Analysis Treatment of psychosis 》,P5,1975, New York:Harper & Row.

[9] 《人际沟通分析——TA 治疗的理论与实务》，p64，[瑞典]欧嘉瑞，安妮卡。伯娇克，罗兰。约翰逊著，黄珮瑛译，台湾：张老师文化事业股份有限公司出版，1996 年。

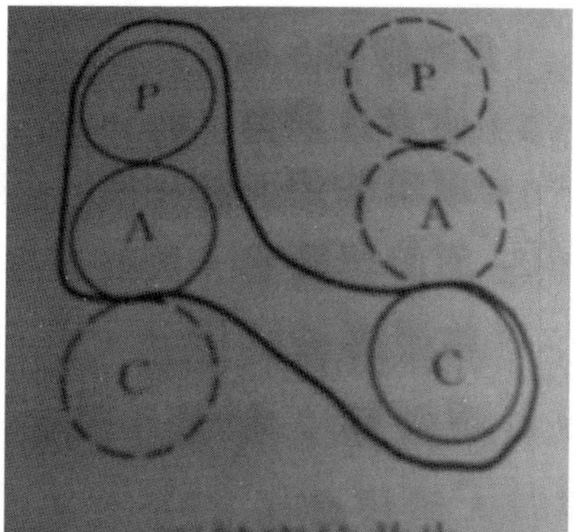

不健康的共生

不健康的共生关系中会产生典型的拯救者与被拯救者和照顾者与依赖者的伙伴关系，这种关系导致两人之间既缺乏弹性又缺乏自由，由于对方的行为很容易预测，因此，彼此都感觉很安全，也正因此，两人间的关系表现出超稳定和亲密的状态，就像中国俗语中所说的“一个愿打，一个愿挨”，看起来关系很稳定，但是当发生事件时，比如甲不想做拯救者或者乙不愿继续做被拯救者，再或者甲不愿意继续做照顾者或乙不愿意继续做依赖者时，再或者他们之间出现了另外一个人，那么他们原来的关系就会脆弱到不堪一击：在极短的时间内关系就会破裂到似乎从来不曾存在过，因为不用这种决绝的方式，他们就永远走不出这重不健康的共生关系。而只有当他们从不健康的共生关系中走出来，然后彼此再以完整的人格状态相遇相交，他们才有可能建立新的健康的共生关系。

不健康共生关系产生的原因是：父母在抚养孩子的过程中忽略了对孩子的教育，如不给孩子设置规则，不对孩子提要求，一味地溺爱孩子，永远把孩子当成长不大的小婴儿，使孩子的成人自我状态和父母自我状态无法正常发育成熟，其结果，便是和父母形成不健康的共生关系，他们长大之后，与人交往过程中，因为自己不具备完整的自我状态，所以在长大后的共生关系中就会再现他儿时的关系，即会和别人形成不健康的共生关系，比如把配偶当父母，再如完全依赖老师、朋友等。比如，由于贾母的溺爱和娇宠，贾府上上下下的人对宝玉大多都像哄小孩子一样，大家都把他当宠儿待，使他的成人自我状态和父母自我状态一直得不到正常的发育和发展机会，结果便是宝玉在贾府中与大多数人之间都存在不健康的共生关系。

还有另外一种情况，就是当父母漠视婴儿的需要或甚至伤害婴儿时，这样的孩子有可能会做出这样的早期决定：既然父母不能够照顾我，那么我就做自己的父母吧，这样的孩子长大后往往会成为不健康共生关系中的主动方，即如前所述的拯救者和照顾者。

健康的共生关系中，双方不仅关注、重视自己的存在、能力、重要性和选择的可能性，而且也关注、重视对方的一切；而不健康的共生关系中恰恰相反，彼此都既漠视自己的存在、能力、重要性和选择的可能性，而且也漠视对方的存在、能力、重要性和选择的可能。

第四节　变漠视为重视

要想变漠视为重视，需要从以下几方面入手：

一、在自我状态中去除污染和排除

自我状态被污染而产生漠视的人要先分析自己被污染的部分，然后用我们前面介绍的方法对自己的自我状态进行去污染的过程。

自我状态被排除者也一样，需要先做自我分析，然后做自我状态的去排除工作。

但是，对自己的自我状态进行分析并进行去污染和去排除是一项艰难的工作，因此往往需要有专业人员的指导。

比如，如果我们是一个有很多幻想而又希望自我成长的人，我们就非常需要在专业人员的指导下进行自我认识和调节，学习变漠视为关注和重视。例如彼得.潘，那个充满幻想而永远也长不大的孩子，即使他有愿望，如果没有专家的指导，他自己也是没有办法去除他自我状态中的污染的。

自我状态中出现排除问题的人也一样，也需要在专家指导下才能够真正消除自身对社会规则、以及自身责任、能力、重要性和选择权的漠视。

此外，从操作上看，我们也可以学习关注自己和他人的感觉、感情、思想和行为，学习培养对自己和他人的敏感，并以一种得体的方式表达对自己和他人的关注与重视。

二、建设健康的人际关系

首先我们要学习觉察自己是否存在于某种不健康的共生关系中。

如果我们在正置身于一种纠缠不清，痛苦不堪但又欲罢不能的关系中，如果我们一旦进入某一种关系中就会产生强烈的无力、无助而又无可奈何的感觉，就表明我们正面临某种不健康的共生关系。因此，我们就要问自己：自己是否需要被需要？自己是否需要通过去控制和去拯救才能有安全感？或者问自己：自己是否恐惧做自己或恐惧走进世界？自己是否需要被控制？或者自己仍然渴望做一个孩子而不是选择做一个成人关系中的独立的人？

其次我们要学习一种健康的交往方式，比如在不健康共生关系中起主导作用的一方，要改变“我只有关心别人、帮助别人才有价值”的认知，要学着照顾自己并去做对自己有益的事，要学习关心自己、重视自己，要对自身存在的价值确立充分的自信；而不健康共生关系中起被动作用的一方则要改变“我只有依赖别人的帮助甚至拯救才能生存”的认知偏差，学习认识并且运用自己的能力和权利，学习对自己的身体和幸福感负起责来，学习发掘自身的潜能。

最后，漠视常常被当作一种逃避现实的方式，如果我们总是漠视自己，总是依赖别人，或者干脆总是依赖别人的依赖，我们就要问自己，我们在逃避什么？我们是不是像《圣经》中说的约拿（Jonah）那样，是在逃避做最好的自己？是以往的什么经历使我们决定要呆在一种不健康的共生关系中才会感觉安全？是什么时候，我们写下了要生存在不健康的共生关系中这样的人生脚本？我们要问自己，做为一个成年人，我们到底在恐惧什么？逃避什么？到底是什么让我们以为，即使是一个成年人，我们也依然需要像孩子一样依赖别人的帮助或者依赖才可以生存？

如果我们自己解答不了这样的困惑，我们可以去向专业人员寻求帮助，在他们的指导下，了解自己，觉察自身漠视的区域（自己、他人和现实）、类型（刺激、问题和选择）及层次（存在、能力、重要性和选择），并最终学会与他人建立健康的共生关系。

漠视是生活的腐蚀剂，漠视这个概念还会在隐藏式沟通、心理游戏这样的章节中出现，停止漠视，就可以停止沟通障碍和心理游戏。

谈了这么多漠视，让我们以两个漠视的反例来结束这章，一个是中国的，一个是西方的。

先看中国人熟知的司马迁，汉武帝因为李陵之事而迁怒于他，要他在死刑与宫刑中做选择，为了能够完成《史记》这部伟大的史书，他选择宫刑而得以保全生命，也因此我们中国人才有了《史记》这样一部以其“究天人之际，通古今之变，成一家之言”的史书典范。

在司马迁的故事中，正是因为他对自己的能力和使命有无比的自信和重视，因此，为了能够保存自己的生命以完成其写为中国人些一部史书的夙愿，他勇于选择对男性而言是奇耻大辱的宫刑，忍辱负重，直到出现转机实现使命。

另外一个故事是希腊神话传说中的一则[10]，讲的是古希腊英雄奥德修斯率领船队经过墨西拿海峡之前，事先得知海妖塞壬姐妹坐在绿色的海滨，向经过此地的旅人唱起迷人的歌曲。谁若被她们吸引过去，谁就必死无疑，因此在她们的海岸遍地都是腐尸白骨。女神喀耳斯忠告奥德修斯：为了对付塞壬姐妹，他必须采取谨慎的防备措施。在船只驶近塞壬姐妹的领地之前，就要令人把他捆在桅杆上，并吩咐手下的水手们用蜡把自己的耳朵堵住。而且还要告诫自己的手下在经过死亡岛时无论自己怎样要求和命令，都不要给自己解开绳子。

奥德修斯非常严格地执行了女神的指示，终于顺利地带着自己的手下通过了海妖塞壬姐妹的地盘。

在这个故事中，深知人性弱点的奥德修斯为了能够顺利通过险境，极为坚定地做出了正确的选择，他知道人性的最大弱点之一是抵制不住诱惑，同时他也知道虽然如此，他仍然拥有选择的权利和能力，而且他懂得重视并且在必要时依靠自己的社会资源。

这两个故事告诉我们：漠视会导致对自身存在和对关系的扼杀，而重视，则会把最美好的自己和关系呈现给我们。

批注 [TO13]：Wonderful closing examples about Sima Qian and Odysseus!
很高兴你喜欢我选的例子：)！

[10]《诸神的传说——古希腊神话与传说》［德］斯威布著，高中甫等译，哈尔滨：哈尔滨出版社，2005年。

三、第 2 版时的第三章和第六章部分

第三章

自我状态与结构和功能分析

P1614

① “术语‘自我状态’是指那些自然发生的意识状态以及与之相联系的行为模式；……结构分析则基于如下假定：自我状态可以被分类和澄清“。

——埃瑞克.伯恩[1]——

P15 的脚注：

Eric Berne, Transactional Analysis In Psychotherapy, p3. Ballantine Books , Grove Press ,INC., New York，1961。

P16

①由于一个人的自我状态是幼年习得的，因此，是以条件反射的方式表现的。杨眉：好的，我知道了，在正式的定稿中，我会省掉这句话，放心！我原来也是想如果不行的话就用省略这句话的方式去处理的，英雄所见略同啊：))！无需思考，只要出现某个特定刺激，就会激活其相应的自我状态。

②严重者就会具备萨提尔心理治疗模式[2]中提出的“讨好型”人格特质。

P17

①自由型儿童自我状态在人的健康成长中有着不可替代的重要作用。美国人类学家阿什利.蒙塔古（Ashley Montagu，1905-1999）1981 年在其《越活越年轻》一书中曾提出一个很重要的理论[3]：幼态持续说（Neoteny），其要点是，人类进化发展的命运是终生持续保持一些儿童特质，包括去爱、去探索、去好奇、去想象、去唱歌、去跳舞、去游戏、去欢笑、去信任并去开放等。他认为，人类的健康生存有赖于把儿童期的部分行为持续保持到成年期和老年期。

[1] Eric Berne, Transactional Analysis In Psychotherapy, p11. Ballantine Books , Grove Press ,INC., New York，1961。

[2]维吉尼亚.萨提尔，.约翰.贝曼，珍.歌柏，玛利亚.葛茉莉：萨提尔的家族治疗模式，P39-63，林沈明蚩、陈登义、杨蓓译，张老师文化事业股份有限公司，台北，1998。

[3] Ashley Montagu, Growing Young,p2-4, New York: McGraw-Hill, 1981. Second edition, Westport, Connecticut: Bergin & Garvey, 1989.

批注 [TO1]: P14
杨眉：你看的真细致啊，谢谢。

批注 [TO2]: ☺

批注 [TO3]: I don’t agree that ego states are conditioned reflexes. We are responsible for which ego states we use, also when the choice happens rapidly.
杨眉观点：我们中国有一句话，习惯成自然，也许也可以用以解释自我状态呢。我想，自我状态的形成是不是也是这样呢，起初是环境作用，然后是自我教育或者说自由意志的加入，久而久之，形成一种与特定环境相对应的自我状态，以至于可以在大多数环境中迅速做出相同反应（条件反射），就如同养成道德习惯的人在面临选择时会条件反射似地做出正确选择一样，你看呢？不论同意与否都请接着这里往下写啊，谢谢。
托马斯观点：
"可以在大多数环境中迅速做出相同反应（条件反射）" I don’t think it is a conditioned reflex to very quickly choose a suitable ego state to meet the present situation. Pavlov’s dog was conditioned (by Pavlov) to develop reflexes, the human being is not conditioned to use certain ego states. The question how we choose ego states is as far as I know neither well debated nor solved in TA. My own thinking is that it is somehow a decisional function of the Adult ego state, which I regard as being fundamentally different from P and C ego ... [1]

很显然，用伯恩的框架看蒙塔古的观点，蒙塔古强烈呼吁人类保持的正是自由型儿童自我状态的积极面。

批注 [TO4]: Very interesting! This is the first attempt that I've seen by anyone to link Free Child theoretically to an independent theory from outside TA.
谢谢。我们中国有句话：殊途同归，其实学到后来，我发现很多理论都有相通之处。

当前中国随着改革开放，中国年轻人的自由型儿童自我状态比起他们的父辈有所增加，这表明我们社会中的个体更被尊重也更独立，因此也是社会进步的一种表现。

当然，任何事都要有度，自由型儿童自我状态过度者则会表现出萨提尔模式中的“打岔型”人格特点。

P18

①所以，“当我们处于父母状态，我们的行为就像父母一样。……父母状态涵盖我们出生以来，从父母那里学到的全部价值观和道德观，也包含我们的人生标准，总有我们对于好与坏，对与错的判断。这些价值观源自父母，父母是影响我们的行为最重要的力量。”[4]

②人的发展受遗传与环境影响，而父母的自我状态则是一个孩子会遇到的最早的环境。

P19

①控制性父母自我状态过度者会具备萨提尔心理治疗模式[5]中提出的“指责型”人格特质。

②特别要指出的是，有时候，有的人将过度的父母自我状态指向自己，对自己极为苛刻严厉，从而导致强烈的自责、内疚和过度道歉等行为。

P21

①英国小说人物福尔摩斯就具备非常成熟的成人自我状态。

P27

①上述几种无效的行为模式如果用图示有一个非常明显的“对角线现象”，那就

[4] [英] Robert de Board，《蛤蟆先生的希望——TA 谘商童话版》（1998）p100，张美惠译，[台]张老师文化事业股份有限公司，2012。

[5]维吉尼亚.萨提尔，.约翰.贝曼，珍.歌柏，玛利亚.葛茉莉：萨提尔的家族治疗模式，P39-63，林沈明萤、陈登义、杨蓓译，张老师文化事业股份有限公司，台北，1998。

是消极控制型父母自我状态往往导致消极适应型儿童自我状态，而消极营养型父母自我状态则常常会培养出消极自由型儿童自我状态。见下图：

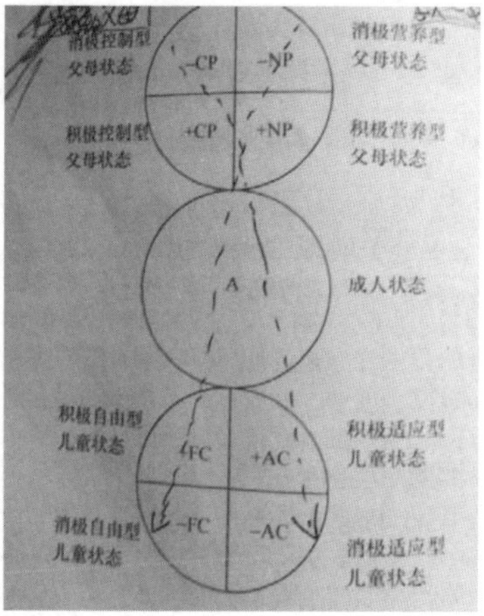

当代中国的家教反例中就有与之对应的两个极端个案：一是大学生药家鑫，回朔其家庭教育，可以发现这正是消极控制型父母自我状态对消极适应型儿童自我状态的典型；而李天一的个案则是消极营养型父母自我状态对消极自由型儿童自我状态的典型。虽然药家鑫和李天一违法犯罪都有自己不可推脱的责任，但是显而易见的是，他们父母的错误教育方式在他们的犯罪事实中起了不可忽视的作用，如果药家鑫的父亲对孩子不是一贯采用消极控制，那么药家鑫在撞人之后就有可能不会因为恐惧父亲的惩罚而做出那样极端的事情；而李天一的母亲如果不是那样过度溺爱孩子，李天一也不一定会成为那种无法无天、任性妄为的年轻人。

批注 [TO5]:

药家鑫，李天一, very clear examples!
你对中国的情况真了解啊！

批注 [TO6]: Thank you, actually I looked both of them up on wikipedia!
原来是这样啊☺!

第六章　安抚

第六节　　结构饥渴与社会时间的安排

四、　　亲密（Intimacy）

伯恩认为："亲密是一种内部情感的自由表达，与伪亲密（pseudo intimacy）

截然不同”[6]。伯恩认为真正的亲密中，双方可以自由真诚而又有效表达自己的正负情感，在发生冲突时亦然，双方都不设防。

欧嘉瑞提出，人们从单纯的消遣交往开始，感觉彼此话题投机，能共同分享彼此的感觉，进而发展出一种知心坦诚、信任关怀的亲密关系，是最有价值的一种时间利用方式。现代生活中，由于网络的出现，有些人的现实亲密行为有所减少显得很少。这些人在现实中感觉拥挤，更愿意在网上冲浪，寻求“心理”空间，他们或“退缩”或过着“仪式化”（僵硬教条，犹如“装在套子里的人”[7]）的生活，与人随时“保持距离”。人与人的亲密行为虽充满冒险，但若能从中获得安全感，则更有机会成为生活中的“赢家”。而沟通分析的目的之一就是要恢复人亲密行为的能力。

批注 [A7]: The rest of what you marked yellow is ok, but I don't really think that generally "intimacy in modern life seems scarce". When I look around me walking on a street in Beijing I see many examples of intimacy: old and young people holding hands, people smiling at each other, people being kind to each other etc. But for some people in modern society I think intimacy is scarce.
好的，我改过来了，放心。谢谢。

日常生活中，当我们能够与他人分享当下的幸福感，能够自由表达赞同或者说出自己的不同观点，能够共同分担忧伤和丧失之痛，这样的时刻，我们就正处于亲密之中。这样的亲密既可以存在于家庭关系之中，也可以存在于朋友关系之中，中国成语中的“心心相印”、“心有灵犀”都是形容这种亲密关系的。

而当双方以防御的态度彼此交往时，比如只能表达一致而无法表达不同观点，或者一方为了维护关系而不得不违心地说话做事，再或者为了利用对方而与对方有一种紧密的联系，这些就是伪亲密。在这样的关系中，双方都小心翼翼并且彼此设防，这样的所谓“亲密”，在伯恩看来，就是玩“心理游戏”的“伪亲密”而不是真正的亲密了。

因此，伯恩所提出的亲密，是一种真诚的人际关系，是一个人可以有幸拥有的最有质量的社会时间。

谈到“亲密”，Muriel James 和 Dorothy Jongeward 两位学者有自己独到的见解[8]，他们认为：人们可以在一起生活了很多年，却从来没有“看到”或者“听到”彼此。人们害怕亲密，是因为亲密往往卷入了冒险（笔者注：冒被欺骗、被利用、被抛弃等险），因此处于亲密关系的人往往是很脆弱的。

一个有过童年创伤的人往往不敢冒险与别人建立亲密关系。在与别人相处

---

[6] Eric Bern: Principles of Group Treatment, p231-232，Published by Oxford University Press,1966.

[7] 见契科夫小说：“装在套子里的人”。

[8] Muriel James & Dorothy Jongeward, Born To Win: Transactional Analysis with Gestalt Experiments, p61-62, Addison-Wesley Publishing Company Reading,1971.

时，他们儿时的创伤记忆往往会干扰他们，让他们以为已经成年的他们仍然会像儿时一样无法保护自己。因此，一个有过童年创伤或者在人际交往方面有过创伤的人，如果想要和他人建立亲密关系，需要首先寻求专业标准，在专业人员的帮助下，让自己的成人自我逐渐成熟并且确立“我好，你也好”的赢家生活定位。

说到亲密，人们往往有一个误区，似乎亲密只在亲友中产生。其实我们注意到，人们忽略了很多日常人际交往中的有价值的亲密。比如在商店买东西时微笑着用友好的语言与售货人员做短暂交流，诸如：你好、请、谢谢，都有可能产生有意义的亲密感。所以，我们要有意识地练习，让自己在此时此地与所交往的人，——不论他是朋友还是一面之交——都保持友善。一个人如果能够在人际情境中有意识表达出：“我好，你也好”这样的生活态度或者说是生活定位，那么，他就会给予并且同时获得跟更多的安抚，这会使我们自己和他人的生活变得更令人愉悦。（杨眉注：有下横杠部分是按照欧嘉瑞老师的建议增加的。他很赞成）

伯恩的时间结构说，很有创意地从一个新的视角提出了人们结构自己时间的几种方式。有学者将这六种时间结构分作建设性的与非建设性两种，认为：“退缩、仪式、闲谈和心理游戏是时间的破坏性因素，而活动和亲密是时间的建设性因素”[9]。

我们的观点有所不同。我们认为：不存在单纯的破坏性或者建设性的时间结构。破坏还是建设取决于在各个时间结构中所做的具体事情，适度的退缩是有益的；而必要的仪式在促进人们的联接和提供安抚上有无法取代的作用；适度的、有意义的闲谈交换信息、可以缓解气氛并增进相互的了解；对心理游戏的认识可以帮助我们少玩游戏或者减轻玩游戏的程度，可以帮我们有意识地避免积攒扭曲感觉，同时努力争取用真正的亲密关系取代游戏。心理游戏在应付不想交往的人时也可以成为一种策略；而过度的或者目标有问题的活动仍然可以无益甚至有害；亲密到没有界限以至于在表达不同观点时完全无所顾忌，也会给感情造成裂缝。

说到时间结构中的亲密，情况有所不同。亲密在 TA 理论和实践中有着独特的地位。伯恩将 TA 的目标定义为“自主性”——即实现当事人意识、自发性和

[9] 田宝：“创造‘亲密’时间结构——时间管理的心理学视角”，《北大商业评论》，2014.11。

批注 [A8]: I think we can add something here about the value of short moments of everyday intimacy with people we may not know well, like smiling and exchanging a few pleasant words with a sales person in a shop where we buy something. Practicing our awareness to remain in the here-and-now and enjoy brief meetings with strangers as well as friends may make a great difference in how satisfied we are with our lives. A person who knows how to ... [2]

批注 [A9]: Since games are played outside Adult awareness, conscious “tactics” or “manipulations” are by definitions not games. I think an awareness of games may be good to help us play fewer games or lower degrees of the games we do play. And to realize we have the option of not collecting our own game payoffs (racket feelings) and strive for intimacy instead. 杨眉：有下横杠的是改过的 ... [3]

批注 [A10]: I appreciate your balanced view that there can be good and bad in using all time structures. But I think you may put a bit too much emphasis on the good effects of the “fewer strokes time structures”, and maybe too little emphasis on the good effects of the “more strokes time structures”. Intimacy has a unique status in TA theory and practice. Berne defined the goal of TA as “autonomy” ... [4]

亲切感的能力。所以，亲密在TA中被认为是非常理想的一种状态。

所以，问题的关键不在于时间结构本身，而在于我们在各个结构时间中做了些什么。适度的退缩可以让我们有更多的思考时间；必要的仪式可以增加我们的生活意义感；当前这个快节奏的时代，消遣尤其不能缺少；做自己最喜欢的活动，或者喜欢的活动才做，这对现代人的身心健康意义重大；心理游戏在应对一些棘手的人际关系时未必不是一种可以尝试的策略，而且与被漠视相比，心理游戏所得到的负面安抚仍然有一定意义；至于可遇而不可求的亲密则更是需要我们日常的精心呵护。

我们的时间结构取决于我们的自我状态、生活定位和人生脚本。如果我们的自我状态可以自如转换，如果我们的生活定位是“我好，你也好”的，如果我们的人生脚本积极健康，并且具有明确坚定的人生目标，知道自己是谁，从哪里来，将往何处去，我们就能够善用我们的社会时间交换我们需要的安抚，同时又并不依赖外在的安抚，更不会牺牲自己的兴趣爱好和时间去换安抚，因为对一个有明确人生目标的人而言，“我的时间比你的安抚更宝贵”[10]！

…………

[10] 引自：“My time is more precious than your strokes”, by Fanita English ,Transactional Analysis Journal,Vol.22.No.1.Jonuary,1992.

图书在版编目（CIP）数据

人际沟通分析学：一种有效提升交往能力的心理学理论/杨眉，（瑞典）欧嘉瑞著．—2版．—北京：中国人民大学出版社，2018．5

21世纪通才教育系列教材

ISBN 978-7-300-25689-4

Ⅰ．①人…　Ⅱ．①杨…②欧…　Ⅲ．①人际关系学-高等学校-教材　Ⅳ．①C912．1

中国版本图书馆CIP数据核字（2018）第069308号

21世纪通才教育系列教材

人际沟通分析学（第2版）

——一种有效提升交往能力的心理学理论

杨眉　［瑞典］欧嘉瑞（Thomas Ohlsson）　著

Renjigoutong Fenxixue

出版发行	中国人民大学出版社		
社　　址	北京中关村大街31号	**邮政编码**	100080
电　　话	010－62511242（总编室）		010－62511770（质管部）
	010－82501766（邮购部）		010－62514148（门市部）
	010－62515195（发行公司）		010－62515275（盗版举报）
网　　址	http://www.crup.com.cn		
经　　销	新华书店		
印　　刷	天津鑫丰华印务有限公司	**版　　次**	2013年4月第1版
开　　本	720 mm×1000 mm　1/16		2018年5月第2版
印　　张	20.25 插页1	**印　　次**	2024年1月第4次印刷
字　　数	387 000	**定　　价**	48.00元